돌봄민주국가

돌봄민국을 향하여

김희강

박영사

돌봄 패러다임으로의 전환

1 돌봄이 초라한 사회

아픈 아버지를 돌보지 않아 죽음에 이르게 한 20대 청년의 항소심 판결이 최근에 있었다. 20대 청년 A씨는 약 10년 전부터 아버지와 단둘이 지내다 2020년 9월 아버지가 뇌출혈 증세로 쓰러져 입원하게 된다. 불어난 병원비와 간병비 등 생활고와 치료비를 감당하지 못해 지난해 4월 아버지를 퇴원시킨 후, 한동안 치료식, 물, 처방약 등의 제공을 중단하였고 결국 아버지를 방치해 숨지게 한 혐의로 재판에 넘겨졌다. 존속살해 혐의로 항소심에서 원심 유지의 징역 4년을 선고받았으며, 현재 국선변호사를 통해 대법원에 상고하고 최종 판단을 기다리는 중이다.

온 사회가 이 청년의 이야기로 떠들썩했다. "당신은 [이 청년에게] 돌을 던질 수 있습니까"라는 기사 제목처럼 돌봄을 받지 못한 아버지에 대한 비통함, 혼자 감당하기 버겁고 외로웠을 청년의 두려움에 대한 탄식, 그리고 패륜아로 불리게 된 아들의 참담한 현실에 대한 씁쓸함 등이 해당 기사의 댓글로 줄이었다.[1] 정치권 역시 이 비극에 관심을 보였다. 정치인들은 A씨의 국선변호사에게 편지를 보내거나 감형 청원에 가세하였고, 이 청년에게 도움이 되지 못한 국가의 부실함을 개탄하며 복지사각지대를 해소해 가난의 대물림을 방지하자는 기조에서 국가가 이를 해결해야 한다고 입을 모았다.

청년 A씨의 비극이 아니더라도 돌봄에 대한 사회적 관심은 급속도로 커지고 있다. 개인과 가족의 몫으로 전담되던 돌봄을 이제는 국가가 나서서 책임져야 한다고 한다. 20대 대통령 후보에 나선 각 진영의 후보들도 앞다퉈 돌봄을 국가적 화두로 공약했다. 여야를 막론하고 돌봄의 국가책임을 주장하고 있다. '돌봄국가책임제,' '돌봄청,' '5대 돌봄, 국가책임,' '초등돌봄지원,' 생태주의 '돌봄국가' 등을 선보였다. 돌봄에 대한 이 같은 달라진 대우는 해방 이후 주요 국가 프로젝트에서 뒷전이었던 돌봄이 이제는 국가적 의제로 부상하고 있음을 방증한다. 늦었지만 바람직한 가히 돌봄의 "백가쟁명 시대"가 왔다고 하겠다.[2]

앞선 20대 청년의 이야기로 돌아가 보자. 20대 청년의 안타까운 비극은 많은 정치인의 이구동성처럼 국가가 나서면 되는 문제인가? 정치인들이 구호하는 돌봄의 국가책임처럼 국가가 돌봄을 도맡는다면 해결되는 문제인가? 직전 선거까지 복지국가를 외치던 우리 사회는 이제 돌봄국가의 기치를 올리고 있다. 저마다 국가와 돌봄을 각양각색으로 접목하려는 돌봄 백가쟁명의 시대에 도대체 우리는 돌봄을 어떻게 바라봐야 하는가? 우리는 무엇을 좌표 삼아 과거의

---

1 노컷뉴스. 2021.11.11. "'부친 간병살인' 22세 청년, 당신은 돌을 던질 수 있습니까."
2 허라금. "관계적 돌봄의 철학: '필요의 노동'을 넘어 '정치적 행위'로." 김희강·임현 편. 『돌봄과 공정』(서울: 박영사, 2018), p. 70.

돌봄을 반성하고, 현재의 돌봄을 구상하며, 정의로운 미래 돌봄의 제작 방향을 잡아갈 것인가?

　　이 책의 목적은 사회에서 억눌린 돌봄을 가시화하고, 이제껏 간과되어온 돌봄에 대한 성찰을 촉구하며, 돌봄이 배제된 부당한 사회구조를 함께 교정함으로써 더 정의로운 사회와 국가를 앞당기기 위함이다. 이 목적에 부합한다면 이 책은 돌봄민주국가를 향한 패러다임 전환의 물꼬를 틀 수 있을 것이다. 필자가 이해하는 돌봄민주국가란 돌봄의 가치를 제대로 인정하는 국가이다. 돌봄을 개인과 사회에 필수적인 가치로 공적으로 인정하고 그 가치에 걸맞은 대우를 해주는 국가이다. 돌봄 패러다임으로의 전환을 위해서는 단지 국가가 돌봄을 책임진다는 이해를 넘어 돌봄은 우리 모두의 책임이라는 이해가 필수적이다. 돌봄은 나와 우리, 사회를 위해 필수적인 가치이기 때문에 이를 보호하고 담당하며 지키는 것은 우리 모두의 책임이다. 누구도 이러한 책임에서 면제되지 않으며 누구도 이러한 책임에 무임승차할 수 없다는 전제가 돌봄민주국가의 근간이다.

　　남녀노소 지위고하를 불문하고 어느 엄마의 자식이듯, 우리는 인간다운 삶을 위해 돌봄에 힘입어야 하는 존재이다. 우리는 돌봄을 주고받는 관계 속의 존재이다. 세상에 나와 성인이 되기까지, 성인이 되어서도 불의의 사고나 장애가 생기는 경우에도 그리고 나이가 들어 노쇠해지면, 인간다운 삶을 위해 우리 모두는 돌봄을 받아야 한다. 어림잡아도 돌봄을 받아야 하는 삶의 시간대는 전체 인생의 4할에 육박한다. 누구도 돌봄을 외면한 삶을 살 수는 없다. 돌봄은 우리 삶에 반드시 있어야 하는 가치이자 실천이고, 그래서 삶을 이어가는 목적이자 원동력이며, 인생사적으로도 가장 빛나는 순간이자 삶의 안식처이다. 하지만 한국의 돌봄 현실은 초라하다.

청년 A씨의 간병살인 같이 극으로 치달은 경우가 아닐지라도 대한민국의 평범한 돌봄 일상 역시 불안하기 매한가지이다. 돌봄의 관점으로는 청년 A씨의 극단적인 삶도 우리의 불안한 일상도 별반 다르지 않아 보인다.

　얼마 전 퇴임한 한 교수가 유튜브 채널에서 소개한 돌봄체험담은 한국사회에 만연한 돌봄경시풍조를 압축적으로 보여준다.

> 아이를 데리러 가기 위해 교수회의를 종종 빠질 수밖에 없었어요. 교수회의에서 선배교수님들이 그냥 대놓고 하는 말이 '자네는 마누라도 없어?' [였어요].[3]

사회적으로 존경을 받는 유명 대학의 남성교수라는 전문인이어도 돌봄을 하면 받게 되는 이러한 사회적 눈초리를 생각해보면, 그렇지 않았던 아니 거의 대다수의 돌봄인들이 감내해왔던 사회적 무시와 서러움은 충분히 짐작되고도 남는다. 두 돌 아이용으로 식당에서 비빔밥에 계란과 고추장을 빼달라고 주문했다가 '맘충'이라는 소리를 들은 엄마는 아이를 집밖으로 데리고 나오는 것조차 민폐인 것 같기가 죽는다.[4] 물론 최근에 아빠들이 아이를 챙기는 달라진 풍경을 보면 전향적이지만 돌봄을 대수롭지 않게 여기는, 심지어 업신여기는 사회적 태도는 지금도 여전하다.

　돌봄을 시장의 '그림자'로 여기고 돌봄인을 '투명인간' 취급해온 사회에서 돌봄을 받거나 돌보는 사람들이 경험하는 것은 불안감

3　최재천 유튜브. 최재천의 아마존. "대한민국에서 아이를 낳는 사람은 이상한 겁니다."
4　세계일보. 2021.04.13. "'계란·고추장 빼달라' 아이 비빔밥 주문했다고 '맘충'? '이런 현실에서 어떻게 애를.'"

과 불편함 그 이상이다. 이들 경험의 단편들을 모아 큰 시각에서 본다면 이는 돌봄이 배제된 사회구조 속에서 돌봄을 받거나 돌보는 사람들이 경험하는 다면적이고 체계화된 불평등이다. 요양병원에 계신 아버지를 돌보기 위해 정규직 직장을 그만두고 비정규 일용직만을 전전해야 하는 30대 아들,[5] 지병이 많은 할머니를 홀로 두고 입대해야 하는 현민 씨,[6] 어머니의 병환으로 돌봄을 도맡아야 하는 12세 희준 군,[7] 양가의 치매 부모를 돌보느라 남은 인생을 지난 20년처럼 이렇게 다 보내야 하나 걱정이 앞서는 60대 부부,[8] 경력과 육아를 놓을 수 없는 딸 부부의 육아전쟁을 대리하기 위해 월요일마다 지방에서 상경해 황혼육아에 참전하는 63세 할머니,[9] 장애인 특수학교 설립을 위해 반대하는 주민들에게 무릎을 꿇은 장애학생의 학부모들,[10] 공기업 채용면접에서 '육아는 어쩔 거냐'는 질문을 받은 B씨,[11] 육아휴직에서 돌아와 인사발령 등 "보이지 않는 아주 강한 압박"을 감당해야 했던 팀장,[12] 고독사와 치매를 우려해 노인세입자를 기피하여 셋방을 구하기 힘든 혼자 사는 할아버지,[13] 평생 돌보는 일에 매여 있는 자신의 삶을 애처로워 하며 손녀에게 '너는 결혼하지 말

5 MBC뉴스. 2021.12.20. "아버지 돌보느라 정규직에서 건설 일용직...'돌봄 단절 막아달라.'"

6 MBC뉴스. 2021.12.30. "'독박 돌봄'의 늪...'믿고 맡길 곳이 없다.'"

7 오마이뉴스. 2021.01.07. 조기현의 영 케어러. "엄마의 암 말기 진단...12살 인생은 이렇게 바뀌었다."

8 MBC뉴스. 2021.12.30. "'독박 돌봄'의 늪...'믿고 맡길 곳이 없다.'"

9 조선일보. 2021.06.21. "황혼육아에 60대 허리 휜다...93% '임신·육아로 가정 위기.'"

10 MBC뉴스. 2018.08.18. "'무릎 꿇은 엄마들'...17년 만에 서울에 특수학교."

11 서울신문. 2021.12.21. "女면접자에 '육아는 어쩔 거냐' 질문한 공기업...인권위 '평등권 침해.'"

12 한겨레. 2021.09.07. "육아휴직 직원 창고 발령내고 '못 견디게 해라'...남양 '총수 리스크.'"

13 머니투데이. 2020.04.29. "'나이가 많으시네요'...노인을 위한 '셋방' 없다."

고 아이 낳지 마라'고 일생의 소회를 전수해주시는 필자의 이웃 할머니. 각자 사연이 있고 모두 제각각이지만, 이들의 삶은 돌봄을 받거나 돌봄을 할수록 일정하게 더욱더 불리해지는 모양새다.

청년 A씨 항소심 판결은 피고인이 "피해자가 죽을 때까지 의도적으로 방치했다는 점이 인정되어 살인의 고의가 있었다고 본 원심의 판단은 정당하다"라는 입장이다.[14] 하지만 이 청년이 경험하는 불안감과 고립, 이에 대한 우리와 사회의 방임과 무관심을 단지 청년의 탓으로 돌릴 수 있는가? 펼칠 수 없는 자신의 꿈과 미래, 희망 없이 잔인한 하루하루의 생계, 무력한 자신만을 바라볼 수밖에 없는 아버지에 대한 돌봄, 이 모두 마주해야 했던 청년에게 도대체 어떤 선택지가 남아 있을 수 있었을까?

돌봄이 초라한 사회에서 돌봄의 가치를 세우는 일은 개인의 책임으로 또는 특단으로 불리는 정책으로 일거에 해결되지 않는다. 혹은 정치권에서 회자되는 '돌봄국가책임제' 같이 국가가 대신해서 아이를 키워주는 것으로 해결될 수 없다. 대신에 돌봄의 가치를 세우는 일은 이제껏 돌봄을 하찮게 여긴 사회구조의 변혁과 관련된다. 사회구조는 오랜 기간 켜켜이 쌓이고 굳어진 관습, 이데올로기적 태도, 적체된 제도 모두를 포함한다. 사회구조의 시정은 그러한 모순을 생성시킨 관습, 태도, 제도 모두를 변화시켜야 하는 것이며, 이러한 변화는 사회구성원인 우리 모두의 집단적인 책임과 노력으로서만이 가능해질 수 있다.

---

14 프레시안. 2021.11.10. "안타까운 '간병 살인' 스물 두 살 청년 항소심에도 징역 4년..."

2 정의로서 돌봄

　돌봄이라 하면 직관적으로 그리고 대표적으로 아이를 보살피는 엄마의 모습을 떠올리게 된다. 아이의 기저귀를 갈고 이유식을 준비하고 먹이고 목욕을 시키고 옷을 갈아입히고 재우기 위해 아이를 어르는 그림을 연상케 한다. 돌봄은 그간 전문성이나 교육 없이도 누구나 그냥 하면 되는 혹은 집안에서 여성이라면 당연하고 자연스럽게 하는 것으로 이해되었다. 돌봄은 그냥 대수롭지 않은 것이었으며 시장과 사회에 진입되지 못하는 기존의 '노동' 개념에서 조차 배척당한 무엇이었다.

　이러한 배경에서 돌봄을 노동으로 인정하라는 움직임이 진행되었다. 사회적으로 저평가 되고 공적으로 배제된 돌봄을 공식적인 노동으로 위치시킴으로써 그 가치와 공적 위상을 재고하려는 시도였다. 노동을 축으로 돌봄을 이해하고 돌봄의 공공성을 확장하려는 이러한 노력은 그간 많은 성과를 거두고 있다. 단적인 예로 돌봄노동 혹은 돌봄노동자라는 표현은 이제는 어색하지 않게 들린다. 2021년 개정된 「가사근로자의 고용개선 등에 관한 법률」 역시 노동의 시각에서 강화된 성과라 할 수 있다. 이 법률안 개정으로 가사노동자와 육아노동자는 1953년 「근로기준법」의 적용 예외 노동이 된 이래로 68년 만에 근로자(노동자)로서 최소한의 대우, 공적 지위, 생활안정을 위한 법적 안전장치의 적용대상이 되었다.

　노동으로서 돌봄은 돌봄의 가치를 제고하는 유의미한 접근임에 틀림없다. 하지만 이 책의 범위는 노동으로서 돌봄을 넘어선다. 이 책은 돌봄을 정의(justice)의 차원에서 접근한다. 정의가 공적 영역에 적용되고 통용되는 옳음이라면 돌봄이야말로 공적 영역의 옳음을 구성하는 중요한 요소이다. 하지만 이 책에서 필자는 '정의로서 돌봄'의 개념정의에서부터 시작하지 않는다. 무엇이 돌봄 정의인지에 대한 포괄적인 이론을 소개하려는 것도 아니다. 다만 이 책을 통해 필자가 말하고 싶은 것은 돌봄의 관점에서 볼 때 기존 사회에서 전제하는 옳음과 그 옳음의 기준 위에 만들어진 관습, 통념, 제도 등이 얼마나 편향되었는지 그래서 부당한지에 대한 것이다. 이 책은 돌봄을 통해 부정의를 가시화함으로써 부당함에 대한 시정을 요구하고 정의로운 사회에 더욱 다가가려 한다. 정의로서 돌봄은 비판적이고 대안적인 논의의 출발점이다.

일례로, 이 책은 돌봄 없는 민주주의의 한계와 돌봄 없는 복지이론의 한계를 보여준다. 기존의 민주주의와 복지이론이 인간의 불가피한 의존성(inevitable dependency)과 불가분의 상호의존성(inextricable interdependency)을 충분히 반영해왔는가? 오히려 인간의 돌봄필요를 간과함으로 사회경제적인 나아가 정치적인 억압과 배제를 묵인하지 않았는가? 이러한 비판 지점을 통해 이 책은 민주주의와 복지이론의 한계를 부정의의 관점에서 분석하고 더 정의로운 대안적 모습을 찾아가는 과정이라 할 수 있다.

정의로서 돌봄은 인간과 사회에 대한 엄연한 사실적 인식을 정초로 한다. 모든 인간은 인간적인 삶을 위해 돌봄에 힘입어야 한다. 그렇기 때문에 돌봄은 인간관계와 사회적 관계의 씨알이자 밑거름이 되며 이러한 돌봄을 지켜주는 것이 정치적 존립기반이 된다. 바꿔 말하면, 인간의 돌봄의존성과 상호의존성을 인정하는 것이 부정의에 대한 비판과 정의로움에 대한 대안적 상상의 시발점이 되는 것이다. 돌봄의 관점으로 보면 마치 자기 힘으로만 사는 독립적 인간상의 허구에서 탈피해 인간을 사실적으로 이해하게 되고, 이를 바탕으로 다른 차원의 사회와 국가 모습이 들어온다.

이러한 맥락에서 아래 트론토(Joan C. Tronto)의 탁견은 시사하는 바가 크다.

> 돌봄의 가치를 인정한다는 것은 우리 사회의 가치구조가 바람직한지 묻는 것이다. 돌봄은 2순위 아류의 도덕문제가 아니며, 사회에서 가장 하층민이 하는 일이 아니며, 여성이 감당해야 하는 지엽적인 문제도 아니다. 돌봄은 인간 삶에서 가장 중요한 문제이다. 이 같은 진실이 반영되도록 우리의 정치사회제도를 변화시켜야 할 때가 되었다.[15]

우리는 정의로서 돌봄에 기초하여 기존 정치사회제도를 보완하는 차원을 넘어서는, 트론토가 "패러다임의 전환"으로 부르는 정치사회 전반의 변화를 이끌어야 한다.[16]

3 '돌봄민국'을 향한 국민대타협

'돌봄민국(돌봄민주국가)'의 본분은 시민 모두가 돌봄을 함께 책임지는 '함께돌봄책임제도'로 구체화된다. 돌봄을 주고받는 다양한 돌봄관계를 보호하고 이를 증진해야 하는 시민에게 공유된 책임을 의미한다. 이는 돌봄이 필요한 사람을 돌봐야 하는 우리 모두의 책임이자 돌봄이 필요한 사람이 적정한 돌봄을 받을 수 있도록 사회의 기본구조와 제도를 마련해야 하는 우리 모두의 책임이다. 이는 누군

---

15 Joan C. Tronto. *Moral Boundaries: A Political Argument for an Ethic of Care* (New York: Routledge, 1993), p. 180.

16 Ibid.

가가 그 책임을 오롯이 감당하거나 혹은 그 책임에 무임승차하지 않도록 돌봄책임을 공정하게 분배해야 하는 우리 모두의 책임이다. 이는 누군가가 다른 누군가를 돌보는 것으로 인해 사회·경제·정치적 차별이나 불리함 나아가 억울함을 당하지 않도록 하며, 또한 다른 누군가를 돌보는 사람을 지원해야 하는 우리 모두의 책임이다. 이는 돌봄의 가치와 태도를 진흥해야 하는 우리 모두의 책임이며, 또한 돌봄의 가치가 폄하되고 경시된다면 혹은 돌봄을 받는 사람이나 돌보는 사람이 차별받고 불이익 받는다면, 이것이 잘못임을 공식적으로 알리고 이를 교정해야 하는 우리 모두의 책임이다.

시민 모두가 돌봄을 함께 책임진다는 점을 제도화하는 것은 중요하다. 왜냐하면 이는 사회에서 돌봄의 가치를 높이는 정곡(正鵠)이기 때문이다. 양육수당과 같이 사적 돌봄을 보상하거나 혹은 돌봄노동자의 임금수준과 처우개선에 힘쓰는 기존의 돌봄정책은 나름의 장점이 있다. 하지만 역설적이게도 이는 돌봄을 특정 젠더, 계층, 인종에 배속시킴으로써 돌봄의 경시를 영속화할 리스크가 있다. 돌봄의 여성화·하층민화·이주민화(또한 여성·하층민·이주민의 돌봄화)를 벗어나고 동시에 돌봄의 가치를 제고하는 과제를 모두 달성할 수 있는 필자가 생각하는 해법은 남녀 모두에게 돌봄책임을 균담(均擔)시켜 돌봄의 공적 위상을 확보하는 것이다.

이 책에서 필자는 돌봄민국의 근간을 이룰 함께돌봄책임제도의 골격으로 돌봄헌법, 돌봄부, 돌봄교육, 돌봄책임복무제, 돌봄연금을 제언한다. 일례로, 돌봄책임복무제는 성인기에 접어드는 시기 일정기간 동안 돌봄이 필요한 다른 시민인 아동, 장애인, 어르신 등을 돌보도록 함으로써 시민으로서 돌봄이 필요한 타인을 돌보는 도덕적 정치적 의무를 수행하도록 제도화하는 것이다. 필자는 이를 실현하는 현실적 최선의 방안으로 '(기초자산연동형 남녀돌봄병역) 보편복무제'를 제안한다. 이는 돌봄책임복무를 병역복무와 연계하여 남녀 모두 돌봄과 병역에 보편적으로 복무하는 시스템이자, 동시에 이를 기초자산제와 연동시킴으로써 돌봄복무와 병역복무를 모두 이행한 청년에게 유의미한 사회출발자금이 될 수 있는 일정 금액의 자산을 제공하는 시스템이다.

'(기초자산연동형 남녀돌봄병역) 보편복무제'는 돌봄은 모두가 함께하는 실천이어야 한다는 내적 당위를 갖는다. 동시에 이와 함께 현재 한국사회의 남녀노소를 아우르는 젠더 및 세대 간의 불평등과 갈등을 완화하는데 균형 있는 기여를 할 수 있으리라 기대한다. '(기초자산연동형 남녀돌봄병역) 보편복무제'를 통해 '남성성 = 군대 = 공적 = 주류시민' 대 '여성성 = 돌봄 = 사적 = 이등시민'이라는 이분화된 위계프레임을 희석시킴으로써 사회의 모세혈관까지 깊숙이 박혀있는 성불평등의 뇌관을 제거하는데 기여할 수 있으리라 기대한다. 또한 이를 통해 최근 소위 '이대남'이 제기하는 남성징병제에 근거한 역차별 및 불공정 인식으로 불거진 대결적 젠더갈등 양상을 해소하는 전기를 마련할 수 있으리라 기대한다. 더불어 이를 통해 '88만 원 세대,' '흙수저,' '헬조선' 등으로 대변되는 더 나아질 삶의 기회를 박탈당한 청년의 상심에 대한 최소한의 재분배정책이 될 수 있으리라 기대한다. 아울러 이를 통해 청년들이 계층이동의 유의미한 기회를 갖게 되어 경제선순환을 이끌고 세대갈등을 최소화하는데 도움이 될 수 있으리라 기대한다. 이에 더해 이를 통해 여성의 군 유입으로 군은 인재영입의 기회를 얻을 수 있으며, 궁극적으로는 '남녀노소 모두에게 보편적으로' 돌봄이 당당한 사회가 조성됨으로써 출생률이 높아지고 그 결과 병력충원 및 안보능력이 강화되는데 기여할 수 있으리라 기대한다.

함께돌봄책임제도에 있어 무엇보다도 중요한 지점은 이것의 실현이 민주적으로 도달해야 한다는 점이다. 돌봄이란 우리 모두가 함께 책임져야 할 문제이지 특정 젠더, 계층, 세대의 문제로 혹은 개인과 국가의 문제로 해결될 수 없다. 함께 돌봐야 할 책임이 우리 모두에게 있는 만큼 남녀노소 각자의 위치에서 보는 협소한 시야를 넘어 이해의 폭을 넓히고 입체적인 시야에 닿기 위해 더 많은 대화와 소통이 필요해진다.

필자는 함께돌봄책임의 제도화를 위해 더 많은 대화와 소통이 가능한 최선인 '돌봄의 국민대타협'으로 돌봄민국을 앞당길 수 있다고 본다. 사회의 각 부문마다 생각하는 최상의 이상이 있겠지만, 심사숙고한 국민 모두의 정치적 성찰과 반성 그리고 결단과 수용이 요구되는 미래지향적인 균형점은 필연적으로 가능한 최선일 수밖에 없다. 민주주의가 더 정의로운 균형을 찾아가는 큰 탐구의 항해임을 고려한다면, 다수제를 전제한 선거민주주의보다 더 많은 대화와 숙의가 가능한 국민대타협이 가능한 최선의 길일 수 있다. 더 많은 대화로 견인되는 돌봄민주의 대장정 속에서 돌봄이라는 가치가 국민 개개인의 마음속에서 그리고 공적 논의의 장에서 사장되지 않고 다른 가치들과 동등하게 배합되어 규범적 강제력으로 뒷받침되는 공적 가치로 탈바꿈될 때, 돌봄이 정치적으로 더 당당하고 더 정의롭고 더 민주적인 돌봄민주국가를 앞당길 것이라 기대한다. 궁극적으로 더 많은 민주적 대화만이 우리 모두에게 호응 받을 수 있는 이익이자 민주적 지지와 강제력을 호령하는 정치적 언어로서 돌봄에 정통성과 권위를 부여해 줄 것이다. 이 같은 민주적 지지와 정치적 언어로 돌봄이 격상되는 정도만큼, 누군가를 돌보는 것이 무엇과도 비견되지 않는 삶의 기쁨이 되는 돌봄이 당당한 돌봄민국은 성큼 다가올 것이다.

산업화는 늦었지만 정보화는 앞서가자던 추격 국가 대한민국이 어느덧 선도국가의 면면을 보이고 있다. 군사력, 외교력, 문화역량 등 다방면에서 세계 10위권 국가가 되었다는 평가를 받는다. 이제 따라하는 국가에서 없는 길을 찾아가야 하는 선도국가가 되고 있다. 평가야 엇갈릴 수 있지만, 환영하고 자랑스러워 할 일이다. 4차 산업혁명에 응전하려는 또 하나의 국가적 비전으로 디지털 전환은 거스를 수 없어 보인다. 디지털 전환을 상징하는 메타버스 시대는 그 특징상 공간적 차이가 없는 가상공간에 접목된 현실 세계를 의미한다. 걱정을 앞세워 말하면, 거리 두기가 불가하고 손길이 가야 하는 돌봄이 두뇌와 화면이면 가능해지는 비대면 가상현실의 풍경 속에서 또 다시 보이지 않을 위험은 커 보인다. 이제껏 대한민국이 내걸었던 국가프로젝트에 돌봄은 없었다. 민족국가, 반공국가, 발전국가, 민주국가, 시장국가, 토건국가, IT국가 등 여느 국가 프로젝트에서도 돌봄은 배제되었다. 국민이 없으면 국가가 성립될 수 없듯, 돌봄이 없다면 국민과 사회는 존속될 수 없다. 새로운 도전에 맞선 국가적 비전에 앞서, 과거 국가프로젝트에 돌봄이 없었음을 성찰하여 앞으로의 돌봄을 정의롭게 바로 세워야 할 것이다.

돌봄이 없는 국가 비전은 '밑 빠진 독에 물 붓기'다. 정의로운 돌봄이 바로 서지 않는 선도국가는 미래 시민이 종적을 감출 소멸 선도국가가 될 뿐이다. 지난 역사를 반면교사 삼아 돌봄을 근본으로 다루는 시민적·국가적 노력이 요구된다. 돌봄이야말로 인간계의 천하지근본(天下之根本)이다. 돌봄민국은 대한민국 미래 비전의 정의로운 근본이다.

4 구성과 내용

이 책은 1부 이론과 2부 실제로 구성된다. 1부 이론에서는 돌봄 민주국가의 철학적·이론적 배경을 소개한다. 돌봄정치이론인 케어리즘(Carism)을 제시하고 민주주의 및 헌법적 가치로서 돌봄을 다룬다. 더불어 돌봄민주국가 및 돌봄이론의 함의를 복지국가 및 복지이론의 맥락에서 살펴본다.

1장 '돌봄 없는 정치이론'에서는 기존 정치이론에서 돌봄이 얼마나 간과되고 배제되었는지 밝힌다. 돌봄의 경험과 가치를 반영하는 인간상과 사회상을 돌봄인과 돌봄사회로 구체화하고, 이러한 돌봄인과 돌봄사회의 관점에서 기존의 주류 정치이론, 예컨대 자유주의 이론과 공동체주의 이론이 돌봄을 충분히 반영하고 있지 못함을 비판한다. 결국, 자유주의와 공동체주의 모두 돌봄이 없다는 점에서 대동소이하다는 점을 비판하며, 돌봄인과 돌봄사회에 대한 이해가 규범적 정치이론의 필수적인 전제조건이 되어야 함을 주장한다.

2장 '케어리즘'에서는 돌봄정치이론으로 케어리즘을 소개하고 특징을 밝힌다. 1장에서는 기존 정치이론에서 돌봄이 배제되어 있음을 비판한 바, 2장에서는 돌봄의 경험과 가치를 반영하는 정치이론으로서 케어리즘을 언급한다. 인간 삶과 사회의 유지·존속에 없어서는 안 되는 돌봄의 가치를 주목하고 인정하며, 사회의 주요한 부정의로 돌봄의 지위에 따른 구조화된 불평등을 지적하고, 이를 교정하기 위한 시민적 연대책임을 규정하는 것으로 케어리즘의 특징을 논의한다.

3장 '돌봄민주주의'에서는 민주주의의 핵심 가치로서 돌봄을 다룬다. 기존 자유민주주의 및 사회민주주의와의 비교를 통해 더 정의롭고 더 민주적인 민주주의로서 돌봄민주주의를 제시한다. 돌봄민주주의를 달성하기 위한 방안으로서 돌봄 시민권의 재정립, 돌봄인을 중심으로 한 정치세력화, 돌봄을 매개로 한 연대와 투쟁(돌봄운동), 함께돌봄책임의 제도화를 제안한다.

4장 '헌법적 가치로서 돌봄'에서는 헌법의 핵심 가치로 돌봄을 다룬다. 헌법의 최고 이념이자 구성원리인 인간존엄으로서 돌봄의 가치를 강조하며, 행복추구권에 함축된 자유주의적 자유 개념의 틀로 돌볼 자유를 설명하지 못하는 한계를 지적한다. 더 나아가 돌봄을 헌법에 명시해야하는 당위를 주장한다.

5장 '돌봄민주국가의 복지'에서는 새로운 복지국가에 대한 요구가 대두되고 있는 현실에서 새롭고 더 나은 복지국가의 모습으로 돌봄민주국가를 제시한다. 복지국가와의 비교를 통해서 돌봄민주국가에서 상정하는 복지의 특징을 살펴본다. 이러한 논의를 통해 어떤 국가가 더 정의롭고 더 나은 국가인지에 대한 근원적인 질문과 좌표를 검토하는 기회로 삼고자 한다.

6장 '돌봄과 복지'에서는 돌봄과 복지를 구분하고 이에 기초한 원리를 비교한다. 이를 통해 돌봄이 복지를 지원하는 서비스의 일환이거나 개념정의가 모호한 광의의 복지가 아님을 증명해 보이고, 더 나아가 복지의 한계를 아우르는 보다 건설적인 대안 가치이자 사회운영의 원리임을 논증해 보인다. 돌봄과 복지가 대등한 사회원리로서 둘은 서로 보완적일 수 있음을 주장한다.

2부 실제에서는 돌봄민주국가의 현실과 제도에 대해서 다룬다. 한국적 맥락과 포스트코로나 시대 속 돌봄민주국가에 대해서 살펴보고, 현재 사회에서 감지되는 돌봄의 구조적 부정의에 대해서 설명한다. 더불어 돌봄민주국가의 정책 및 제도에 대해 제안한다.

7장 '한국적 돌봄민주국가'에서는 유교주의, 발전주의, 신자유주의 맥락에 놓인 한국적 돌봄민주국가의 도전과 전망에 대해서 살펴본다. 이들 맥락 중 일부는 돌봄민주국가에 대한 도전으로 또 다른 일부는 가능성이 될 수 있음을 논증한다. 이 맥락들 속에서 한국형 돌봄민주국가의 모습을 전망해본다.

8장 '돌봄과 구조적 억압'에서는 돌봄을 둘러싼 구조적 억압의 양상들을 살펴본다. 특히 영(Iris Marion Young)의 억압 개념을 활용하여, 돌봄수혜자와 돌봄제공자가 겪는 착취, 주변화, 무력함, 문화제국주의, 폭력의 다섯 가지 양상으로 돌봄의 구조적 억압을 구체화한다. 이를 통한 8장의 목적은 돌봄이 궁극적으로 권력 및 구조적 불평등의 문제임을 증명해 보이는 것이다.

9장 '코로나19, 돌봄부정의, 포스트코로나 국가'에서는 8장에서 살펴본 돌봄을 둘러싼 구조적 억압의 양상들이 현재의 코로나19 상황 속에서도 지속해서 재현되고 있음을 지적한다. 그 결과 코로나 팬데믹 속 '돌봄위기'는 코로나19 이전부터 돌봄이 배제된 사회구조에서 지속적으로 배양되고 있는 '돌봄부정의'라는 점을 주장한다. 이러한 부정의에 대한 비판과 반성을 통해 새로운 규범적인 전망과 지향을 담은 포스트코로나 국가를 전망해본다.

10장~12장은 돌봄정책과 제도에 대해서 다룬다. 10장은 한국의 장기요양보험제도를, 11장은 기본소득제도를 돌봄의 관점에서 규범적으로 평가해본다. 한국의 장기요양보험제도의 경우, 돌봄의 제도화를 이뤘다는 점에서는 고무적이나 돌봄의 사회화에는 여전히 성공하지 못한 지점을 진단한다. 11장은 최근 활발히 논의되는 보편적 기본소득제안이 제도화되어 기대했던 정책적 성과를 얻는다고 할지라도, 돌봄의 이슈를 다루기 위해서는 돌봄에 기초한 제도·정책 변화가 함께 수반되어야 함을 지적한다. 12장은 돌봄민주국가의 제도 제안을 제시한다. 돌봄민주국가의 제도 일반을 '함께돌봄책임제도'라고 칭하고, 함께돌봄책임제도가 기존의 돌봄정책과 무엇이 다르며 정당성의 논거는 무엇이고, 이에 근거한 함께돌봄책임제도의 다섯 안(돌봄헌법, 돌봄부, 돌봄책임복무제, 돌봄교육, 돌봄연금)을 제시한다.

5 나가며

필자는 유학시절 정의론과 페미니즘 철학을 공부하면서 돌봄 이론을 접하게 되었다. 특히 박사논문을 포함하여 구조주의적 관점에서 자유주의 정의론을 비판하고 대안이론을 구체화하려는 고민을 해왔다. 연장선에서 돌봄을 구조주의적 관점에서 정의론으로 재구성하여 기존 정의론의 한계를 짚고 그 한계를 혁파하고 싶은 문제의식을 갖고 있었다. 본격적으로 돌봄을 소개하고 공부한 것도 벌써 10여 년을 훌쩍 거슬러 올라간다. 그간 정치사회 윤리로 접근한 돌봄 저서들을 번역해 국내 학계에 소개하고, 여러 논문을 통해 한국 사회에 돌봄이라는 정의의 화두를 던져왔다. 돌봄과 정의에 대한 이해의 폭을 넓히고 페미니즘의 외연을 확충하며 두텁게 하고자 하는 목적이었다. 한마디로 하면, 이 책은 정의의 관점에서 빚어낸 정치적 언어로 돌봄을 재편하려는 노력이다.

10여 년 전 필자가 '정의·민주·국가'라는 정치 프레임으로 제시한 돌봄에 대한 학계의 반응은 지금과는 사뭇 달랐다. 기존 학문체계와 관성적 분류에 부합하지 않아 보인다는 이유로 몰이해하거

나 또는 익숙한 기존의 사고 틀로 새롭게 제시된 돌봄을 재단하려는
자세를 읽을 수 있었다. 심지어 생경함과 낯설음을 민주적 소통의
시발점으로 보기보다 배척하거나 계도하려는 완고함까지 보였다.
어쩌면 학문적 돌봄불모지에 돌봄을 개척하려는 노력이라면 불가
피하게 겪게 되는 그간의 씁쓸하고 고립된 감정은 돌봄이 배제되었
던 역사 속에서 가정과 사회의 돌봄인들이 품고 삭혀야 했던 답답함
에 비견되지 않을까 짐작해본다.

　　이러한 폄하와 편견은 진행형이다. 많은 이들에게 익숙한 습성
으로 굳어져버린 기존 사회의 입장에서 변화를 끌어내기는 쉽지
않을 것이다. 사회의 기득권 혹은 주류에게 돌봄은 마이동풍이 되
기 십상이다. 이것이 과거와 현재의 모습이다. 그렇지만 필자가 돌
봄 공부를 놓지 못하는 이유는 학문적 의미는 차치하더라도, 시름
깊은 돌봄인들의 눈물이 정치사회의 에너지로 전환되는 밑거름이
될 수 있겠다는 확신과 기대 때문이다. 몇 해 전 요양보호사를 지원
하는 시민단체에서 강의를 한 적이 있었다. 당시 완성되지 않은 부
족한 필자의 논의에 대한 반응만으로도 엄마, 아빠 또는 돌봄노동
자라는 이름으로 각자의 돌봄 현장에 계신 시민들의 채워지지 않
은 정치적 갈증과 원성을 절감할 수 있었다. 자신이 체감하지만 규
합되지 않은 그 무엇에 방향감이 더해졌으면 하는, 누군가가 체계
적으로 끄집어내고 이끌어주었으면 하는 열망과 간절함을 느낄 수
있었기 때문이다.

　　여전히 필자의 논의도 진행 중이다. 필자는 특정 세부 정책이나
프로그램에 대한 전문가가 아니다. 채워나가야 한다. 대신에 필자의
임무는 화두를 던지고 헤쳐 나가 논의의 지평을 확장하여 이정표를
세우고 점검하는 반복된 여정이라 생각한다. 그런 점에서 이 책이

길 없는 곳에 길을 내는, 넓혀진 지평에 남을 작은 발자국으로 평가 받는다면 더할 나위 없이 뿌듯하겠다.

이 책은 정의의 입장에서 돌봄을 다루고자 하는 취지를 담아 독립적으로 기출판된 필자의 논문들을 묶었다. 개별 글마다 완결성이 있는 글이라 어느 장부터 읽어도 무리가 없겠다. 기존 논문들을 묶으면서 반복되는 부분을 수정했으며, 초기 글과 최근 글의 논지를 더욱 일관되게 수정하였다. 하지만 여전히 부족한 부분은 필자의 몫이다.

1장은 "돌봄과 돌봄 없는 정치이론"(『한국정치학회보』 2019, 52(2): 203-224)을 수정한 것이다. 2장은 "케어리즘: 정치이론으로서 돌봄" (김희강·임현 편, 『돌봄과 공정』 2018, 서울: 박영사)을 수정한 것이다. 3장은 "돌봄민주주의: 자유민주주의와 사회민주주의를 넘어"(『한국여성학』 2020, 36(1): 59-93)을 수정한 것이다. 4장은 "돌봄: 헌법적 가치" (『한국사회정책』 2018, 25(2): 3-29)를 수정한 것이다. 5장은 "돌봄국가: 복지국가의 새로운 지평"(『정부학연구』 2016, 22(1): 1-26)을 수정한 것이다. 6장 "돌봄과 복지"(『정부학연구』 2021, 27(2): 35-62)를 수정한 것이다. 7장은 "A Caring Welfare State in South Korea: Challenges and Prospects"(*International Journal of Care and Caring* 2018, 2(3): 333-348)를 국어로 옮기고 수정한 것이다. 8장은 "Care Ethics as a Challenge to the Structural Oppression Surrounding Care"(*Ethics and Social Welfare* 2021, 15(2): 151-166)를 국어로 옮기고 수정한 것이다. 9장은 박선경 교수와 공저한 "코로나19, 돌봄부정의, 돌봄포용국가"(『한국행정학보』 2021, 55(2): 55-80)를 수정한 것이다. 10장은 "Is Long-Term Insurance in South Korea Socialising Care Policy?"(*Critical Social Policy* 2016, 36(4): 1-19)를 국어로 옮기고 수정한 것이다. 11장은 "The Basic Income and Care

Ethics"(*Journal of Social Philosophy* 2021, 52(Fall): 328-343)를 국어로 옮기고 수정한 것이다. 12장은 "돌봄민주국가의 제도디자인: 다섯 안"(2021 사회정책연합 공동학술대회, 한국사회정책학회 기획세션 발표문, 2021.11.12.)을 수정한 것이다.

　　마지막으로 한결같은 격려와 돌봄으로 이 여정을 함께해온 윤혜 아빠 나상원 씨에게 감사의 마음을 전한다.

2022. 2.

김 희 강

차례

2부 실제

1장 ──────── 돌봄 없는 정치이론

자유주의는 인간을 관계적이라기보다 자족적인 개인으로 보았으며, 사회도 개인 간 자발적인 계약관계의 산물로 여긴다. 공동체주의는 자유주의와 달리 인간을 관계적 존재로 접근하고 있으나, 돌봄관계에 대한 이해가 부족하고 돌봄이 개인의 미덕으로 치환될 수 있는 한계가 있다. 공동체주의 사회는 평등한 돌봄관계에 대한 고려가 제한되기 때문에 지배적인 돌봄관계로 인한 배제와 착취를 설명하지 못하는 한계가 있다. 결국, 자유주의와 공동체주의는 돌봄이 없다는 점에서 대동소이하다.

1 돌봄이 배제된 정치이론

프레이저(Nancy Fraser)는 최근 "자본과 돌봄의 모순"이라는 제목의 글에서 자본주의의 돌봄 배제에 대해 비판한다(Fraser 2016a, 2016b). 이 글에서 프레이저는 18세기부터 시작된 자본주의 역사 속에서 돌봄이 얼마나 간과되었는지, 분배되어야 하는 사회적 생산(social production)으로 여겨지지 못했는지, 여성과 가정의 책임으로 당연시되었는지를 밝힌다. 특히 가족을 부양하기 위해 적어도 두 명의 노동자(맞벌이)와 이들의 장시간 노동이 불가피한 현재의 자본주의 체제 속에서 그 누구도 돌봄을 제공하거나 책임지기 어려워진, 돌봄이 점차 소진되어가는 '돌봄위기(care crisis)'를 맞게 되었다고 설명한다. 프레이저는 이러한 돌봄위기는 자본주의에 내장된 맹점 때문이며, 이는 돌봄이 배제된 자본주의의 필연적인 결과라고 지적한다. 따라서 현재의 돌봄위기를 해결하기 위해 자본주의를 대체할 수 있는 새로운 사회경제체제, 즉 사회경제체제의 근본적인 재구조화가 요구된다고 강조한다.

프레이저가 자본주의 역사 속 돌봄의 배제를 지적했다면, 이 장은 기존 정치이론에서 돌봄의 배제를 살펴보고자 한다. 이 장에서 주목하는 돌봄은 사적 및 공적 영역에 적용되는 실천이자 규범적 가치로서 돌봄이다.[1] 규범적(도덕적) 관점으로 돌봄을 접근하는 논의는 1980년대부터 소개된 돌봄윤리(care ethics)가 기폭제가 되었다(Gilligan 1982; Noddings 1984). 현재의 많은 돌봄윤리 논의는 개인적 윤리를 넘어 그것의 정치사회적 의의를 강조한다(Tronto 1993; Sevenhuijsen 1998; Held 2006; Engster 2007; Engster and Hamington 2015).[2] 이들 논의에서 '돌봄'은 다양하게 정의된다. 트론토(Joan C. Tronto)는 돌봄을 "가능한 세상에서 잘살 수 있도록 우리의 세상을 바로잡고 지속시키고 유지시키기 위해 우리가 하는 모든 것을 포함하는 활동"이라 폭넓게 정의한다(Tronto 2013, 67). 헬드(Virginia Held)는 "돌봄제공의 노동과 돌봄실천을 평가할 수 있는 기준을 포함하는 실천"으로 돌봄을 개념화한다(Held 2006, 79). 잉스터(Daniel Engster)는 돌봄은 "사람들이 사회에서 생존, 발달, 기능할 수 있도록, 이들이 생물학적으로 긴요한 필요를 충족하고, 기초 역량을 발달·유지하며, 불필요하거나 원하지 않는 고통과 고충을 피하거나 완화하도록 돕기 위해, 우리가 이들에게 직접적으로 하는 모든 것"이라고 말한다(Engster 2007, 63). 하지만 돌봄의 다양한 개념정의에도 불구하고, 이들 학자들이 공유하는 것은 돌봄이란 단지 재생산노동을 넘어 '취약한 인간에 응답하는, 모든 인간의 삶에서 선결적이며 필수불가결한 실천이자 가치'라는 점이며, 그러한 관점에서 이들은 돌봄의 적용범위를 정치사회의 영역으로 확장시키고 있다. 이 장도 이 지점을 함께 공유한다.[3]

실제로 최근 일련의 정치이론가들은 돌봄이 기존 정치이론에서 얼마나 간과되고 배제되었는지 밝히고 있다. 트론토는 기존 정치이론에서 돌봄을 다루고 있지 못함을 비판하며, 돌봄은 정치적 개념(political concept)으로 규정되어야 한다고 주장한다. 규범적 성격의 정치이론에서 돌봄이 설명될 때, 기존 정치제도의 수정을 넘어 포괄적인 정치변화(트론토는 이를 "패러다임 변화"로 표현한다)를 이끌 수 있다고 보았다(Tronto 1993, 157-180). 세븐후이젠(Selma Sevenhuijsen)도 기존의 정치이론에서 돌봄 이슈가 방치된 현실을 지적하고 돌봄을 반영하는 돌봄이론의 가능성을 탐색한다(Sevenhuijsen 1998, 69-89). 잉스터도 인간 삶과 사회를 유지하고 존속시키는 데 필수적인 가치이자 실천인 돌봄이 기존의 정의론에서 설명되지 못하고 있음을 지적한다. 돌봄은 자유주의가 주목하는 개인의 자유와 평등 혹은 공동체주의가 강조하는 공동체의 가치와 좋은 삶보다도 선재하며 그 기저에 존재하기 때문에, 모든 정의론에서 핵심이자 정초가 되어야 한다고 설명한다(Engster 2007, 33-43).[4]

이 장은 기존 정치이론의 돌봄 배제를 비판하는 앞선 논의의 연속선상에 있다. 국내 학계에서 돌봄은 주로 노동의 일환으로 논의되고 있으며, 이 장이 주목하듯 규범적 관점에서 돌봄에 접근하는 연구는 많지 않다. 개인적 윤리의 수준에서 돌봄을 대안윤리로 제시하는 연구(조주영 2008; 박병춘 2013; 김은희 2015)가 있으나, 최근에 들어 돌봄윤리의 정치사회적 의의를 강조하는 논의(조한혜정 2006b; 허라금 2006a; 황보람 2009; 김희강·강문선 2010; 마경희 2010, 2011a; 남찬섭 2012; 김희강 2016)가 소개되고 있다. 특히 정치이론의 관점에서 돌봄윤리에 접근하는 논의는 현재 시작 단계라고 할 수 있다.

이 장은 다음의 세 가지 목적을 갖는다. 첫째, 실천과 규범적 가치로서 돌봄을 구체화하고자 한다. 정치이론의 맥락에서 '취약한 인간에 응답하는, 모든 인간의 삶에서 선결적이며 필수불가결한 실천이자 가치'로서의 돌봄이 무엇을 의미하는지 돌봄의 인간상과 사회(정치공동체)상의 측면에서 살펴보고자 한다. 돌봄을 정치사회가 인정하고 추구해야 하는 실천과 규범적 가치로 이해한다면, 이러한 가치가 투영된 인간상과 사회상으로 구체화할 수 있을 것이다.

둘째, 자유주의 이론과 공동체주의 이론을 중심으로 기존 정치이론에서 돌봄의 인간상과 사회상이 어느 정도 반영되고 있으며 혹은 얼마나 부재하는지 논의해보고자 한다. 특히 자유주의와 공동체주의의 주장을 인간상과 사회상으로 세분화한 후, 돌봄의 입장에서 이들에 대해 체계적으로 분석을 시도해보고자 한다. 이는 자유주의와 공동체주의가 기존 정치이론을 전적으로 대표한다는 의미는 아니며 또한 이 장이 자유주의와 공동체주의의 다양한 스펙트럼을 모두 포괄하지 못하겠지만, 이들이 소위 기존 정치이론 논쟁의 축을 자임해온 측면이 있기에 이들 이론의 전형이 돌봄을 어떻게 다루었는지 살펴보는 것은 유의미하다.

셋째, 프레이저가 언급한 '돌봄위기'를 고려했을 때, 돌봄 없는 정치이론이 갖는 한계와 문제점을 돌봄부정의(care injustice)의 맥락에서 살펴보고자 한다. 돌봄의 관점에서 기존 정치이론을 비판하는 이 장의 주장은 페미니즘 관점에서 기존 정치이론을 비판하는 논의와 관련된다. 페미니즘 논의도 여성과 가족의 부재, 가족 내 성별분업으로 인한 여성의 낮은 지위, 이에 따른 사회경제적 성불평등을 간과하고 있는 자유주의와 공동체주의의 한계에 대해서 비판한다(Okin 1989).[5] 특히 많은 여성이 대부분의 돌봄을 담당하고 있고(담당하기를 기대하고), 사회적 수준에서 돌봄의 가치인정이 제대로 이뤄지지 않은 현실에서, 이러한 돌봄의 여성화와 돌봄의 저평가는 성불평등으로 이어지고 있다. 따라서 돌봄의 관점은 페미니즘이 주장하는 가부장제 및 성불평등에 대한 도전과도 필연적으로 관련된다. 하지만 이 장이 주목하는 돌봄 관점은 단지 젠더관계의 불평등에 국한되지 않으며, 모든 인간이 경험하는 불가피한 의존과 돌봄필요, 이에 따른 돌봄수혜자와 돌봄제공자가 겪는 불평등과 부정의, 공적 가치로서 돌봄에 대한 사회적 책임 이슈를 모두 포괄한다는 점에서 페미니즘을 포함하면서도 '정의(justice)'라는 보다 확장된 관점을 제시한다.

2 돌봄의 인간상과 사회상: 돌봄인과 돌봄사회

돌봄인

모든 인간은 누군가의 돌봄이 없다면 생존하거나 성장하지 못하는 취약한 의존의 시기를 경험한다. 이러한 생물학적 의존을 겪는 누군가를 돌보는 사람들은 자신의 이러한 돌봄제공으로 인해 사회경제적으로 취약해지게 마련이며, 그 결과 이들에게 사회경제적 자원을 제공할 수 있는 또 다른 누군가에게 의존하게 된다.[6] 돌봄제공자의 사회경제적 의존은 무급 돌봄노동과 유급 돌봄노동 모두 해당된다. 일반적으로 유급 돌봄노동의 경우 보수가 상대적으로 낮고 노동 환경이 열악하며, 이를 제공하는 사람들의 사회경제적 지위가 전반적으로 낮다. 비록 개인마다 겪게 되는 의존의 강도와 그 기간은 다르겠지만, 의존은 모든 인간이 삶의 일정 구간에서 보편적으로 겪는 것이며, 모든 인간이 의존과 돌봄을 경험한다는 사실은 예외 없는 참(眞)이 된다. 우리가 살아있음은 그 자체로 우리가 돌봄의 수혜자였음을 증명하는 것이다.

결국 우리 모두는 한때, 지금 그리고 언젠가 누군가의 돌봄에 의존한다. 또한 우리를 돌보는 많은 사람들은 자신이 담당하는 돌봄을 이행하기 위해 또 다른 누군가의 돌봄을 필요로 한다. 살아있는 모든 인간은 다른 누군가의 돌봄을 필요로 하는 취약한 개인으로부터 시작했으며, 이러한 인간의 돌봄필요에 응답하는 타인과 그러한 타인을 돌보는 또 다른 누군가와의 돌봄관계 속에 인간은 자리한다. 이렇듯 필연적으로 속하게 되는 돌봄관계에서, 모든 인간은 돌봄을 제공하거나 돌봄을 필요로 하는 위치에 우연적 순서에 따라 놓이게 되는 것이다. "모든 인간은 한번쯤 돌봄의 수혜자이자 제공자가 된다. … 사람은 일생을 통해 돌봄의 필요와 능력이 달라지기는 해도 언제나 돌봄의 수혜자이자 제공자다"(Tronto 2013, 87).

이러한 배경에서 트론토는 돌봄을 인간 삶의 필수불가결한 인생의 일부로 받아들이는 인간을 '돌봄인'(돌봄적 인간, *homines curans*)으로 상정한다(Tronto 2017). 돌봄인은 자족적이며 독립적인 인간이 아닌 돌봄관계에 필연적으로 연루되며 그러한 관계에 영향을 받고 구성되는 관계적 존재, 샌델(Michael Sandel)의 표현을 빌리자면, 즉 돌봄연고적(care-encumbered) 존재이다. 모든 인간은 주체적이고 자립적이며 합리적인 인간이기 이전에 본래적으로 돌봄인이며, 함께 사는 공동체에서 요구되는 정치적 인간의 기원 역시 돌봄이 필요한 대상이자 돌봄행위의 대상에서 비롯된다. 인간을 돌봄인으로 보는 입장은 인간을 가장 인간적(personhood)으로 다루는 것이기도 하다.[7] 돌봄인의 관점에서 볼 때, 의존과 돌봄은 인간의 보편적이고 정상적인 조건으로 간주된다.

돌봄사회

돌봄사회는 돌봄관계를 기반으로 하는 사회이며 동시에 돌봄
관계에 가치를 부여하는 사회이다. 돌봄사회란 돌봄관계 없이 인간
이 생존하고 성장할 수 없듯이, 사회도 돌봄관계 없이는 존속하고
발전할 수 없다는 전제에 기초한다. "돌봄이 없다면 사회도 없으며,
돌봄이 없으면 사람도 없다"(Held 2006, 168). 돌봄관계는 사회를 구성
하는 전제적 기초가 되며 그 어떤 사회적 관계(예를 들면, 정치적 연합이
나 경제적 계약)보다 선재하고 그러한 관계를 평가할 수 있는 규범적
인 기준이 된다.

돌봄사회의 특징은 돌봄관계의 모습으로부터 유추할 수 있다.
취약한 의존인과 돌봄제공자의 관계는 불가피하게 비대칭적이다.
의존인의 존속은 자신의 돌봄필요에 응답하는 생물학적·심리적·
물질적 돌봄을 지근거리에서 제공하는 돌봄제공자의 역할에 직접
적으로 좌우된다. 의존인과 돌봄제공자의 이러한 관계는 확연한 힘
의 비대칭 관계이다. 역시 취약한 돌봄제공자와 돌봄제공자를 돌보
는 다른 타인(조달자)의 관계도 필연적으로 비대칭적이다. 의존인을
돌봄으로써 사회경제적으로 취약해진 돌봄제공자의 존속은 자신
에게 사회경제적 자원을 제공하는 조달자의 선의에 달려있다. 그러
나 돌봄관계는 이러한 힘의 비대칭에도 불구하고, 그것이 위계적이
거나 지배적이 되지 않는 관계이다(Held 1995, 225-256; Kittay 1999, 90-91).[8]
예를 들어, 전형적인 돌봄관계인 어머니(돌봄제공자)-자녀(의존인) 관
계에서 성인인 어머니는 어린 자녀에 비해 신체적·정신적·물질적
힘의 비대칭을 이루지만, 어머니는 자녀를 독단적으로 지배하지 않
으며 자녀가 생존하고 성장하고 훈육될 수 있도록 돌본다(Held 1995,
220-225).[9] 오히려 돌봄관계는 책임과 의무에 기초한 공감과 신뢰의

관계이다. 돌봄을 받는 사람은 돌봄을 제공하는 사람이 자신을 돌보는 데 책임을 다할 것이며 그러한 권한과 책임을 남용하지 않을 것이라 신뢰해야 한다. 역으로 돌봄을 제공하는 사람은 돌봄을 받는 사람이 돌봄을 지나치게 요구하지 않으며 돌봄제공자를 착취하지 않는다는 신뢰가 있어야 한다(Kittay 1999, 90-91). "돌봄은 신뢰와 동의어가 아니지만 신뢰는 돌봄관계의 특징이며 돌봄과 신뢰는 공생관계"라는 헬드의 지적처럼, 돌봄사회 역시 사회적 신뢰와 연대가 바탕을 이루는 사회이다(Held 2006, 88-90).

돌봄사회는 개인적 수준에서 행해지는 다양한 돌봄관계를 지원하고 보완한다. 그렇더라도 돌봄사회는 가족과 공동체의 돌봄을 새로운 돌봄관계로 대체하는 것이 아니라 오히려 이를 지원하고 보완하는 역할을 한다. 이를 통해 사회적 신뢰와 연대를 보다 견고하게 하는 조건을 조성하고자 노력한다. 이 점에서 나딩스(Nel Noddings)는 사회(혹은 사회서비스 같은 조직, 학교, 심지어 국가)도 돌볼 수 있다고 언급한다. 예를 들어, 사회는 개인 차원의 직접 돌봄을 담당하지 못하겠지만, 개인적 수준에서 이뤄지는 돌봄이 더욱 활성화될 수 있는 사회제도와 조건을 마련함으로써 타인을 돌볼 수 있다는 것이다(Noddings 2015, 83). 더 나아가, 돌봄사회의 역할은 단지 돌봄관계를 보호하고 증진하는 것을 넘어선다. 돌봄사회가 돌봄관계에 가치를 부여하는 방법은 불평등한 돌봄관계에 대한 규제와 교정을 통해서이다. 돌봄사회는 주어진 돌봄관계를 그대로 답습하기보다 이를 평가하고 시정하는 역할을 한다. 실제로 우리가 얽혀있는 많은 돌봄관계는 우리가 선택한 것이 아니라 부모와 형제자매처럼 단지 우리 앞에 펼쳐진 것이다. 그러나 이러한 관계도 도전과 교정이 필요한 것일 수 있다(Held 2006, 105). 이 점에서 돌봄사회는 전통적으로 여성에게 부과되었던 돌봄역할에 획일적으로 가치를 부여하지 않는다. 오히려 돌봄사회는 기존의 돌봄관계를 평가하고 더 나은 관계를 권고하는 기준을 제공할 수 있다는 점에서 전통의 이름으로 정당화되어 온 견고한 가부장제에 도전하는 데 기여할 수 있다(Held 2006, 7).

지배적이지 않으며 신뢰에 기초한 평등한 돌봄관계는 그 관계에 속한 사람들(돌봄을 받는 사람과 돌봄을 주는 사람)이 착취되거나 배제되지 않는 관계이다. 돌봄사회는 이들이 돌봄을 받음에 있어(혹은 돌봄을 담당함에 있어) 착취당하거나 배제되지 않도록 충분한 보호와 지원이 살아있는 사회이다. 의존인의 돌봄필요가 충분히 충족될 수 있어야 하며, 돌봄제공자가 돌봄을 수행함으로써 착취되지 않는 환경이 조성되어야 한다(Kittay 1999). 이를 위해서 돌봄사회는 돌봄이 필요에 맞게 정당하게 분배되었는지, 분배에 따른 부담과 혜택이 공정하게 분담되었는지 지속적으로 주목한다. 결국 돌봄사회에서는 돌봄관계가 보호·조성되며, 돌봄관계에 속한 사람들이 배제되거나 착취당하지 않으며, 돌봄의 책임이 공정하게 분담되고, 돌봄관계를 제한·저해하는 환경(예를 들면, 시장)이 정당하게 규제될 수 있다.

3 돌봄이 배제된 자유주의

자유주의 인간상

자유주의는 자유롭고 평등한 개인들을 상정한다. 예를 들어, 로크는 자연상태에서 인간을 "평등하고 독립적"이며 각자 "자신의 몸과 소유물에 대한 절대적인 주인"으로 간주한다(Locke 1980[1690], 65,

9). 이러한 인간은 자신의 몸과 행동을 규율하고 자신의 소유물을 의지대로 처리할 수 있는 완전히 자유로운 상태이다. 또한 자연에서 부여받은 권리를 누리며 유사한 능력을 행사하는 측면에서 인간은 평등하다. 칸트도 인간을 이성에 기초한 합리적인 행위자이자 도덕적으로 자율적인 존재로서 자유롭고 평등하다고 설명한다(Kant 1996[1785]). 자유주의는 이러한 인간상을 전제함으로써, 모든 인간은 자유롭고 평등하게 대우받아야 한다는 규범적 이상(ideal)을 함께 규정한다. 자유롭고 평등한 개인들은 양도할 수 없는 선험적 권리를 부여받으며, 정치사회의 역할은 개인들의 이러한 권리를 보호하고 보장함으로써 이들의 자유와 평등을 보호하고 보장하는 것이다.

그러나 인간을 자유롭고 평등하고 자족적이며 합리적인 행위자로 간주하는 자유주의 인간상은, 그러한 자유주의적 개인으로 성장하기 위해 태어난 후 상당 기간 동안 모든 인간은 누군가의 신체적·정신적·물질적 돌봄을 받아야 하는, 돌봄이라는 탯줄에 사실상 묶여 있음을 간과하게 된다. 또한 독립적인 성인이 되었다고 할지라도 질병이나 장애를 겪을 때 그리고 쇠약한 노년기에, 누군가의 돌봄을 필요로 한다는 사실을 외면하게 된다. 모든 인간은 누군가에게 돌봄을 받지 않고는 생존할 수 없는 존재로 태어나며, 태어난 후 몇 년간은 누군가의 돌봄을 받고 성장해야 한다. 성장한 후에도 죽음에 이르기까지 필연적으로 누군가의 돌봄을 필요로 한다는 사실은 여전히 유효하다. 그러나 인간을 자족적이며 합리적인 존재로 상정하는 자유주의 인간상은 모든 인간이 경험하는 돌봄과 의존, 돌봄관계에 대한 고려가 빠져 있다. 이 점에서 헬드는, 의존과 돌봄이 부재한 자유주의 전제는 "단지 익숙함을 제외한다면 어떤 근거도 없는 이데올로기적이고 검증되지 않은 출발선"일 뿐이라고 일축한

다(Held 2006, 199).[10]

　돌봄이 없는 자유주의 인간상은 롤즈(John Rawls)의 정의론에서
도 반복된다(Kittay 1999, 152-209; Eichner 2010, 18-26).[11] 롤즈에게 정의란
자유롭고 평등한 존재로 특징지어진 개인들 간에 이루어진 합의의
결과이다. 이때 개인은 "온전히 협력적인 사회의 구성원"으로서 자
유롭고 평등한 존재이다. 롤즈는 개인은 정의감(a sense of justice)과 좋
음의 개념(a conception of the good)을 가질 수 있는 능력이 있다는 점에서
평등하며, 타당한 자기인증적 주장을 할 수 있고 독립된 좋음의 개
념을 갖는다는 점에서 자유롭다고 보았다(Rawls 2001, 18-24). 그러나
롤즈가 전제하는 인간상은 돌봄인이 아니다. 그의 이론 전반에서
의존이라는 인간 삶의 필수적인 조건과 모든 인간이 필연적으로 삶
의 일부로 겪게 되는 돌봄관계에 대한 이해는 특별히 찾아볼 수 없
다. 예컨대, 롤즈의 인간 개념과 사회 개념의 전제를 이루는 "정의의
여건"에서 의존이라는 여건은 고려되지 않는다(Rawls 1971, 126-127).
"온전히 협력적인 구성원"이라는 규범에는 의존적이고 취약한 존
재로서 인간이 다뤄지지 않는다(Rawls 1971, 546).[12] 혹자는 롤즈의 원
초적 입장에서 대표자가 의존인 혹은 돌봄제공자의 지위를 가정할
수 있다고 반박할 수 있겠다. 그러나 롤즈의 정의론은 돌봄과 의존
에 대해 직접적으로 다루지 않았을 뿐만 아니라, 원초적 입장에서
이들의 지위가 고려될 수 있다고 쳐도 이는 단지 최소 수혜자로서만
(최소 수혜자의 입장으로만) 대표될 뿐이다. 더군다나 롤즈의 이론 틀에
서 의존인이나 돌봄제공자가 최소 수혜자의 위치로 동화될 수 있음
이 얼마나 온전히 뒷받침될 수 있을지는 여전히 모호하다(Kittay 1999,
154-155, 205-206).

　또한 몇몇 비판가들이 지적하듯, 롤즈에게 있어 장애인이나 특

별한 필요를 가진 사람들은 그의 이론 틀에서 매우 예외적인 사례로 다뤄질 뿐이다(Kittay 1999, 171; Nussbaum 2002, 190, 211, note 22, 23; 2003, 513; Eichner 2010, 151, note 21). 롤즈는 신체적·심리적 능력이 '정상적인' 개인을 사회의 협력적인 구성원으로 상정함으로써, 돌봄이 필요한 의존적인 개인과 그들에게 돌봄을 제공하는 돌봄제공자의 필요를 고려하지 않고 있다. 특히 심각한 신체적·정신적 장애가 있는 사람들은 정의의 장에서 일단 제쳐둘 이슈라고 지적하고, 단지 법률제정의 단계에서나 논의해 볼 수 있을 것이라 언급한다(Rawls 1993, 272, note 10, 302). 따라서 아이들, 병약한 노약자, 장애인, 아픈 사람 같이 생존과 발달을 위해 구체적으로 돌봄이 필요하거나 이러한 의존적인 개인을 돌보기 위해 특수한 돌봄필요를 갖는 모든 개인은 롤즈의 원초적 입장에서 원칙적으로 배제되게 된다.[13]

의존과 돌봄이 없는 전형적인 자유주의 인간상은 심지어 자유주의 내부에서도 한계로 지적받는다. 자유주의의 사회계약론에 기초한 인간상을 비판하는 대표적인 학자로 너스바움(Martha C. Nussbaum)을 들 수 있다(Nussbaum 2002). 너스바움은 자유주의 사회계약론에서 상정하는 자유롭고 평등하며 자족적인 인간은 존재론적·인식론적으로 인간의 조건을 잘못 이해한 결과라고 비판한다. 이러한 인간상은 인간의 삶에서 단지 일정 기간에만 존재할 뿐, 따라서 인간 삶의 제한된 면만을 반영하기 때문에 역시 과장된 개념이라는 것이다. 반면에 현실의 인간은 극단적이고 비대칭적인 의존상태에 처한 무력한 신생아에서 삶을 시작하며, 늙어서는 삶의 마지막을 신체적·정신적으로 누군가에게 의존하게 된다. 또한 유년기와 노년기 사이의 성인도 언제든 정서적·신체적 의존이 필요할 수 있다고 지적한다. 실제 사회는 "돌봄을 주고받는 사회"이며 그 사회는 인간의 돌봄필요와 의존에 대처하는 방식을 찾아야 한다고 강조한다(Nussbaum 2002, 188-189).

결론적으로, 자유주의에서 상정하는 자유롭고 평등하며 자족적이고 합리적인 인간은 돌봄인이 아니다. 자유주의 인간상의 관점에서 보면, 의존적인 사람, 돌봄필요가 있는 사람은 사회의 온전한 구성원이 아니라 단지 "어린아이 혹은 동물"처럼 다뤄진다(Kymlicka 2001, 299). 다시 말해, 능력 있고 합리적인 성인이 아닌 사람은 자유주의의 이론 틀 안에서 차별과 혐오 혹은 단지 온정주의의 대상으로 남겨질 여지가 크다.

자유주의 사회상

자유주의는 자족적이고 합리적인 개인들이 가상적인 사회계약을 통해 현대의 민주주의 정치사회를 형성한다고 전제한다. 로크, 홉스, 루소의 전형적인 경우에서 볼 수 있듯이, "사회는 자신의 개인적 이익을 보호하고 증진시키는데 관심을 가진 사람들 간에 이루어지는 계약의 산물 혹은 협상의 과정"으로 간주된다(Mulhall and Swift 1996, 47). 자유주의의 사회계약은 상호 무심한 개개인 사이의 자발적인 상호관계이며, 정치사회는 이러한 상호관계에 의해 구성된 것임을 분명히 한다.[14] 그러나 사회계약에 기초한 정치사회는 가장 근본적인 수준에서 우리가 우리를 돌보는 사람과 연결되고 우리를 돌보는 사람이 더 큰 사회와 연결되는 돌봄관계에 대한 이론적·실천적 논의의 공간을 찾을 수 없다. 다시 말해, 자유주의는 사회의 정초가 되는 돌봄관계에 대한 이해가 미흡하다.

롤즈로 돌아가면, 정의의 여건은 "서로에게 무관심한 사람들이 자원이 적당히 부족한 여건 하에서 사회적 이득의 분배에 대해 상충하는 요구를 할 때" 발생하기 때문에, 사회란 상충하는 요구를 조정하고 상호분배를 위한 "협력 사업(cooperative venture)"으로 상정된다(Rawls 1971, 128, 4). 즉 롤즈는 사회를 협력적 시스템으로 보는데, 이때의 사회적 협력(social cooperation)은 구성원 간의 관계와 상호행동이 공적 규칙과 과정에 의해서 규율될 수밖에 없다는 사실에 기초한다. 이 점에서 사회는 구성원 간 호혜(reciprocity)의 특징을 가지며, 이는 사회적 협력이 단지 위계에 의해 특정 규칙으로 조정(coordination)되지 않는다는 점을 명확히 한다(Rawls 2001, 6). 그럼에도 롤즈의 사회상은 돌봄관계가 인간과 사회의 생존과 존속에 근원적이라고 보는 입장에서 본다면 충분히 설득적이지 않다. 롤즈의 사회에서 시민은 사회적 협력의 참여자로서 혼자서는 획득할 수 없는 사회적 이득을 분배받을 수 있지만, 이들이 필연적으로 속하게 되는 의존과 돌봄의 유대관계는 사회의 핵심적인 요소로 인정받지 못한다. 결국 사회란 자유롭고 평등한 사람들만의 협력의 산물일 뿐, 모든 인간이 경험하는 불가피한 의존과 돌봄필요, 돌봄관계에 대한 이해는 롤즈 논의에서 전반적으로 부재하다.

돌봄관계와 관련해 롤즈 이론에서 주목할 지점은 가족이다. 일반적으로 가족은 가장 기본적이고 본질적인 돌봄관계가 형성되고 지원되는 곳이기 때문에, 롤즈의 정의론에서 가족이 어떻게 다뤄지는지를 살펴봄으로써 돌봄관계에 대한 롤즈의 입장을 유추할 수 있을 것이다. 그러나 이미 몇몇 여성주의 학자들이 제시하고 있듯, 롤즈에게 가족은 정의의 대상과 이슈로서 모호하거나 중요하지 않게 다뤄지고 있다(Okin 1989, 25-40; Nussbaum 2003, 499-507; Eichner 2010, 23-26). 롤즈는 가족이 사회 기본구조로서 정의의 대상임을 분명히 하고 있다(Rawls 1971, 7). 특히 가족 내 정의와 성별화된 가사분담이 야기하는 성불평등을 보지 못했다는 오킨(Susan Okin)의 비판 이후, 롤즈 이론은 가족에 대해 보다 자세하게 설명하고 있다.[15] 롤즈에게 가족은 미래의 시민을 길러내고 다음 세대를 양성하는 사회의 "필수적인 역할"을 수행하는 것으로 판단된다. 특히 자녀를 기르고 돌보며 교육하는 역할을 하는 가족은 도덕성을 기르는 학교로, 시민을 일차적으로 사회화시키는 장소로 간주된다. 따라서 롤즈는 이러한 가족 내에서 돌봄을 담당하는 여성에게 차별과 불이익이 발생하고 취약한 아동에게 학대가 일어난다면, 이는 부정의로서 가족은 여성과 아동에게 기본적 자유와 기회를 보장하는 정의의 원칙이 적용되어야 하는 대상이라는 점을 강조한다(Rawls 2001, 162-168).

그럼에도 불구하고 롤즈에게 가족은 여전히 사적 공간으로서 공권력의 적용을 받아야 하는 정의의 대상으로 확실하게 다뤄지지 않는다. 롤즈에 따르면, 가족은 사회의 기본구조이기 때문에 정의의 원칙의 적용을 받지만, 동시에 정의의 원칙은 가족의 "내적인 삶(internal life)"에 직접적으로 적용될 수 없다고 보았다. 예를 들면, 가족 내 여성차별과 아동학대가 존재한다면 이는 시민의 기본권 보장을 위배하는 것이기 때문에 제재·교정되어야 하는 것이지만, 가족 내에서 아이를 키우는 방식이나 구성원이 가사와 돌봄을 분담하는 정도에 대해서는 특정 가족의 자발성과 자율성으로 존중해 주어야 한다는 것이다(Rawls 2001, 164-166). 다른 예로, 자유롭고 평등한 시민이 갖게 되는 정의감은 부분적으로 부모의 사랑과 지원, 교육을 통해서 길러진다고 지적하지만, 부모자녀 관계를 통해 자녀의 정의감이 어떻게 육성·함양되는지에 대해서 롤즈는 "암상자(black box)"로 남겨둔다(Eichner 2010, 19). 결국 롤즈의 이론은 사회구성원을 길러내고 돌봄을 제공하는 가족의 역할과 기여, 이에 대한 사회적인 인정과 지원에 대해서는 주의 깊게 생각하지 않은 것으로 보인다.

이러한 배경 하에 자유주의 사회의 역할은 이미 돌봄을 받고 성인이 된 자족적인 개인의 자유가 어떻게 보호될 수 있을지, 개인의 권리보호를 위해서 사회는 어떤 역할을 해야 하는지, 사회적 협력의 산물(예를 들면, 권리, 재화 같은 기본적 가치)을 이들에게 어떻게 평등하게 나눌 것인지에 초점이 맞춰진다. 자유주의 사회상에서는 돌봄관계의 가치를 보장하고 보호하는 사회의 역할에 대한 논의가 빠져있다. 아이너(Maxine Eichner)에 따르면, 이러한 롤즈의 한계는 단지 돌봄이 평등하게 분배되어야 하는 사회적 협력의 산물로 등록된다 할지라도 해결될 수 있는 것은 아니다. 롤즈의 근본적인 문제점은 분배되어야 하는 기본적 가치(primary goods)에 돌봄이 포함된다 할지라도, 그 목록 중에서 돌봄이 왜 더 중요하고 우선하는지 설명하지 못하기 때문이라고 보았다. 또한 이는 가족에서 진행되는 돌봄관계를 사회가 지원하고 보장해야하는 역할과 책임을 설명할 수 없게 만든다고 보았다(Eichner 2010, 21).

더 나아가, 자유주의가 돌봄관계를 평가·교정할 수 있는 사회의 역할을 상정하고 있는지(혹은 상정할 수 있는지)에 대해서도 의문이다. 자유주의 중립성의 가치는 명확한 공사구분 아래 주로 사적 영역에서 진행되는 돌봄관계에 대한 사회의 지원과 평가를 주저하게 만든다(Eichner 2010, 22). 앞서 언급했듯이, 비록 롤즈는 돌봄을 제공하는 가족의 역할을 언급하고는 있으나, 그러한 가족의 역할이 어떻게 사회적으로 인정받을 수 있을지 또한 어떻게 보호되고 증진될 수 있을지에 대해서 언급하고 있지 않다(Eichner 2010, 19). 돌봄관계는 단지 사적 영역의 역할과 가치로 상정되고 있기 때문에, 이를 평가하거나 교정하는 사회의 역할을 제한시킨다. 그 결과 부정의한 돌봄관계로 인해서 배제되고 차별받는 의존인과 돌봄제공자의 문제도 롤즈의 논의 틀에서는 적절하게 다뤄지기 어렵다.

결과적으로, 돌봄사회가 주목하는 것이 인간의 돌봄필요가 충분히 충족되고 있는지, 돌봄관계가 보호되고 조장되고 있는지, 평등한 돌봄관계가 유지되고 있는지에 관해서라면, 자유주의 사회가 주목하는 것은 사회적 협력의 산물을 어떻게 평등하게 나눌 것인지, 개인의 권리를 보호하기 위해 사회를 어떻게 구성하고 조직할 것인지에 관해서이다. 자유주의 사회는 자족적이며 자율적인 인간을 전제하고 있기 때문에, 그러한 사회의 역할은 인간의 자유와 권리를 보호하는 방식으로 인간존엄성(human dignity)을 실현한다. 그러나 인간의 의존과 돌봄, 모든 인간이 일생의 일부분으로 필연적으로 속하게 되는 돌봄관계를 고려한다면, 인간존엄성의 존중은 단지 개인이 갖는 자유와 권리의 보호를 넘어서야 할 것이다. 따라서 돌봄사회가 구성원들에게 돌봄에 대한 지원과 성장을 위한 환경을 보장하는 것은 자유주의 사회가 개인의 안전과 기본적인 권리보호를 보장하는 것만큼이나 근본적인 것이다(Eichner 2010, 52).

4 돌봄이 배제된 공동체주의

공동체주의 인간상

공동체주의 인간상은 앞서 논의한 자유주의 인간상과 다르다. 공동체주의 이론은 인간을 칸트의 선험적 주체나 롤즈의 무연고적 자아 같이 근본적으로 현실에서 유리된 주체라기보다 필연적으로 관계되고 서로 연결된 존재로 상정한다(Sandel 1982, 15-24). 특히 부모와 자식의 관계처럼 개인의 선택과 무관한 비선택적 관계와 그러한 관계에 의해 구성되고 영향 받는 존재로 인간이 개념화된다. 또한 관계에 의해 정체성이 구성되며, 관계 속에서 도덕적 역할과 의무를 부여받는 존재로서 개인이 상정된다(MacIntyre 1981, 190-209). 예를 들어, 맥킨타이어(Alasdair MacIntyre)는 인간이라는 존재가 자유주의 이론이 전제하듯 자족적이며 비의존적인 것이 아니라 관계에 내장(embedded)되고 가족, 사회, 역사의 맥락에 놓인 연고적(encumbered) 자아라는 점을 강조한다.[16]

> 나는 누군가의 아들 또는 딸이고, 누군가의 사촌 또는 삼촌이다. 나는 이 도시 또는 저 도시의 시민이며, 이 동업조합 또는 저 직업 집단의 구성원이다. 나는 이 씨족에 속하고, 저 부족에 속하며, 이 민족에 속한다. 그렇기 때문에 나에게 좋은 것은 이러한 역할들을 담당하는 누구에게나 좋아야 한다. 이러한 역할의 담지자로서, 나는 나의 가족, 나의 도시, 나의 부족, 나의 민족으로부터 다양한 부채와 유산, 정당한 기대와 책무들을 물려받는다. 그것들은 나의 삶의 주어진 사실과 나의 도덕적 출발점을 구성한다. 이것은 나의 삶에 그 나름의 도덕적 특수성을 부분적으로 제공한다(MacIntyre 1981, 204-205).

이와 같이 인간은 타자와 무관하게 독립적으로 존재할 수 없으며 관계에 내장되고 연고적인 존재로 보는 공동체주의 견해는 돌봄의 인간상과 사뭇 흡사하다. 더 나아가, 공동체주의 인간상은 인간 존재의 의존과 취약성에 대해 구체적으로 언급하고 있다는 점에서 돌봄의 인간상과 보다 맞닿아 있다. 맥킨타이어는 그의 책『의존적인 합리적 동물: 왜 인간은 미덕이 필요한가』에서 인간을 다음과 같이 묘사한다.

인간은 많은 종류의 고통에 취약하며, 우리 중 대부분이 언젠가는
심각한 병으로 고통 받는다. 우리가 이를 어떻게 대처할 수 있는지
는 일부만 우리에게 달려 있을 뿐이다. 그것은 아주 빈번히 타인
에 의해 좌우된다. 즉 우리가 몸이 아프고 다치고 제대로 먹지 못
하거나 정신적 이상 혹은 심리가 불안정하고 인신공격이나 무시
를 당했을 때, 성장은 고사하고 우리의 생존은 아주 빈번히 타인에
게 맡겨진다. 보호와 생존을 위해 이렇듯 타인에게 의존해야 함은
어릴 때와 노인일 때 가장 명백하다(MacIntyre 1999, 1).

맥킨타이어는 "의존을 주요한 인간조건"으로 상정하며, 취약
하고 의존적이기 때문에 "생존을 위해서 아주 빈번히 타인에게 의
존"해야 하는 존재로서 인간을 상정한다(MacIntyre 1999, 4, 1).
   인간의 불가피한 의존과 이에 따른 타인과의 필연적인 연계를
강조하는 점에서 공동체주의 인간상과 돌봄의 인간상이 유사함에
도 불구하고, 하지만 이들 간에서는 몇몇 주요한 차이가 있다. 다시
말해, 공동체주의 인간상이 돌봄인에 대한 충분한 이해를 담고 있는
지의 의문은 여전하다. 우선 공동체주의 이론이 돌봄의 가치와 돌
봄관계를 고려하고 있는지 회의적이다. 앞서 언급한 맥킨타이어의
글에서 인간은 의존적이고 취약한 존재로 묘사되지만, 취약한 인간
의 돌봄필요와 이에 윤리적으로 대응하는 돌봄제공자의 책임, 의존
인과 돌봄제공자 간의 관계에 대한 구체적인 설명은 찾아볼 수 없
다. 인간의 조건으로서 의존을 인정한 맥킨타이어조차 그의 저서를
통틀어 돌봄(care)이라는 단어를 직접적으로 언급하고 있지 않다(Held

2006, 93).

오히려 인간의 의존을 언급하며 맥킨타이어가 강조하고자 했던 바는, 실천적이고 규범적인 가치로서 돌봄이라기보다 의존적인 인간이 독립적인 인간으로 성장하기 위해 또한 인간이 자신 혹은 타인의 의존과 취약성에 맞부딪쳤을 때 대처하기 위해, 우리에게 필요하고 요구되는 '미덕(virtues)'에 대한 이야기로 모아진다(MacIntyre 1999, 119-128). 타인과 불가피하게 연계되는 공동체적 관계 속에서 인간이 마주하는 의존, 취약성, 합리성을 고려했을 때, 우리에게는 어떤 '미덕'이 요구되는지에 대해 답하고자 했던 것이다.[17]

그렇다면 이러한 공동체주의 입장을 고려했을 때, 돌봄은 미덕이 될 수 있는가? 돌봄은 미덕의 한 종류인가?[18] 돌봄이 타인의 입장을 이해하고 공감하고 반응하는 것이라면 미덕의 측면을 일면 포함한다고 볼 수도 있겠다. 그래서 돌봄은 어느 정도 개인의 자질이나 심성에 기초하기도 한다. 그러나 돌봄에 미덕의 측면이 있다고 할지라도, 돌봄과 미덕을 등치시키기는 논의는 만족스럽지 못하다. 왜냐하면 돌봄인은 우리가 돌봄이라 부르는 미덕을 지닌 사람과 다르기 때문이다. 돌봄인은 돌봄을 실천하는 사람이며, 돌봄을 제대로 실천하기 위해서는 바른 자질이나 심성 이상이 요구되기 때문이다. 돌봄을 실천하는 것은 개인의 자질이나 심성에 일정부분 좌우되지만, 만족스러운 돌봄을 주고받기 위해서는 돌봄관계가 어떠해야 하며 어떻게 유지되는지가 보다 중요하다. 개인적으로 가치 있는 심성을 지닌 사람도 여전히 좋은 돌봄관계를 형성하지 못할 수 있다. 따라서 돌봄인을 가능하게 하는 것은 돌봄실천이며, 돌봄실천은 좋은 돌봄관계가 주어졌을 때 가능할 수 있다(Held 2006, 105-116).

정리하건대, 공동체주의 인간상은 인간을 본질적으로 관계적이며 취약한 존재로 본다는 점에서 돌봄의 인간상과 유사하다. 그럼에도 공동체주의 인간상은 돌봄을 개인의 미덕의 일환으로 접근하는 반면, 돌봄의 인간상은 돌봄실천과 그러한 실천을 가능하게 하는 돌봄관계의 질, 그리고 이에 대한 사회적 가치 인정에 보다 집중한다는 점에서 중요한 차이가 있다. 돌봄의 인간상의 관점에서 볼 때, 돌봄실천이 불평등한 지배의 맥락이나 가부장적 조건에서 행해진다면, 단지 개인의 미덕을 함양하려는 노력을 넘어 그러한 실천과 관계를 "끊임없이 평가하고 개선"하는 노력이 필요하다고 하겠다 (Held 2006, 7).

공동체주의 사회상

자유주의가 서로 무심한 개인 사이의 계약관계를 사회의 정초로 여긴다면, 공동체주의는 부모-자식관계나 친족관계 같이 비선택적이고 우리에게 주어진 관계에 주목한다. 앞서 언급했듯이, 공동체주의 이론에서 개인은 원자화되고 파편화된 존재가 아니라 관계를 이루고 관계 속에서 구성되는 존재로 개념화 된다. 이때 개인은 자신이 속한 다양한 관계, 집단, 공동체의 구성원으로서 존재하게 된다. 달리 표현하면, 공동체주의 이론에서 사회(정치공동체)란 개인이 속한 다양한 관계, 집단, 공동체의 확대된 모습이다.[19] 예를 들어, 왈쩌(Michael Walzer)는 사회를 가족과 유사하다고 설명하는데, 그 이유로 구성원의 성원권이 선택에 의해 결정되지 않는다는 점, 중요한 분배가 구성원 간의 도덕적 유대를 통해서 이루어진다는 점, 공동체 내에서 구성원들이 보호와 지원을 받는다는 점 등을 든다(Walzer 1984, 41, 227-228).

공동체주의는 사회구성원들이 같은 공동체에 소속되어 있기 때문에 서로 결속되어 있다고 보고 다른 공동체 구성원과는 다른 도덕적 유대를 유지한다고 본다. 그래서 사회구성원들은 그들이 공유하는 사회적 가치와 규범을 바탕으로 하는 '공동선(common good)'을 추구한다고 주장한다. 다시 말해, 이들에게 삶을 가치 있게 만드는 것은 사회를 단지 협동체계로 보는 것을 넘어, 공동선에 기반을 두고 "공동체 내에서 그리고 공동체를 위하여 다른 사람들과 함께 사는 것"이라고 공동체주의 이론은 설명한다(Mulhall and Swift 1996, 47). 사회구성원들의 비선택적이고 주어진 관계에 초점을 맞추고 이들 간의 관계에 기초한 도덕적 유대에 주목한다는 공동체주의 사회상은 돌봄의 사회상과 유사해 보인다.

그러나 공동체주의 사회와 돌봄사회는 다음의 측면에서 상이하다. 첫째, 공동체주의는 공동체의 유대를 지탱하는 돌봄관계에 대한 구체적인 언급이 없다. 혹자는 공동체주의가 돌봄관계에 대한 구체적인 언급이 없다 할지라도, 비선택적 관계를 통해 공동체적 유대와 사회적 연대를 강조하고 있다는 점에서 오히려 이 둘 간의 유사점이 보다 부각되어야 한다고 주장할 수 있다. 물론 이는 틀린 지적이 아니다. 그럼에도 공동체주의 사회와 돌봄사회의 중요한 차이점은, 공동체적 유대와 사회적 연대를 대하는 이 두 사회의 입장 차이다. 공동체주의 사회에서 공동체적 유대와 사회적 연대는 사회의 존재 이유이기도 하며 목적이기도 하다. 그러나 돌봄사회에서 공동체적 유대와 사회적 연대는 그 자체로 돌봄사회의 목적이라 할 수 없다. 돌봄사회의 목적은 돌봄관계를 보호하고 증진하는 것이며, 이를 통해서 공동체적 유대와 사회적 연대라는 결과를 이끌어 낼 수 있는 것이다. 돌봄사회도 가족, 학교, 다양한 공동체를 포함한 수많은 사회의 공동체 제도를 뒷받침하지만, 그 목적은 공동체 자체를 강화하기 위한 것이라기보다 모든 사람의 필요를 만족시키는 충분한 돌봄과 돌봄을 주고받는 관계를 보장하기 위함이다(Engster 2007, 37-39).

둘째, 돌봄관계의 기초라고 할 수 있는 가족에 대한 이해에 대해 공동체주의 사회상과 돌봄사회상이 차이가 난다. 공동체주의 이론은 사회계약이나 시장이 아니라 우리에게 주어진 관계, 특히 비계약적이고 비자발적인 가족관계가 사회의 기초가 된다고 설명하였다. 이 점에서 공동체주의 이론은 사회가 가족들로 구성되며, 어떤 측면에서 가족은 작은 사회일 수 있다는 돌봄의 입장에 동의할 수 있다(Held 2006, 218). 예를 들면, 돌봄경제학자인 폴브레(Nancy Folbre)는 『보이지 않는 가슴(Invisible Heart)』에서 자유주의 이론이 가정하는 능력 있고 생산력이 있는 인구만이 국민의 자격을 갖출 수 있는 가상의 기업국가를 비판하고, 돌봄을 주고받는 가족이 확대된 형태인 가족국가(보모국가)를 이상적인 국가의 모습으로 상정한다(Folbre 2001, 255-284, 159). 그러나 돌봄사회와 공동체주의 사회의 차이점은, 공동체주의 이론은 "보편적이고 문제없으며 차별화되지 않는 단위"로서 가족을 간주하고 가족이 단순히 정치공동체로 연결된다고 보는 반면, 돌봄사회는 가족을 당연시 하지 않으며 전통적이고 가부장적인 가족의 모습에 비판적이고 도전적일 수 있다는 점이다(Weiss 1995, 173). 다시 말해, 돌봄사회와는 달리 공동체주의 사회는 가족에 대한 규범적 평가를 담고 있지 못하다(Held 1995, 219).

그렇다고 해서 공동체주의 이론이 가족을 포함한 이미 주어진 관계나 전통에 대한 어떠한 규범적 평가도 어렵다는 의미는 아니다. 공동체주의 이론은 전통을 이데올로기적 혹은 헤게모니적으로 이용하거나 단지 정지된 상태로 간주하는 것에 비판적이다. 정지된 상태로 전통을 이해하는 것은 전통을 소멸시키는 행위가 될 수 있다고 지적한다. 오히려 "전통이 최선으로 존재할 수 있는 방식은 무엇이고 그것이 지니고 있는 선(good)이나 가치가 무엇인지 등의 문제는 어떤 주어진 시점에서 계속적으로 토론해야 할 주제"이며, 이를 통해서 전통에 대한 건전한 이해방식이 생성될 수 있다고 강조한다 (MacIntyre 1981, 221-222). 따라서 자유주의 이론처럼, 공동체주의 이론이 규범적 가치평가가 불가능한 사적 제도로 가족을 간주하는 것은 아니다. 그럼에도 어떠한 기준과 관점에서 가족과 전통을 평가할 수 있는지에 대해 공동체주의는 여전히 "정치적으로 모호하고 추상적"이다(Weiss 1995, 167).

셋째, 공동체주의 사회는 돌봄관계를 보호하고 증진해야 한다는 이해가 충분하지 않으며, 더 나아가 돌봄관계를 평가하고 개선하려는 노력이 미미하다. 반면에 돌봄사회에서 강조하는 것은 개인의 심성이 아닌 돌봄실천이 이뤄지는 돌봄관계를 도덕적으로 평가한다는 점이다. 돌봄사회는 돌봄관계를 평가하는 규범적 잣대에 주목하며, 그러한 규범적 잣대에 비추어 권장해야 할 돌봄관계와 지양해야 할 돌봄관계를 식별한다. "돌봄의 핵심은 … 사람들 사이의 관계에 대한 평가와 권장"이다(Held 2006, 107). 예를 들어, 기존 전통과 공동체에서 답습된 가부장적 돌봄관계는 돌봄사회가 추구하는 정당한 돌봄관계가 아니다(Friedman 1995, 191-199; Kittay 2001c). 특히 가부장적 돌봄관계에서 문제가 되는 것은 주요 돌봄제공자로서 여성이 겪게 되는 착취, 이로 인한 부정의한 권력관계와 고착화되는 불평등이다. 다시 말해, 돌봄사회는 돌봄관계에서 파생되는 지배와 착취, 불평등에 대해 민감하게 반응하며 이에 도전하고 이를 교정하고자 하는 반면, 공동체주의 사회는 이에 대해 무감각(insensitive)하거나 이를

규범적으로 평가하는 데 주저한다.[20]

결론적으로, 공동체주의 사회상과 돌봄의 사회상은 도덕적 유대에 기초한 비선택적 관계의 확장 버전으로서 사회를 간주하고 있는 점에서는 유사하나, 돌봄사회와는 달리 공동체주의 사회는 돌봄관계를 규범적으로 평가하고 돌봄관계에서 파생된 차별과 배제에 대해 도덕적이고 규범적인 문제의식을 제시하는 데에는 부족하다.

5 정치이론의 돌봄 배제, 왜 심각한 문제인가?

이 장은 돌봄을 '취약한 인간에 응답하는, 모든 인간의 삶에서 선결적이며 필수불가결한 실천이자 가치'로 정의하고, 돌봄의 경험과 가치를 반영한 인간과 사회 개념을 구체화하였다. 또한 돌봄인과 돌봄사회의 관점에서 기존의 자유주의 이론과 공동체주의 이론이 돌봄을 충분히 반영하고 있지 못함을 비판적으로 살펴보았다. 돌봄인은 돌봄의존과 돌봄필요에 기초한 관계적 존재이다. 돌봄사회는 돌봄관계로 구성되며 이에 대해 가치를 부여하는 사회이다. 자유주의는 인간을 관계적이라기보다 자족적인 개인으로 보았으며, 사회도 개인 간 자발적인 계약관계의 산물로 여긴다. 공동체주의는 자유주의와 달리 인간을 관계적 존재로 접근하고 있으나, 돌봄관계에 대한 이해가 부족하고 돌봄이 개인의 미덕으로 치환될 수 있는 한계가 있다. 공동체주의 사회는 평등한 돌봄관계에 대한 고려가 제한되기 때문에 지배적인 돌봄관계로 인한 배제와 착취를 설명하지 못하는 한계가 있다. 결국, 자유주의와 공동체주의는 돌봄이 없다는 점에서 대동소이하다.

실제로 기존 정치이론으로 돌봄을 반영하고자 하는 최근의 시도가 있음을 밝혀둘 필요가 있다. 예를 들어, 커테이(Eva Feder Kittay)는 롤즈의 자유주의 정의론에 비판적이었지만, 사회의 돌봄책임을 강조하는 제3의 정의의 원칙을 제안함으로써 롤즈의 정의론을 수정해서 발전시킬 수 있는 가능성을 찾는다. 이 원칙은 의존이라는 불평등한 인간의 취약성, 돌봄이 필요한 타인에 대해 응답하는 도덕적인 힘, 그리고 행복과 안녕보다 우선하는 돌봄에 기초한 인간관계에 근거한다(Kittay 1999, 152-209). 아이너도 전형적인 자유주의가 인간의 의존과 돌봄필요를 간과하고 있지만, 그렇다고 해서 모든 자유주의가 본래 그런 것은 아니며 인간의 의존과 돌봄관계, 특히 가족에 대한 사회적 책임을 반영할 수 있는 수정된 자유주의 이론의 가능성을 제시한다(Eichner 2010, 45-70). 너스바움은 인간의 의존과 돌봄을 고려한 이론은 결코 자유주의적 사회계약과 같은 형태로 충분하지 않음을 강조하지만, 이러한 이론은 자유주의에 대한 "부정"이 아니라 인간의 의존과 돌봄필요를 반영할 수 있는 자유주의의 "수정"으로 가능할 수 있다고 지적한다. 그리고 자신의 가능성 접근(capabilities approach)이 기존의 자유주의와 달리 돌봄의 가치를 반영할 수 있음을 주장한다(Nussbaum 2002, 187, 196).

하지만 이들 학자의 시도와는 별개로, 기존 정치이론에서 돌봄이 얼마나 성공적으로 포용될 수 있을지에 대한 회의적인 의견들도 동시에 존재한다(Fraser and Gordon 2002; Young 2002). 이들 회의론에 따르면, 돌봄이 반영되기 위해서는 기존 이론의 근본적인 전제가 바뀌어야 하는데(이 장의 관점에서는 인간상과 사회상), 예컨대 개인의 자유와 평등 혹은 공동체의 가치와 좋은 삶이 정의(justice)의 출발점이 되는 곳에서 돌봄과 의존이 정의의 문제로 받아들여 질 수 있으리라 기대하는 것은 쉽지 않다는 것이다. 이러한 논쟁 속에서 기존 정치이론의 틀 내에서 돌봄을 받아들이려는 앞선 학자들의 시도가 얼마나 성공적인지에 대해서 이 장은 논외로 하고자 한다. 그럼에도 이 장에서 적어도 강조할 수 있는 지점은, 이들의 시도 자체가 기존 정치이론이 제대로 돌봄을 설명하지 못함을 보여주는 것이라는 점이다.

따라서 돌봄은 부인할 수 없는 모든 인간이 경험하는 가치라는 점을 고려한다면, 돌봄인과 돌봄사회에 대한 이해는 규범적 정치이론의 충분조건은 되지 못할지언정 최소한의 필수불가결한 조건이 되어야 함은 분명하다고 하겠다. 더 나아가 안이하게 다뤄왔던 돌봄의 가치에 대한 보다 발전된 논의는 추상적인 이론의 수준에서 뿐만 아니라 이론이 적용되는 구체적인 맥락의 수준에서도 본격적으로 요구된다고 할 수 있다.

마지막으로, 기존 정치이론의 돌봄 배제가 왜 심각한 문제인지에 답하며 이 장의 결론에 갈음하고자 한다. 서두 프레이저의 논의로 돌아가 보자. 프레이저는 현대 사회가 직면하고 있는 돌봄위기는 자본주의의 모순이 빚어내는 필연적인 결과라고 주장하였다. 자본주의 자체가 돌봄위기를 내장하고 있다고 본 것이다. 이는 정치이론에도 적용된다. '위기'라는 것이 천재지변같이 인간이 감당하기 어려운 사건이 벌어진 것이라기보다 체재 내의 자체적인 모순이 어떤 계기로 인해 드러난 것이라는 점에서, '위기'는 사실상 부정의(injustice)에 가깝다는 트론토의 주장에 유념할 필요가 있다(Tronto 2015b). 부연하면, 돌봄 없는 정치이론은 돌봄위기(돌봄부정의)를 자체적으로 내장하고 있어서 이를 지적할 수 있는 규범적 논의의 틀이 비어있다는 이야기이다. 이는 곧 현재의 정치이론에는 위기로 포장된 부정의를 설명할 수 있는 규범적 틀이 부재하다는 의미이다.[21] 따라서 무

엇보다 정치이론이 돌봄을 포용해야 하는 이유는, 현대 사회가 당면
한 돌봄부정의를 지적하고 교정할 수 있는 규범적 논거로서 정치이
론이 제 소임을 다할 수 있어야 하기 때문이다(김희강 2018c). 결국 정
치이론은 이러한 소임을 마다하지 않음으로써 인구감소, 저출산,
돌봄부족 같은 돌봄위기가 부정의의 산물임을 직시할 수 있을 것이
며, 돌봄위기를 해결할 수 있는, 즉 돌봄부정의가 교정될 수 있는 미
래를 전망할 수 있을 것이다.

2장 ——————— 케어리즘(Carism)

돌봄의 행위와 실천은 인류 역사상 계속해서 진행되어 왔다. 그러나 지금까지의 정치사회는 그것의 가치를 간과하고 배제해왔으며, 이러한 간과와 배제 속에서 사회의 주요한 부정의가 커져왔다. 돌봄이 부재한 기존의 정치이론은 돌봄부정의를 지적하고 교정할 수 있는 규범적 논의의 틀이 부재하기 때문에, 이러한 부정의가 잘못되었다 말하지도 손대지도 못한 채 방관만 하고 있는 실정이다. 반면 케어리즘은 돌봄을 계속해서 주변화하기보다 돌봄을 우대하는 사회를 추구한다.

1 정치이론으로서 케어리즘

1980년대 여성주의 도덕이론으로서 소개된 돌봄윤리는 최근 다양한 학문분야로 그 적용영역을 확장하고 있다.[22] 특히 돌봄윤리의 정치사회적 함의를 찾는 논의가 최근 학계의 주목을 끌고 있다. 이들 논의는 기존 정치이론이 돌봄의 가치를 간과하고 있음을 비판하고(Tronto 1993), 자유, 평등, 시민권, 민주주의 같은 정치적 개념을 돌봄의 시각에서 재구성하며(Clement 1996; Sevenhuijsen 1998; Kittay 1999; Tronto 2013), 도덕이론을 넘어 정치이론으로서 돌봄윤리의 가능성과 적실성을 지적한다(Engster 2007; Engster and Hamington 2015; Okano 2016). 이러한 연구 배경에 기대어 이 장은 돌봄윤리와 정치이론의 접맥을 시도하고자 한다. '취약한 인간의 필요에 응답하는, 모든 인간의 삶에서 선결적이며 필수불가결한 실천이자 가치'인 돌봄을 중심에 둔 정치이론을 케어리즘이라 칭하고, 기존의 정치이론과 구별되는 케어리즘의 특징과 장점을 살펴보는 것이 이 장의 목적이다.

돌봄윤리는 1980년대 길리건(Carol Gilligan)의 『다른 목소리로(*In a*

*Different Voice)』, 러딕(Sara Ruddick)의 『모성적 사유(Maternal Thinking)』, 나딩스(Nel Noddings)의 『돌봄(Caring)』 등의 저작들을 통해 자유주의 정의윤리의 한계를 지적하고 이에 대한 대안윤리로 제시됨으로써 학계의 주목을 받기 시작하였다(Gilligan 1982; Noddings 1984; Ruddick 1989). 초기 논의 이후 현재의 돌봄윤리는 범위를 크게 확장하고 있다. 한편으로, 본래 도덕이론으로서의 특징에 천착하여 돌봄윤리가 기존의 도덕이론, 예컨대 칸티안 윤리, 공리주의윤리, 미덕윤리 혹은 유교윤리 등을 대체할 수 있는 대안이론으로서 얼마나 유의미한지, 기존 논의와 연계하여 확장될 수 있는 돌봄윤리의 지점은 어디인지, 혹은 역으로 기존의 윤리가 돌봄윤리를 보완하여 확장시킬 수 있는 여지가 있는지 등을 다룬다(Held 1995a; Ma 2002; Herr 2003; Sander-Staudt 2006; Slote 2007; Howard 2007). 다른 한편으로, 돌봄윤리는 제한된 도덕이론의 범위를 넘어 경영, 과학기술, 국제관계, 정책 등의 영역으로 이론적·실천적 적용을 확장시킨다(Robinson 1999; Miller and Hamington 2006; Hamington and Sander-Staudt 2011; Barnes 2012). 특히 후자의 맥락에서 최근 일련의 논의는 정치사회의 부정의를 진단하고 이에 도전하며, 정의로운 정치사회의 제도 디자인을 가름하는 규범적 정치이론으로서 돌봄윤리의 잠재성에 주목한다(Kittay 1999; Engster 2007; Tronto 2013; Engster and Hamington 2015). 다시 말해, 정치공동체의 정치사회제도에 적용되는 규범이론으로서 돌봄윤리를 다룬다.

이렇듯 정치이론으로서 돌봄에 접근하는 논의들은 일반적으로 다음의 경향을 보인다.[23] 첫째, 기존 정치이론이 얼마나 돌봄의 가치를 간과하고 배제해 왔는지에 대해 비판이다. 예를 들면, 자유주의에서 전제하는 인간상이 돌봄이 필요한 존재로서의 인간 개념에 얼마나 무지하였는지(Held 2006), 아리스토텔레스, 밀, 롤즈 등의 평등 개념이 모든 인간이 경험하는 의존이라는 불가피한 인간의 조건과 이에 따른 돌봄의 필요를 반영하는데 실패하였는지, 그 결과 이들이 애초에 실현하고자 했던 평등의 비전이 결국은 성취될 수 없는 것이었는지(Kittay 1999), 주류 이론의 시민권 개념이 인간의 돌봄필요와 이를 충족시키기 위한 돌봄노동의 가치를 얼마나 경시하였는지 (Sevenhuijsen 1998), 자유주의에서 전제하고 이론화하는 정부와 가족의 개념이 인간의 의존성과 돌봄제공의 가치를 제대로 파악하지 못하고 얼마나 편협하게 논의되고 있는지(Eichner 2010) 등에 대해 비판적으로 접근한다.

둘째, 이러한 비판과 재조명을 통해 돌봄의 시각에서 기존의 정치이론이 수정·보완될 수 있는 여지를 찾는다. 예를 들면, 커테이 (Eva Feder Kittay)는 롤즈의 정의론을 수정하여 돌봄이 반영된 정의의 원칙인 제3원칙을 제안한다. 이 원칙은 의존이라는 인간의 불가피한 취약성, 돌봄이 필요한 타인에 대해 응답하는 도덕적인 힘, 분배의 대상이 되는 기본적 가치로서 돌봄, 개인의 행복과 이익보다 우선하는 돌봄관계에 근거한다. 이러한 제3원칙은 롤즈가 제시한 두가지 정의의 원칙이 포함하지 못하는 사회적 책임의 원칙을 포함한다고 주장한다(Kittay 1999, 208-209). 너스바움(Martha C. Nussbaum)의 경우, 사회계약 전통의 자유주의를 벗어나서 인간존엄의 가치를 인간의 가능성에 기초하고 있는 가능성 접근(capabilities approach)으로 인간의 취약한 의존성과 돌봄필요의 가치가 충분히 설명될 수 있다고 지적한다. 사회정의의 최소 기준선이라 평가받는 너스바움의 열 가지 핵심 가능성 리스트 속에 돌봄의 가치가 반영될 수 있는 여지가 있다는 설명이다(Nussbaum 2006, 155-173). 아이너(Maxine Eichner)도 자유주의 이론과 정치체계가 인간의 의존성과 돌봄제공을 간과하고 있다는 점에 비판적이지만, 동시에 인간의 의존성과 돌봄제공의 가치를 고려하는 적극적인 정부의 역할과 가족에 대한 지원이 자유주의 이론 틀 내에서도 보완될 수 있음을 강조한다(Eichner 2010).

셋째, 보다 전향적으로 돌봄에 기초한 정치이론을 제시한다. 세 번째 경향을 보이는 대표적인 학자로 잉스터(Daniel Engster)를 들 수 있다. 잉스터는 현대정치이론의 큰 그림 속에서 돌봄윤리와 여타 정의론을 비교하고, 기존의 정의론에 버금가는 정의로운 사회에 대한 이론적 대안으로서 돌봄윤리를 위치시킨다. 그리고 인간 삶과 사회를 유지하고 존속시키는데 필수적인 가치인 돌봄에 기초한 정치이론을 제시한다. 잉스터가 제시한 정치이론의 핵심은 모든 인간에게 최소한의 충분한 돌봄의 기본선을 보장하는 것이며, 이를 충족시키기 위한 도덕적 의무론과 이에 부합하는 돌봄정부의 형태 및 기본제도를 소개하고 있다(Engster 2007).

이 장은 돌봄을 정치이론의 연속선상에서 접근하는 위의 논의들과 맞닿아 있다. 특히 잉스터로 대표되는 세 번째 경향과 보다 맞닿아 있다고 볼 수 있다.[24] 이 장은 기존 정치이론의 틀로는 충분히 설명하지 못하지만 돌봄의 시각으로 주목할 수 있는, 즉 정치이론으로서 케어리즘의 주요한 특징을 다음의 세 가지 지점에서 규명하고자 한다. 첫째, 케어리즘은 돌봄의 가치를 주목하고 인정한다. 둘째, 케어리즘은 돌봄의 부정의(care injustice)를 지적하고 교정한다. 셋째, 케어리즘은 돌봄의 시민적 연대책임을 규정한다. 이하의 논의에서 이 같은 세 가지 지점에 대해 살펴보기로 하겠다.

2 케어리즘은 돌봄의 가치를 주목하고 인정한다.

케어리즘에서 가장 주목하는 가치는 돌봄이다. 정치사회가 지향하고 보존해야 할 핵심 가치로 자유주의는 개인의 자유와 권리, 공동체주의는 공동선(common good)과 사회적 연대를 꼽는다면, 케어리즘은 돌봄을 지목한다. 모든 인간은 삶의 구간 속에서 돌봄을 경험한다. 태어난 후, 어렸을 때, 아플 때, 장애가 있을 때, 노인이 되어 연로할 때, 우리 모두는 다른 누구의 돌봄을 필요로 한다. 돌봄은 우리의 생을 유지시켜주고 성장시켜주며 발전시켜준다. 다시 말해, 우리 모두는 생을 유지하고 성장하고 발전하기 위해, 타인의 돌봄을 받는다. 따라서 인간의 생존은 그 자체로 우리가 다른 누구로부터 돌봄을 받았음을 증명하는 것이다. 모든 사람이 죽는다는 사실이 참인 것처럼, 우리 모두 돌봄을 받았음은 인간 생존 자체에 내제해 있는 진실이다. 돌봄은 인간의 삶을 구성하는 핵심 가치이자, 모든 인간이 경험하는 보편적인 실천이다(Held 2006, 65-92). 돌봄 없이 "인간은 생존하지 못하거나 아주 간신히 생존할 ─ 그리고 분명 성장하지는 못할 ─ 것이다"(Kittay 1999, 202).

돌봄의 가치는 본래적이지만 동시에 수단적이기도 하다. 돌봄은 정치사회가 추구하는 다른 어떤 가치보다 근본적이기 때문에, 다른 가치를 성취하기 위한 수단으로서 기능한다. 예를 들어, 자유주의에서 추구하는 개인의 자율성은 영유아기와 아동기를 거쳐 누군가로부터 돌봄을 받은 후 자족적인 성인이 되었을 때에만 성취가 가능한 것이다. 개인의 자율성이 성취되기 위해서는 수년 동안의 돌봄이 전제되어야 하기 때문에, 개인의 자율성은 성취되는 것이지 출발의 전제가 아니다(Tronto 2013, 240). 이때 돌봄은 자유의 조건을 구성한다. 또한 자유주의에서 강조하는 평등도 돌봄이 전제되어야 하는 것이다. 예컨대, 로크(John Locke)는 자연상태를 묘사하며, 개인은 자연법의 범위 안에서 "자신의 행동을 규율하고 자기의 소유물과 자기의 몸을 의지대로 처리할 수 있는 완벽히 자유로운 상태"이자 이러한 "인간의 자연상태는 또한 평등한 상태"라고 설명한다. 평등한 상태에서 인간은 "아무런 차별도 없이 모두 똑같이 자연의 혜택을 누리며, 똑같은 능력을 행사한다"고 지적한다(Locke 1980[1690], 8). 이렇듯 차별받지 않아야 하는 동등한 능력을 행사하는 인간도 돌봄이 전제되어야지 궁극적으로 가능할 수 있다.

공동체주의에서 주목하는 공동선과 사회적 연대도 돌봄을 통해서 의미 있게 성취될 수 있다. 돌봄을 주고받는 관계는 당사자들 간의 신뢰와 공감에 기초한 관계이다. 돌봄을 받는 사람은 돌봄제공자가 자신을 돌보는 데 있어 책임을 다하고 그 권한과 책임을 남용하거나 자신을 착취하지 않을 것이라는 신뢰가 있어야 한다. 돌봄제공자 역시도 돌봄을 받는 사람이 필요 이상으로 지나치게 돌봄을 요구하지 않으며 자신이 제공하는 돌봄에 충실히 응답하고 반응할 것이라는 신뢰가 있어야 한다(Kittay 1999, 90-91). 돌봄에 기초한 사회는 신뢰, 공감, 상호관심을 통해서 서로를 결속시키는 연계성을 구축할 수 있다. "돌봄은 신뢰와 동의어가 아니지만 신뢰는 돌봄관계의 특징이며 돌봄과 신뢰는 공생관계"라고 지적되듯이, 돌봄은 공동선을 찾고 사회적 연대를 이룰 수 있는 기반을 제공한다(Held 2006, 88-90).

따라서 케어리즘에서 주목하는 것은 돌봄이라는 가치를 통해서 모든 인간이 존재하고 성장할 수 있으며 사회가 존속하고 유지될 수 있다는 사실이다. 돌봄에 기초하여 모든 인간과 사회는 존재의 기반을 찾고, 자유와 평등을 얻으며, 서로 간의 결속과 연대를 구성할 수 있다.

이때 돌봄은 타인과의 관계 속의 가치이다(Held 2006, 89-92). 취약한 인간은 돌봄을 필요로 하며, 누군가는 취약한 인간을 위해 돌봄을 제공해야 한다. 그리고 취약한 인간을 위해 돌봄을 제공하는 사람은 돌봄제공으로 인해 또 다시 취약해진다. 돌봄제공자는 돌봄제공으로 인해 자신을 돌볼 충분한 시간과 노력을 갖지 못하며 동시에 시장적 경쟁에 나설 조건과 역량이 크게 제한되게 된다. 따라서 돌봄제공자 역시 다른 누군가로부터 혹은 사회제도로부터 돌봄을 받아야 한다. 다시 말해, 우리 모두는 인생의 경로에서 누군가의 돌봄에 의존한다. 동시에 우리를 돌보는 사람들은 우리에게 돌봄을 제공하기 위해 다른 누군가의 돌봄을 필요로 한다. 사회에 이미 존재하는 모든 인간은 다른 누군가의 돌봄을 필요로 하는 취약한 생명체에서 시작했으며, 이러한 인간의 돌봄필요에 응답하는 타인과 그러한 타인을 돌보는 또 다른 누군가와의 돌봄관계 속에 모든 인간은 위치지어 진다. "개인이 성장하고 번성하며 또한 질병과 장애, 쇠약을 견뎌내고 생존하기 위해서, 개인의 안녕을 주된 책임과 기본적 가치로 삼는 타인과의 돌봄관계가 필요하다"(Kittay 1999, 202).

그러나 이러한 돌봄관계는 양자적이거나 단선적이지 않다. 내가 내 아이를 돌보고, 내 아이가 성장한 후 나를 돌보게 되는 것이 아니다. 혹은 내가 내 어머니를 돌보고, 내가 노인이 되었을 때 성인이 된 내 아이가 나를 돌보게 되는 것이 아니다. 이 점에서 커테이는 돌봄관계의 특징을 설명하며 둘리아(doulia) 개념을 활용한다. 둘리아란 그리스 시대에 산모가 신생아를 돌볼 수 있도록 산모를 돌보는 사람인 둘라(doula)를 근간으로 하여 나온 개념으로, 이를 통해 돌봄의 상호의존성을 강조한다. 즉 스스로를 돌볼 수 없는 사람에게 도움을 주기 위해 도움을 필요로 하는 사람과 도와주는 사람을 연결하는 관계로 돌봄관계를 규정지으며, 이러한 돌봄관계는 돌봄을 받는 사람, 돌봄을 주는 사람, 돌봄을 주는 사람을 돌보는 사람 간 3자 구조의 상호의존적인 관계이다(Kittay 1999, 138-141, 199-202).[25] 더 나아가 버틀러(Samuel Butler)는 커테이의 둘리아 개념을 보다 확장하여 4자 구조로 돌봄관계를 설명한다. 돌봄을 받는 사람, 돌봄을 주는 사람, 돌봄을 주는 사람을 돌보는 사람 이외에, 돌봄관계의 요구 사항을 정치의 영역에서 대표할 수 있는 "돌봄청구자(care claimant)"를 상정한다 (Butler 2012).

결국 커테이와 버틀러의 논의가 함의하는 지점은, 돌봄관계란 양자적이거나 단선적인 것이 아니라 관련 당사자들의 "협력적 기획"이며, 복잡하지만 연쇄적인 광범위한 사회적 관계망으로 상정된다는 것이다(Collins 2015, 125). 우리가 주고받는 돌봄은 인간의 의존성에 "연계되고 배태된 사회적 관계"에 바탕을 두며, "우리의 생존과 성장은 궁극적으로 돌봄을 가능하게 만드는 광범위한 사회적 관계망"에 달려있다는 점이다(Kittay 1999, 140; Engster 2007, 84). 이러한 돌봄관계 없이 인간이 생존하고 성장할 수 없듯이, 사회도 이러한 돌봄관계 없이는 존속하고 발전할 수 없다는 점을 케어리즘은 전제한다. 케어리즘의 관점에서 볼 때, 사회에는 다양한 층위의 복합한 관계들이 존재하겠지만, 돌봄관계는 사회를 구성하는 가장 기초가 되며 어떤 사회관계 혹은 경제관계보다 선재하며 그러한 관계를 돌봄의 시각에서 평가할 수 있는 기준이 된다.

이렇듯 인간 모두가 필연적으로 연루되는 사회적 관계망으로 돌봄을 이해한다면, 돌봄의 가치는 궁극적으로 공적 가치임을 어렵지 않게 알 수 있다. 우리가 타인의 돌봄을 필요로 한다는 것은 우리를 직접적으로 돌보는 돌봄제공자를 넘어 우리의 돌봄제공자가 우리를 돌볼 수 있도록 돌봄제공자를 지원하는 다른 사람들과 전체적인 사회제도를 필요로 함을 의미한다(Engster 2007, 84). 이는 동시에 우리가 돌봄을 요구할 때, 우리를 돌보는 돌봄제공자를 넘어 많은 타인에게 돌봄을 요구하는 것이며, 또한 이는 우리 자신의 돌봄필요뿐만 아니라 돌봄제공자의 돌봄필요도 동시에 요구해야 함을 함께 뜻하는 것이다(Engster 2007, 93-94).

정리하건대, 케어리즘은 돌봄과 돌봄관계를 공적 가치로서 인정하며, 이를 지원하고 보장하는 규범적 원칙을 세우고 정치사회제도를 통해 이를 뒷받침한다. "돌봄관계를 보전하려는 헌신"을 기꺼이 정치사회가 담당하는 것이다(Kittay 1999, 202). 그렇다면 정치사회의 헌신은 어떤 모습으로 나타나는가? 다시 말해, 정치사회가 돌봄의 가치를 주목하고 인정한다는 것은 구체적으로 무엇을 의미하는가? 케어리즘의 다음 두 가지의 특징은 이에 대한 답을 제공한다. 이하 논의는 돌봄에 헌신하는 정치사회의 특징을 보여준다.

3 케어리즘은 돌봄부정의를 지적하고 교정한다.

앞서도 언급했지만, 돌봄은 돌봄관계로 이해되며 돌봄관계는 사회적 관계망으로 이해된다. 모든 인간은 취약한 의존인으로서, 직접적인 돌봄제공자로서, 혹은 돌봄제공자를 돌보는 조달자(지원자)로서 돌봄이라는 연계되고 배태된 사회적 관계망 속에 필연적으로 위치지어 진다. 인류가 생존하고 사회가 존속하는 한, 돌봄관계는 과거에도 지속되어 왔으며 또한 앞으로도 계속해서 지속될 것이다.

케어리즘은 돌봄의 가치를 중심에 두는 사회를 지향하며, 돌봄의 가치란 인간의 삶과 사회의 유지에 필수적인 이러한 돌봄관계의 가치라고 할 수 있다.

여기에서 중요한 것은 케어리즘의 역할이 이제껏 지속된 혹은 현재 우리에게 주어진 돌봄관계를 단지 보호하고 증진하는 것을 넘어선다는 점에 있다. 케어리즘은 기존의 돌봄관계에 대한 규범적 평가를 내포한다. 다음 헬드(Virginia Held)의 주장은 이 지점을 역설한다.

> 우리가 돌봄을 명확히 하고자 한다면, 돌봄관계를 통해서 돌봄을 이해해야 한다. 돌봄은 돌봄제공의 노동과 돌봄실천을 평가할 수 있는 기준을 포함하는 하나의 실천이다. … 돌봄은 좋은 돌봄관계를 추구한다(Held 2006, 79).

다시 말해 케어리즘은 돌봄관계를 평가할 수 있는 규범적 잣대를 포함하여, 그러한 규범적 잣대에 비추어 권장해야 할 돌봄관계와 지양해야 할 돌봄관계가 구분될 수 있다. "돌봄의 핵심은 … 사람들 사이의 관계에 대한 평가와 권장"이다(Held 2006, 107).

그러나 헬드는 자신의 논의에서 어떤 돌봄관계가 권장되어야 하는지 혹은 역으로 지양되어야 하는지에 대하여 구체적인 내용을 밝히지 않았다. 그럼에도 기존 전통과 공동체에서 답습된 가부장적 돌봄관계는 돌봄윤리가 추구하는 정당한 돌봄관계가 아니라는 점을 분명히 한다. 돌봄윤리는 가부장적 전통과 결합된 보수주의 윤리가 아니기 때문에, 전통적인 여성의 역할이 돌봄을 담당하는데 갇혀있다면 돌봄윤리는 이를 비판하고 도전해야 한다고 언급한다. 따라서 가부장적 지배에 맞서 싸우는 것이 돌봄윤리이며, 이 점에서 돌봄윤리는 페미니스트 윤리를 함축한다고 헬드는 주장한다(Held 2006, 130-133).

헬드의 주장처럼 가부장적 돌봄관계가 도전받아야 한다면, 어떤 이유로 가부장적 돌봄관계는 좋은 돌봄관계가 되지 못하는가? 왜 가부장적 돌봄관계는 규범적으로 문제가 되는가? 그렇다면 보다 근본적으로 돌봄관계를 평가할 수 있는 케어리즘의 규범적 잣대는 무엇이고, 그 잣대는 어떤 내용을 담고 있어야 하는가?

이 질문에 답하기 위해서 돌봄관계의 질에 주목한 다음의 논의를 참고하고자 한다. 예컨대, 부벡(Diemut Bubeck)은 돌봄관계에서 파생되는 착취 문제에 천착한다. 돌봄관계는 그 필연적인 비대칭성으로 인해 착취에 취약한 구조라는 점을 강조하며, 주요 돌봄제공자로서 여성은 한번 돌봄제공의 경험을 갖게 되면 심리적·물질적 측면에서 모두 돌봄의 착취시스템 속에 얽매이게 된다고 설명한다. 부벡에 따르면, 돌봄윤리를 통해 우리 사회가 돌봄을 취급하는 방식에 대해 비판적으로 고찰할 수 있으며, 이를 통해 돌봄의 착취시스템에 도전할 수 있는 이론적인 가능성을 찾을 수 있다고 지적한다(Bubeck 2002). 샌더 스타우트(Maureen Sander-Staudt)도 돌봄윤리에서 주목하는 것은 개인의 덕성으로서 돌봄이 아니라 돌봄의 권력관계를 지적할 수 있는 규범적 시각이라는 점을 강조한다. 사회에서 돌봄의 억압적인 관행이나 부정의를 지적하고 교정할 수 있는 규범이론으로서 돌봄윤리를 언급하며, 돌봄윤리가 사회정치적 맥락에서 이해되었을 때 충분히 독립적인 정치이론으로 기능할 수 있다고 주장한다. 특히 돌봄의 권력관계와 연계하는 젠더의 권력관계에 대해 규범적 시각을 제시할 수 있다고 보았다(Sander-Staudt 2006).

트론토(Joan C. Tronto)는 보다 구체적으로 우리 사회에 구조화된 부정의한 돌봄관계를 보여주는 면면을 제시하며 이를 '특권적 무책임'과 '돌봄의 무임승차'라는 개념을 사용하여 설명한다(Tronto 2013, 4장). '특권적 무책임'이란, 시장에서 일을 한다는 이유로 혹은 사회의 안전과 국방을 담당한다는 이유로 돌봄담당의 책임으로부터 면제받는 것을 의미한다. 이처럼 돌봄담당의 책임으로부터 면책되는 경우, 돌봄의 혜택을 받게 되는 반면 돌봄담당의 책임을 지는 사람이 돌봄의 부담을 떠안게 된다고 트론토는 지적한다. 다시 말해, 돌봄의 관계망 속에 속한 모든 사람은 돌봄의 수혜자로서 돌봄책임을 부담해야 함에도 불구하고, 오히려 돌봄책임을 담당하지 않는 사람이 사회경제적으로 혜택을 보는 반면 돌봄책임을 담당하는 사람이 사회경제적인 불이익을 보게 된다는 것이다. 그 결과 돌봄책임을 다하지 않는 사람이 돌봄의 혜택을 보게 되는 구조, 즉 돌봄의 무임승차가 가능한 사회구조가 부정의한 돌봄관계를 보여주는 중요한 일면이라고 주장한다.

특히 '특권적 무책임'과 '돌봄의 무임승차'가 문제 되는 이유는, 이에 기초한 부정의한 돌봄관계로 인해 돌봄의 불평등이 계속되는 악순환의 구조에 빠지게 되기 때문이다. 불평등한 돌봄책임의 분배는 사회경제적인 불평등으로 연계되며 이것이 다시 정치적인 불평등을 야기한다. 또한 이러한 정치적인 불평등은 사회경제적인 불평등과 돌봄책임의 불평등으로 다시 이어지기 때문이다. 트론토는 이것을 강화되고 고착화되는 '돌봄불평등의 악순환(vicious circle of care inequality)'이라고 설명한다(Tronto 2013, 4장). 예를 들어, 가정에서 돌봄을 담당하는 사람은 시장에서 기대하는 능력 있고 생산적인 노동자가 되지 못하기 때문에, 시장에서 배제되거나 시장의 경쟁에서 뒤처지게 되어 결과적으로 낮은 사회경제적인 지위를 점유하게 된다.

그리고 이들은 낮은 사회경제적인 지위 때문에 공적 영역에서 자신들의 목소리를 낼 수 있는 정치적인 영향력이 미약해지게 된다. 이러한 낮은 정치적 영향력으로 인해 이들은 부정의한 돌봄관계에 도전하고 비판할 수 있는 정치세력으로 성장하지 못하고 결국 악순환의 구조 속에 매몰된다는 것이다.

결국 부벡, 샌더 스타우트, 트론토가 모두 고민하는 바는 부정의한 돌봄관계이며, 이는 돌봄제공자가 겪게 되는 착취, 돌봄의 지위로 인한 권력관계, 돌봄의 불평등을 고착화시키는 악순환의 구조의 모습으로 드러나게 된다. 케어리즘이 주목하는 규범적인 잣대 역시 바로 이 지점이다. 케어리즘은 돌봄부정의를 지적하고 교정한다. 이때 돌봄부정의는 돌봄의 지위와 밀착된 지속적인 불평등, 즉 구조화된 불평등이라 할 수 있다. 돌봄의 지위, 다시 말해 돌봄의 수혜자(의존인)나 돌봄의 제공자로서 혹은 돌봄수혜나 돌봄제공의 정도에 따라 이들이 지속적인 불평등을 감수해야 한다면, 케어리즘은 이를 부정의로 지적하고 교정할 수 있다는 점이다. 이러한 돌봄의 지위에 따른 패턴화되고 지속적인 돌봄의 불평등은 몇몇 개인이나 특정 집단의 의도적인 차별로부터 발생된 것이라기보다 사회의 규범, 일상생활 속의 관습, 기존의 정치사회제도, 문화적 상징 혹은 시장질서나 관료제의 위계체제를 통해서 오랜 기간 유지되고 강화된 것이다 (Young 1990, 107).

첫째, 일반적으로 돌봄제공자는 착취의 대상이 된다. 착취의 핵심은 "한 사회집단의 노동 산물이 타 집단에게 이득이 되도록 이전되는 항상적 과정"을 통해서 부정의가 생겨난다는 것이다(Young 1990, 124). "착취라는 부정의의 핵심은 불평등 분배를 창출하게끔 한 집단으로부터 다른 집단으로 에너지가 이전되는 사회과정에 있고,

또 소수는 부를 축적하게 하면서 다수는 그러지 못하게 하는 사회과정의 방식"에 있다고 볼 수 있다(Young 1990, 131). 돌봄제공자는 돌봄의 공적 가치가 인정되지 않는 사회제도 속에서 돌봄노동의 대가를 제대로 부여받지 못하게 된다. 가정에서의 돌봄노동은 누구나 할 수 있는 일, 허드렛일 혹은 여자라면 당연히 해야 하는 일 정도로만 평가된다. 시장에서의 돌봄노동도 다른 일반적인 노동에 비해 저평가된다. 이때 착취로서 문제가 되는 것은 단지 돌봄제공자의 돌봄노동이 무급이거나 저평가된다는 점을 넘어선다. 앞서 부벡과 트론토가 지적한 대로, 돌봄노동의 착취는 돌봄노동의 대가가 불평등하게 분배되는 부정의한 사회과정 속에 있다. 돌봄제공자는 인간의 삶과 사회유지에 필수불가결한 돌봄노동을 수행함에도 불구하고, 그러한 노동을 하면 할수록 더욱더 열악한 지위에 빠지게 되는 반면에, 돌봄의 책임을 다하지 않은 사람들은 돌봄을 제공하지 않음으로 인해서 이들의 권력, 지위, 부가 더욱더 커진다는 점이다.

보다 구체적으로 케어리즘은 돌봄부정의, 즉 구조화된 돌봄불평등의 특징적인 양상을 밝힐 수 있다. 이는 착취(exploitation), 주변화(marginalization), 무력함(powerlessness), 문화제국주의(cultural imperialism), 폭력(violence)으로 범주화될 수 있겠다.[26] (돌봄을 둘러싼 불평등과 억압의 양상에 대해서는 본서 8장에서 자세히 설명하고 있다.) 둘째, 돌봄수혜자와 돌봄제공자는 자본주의 사회에서 주변화된 삶을 살게 된다. 이들은 시장에서 요구하는 자율적이고 생산적인 개인이 되지 못한다는 이유로, 시장에서 배제되고 적극적인 사회참여가 제한된다(Young 1990, 131-133). 따라서 이들은 경제적으로 궁핍해지고 정치사회적으로 명시적인 시민적 지위로부터 배제되게 된다. 주로 노인, 장애인, 아이 같은 취약한 의존인과 복지의 수혜를 받으며 이들을 돌보는 여성이 주로 이러한 주변화의 대상이 된다. 그러나 이들이 겪는 주변화는 경제 및 정치사회의 영역을 넘어선다. 더 나아가 이들은 증오, 비하, 혐오의 대상이 된다. 아이를 받지 않는 공공시설, 어린이집 건립에 대한 지역사회의 반발, 혐오시설로 둔갑된 장애인 학교 등의 사례가 이를 뒷받침한다. 또한 돌봄제공자는 "맘충," "집돌이" 등의 멸시의 표현으로 통용되기도 한다.

셋째, 무력함의 특징은 타인과의 관계에서 권한이나 권력을 가지지 못하게 됨이다. 돌봄수혜자와 돌봄제공자는 무력한 자들(the powerless)이 된다. "무력한 자들이란 명령은 무조건 따라야 하지만 명령을 내릴 권리는 거의 갖지 못하는 상태에 처한 사람들"을 뜻한다(Young 1990, 137). 돌봄수혜자와 돌봄제공자는 자신의 돌봄지위에서 파생된 권위나 자긍심이 크게 없다. 자신의 역량을 발전시킬 동기부여가 적으며, 타인과의 관계나 직장생활에서 의사결정 권한을 갖지 못하고, 또한 자신의 돌봄지위로 부여되는 존중이나 품위가 결핍되게 된다. 더 나아가 이러한 무력함은 정치의 영역에서 이들을 비(非)정치화 하고 비(非)대표화 되게 한다.

넷째, 돌봄수혜자와 돌봄제공자는 사회에서 만든 고정관념이 부과된 문화적 생산물이 되게 된다. 이들에게는 결핍되고 부정적인 특정 이미지가 만들어지며 본인의 관점과 해석이 드러나지 못한 채 타자라는 낙인의 표식이 붙여지게 된다. 예컨대, 모성애 이데올로기는 여성, 어머니 혹은 돌봄제공자를 '모성'이라는 족쇄에 갇힌 대상으로 만들었다. 모성애 이데올로기 속 여성에게 돌본다는 것은 자연스러운 것, 본능적인 것, 당연한 것으로 간주된 반면, 돌보지 않는 여성 혹은 돌보지 못하는 여성은 무시와 동정의 대상이 되었다. 이에 더해 돌봄제공자 역시 이러한 문화적 산물에 동화되고 재생산되어서 자기 비하적인 자기인식을 갖게 된다. 이들은 외부의 시선에서 자기 자신을 평가하고 사회의 관점으로 스스로를 비하하게 된다. 그 결과 여성이 주로 돌봄을 담당함으로써 그리고 이러한 돌봄의 젠더화가 자연스러운 것으로 사회적으로 인식됨으로써, 돌봄의 평가절하는 여성이 하는 일 또는 여성적 노동에 대한 평가절하로 이어지게 된다. 이는 돌봄의 젠더화와 젠더의 돌봄화를 동시에 야기시킴으로써 돌봄불평등과 젠더불평등은 서로 간 악화시키는 악순환의 패턴으로 구조화되게 된다.

다섯째, 돌봄수혜자와 돌봄제공자는 폭력에 취약하게 된다. 여기에서 폭력이란 단지 폭력적인 행위 자체로 국한되지 않으며 폭력적 행위를 가능하게 하고 이를 용인하게 만드는 사회적 환경의 문제까지 포함한다. 돌봄수혜자와 돌봄제공자가 폭력에 취약한 이유는 이들이 경제적으로 착취당하고, 사회적으로 주변화되었으며, 정치적으로 무력화되고, 문화적으로 타자화(대상화)되었기 때문일 것이다. 특히 가부장제와 성별화된 공사구분의 규범화된 제도는 이들을 더욱 폭력에 취약하게 만든다. 그 속에서 돌봄의 지위에 기초한 폭력이 사회에서 묵인되고 관용되며 더 나아가 조장되고 있는 것이다.

케어리즘의 장점은 위에서 언급한 구조화된 돌봄의 불평등을 부정의로 직시한다는 데 있다. 기존의 정치이론에서는 돌봄의 지위에서 파생된 착취, 주변화, 무력함, 문화제국주의, 폭력을 부정의한 것으로 지적하지 못한다. 예를 들어, 자유주의 정치이론에서 볼 때, 자족적이지 못한 돌봄수혜자나 돌봄제공자의 경우, 소위 정상적인 개인으로 간주되지 못하기 때문에, 이로 인한 사회경제적인 불평등은 이들의 무능력에 상응하는 당연한 것으로 취급된다. 이들이 가난하다면, 이는 단지 시장에서 제대로 된 노동을 하지 못한 이들의 개인책임일 뿐이다. 따라서 이들이 겪는 착취, 주변화, 무력함도 이들의 무능함의 결과로 인한 것이기 때문에, 자유주의 논의는 이에 대한 사회적 책임이나 조치를 취할 근거를 갖지 못한다.

또한 재분배 정책에 초점을 두는 기존의 정의론은 착취, 주변화, 무력함 등을 보이는 돌봄의 구조화된 불평등을 설명하기에 충분하지 못한다(Young 1990, 1장). 돌봄의 구조화된 불평등은 왈쩌(Michael Walzer)가 부정의라 칭하는 지위의 불평등(inequality of status)과 양상이 유사하다(Walzer 1984). 지위의 불평등은 단지 시장에서 재화가 부족해서 빈곤하다거나 혹은 정치적 권위가 결여되어 명예스럽지 못한 것이라기보다, 사회·경제·정치·문화 전반의 영역에 걸쳐 나타나는 체계적이고 고질적인 불평등이라고 할 수 있다. 이에 도전하기 위해서는 단지 차별을 금지하는 평등 개념이나 평등한 분배를 고민하는 재분배 프레임워크로는 불충분하다. 반면 케어리즘이 추구하는 것은 돌봄의 지위와 관계없이 개개인이 성취할 수 있는 자유와 평등을 실질적으로 누리는 지위의 평등이다.[27]

케어리즘은 이러한 돌봄부정의를 지적하고 교정함으로써 돌봄의 가치를 인정하게 한다. 돌봄부정의를 묵인·방관하는 사회제도는 개인의 자유로운 선택을 가능하게 하는 공정한 조건이 되지 못하며 또한 공정하지 못한 조건에서 개인의 선택은 자유의 척도가 되지 못한다.[28] 불평등한 분배에 천착하는 정의도 돌봄의 구조적 불평등을 다루는 데 부족하다. 따라서 제도화되고 고질적인 부정의한 돌봄관계를 교정하고 시정함으로써만이 개인의 진정한 자유와 평등이 성취될 수 있는 조건을 마련할 수 있다. 이러한 조건에서 우리는 돌봄을 받을 수 있는 자유, 돌봄을 줄 수 있는 자유, 돌봄을 받고 제공함에 있어서 배제되거나 착취되지 않을 진정한 자유를 누리게 되는 것이다. 또한 이러한 조건에서 개개인이 기회의 평등을 넘어 진정한 지위의 평등을 향유할 수 있을 것이다. 결국 이를 통해 "다른 사람과 평등한 관계가 조성되는 공동체," 즉 돌봄을 주고받는 것이 당당한 정치사회를 만들 수 있을 것이다(Anderson 1999, 288-289).

4 케어리즘은 돌봄의 시민적 연대책임을 규정한다.

모든 인간은 필연적으로 돌봄을 주고받는 관계에 속해 있음을 살펴보았다. 이러한 돌봄의 관계망은 개인의 측면에서 삶의 핵심 구성이며, 사회의 측면에서 정치공동체의 생명선이기도 하다. 따라서 우리 모두는 돌봄의 관계망을 보호하고 보존하며 또한 부정의한 관계를 지적하고 교정할 돌봄의 책임을 갖는다. 이 장에서는 이를 '돌봄의 시민적 연대책임'으로 표현하고자 한다.

기존 연구들도 공적 가치로서 돌봄에 대한 사회적 책임에 대해서 언급하고 있다. 커테이는 돌봄의 상호의존성에 기반을 둔 둘리아 개념을 통해서 사회적 책임 원칙을 이끌어 낸다(Kittay 1999). 둘리아 원칙은 다음과 같다. "마치 우리가 생존과 성장을 위해 돌봄이 필요했던 것처럼, 우리는 다른 사람이 ― 돌봄노동을 하는 사람을 포함해서 ― 생존과 성장에 필요한 돌봄을 받을 수 있는 조건을 제공할 필요가 있다"(Kittay 1999, 200). 다시 말해 이는 사람들이 돌봄관계를 충분히 지속하고 참여할 수 있도록 조건을 지원하는 데 있어 우리 모두의 책임이라는 것이다. 이는 첫째, 돌봄수혜자와 돌봄제공자를 만족시키는 돌봄관계를 유지하고 존속하기 위한 사회적 책임이며, 둘째, 돌봄수혜자와 돌봄제공자가 돌봄관계에 속함으로 인해서 사회적으로 불이익이나 차별을 당하지 않는 조건을 마련하는 사회적 책임이다. 커테이는 이를 돌봄태도를 권장하고 돌봄을 존중하는 사회제도 마련을 위한 사회적 책임이라고 설명한다(Kittay 1999, 202).

유사한 맥락에서 트론토도 돌봄의 사회적 책임을 언급하며 "함께 돌봄(caring with)" 개념을 제시한다. 함께 돌봄은 기존에 제시한 돌봄 과정의 네 가지 단계에 추가된 다섯 번째 단계이다(Tronto 2013, 72-73). 돌봄의 과정은 돌봄의 필요를 감지하는 관심 돌봄(caring about) 단계로부터 시작하여, 돌봄필요를 충족시키는 책임(caring for)의 단계, 직접적으로 돌봄을 제공(care-giving)하는 단계, 돌봄필요가 제대로 반영되었는지 응답(care-receiving)하는 단계, 그리고 최종적으로 "함께 돌봄"의 단계가 실현되어야 한다고 주장한다. 함께 돌봄은 "충족되는 돌봄 필요와 방식이 모든 사람을 위한 정의, 평등, 자유에 민주적 기여와 일치"하도록 하는 돌봄의 단계라고 트론토는 설명한다(Tronto 2013, 73). "함께 돌봄"이 가능하기 위해서는 사적 영역에 집중되고 젠더화되고 인종화되며 하층계급에 치우진 돌봄책임의 분배를 뛰어 넘어, 보다 많은 사람들이 돌봄책임의 분배를 다루는 정치과정에 참여할 수 있어야 한다고 주장한다. 돌봄의 권력관계에 도전하고 이를 조정하여 민주적 돌봄을 제도화할 수 있는 것이 바로 "함께 돌봄"을 실현하는 길이라는 것이다. 트론토가 "함께 돌봄"을 위해 돌봄의 무임승차권을 회수해야 한다고 언급한 지점도 바로 돌봄의 무임승차를 허용하지 않는 사회제도의 마련으로 이해할 수 있다.[29]

이상의 논의를 고려했을 때 케어리즘에서 규정하는 '돌봄의 시민적 연대책임'은 다음의 특징을 갖는다. 첫째, 돌봄의 시민적 연대책임은 돌봄관계가 안정적으로 보호되고 풍성해질 수 있는 우리 모두의 책임을 인정하는 것이다. 이를 권리의 언어로 표현한다면 다음과 같이 구체화될 수 있겠다. 첫째, 우리 모두는 의존의 상황에 있는 사람들이 그들의 돌봄필요를 충족하는 충분한 돌봄에 평등하게 접근할 수 있는 권리를 보장해야 한다. 둘째, 우리 모두는 돌봄을 제공하는 사람이 그들의 삶에 유의미한 돌봄관계에 참여할 수 있는 권리를 보장해야 한다. 이는 돌봄제공을 선택한 사람들에게 유의미한 경제사회적 보상을 제공하는 것을 포함한다. 셋째, 우리 모두는 돌봄수혜자와 돌봄제공자가 이들의 권리보장을 판단하는 공적 과정에 참여하는 권리를 보장해야 한다. 이들이 공적 영역에서 동등하고 독립적으로 자신의 발언권을 행사할 수 있어야 하며, 이들의 발언권이 침묵당하거나 다른 사람에게 묵살당하지 않을 것이라는 보호 조항이 마련되어야 하고 또한 이들의 목소리가 경청되게끔 하는 제도적인 지원을 제공해야 한다(Tronto 2013, 214, 287).

둘째, 돌봄의 시민적 연대책임은 돌봄부정의가 있을 때 이를 지적하고 교정할 수 있는 우리 모두의 책임을 인정하는 것이다. 이는 영(Iris Marion Young)이 구조적 부정의를 지적하고 교정하는 책임을 "사회적 관계에 기초한 책임"이라고 칭한 부분과 관련된다(Young 2013, 171-208).[30] 영에 따르면, 우리 모두가 협력과 경쟁을 통하여 구조의 과정과 체계에 속해 있는 이상, 우리 모두는 일정 정도 구조의 부정의에 일조하고 있다는 것이다. 비록 우리의 특정 행동이 구조와 구조가 낳은 결과에 얼마만큼 일조하고 있는지 혹은 어떤 개인의 특정 행동과 구조의 부정의 사이에 직접적인 인과관계를 밝히기는 어렵다고 보았다. 그럼에도 불구하고 "사회적 관계에 기초한 책임"의 근거는 행동과 결과 간의 직접적인 인과관계가 아니라 구조적 부정의를 야기하는 제도와 과정에 속한 우리 모두의 참여에서 찾을 수 있다고 보았다. 우리 모두 돌봄의 관계망에 필연적으로 속해 있는 이상, 이에 기초한 부정의 — 돌봄의 지위에 따른 착취, 주변화, 무력함, 문화제국주의, 폭력 — 는 우리 모두의 책임으로 상정된다. 결국 돌봄부정의를 야기하는 제도와 과정에 대한 비판과 교정을 통해, 돌봄관계가 안정적으로 보호되고 풍성해질 수 있는 것이다.

셋째, 돌봄의 시민적 연대책임은 특정 개인이나 특정 집단이 돌봄책임의 의무를 주요하게 담당하고 있다 할지라도, 돌봄의 사회망 속에 속한 다른 개인들의 책임을 면책시키지 않는다. 이는 영이 "사회적 관계에 기초한 책임"이 비분리적(non-isolating)이라고 언급한 내용과 유사하다. 다시 말해 구조적 부정의의 경우, 구조의 잘못이 개인 혹은 집단의 특정한 행동에 의해서라기보다 다수가 제도와 구조의 과정에 참여함으로서 야기된 것이기 때문에 특정 개인과 집단에게 책임을 개별화하거나 분리시키는 것이 불가능하다는 것이다. 따라서 구조적 부정의가 야기되었을 때 특정 행동에 대해 개인이나 집단에게 책임의 의무를 부과하였다고 해서, 그 구조에 속하고 구조의 과정에 참여하고 있는 다른 개인들의 책임이 면하게 되는 것이 아니다(Young 2011, 185-187). 예를 들면, 어떤 어머니가 자신의 아이를 돌보는 것을 방관하고 아이를 학대하였다면, 이러한 방관과 학대의 보다 직접적인 책임은 돌봄을 담당하는 어머니에게 있겠지만, 그렇다고 해서 그러한 방관과 학대를 가능하게 한 사회제도가 책임에서 면책되는 것이 아니라는 점이다.

이 지점은 돌봄의 사회적 책임을 "잔여적(residual)"으로 보는 입장과 구별된다. 예를 들어, 잉스터의 경우, 우리 모두 의존적인 인간으로서 돌봄의 수혜를 받은 이상, 타인을 돌봐야 하는 합리적인 의무가 있다고 주장한다(Engster 2007, 74-102). 이는 왜 우리가 가족과 친구 같은 개인이 속한 직접적인 관계망을 넘어 돌봄이 필요한 모든 인간까지 돌봄을 제공해야 하는지에 대한 논거로까지 확대된다. 그 럼에도 불구하고 잉스터는 돌봄책임의 순위를 제시하는데, 가장 우 선순위를 갖는 것이 우리 자신에 대한 돌봄이고, 다음이 우리와 어 떤 특별한 관계를 맺고 있거나 도와야 하는 특별한 처지에 있는 사 람들(예를 들어, 자녀, 부모, 형제자매, 배우자, 친구 등)에 대한 책임이며, 그다음이 같은 정치공동체에 함께 살아 사회적 관계를 공유하는 사 람들에 대한 책임이고, 논리상 가장 후순위에 있는 것이 우리가 동 떨어져 지내는 낯선 이방인에 대한 돌봄책임이라고 설명한다(Engster 2007, 102-118). 잉스터의 관점에서 볼 때, 가족 간의 돌봄이 충분히 만 족하게 제공된다면, 사회나 다른 타인은 그러한 가족 돌봄에 대한 책임을 지지 않아도 되는 것이다. 사회나 다른 타인은 가족 돌봄이 부족했을 때만이 "잔여적으로" 개입할 수 있는 여지를 갖게 된다.

그러나 잉스터의 입장과 달리, 돌봄의 시민적 연대책임은 잔여 적이지 않다. 가족이 특정 개인에 대해서 직접적인 돌봄의 책임을 담당한다고 할지라도, 그 사실로 인해 우리 모두의 책임이 감소하거 나 면책되는 것은 아니다. 아이너는 돌봄에 대한 가족과 국가의 책 임을 언급하며 이를 "연대(conjunctive)"책임이라 칭한다(Eichner 2010, 58-62). 돌봄에 대한 가족의 책임과 국가의 책임은 정도와 성격이 서 로 구분될 수 있겠지만, 이 둘 간의 관계는 연대적이기 때문에 가족 의 책임이 국가의 책임을 배제하지 않으며, 역으로 국가의 책임이 가족의 책임을 배제하지 않는다고 지적한다. 그리고 이러한 돌봄의 시민적 연대책임을 통해서만이 돌봄의 공공성이 진정으로 회복될 수 있다고 보았다.

마지막으로, 돌봄의 시민적 연대책임은 집단행동(collective action) 을 통해 이행될 수 있다(Young 2011, 193-196). 집단행동을 통해 책임을 이행한다고 함은, 어떤 개인의 특정 행동에 대해 보상을 요구하거나 처벌을 부과하는 것이 아니라 구조에 속한 모든 사람에게 구조를 변화시킬 수 있도록 집단행동을 요구하는 것이다. 돌봄부정의에 기여하는 제도와 과정에 참여한 개인들이 모두 함께 제도와 과정을 바꾸는 책임을 이행함으로써, 그러한 제도와 과정이 낳은 부정의를 최소화할 수 있다. 그리고 이러한 변화는 한 개인의 노력만으로 이뤄지지 않는다. 이것이 바로 타인들과 협력이 요구되는 지점이며 실천이 필요한 지점이기도 하다. 돌봄의 가치가 폄하되고 멸시되고 있다면 이것이 잘못이라는 것을 알리고, 이러한 잘못을 방관하는 제도와 과정에 우리가 함께 참여하고 있음을 다른 사람에게 설득시키는 것 또한 필요하다. 이를 위해 대화와 협력, 때로는 시위나 파업과 같은 실천이 필요할 수도 있다.

요약하건대, 돌봄의 시민적 연대책임은 돌봄관계를 보호하고 증진할 뿐만 아니라 부정의한 돌봄관계를 지적하고 교정하는 책임이 돌봄의 관계망 속에 속한 우리 모두에게 있다고 보는 것이다. 이는 특정 개인이나 집단을 비난하거나 처벌함으로써 책임의 소재를 밝힐 수 있는 책임이 아니며 돌봄부정의를 바꾸는 집단행동을 요구하는 책임이다.

5 케어리즘: 더 정의로운 정치이론

이 장은 돌봄을 엄연한 정치이론의 가치로 상정한 케어리즘의 내용과 특징에 대해서 살펴보았다. 케어리즘은 인간 삶과 사회의 유지·존속에 필수불가결한 돌봄의 가치를 주목하고 인정하는 이론으로 사회의 주요한 부정의로 돌봄의 지위에 따른 구조화된 불평등을 지적하고, 이를 교정하기 위한 시민의 연대책임을 규정한다.

돌봄의 행위와 실천은 인류 역사상 계속해서 진행되어 왔다. 그러나 지금까지의 정치사회는 그것의 가치를 간과하고 배제해왔으며, 이러한 간과와 배제 속에서 사회의 주요한 부정의가 커져왔다. 돌봄이 부재한 기존의 정치이론은 돌봄부정의를 지적하고 교정할 수 있는 규범적 논의의 틀이 부재하기 때문에, 이러한 부정의가 잘못되었다 말하지도 손대지도 못한 채 방관만 하고 있는 실정이다. 반면 케어리즘은 돌봄을 계속해서 주변화하기보다 돌봄을 우대하는 사회를 추구한다. 다음의 설명은 이러한 돌봄사회의 일면을 보여준다.

> 돌봄이 우리의 주요 관심으로 자리 잡고 우리 사회의 화두가 된다면, 사회의 모든 영역은 돌봄 관점이 요구하는 변화를 필요로 할 것이다. 뿐만 아니라, 돌봄을 좀 더 진중하게 받아들인다면, 사회 각 영역 간의 관계 변화의 필요성을 인정할 것이다. 경제적 이익에 매몰되고 법으로 억제된 갈등이 지배하는 사회 대신, 개인적 맥락뿐만 아니라 시민적 수준과 정부제도의 맥락에서도 아이의 성장과 돌봄관계의 조성을 그 사회의 최우선 과업으로 받아들이는 사회에서 우리는 살게 될 것이다. 우리는 시장의 지침에 경사된 문화를 포기하는 대신, 인간 삶을 풍요롭게 하고 밝게 비출 수 있는 최선의 방식으로 문화를 개선시켜 나갈 수 있게 될 것이다 (Held 2006, 44).

결국, 돌봄의 가치는 기존에 전통적으로 의존해 온 자유나 공동선의 가치보다 더 근원적이며 인간의 삶과 공동체의 유지에 보다 더 본래적이다. 돌봄의 시각으로 사회를 바라본다면, 사회의 모든 영역에서 "돌봄 관점이 요구하는 변화"를 필요로 할 것이며, 그 결과 "사회의 근원적인 재건"을 요구할 수 있게 될 것이다(Held 2006, 46). 무엇보다도 그러한 사회는 돌봄부정의에 주목할 수 있으며, 이를 교정하고 시정할 수 있는 돌봄의 시민적 연대책임을 정당화할 수 있을 것이다. 그리고 이를 통해 더 나은 사회, 더 정의로운 사회로 진일보할 수 있을 것이다.

3장 ——————— 돌봄민주주의

돌봄민주주의는 현재 진행형이다. 이를 달성하기 위해서는 돌봄 시민권의 이해, 돌봄인을 중심으로 한 정치세력화, 돌봄을 매개로 한 연대와 투쟁(돌봄운동), 함께돌봄책임의 제도화에 혁명에 버금가는 모두의 반성과 쇄신 그리고 노력을 경주해야 할 것이다. 돌봄민주주의는 더 포용적이며 더 정의로운 민주주의이다. '돌봄 없는' 민주주의란 그 자체가 모순이다. 앞으로 민주주의의 시간은 '돌봄 없는 민주주의의 인간적·사회적·국가적 상처들'을 직시하고 반성하며 치유하는 투쟁의 시간이 되어야 할 것이다.

1 돌봄이 배제된 민주주의

민주주의에 대한 이론적 탐구와 실천적 노력이 치열하게 지속되는 대여정인 이유는 정치사회의 규범으로서 민주주의의 위상을 결코 간과할 수 없기 때문일 것이다. 일반적으로 민주주의는 인민의 지배(rule by the people)로 정의되지만, 이는 단지 참정권의 획득이나 혹은 선거제도의 확립 이상을 뜻함은 분명하다. 오히려 민주주의는 정치공동체 구성원들이 의사결정 과정에 참여하여 자신의 이익과 불만을 동일한 조건에서 표출할 수 있는 평등한 권리와 유효한 기회의 실질적 보장으로 이해될 수 있다. 다시 말해, 규범적 이상으로서 민주주의는 의사결정으로 영향 받는 사람들이 의사결정에 참여하여 그 결과에 영향을 미칠 수 있는 유의미한 기회를 갖는 '정치적 평등'을 의미한다고 볼 수 있다(Young 2000).

따라서 민주주의를 향한 역사적 노력은 정치적 평등을 향한 노력이었으며, 이는 또한 사회의 위계질서에 도전하는 과정이었다. 왜냐하면 사회의 공고화된 위계질서는 정치적 평등을 달성하기 위한 조건을 마련하는 데 주된 장벽이었기 때문이다. 200년 전 울스톤크래프트(Mary Wollstonecraft)는 『여성의 권리 옹호』에서 부, 명예, 권력을 가진 집단과 그렇지 않은 집단으로 나누는 "같잖은 기준으로 세운 위계(preposterous distinctions of rank)"에 대해서 비판한다(Wollstonecraft 1992[1792], 262). 이러한 위계는 젠더관계뿐만 아니라 귀족제도, 군대 혹은 성직자 조직 등에서도 나타나는데, 이것의 문제는 태생적 혹은 부여받은 지위(신분)로 인해 자신이 속한 집단의 사회경제적 불평등의 지위가 이미 결정되고 공고화되어 버린다는 사실에 있다. 위계질서야말로 사회의 가장 심각한 부정의이자 부도덕이라고 지적하며, 이에 도전하는 것이 평등의 이상이라고 울스톤크래프트는 주장한다. 200년이 지난 현재의 시점에도 울스톤크래프트가 꼬집은 위계질서는 기존의 혹은 새로운 모습으로 끊임없이 변형·재생산되고 있으며 정치적 평등을 잠식·훼손하고 있다.

이 장은 정치적 평등을 향한 역사의 경로를 추적해보고 그 경로에 맞춰 보다 더 민주적인 민주주의를 전망해보고자 한다. 18~19세기 자유민주주의가 봉건적 위계질서에 도전하며 '자유'의 가치를 중심으로 재편된 민주주의였다면, 19~20세기 사회민주주의는 자본주의의 시장경제 위계질서에 도전하며 '노동'의 가치를 중심으로 재편된 민주주의였다. 자유민주주의와 사회민주주의는 모두 정치적 평등을 향한 인류의 진일보한 성취임에 틀림없지만, 이들의 성과를 일정 부문 영위하고 있는 21세기 현재 우리는 또 다른 위계질서에 봉착해 있음도 틀림없다. '돌봄(care)'이 배제된 자유민주주의 경제시스템과 사회민주주의 복지시스템으로 인해 돌봄수혜자와 돌봄제공자는 고착화된 사회경제적 불평등을 겪는 부정의를 경험한다. "돌봄의 지위(care status)"가 바로 위계질서 속 배제를 가름하는 것이다(Tronto 2017, 38). 이 장은 돌봄의 지위로 가늠되는 위계질서의 모순을 지적하고 이에 도전하는 돌봄민주주의야말로 기존 민주주의에 비해 더 정의롭고 더 포용적인 민주주의라고 주장하고자 한다. 돌봄민주주의는 돌봄이 배제된 사회경제의 위계질서에 도전하고 '돌봄'의 가치를 중심으로 재편된 민주주의이다.

이 장은 다음의 순서로 진행된다. 먼저 정치적 평등으로서 민주주의의 의미를 제고(提高)한다. 그다음 자유민주주의와 사회민주주의를 정치적 평등의 관점에서 분석한다. 특히 (1) 정치적 평등을 향한 노력인 위계질서에 대한 도전, (2) '자유'와 '노동'이라는 정치적 평등의 가치, (3) 자유인과 노동자로 대표되는 민주화의 정치적 동력, (4) 시장제도와 복지제도로 대표되는 정치적 평등의 제도화라는 네 가지 측면에서 자유민주주의와 사회민주주의를 각각 논의한다. 이후 돌봄민주주의를 역시 정치적 평등의 관점에서 살펴본다. 자유민주주의와 사회민주주의에 적용된 앞선 분석 틀을 활용하여 (1) 돌봄민주주의는 어떤 위계에 도전함으로써 정치적 평등을 달성하고자 하는가? (돌봄이 배제된 사회경제질서에 대한 도전), (2) 돌봄민주주의는 어떤 가치를 중심으로 정치적 평등을 재편하는가? ('돌봄'이라는 정치적 평등의 가치), (3) 돌봄민주주의의 정치적 동력은 누구이며 누구에게 시민자격을 부여하는가? (돌봄인으로 대표되는 민주화의 정치적 동력), (4) 돌봄민주주의를 위해 어떤 제도적 변화가 요구되는가? (함께돌봄책임제도를 통한 정치적 평등의 제도화)라는 네 가지 질문에 답을 찾으며, 돌봄민주주의가 다른 민주주의에 비해 더 정의롭고 더 포용적임을 증명해 보이고자 한다. 이 장의 마무리는 돌봄민주주의를 향한 현재 노력의 적실성과 당위성에 대해서 다시금 강조한다.

2 민주주의, 정치적 평등, 포용

정치사회의 규범으로서 민주주의는 정치적 평등을 의미한다. 서두에서 언급했듯이, 정치적 평등은 의사결정으로 영향받는 사람들이 그 과정에 실질적으로 포함되고 의사결정의 결과 영향을 미칠 수 있는 의미 있는 기회를 부여받는지에 달려있다. 정치적 평등이 규범적 가치로서 무엇보다 중요한 이유는, 그것이 바로 정의(justice)를 증진할 수 있는 조건이기 때문이다. 차별받고 소외된 사회집단의 목소리가 정치적으로 배제되지 않고 의사결정 과정에서 평등한 영향력으로 반영된다면, 의사결정의 결과는 부정의를 지적하고 개혁할 수 있는 소중한 동력이 될 수 있다(Young 2000, 27-82). 민주주의가 가치 있다고 생각되는 이유는 그것이 "부정의를 대적하고 정의의 우군이 되는 정치적으로 최선의 수단"이기 때문이라는 영(Iris Marion Young)의 주장을 무겁게 받아들인다면, 정치적 평등을 달성하는 것은 사회에서 정의를 성취하기 위한 필요조건임이 자명해 보인다(Young 2000, 41).

그렇다면, 정치적 평등을 향한 노력이란 무엇인가? 어디서 시작되는가? 질문에 본격적으로 답하기 전에, 정치적 평등을 향한 노력은 민주주의를 최소주의적(minimalist)으로 접근한 슘페터(Joseph Schumpeter)나 쉐보르스키(Adam Przeworski)가 주장하는 투표권이나 선거제도 같은 소위 절차적 민주주의를 넘는다는 점을 먼저 언급하고 싶다(Schumpeter 1976; Przeworski 1999). 실제로 다수의 민주주의 연구자들은 절차적 민주주의를 넘어서는 실질적 민주주의에 대해 방대한 논의를 진행해 오고 있다. 이들이 공통으로 설득력 있게 지적하는 지점은 사회경제적 불평등과 정치적 불평등은 서로 연결되기 때문에, 사회경제적 불평등을 교정하고 이에 도전함으로써 정치적 평등을 위한 조건이 마련될 수 있다는 점이다. 예를 들어, 것만과 톰슨(Amy Gutmann and Dennis Thompson)은 절차적 한계를 극복할 수 있는 심의민주주의를 주장하며, 이를 위해서는 구성원들이 스스로 경제적으로 자립할 수 있는 최소한도의 복지지원이 필수적이라고 주장한다(Gutmann and Thompson 1996). 이와 유사하게 페미니스트 참여민주주의자인 페이트먼(Carole Pateman)도 기본소득을 지지하는데, 그 이유는 이를 통해 경제적 자립이 이뤄진다면 여성의 정치적 참여가 확대되고 실질적 민주주의가 촉진될 수 있다고 보았기 때문이다(Pateman 2004).

자유주의 정치철학자 롤즈(John Rawls)도 사회경제적 불평등이 정치적 불평등으로 이어지는 고리를 끊는 것이 정의로운 사회제도의 목적이 되어야 한다고 강조한다. 롤즈는 『정의론(A Theory of Justice)』에서 재분배의 원리를 다루는 정의의 제2원칙과는 달리, 정의의 제1원칙은 모든 시민에게 평등한 기본적 자유를 보장해야 함을 천명한다. 이때 기본적 자유란 헌법적 가치로서 사상과 양심의 자유, 정치적 자유, 선거권과 피선거권, 결사의 자유, 신체의 자유 등을 포함한다. 주목할 점은 모든 기본권은 평등하게 보장받아야 하지만, 그중 정치적 자유는 여타 기본권과 다른 헌법적 지위를 갖는다고 강조하는 데 있다. 롤즈는 오직 정치적 자유만이 "공정한 가치(fair value)"를 갖는다고 주장한다. 정치적 자유가 "공정한 가치"를 보장받아야 함은, 헌법에서의 선거권 및 피선거권 보장으로는 정치적 자유가 실질적으로 보장되었다고 보기에 불충분하기 때문에, 시민들이 그들의 사회경제적 지위에 상관없이 동등한 정치적 영향력을 행사할 수 있도록 제도적으로 함께 보장해야 한다는 의미를 지닌다. 사회경제적 불평등이 확대되고 심화되면 부와 사회적 지위를 가진 이들이 정치적 영향력을 지배하게 되고, 그 결과 그들에게 유리한 법과 제도를 만들 수 있는 가능성을 롤즈는 경계한다. 따라서 정치적 자유의 "공정한 가치"란 일인 일표의 형식적인 정치적 기회의 평등을 넘어 사회경제적으로 배제된 사람들이 정치의 영역에서 배제되지 않도록 보다 적극적 의미의 개입을 가능하게 하는 개념으로 이해할 수 있다(Rawls 2001, 148-150).[31]

이러한 논의들에 비추어 보건대, 실질적 민주주의, 즉 정치적 평등을 달성하기 위한 노력은 사회경제적 불평등에 대한 도전으로부터 비롯된다. 그러나 여기서 중요하게 강조되어야 하는 것은 정치적 평등을 성취하기 위한 노력이 사회경제적 불평등에 대한 단순 부정은 아니라는 점이다. 대신에 정치적 평등을 위해 도전해야 하는 대상은 앞서 울스턴크래프트가 비판한 태생적 혹은 부여받은 지위로 인해 자신이 속한 집단의 사회경제적으로 불평등한 지위가 이미 결정되고 공고화되어 버린 위계질서이다. 위계질서 속에서 특정 집단의 고착화되고 공고화된 사회경제적 불평등은 정치적 불평등으로 귀결되고 이는 서로 간의 악순환의 고리를 형성함으로써 사회의 주요한 부정의를 형성한다.

실제로 많은 정의론자들은 이러한 부정의한 위계질서를 비판하며 이를 다양하게 개념화한다. 예를 들어, 왈쩌(Michael Walzer)에 따르면 정치공동체는 경제, 사회, 문화, 복지, 정치 등 다양한 독립 영역이 존재하고 개별 영역은 그에 맞는 분배원칙과 분배적 가치에 따라 자원이 분배되어야 하는 "다원적 평등(complex equality)"이 존재해야 하지만, 만약 한 영역의 가치가 다른 영역의 분배원칙에 주도적인 영향을 미친다면 이것은 "지배(dominance)"로서 부정의라고 보았다.

즉, 지배란 불평등이 한 영역에만 존재하는 것이 아니라 어떤 주도적인 가치의 영향력에 의해 다양한 영역을 모두 가로질러 나타나는 광범위한 불평등 현상을 의미한다(Walzer 1984, 3-13). 밀러(David Miller)는 왈쩌의 다원적 평등 논의에 기초하여 부정의한 위계질서를 "지위의 불평등(status inequality)"으로 개념화한다. 지위란 특정 개인이나 집단이 사회경제제도 및 다른 사회구성원들의 인식과 이해에 의해 자리매김(positioning)됨을 의미한다. 밀러에 따르면, 카스트 제도는 특정 집단의 부, 권력, 교육기회, 명성, 직업 등을 막론한 지위가 다른 집단에 비해 위계적으로 결정되는 대표적인 '지위의 불평등' 현상이다. 위계질서 속 지위는 "고정되고 만연하며 공적으로 확인"된다(Miller 1995, 206-207).

영은 이러한 위계질서를 "구조적 불평등(structural inequality)"이라 칭한다(Young 2001). 구조적 불평등이란 기존의 사회제도와 규범 속에서 특정 사회집단이 부, 권력, 교육기회, 명성, 직업 등의 측면에서 다른 사회집단에 비해 상대적으로 불리하게 위치지어짐을 의미한다. 구조적 불평등은 특정 집단의 영향력을 증폭시키지만 다른 집단의 목소리와 영향력을 배제하거나 주변화하는 데 작용한다. 직접적으로는, 롤즈가 염려하듯, 자본이 선거결과를 지배하거나 선거캠페인이나 입법과정에 막강한 영향력을 발휘할 수 있다. 구조적인 불평등이 터 잡은 곳에서 형식적 민주주의의 제도와 절차는 오히려 구조적으로 유리하게 위치지어진 사람들이 불리하게 위치지어진 사람들의 목소리와 이슈를 주변화하고 배제하는 데 활용될 여지가 충분하다. "민주주의가 정의를 진흥하려면 민주주의가 우선적으로 정의롭지 않으면 안 되기" 때문에, 구조적 불평등에 도전하는 것은 정치적 평등으로 나아가는 길이자 정의로운 민주주의를 향한 여정으로 규정지을 수 있다(Young 2000, 52).

따라서 이 장에서는 사회경제적 위계질서에서 배제된 자들의 도전과 이들에 의한 정치적 포용의 관점에서 민주주의를 바라보고자 한다. 민주주의란 억압받고 주변화된 사람들이 자신이 속한 정치 공동체에 "온전하고 평등하게 포용되어야 한다"는 요구로부터 비롯되었다(Young 2000, 8). 참정권 확대의 요구도 이 중 일부이지만, 보통 참정권이 제도화된 현재의 시점에서 평등한 투표는 단지 정치적 평등의 최소조건일 뿐이다. 결국 "튼튼하고 규범적으로 정통성 있는 민주주의"는 정치공동체의 의사결정으로부터 영향을 받게 되는 모두를 평등하게 포용한다(Young 2000, 17). 이때 포용은 기존제도의 답습으로는 불가능하며 위계질서의 부정의와 모순을 지적할 수 있는 획기적인 제도변화를 요구한다.

이하 논의에서는 더 정의롭고 더 포용적인 민주주의를 향한 역사적 요구의 발자취를 탐색해보려고 한다. 기존 민주주의로 자유민주주의와 사회민주주의를, 현재 도래하고 있는 민주주의로 돌봄민주주의를 다뤄보고자 한다. 그리고 이들 민주주의를 (1) 위계질서에 대한 도전, (2) 정치적 평등의 가치, (3) 민주화의 정치적 동력, (4) 정치적 평등의 제도화라는 네 가지 측면에서 설명하고자 한다.

3 자유민주주의

정치적 평등의 조건: 봉건제 신분질서에 대한 도전

자유민주주의는 18~19세기 모든 인간은 자유롭고 평등하다는 자유주의 이념에 토대를 둔 민주주의이다. 당시 절대왕권과 봉건제 신분질서 사회에서 특정 개인의 태생적 신분은 그 개인 전체 삶의 지위를 절대적으로 지배하였다. 특정 개인은 어떤 집단에 속하는 신분으로 태어나는지에 따라, 귀족으로, 평민으로 혹은 노예로 그 개인의 의지, 노력, 선택에 상관없이 자신 삶의 미래가 결정되었다. 귀족의 신분으로 태어났다면 평생 동안 귀족의 지위를 누릴 수 있으며, 노예의 신분으로 태어났다면 평생 동안 노예의 삶에서 벗어나기 어렵게 된다. 자유민주주의는 이러한 태생적 신분에 따르는 권력의 위계질서인 봉건제 신분질서에 대한 투쟁과 도전으로부터 출발하였다(White 2007, 25-43).

보다 구체적으로 이러한 투쟁과 도전은 정치권력을 장악하기 위한 신흥 부르주아 계층의 근대 혁명운동에서 비롯되었다. 당시 활발했던 해외교역과 상업활동의 영향으로 상인이나 수공업자 중에서 성공한 사람들이 생기기 시작하였고 이들 중 일부는 많은 부를 축적하게 되었다. 이들은 자신의 이해를 관철하기 위해 집단화하였으며 그 결과 하나의 계층(부르주아, 자본가)으로 규합될 수 있었다. 이들은 의회에 진출하였고, 이를 통해 기존 정치세력인 토지귀족을 견제함으로써 힘 있는 정치세력으로 성장할 수 있게 되었다. 자유민주주의의 정치투쟁은 왕에서 의회로, 봉건적 토지귀족에서 부르주아 계층으로 정치권력을 전환·확장시켰다고 볼 수 있다. 따라서 자유민주주의란 봉건제 신분질서에 대항하는 투쟁을 통해 인간의 '자유'와 '평등'이라는 자유주의 교리를 바탕으로 성장한 부르주아 계층의 "민주적 혁명"으로 이해될 수 있다(강정인 1997, 90).[32]

정치적 평등의 가치: 자유

자유민주주의의 핵심 가치는 자유이다. 자유민주주의는 자유를 지닌 평등한 존재로서 인간에 초점을 두며, 태생적 신분질서를 막론하고 모든 인간은 '자유롭고 평등하게 태어났다'라는 이념에 기초한다. 영국 명예혁명과 미국 독립혁명의 정당성 논거를 제공한 것으로 유명한『통치론』에서 로크(John Locke)는 자연상태에서의 개인을 "완벽한 자유"와 "평등"을 누리는 존재로 묘사한다(Locke 1980[1690], 8). 이성을 지닌 자율적인 존재로서의 인간은 오직 자유를 통해서만 자신의 궁극적인 목적을 달성할 수 있다고 이해된다. 이때 자유란 개인이 자신이 추구하는 바를 자신의 생각대로 행동하고 추구할 수 있는 동력이다. 이러한 '자유'는 대중을 동원하여 근대의 혁명을 이끌 수 있었던 "가장 급진적인 에너지"였으며, 동시에 영국 명예혁명, 프랑스 시민혁명, 미국 독립혁명 등 다양한 혁명들이 내세웠던 세운 다종의 이념을 하나로 통합할 수 있었던 "탁월한 융통성"을 보인 가치로 평가된다(강정인 1997, 86). 다시 말해, 자유민주주의 혁명이 실제로 부르주아라는 특정 계층의 주도로 (추후 언급하겠지만) 사적 소유제와 시장제도라는 특정 경제시스템을 옹호하는 모습으로 나타났음에도 불구하고, 결국 혁명이 급진적이면서도 동시에 다양한 계층 및 세력과 연대할 수 있는 "탄력성"을 보인 "사회적 힘"이 될 수 있었던 것은 "세계사적으로 가장 혁명적인 이념의 하나로 판명된 자유의 이념 그 자체"에 기인했기 때문이다(강정인 1997, 86).

자유민주주의 혁명에서 자유가 급진적이면서도 동시에 연대할 수 있는 "탄력성"을 보인 "사회적 힘"이 될 수 있었던 이유는 또한 그것의 함의가 단지 개인에 한정되지 않았기 때문이다. 자유의 의미는 개인이 생각하고 원하는 이익을 추구할 수 있기 때문이기도 하지만, 동시에 그것이 가진 공적 영향력에 근거한다. 이는 자유에 기초했을 때, 개인의 이익뿐만 아니라 사회의 공동선이 모두 함께 잘 성취될 수 있다는 신념이다(강정인 1997, 85). 예를 들어, 자유시장주의 자인 아담 스미스(Adam Smith)는 시장에서의 자유로운 활동이 개인의 이익뿐만 아니라 경제성장을 통해 국가 전체의 부를 증진시킨다는 주장을 펼친다(Smith 1993[1776]). 자유민주주의자인 밀(J. S. Mill) 역시 자유라는 것이 사람들이 자기방식대로 다양하게 살아갈 수 있는 "개별성(individuality)"의 토대이기도 하지만, 동시에 절대 없어서는 안 되는 소금과 같은 역할을 함으로써 인간사회가 정체되지 않고 진일보하는 데 이바지할 수 있는 활력적인 가치임을 강조한다(Mill 1978[1859], 15-89). 자유민주주의는 사적·공적 영향력을 지닌 자유라는 가치를 중심으로 구성된 민주주의라고 할 수 있다.

정치적 동력: 자유인으로서 시민

자유민주주의의 정치적 동력으로 활동하는 주체는 18~19세기 새롭게 부와 권력을 획득한 신흥 상공업자들인 부르주아 계층이다. 이들은 자본주의 경제시스템의 생산력을 토대로 물적 기초와 기본적 권리를 가진 이들로서 '시민'으로 표상되어 자유민주주의의 정치적 주체로 성장하였다. 따라서 자유민주주의가 근거로 한 시민의 상(像)은 부르주아 계층으로 대표되는 '자유인(freeman)으로서 시민'이라 할 수 있다.

'자유인으로서 시민'은 사적 이익을 추구하고 그것을 소유하고자 하는 한에서 자유로운 존재로 인정받는다. 그러나 시민은 시장에서의 사익 추구와 소유권을 옹호하는 개인을 넘어, 보다 보편적으로 인간의 모든 삶에서 "시장적 합리성(market rationality)"을 추구하는 인간으로 상정된다(Brown 2005, 40). 시민은 경쟁적 시장에서 편익을 계산하여 자기이익을 추구할 수 있고, 합리적이고 효율적인 선택을 할 수 있으며, 도덕적으로 가치중립적일 수 있는 인간을 의미한다. 이러한 시민의 기준에 비추어 볼 때, 노동계층 및 하층계층, 여성, 유색인종 등은 비(非)시민으로 차별받는다. 왜냐하면 이들은 비이성적·비합리적인 습관과 맹목적인 타성에 젖은 무지한 개인들(대중)로서 시민으로 인정받기에 충분한 자질을 갖추지 못한 것으로 평가 절하 되기 때문이다. 그 결과 초기의 자유민주주의는 대중에 대한 보통선거권 도입에 부정적인 입장을 취했다.

정치적 평등의 제도화: 시장제도

자유를 중심으로 한 정치적 평등의 제도화는 자유민주주의에서 크게 두 가지 방향으로 진행되었다. 하나는 정치적으로 입헌주의를 통한 기본권의 보장이고, 다른 하나는 경제적으로 시장제도를 통한 개인의 자유로운 경제활동의 보장이다. 후자에 주목하여 살펴보자면, 자유민주주의는 생산의 주체인 개인의 자유계약이라는 원리에 입각하여 배타적 사적 소유권과 계약의 권리를 보장받는 자유시장을 제도화하였다. 실제로 18~19세기 당시 부상하던 상공업 계층은 자유로운 시장 활동을 위해 자유와 기회를 억압한다고 지적되는 각종 제약과 관료적 규제를 폐지할 것을 주장하였다. 당시『국부론』은 자유로운 시장, 개인의 경제활동에 대한 정부의 간섭 배제, 부와 재산을 축적할 수 있는 자유를 지지하는 자유방임주의 경제이론을 영향력 있게 전파한 대표적인 저서이다(Smith 1993[1776]). 이를 통해 독점이나 정부의 개입 없이 '보이지 않는 손'에 의하여 자율적으로 규율되는 시장을 옹호하였다. 로크의 정치철학 역시 생명, 자유, 재산을 총칭하는 소유(property)의 권리를 자연법에 의거한 양도할 수 없는 자연권으로 규정하며, 개인의 소유권 보호를 정치공동체의 존재

이유이자 목적으로 상정하였다(Locke 1980[1690], 18-30).

중요한 것은, 자유민주주의 시장제도는 단지 재산에 대한 소유권을 보장받고 상품이 교환되는 상품시장뿐만 아니라 인간의 노동력이 상품이 되는 노동시장을 함께 의미한다는 점이다. 자유민주주의는 산업자본주의 노동시장의 제도화와 발달에 크게 기여하였다. 이는 생산수단을 소유한 자와 소유하지 못한 자 사이에서 이뤄지는 노동력과 임금의 교환을 통해 생산활동이 이뤄지는 경제제도로서, 노동력 있는 사람들은 생산수단을 소유한 자들의 관리 및 통제를 받으며 일을 하고 임금을 벌어 생활할 수 있는 시스템을 의미한다(강수돌 2012, 45). 결과적으로, 자유민주주의에서 노동력과 임금을 교환하는 노동시장의 제도화는 노동자에 대한 착취 및 사적 재산의 불평등을 야기하는 데 주요하게 기여하였고, 이는 궁극적으로 자유민주주의가 풀지 못한 노동자 계급의 정치적 포용에 대한 사회민주주의의 요구에 불을 지폈다.

4 사회민주주의

정치적 평등의 조건: 자본주의의 불평등한 시장질서에 대한 도전

자유민주주의는 자유와 평등이라는 자유주의 신념에 근거한 정치적 투쟁의 결과 봉건제 신분질서를 성공적으로 개혁할 수 있었다. 그러나 자유시장이라는 제도를 통해 자유인으로 표상되는 부르주아 계급의 이해가 개혁의 내용으로 주로 반영됨으로써, 결과적으로 노동자 계급은 자유민주주의의 시스템 속에서 고착화된 사회경제적 불평등이라는 굴레에 빠지게 되었다. 이 지점에 자유민주주의에 대한 마르크스주의의 핵심 비판이 놓인다. 사회경제적으로 배제된 노동계급에게 정치적 권력을 허용하지 않는 자유민주주의는 부르주아가 계급적 지배를 유지하기 위한 수단에 불과하다는 것이 마르크스주의의 지적이다(레빈 1994, 129-130). 보통선거권의 부여로 정치적 권리가 형식적으로 확대되었다고 하지만, 핵심 정치권력은 생산수단을 소유한 부르주아 계급이 장악하고 있는 현실에서 자유민주주의는 진정한 민주주의가 될 수 없다는 것이다. 자유민주주의에서 보장하는 정치적 권리는 "허울 좋은 외양"일 뿐이며 법률상 보장된 정치적 권리는 현실에서 불평등한 경제력에 의해 왜곡될 수밖에 없다고 비판한다(강정인 1997, 152).

이러한 맥락에서 사회민주주의는 자유시장이 낳은 사회경제적 불평등과 노동자의 정치적 배제에 도전하며 등장한다. 이 글에서 언급하는 사회민주주의는 정치학자 버먼(Sheri Berman)이 19세기 유럽은 자유주의도 아니고 마르크스주의도 아닌 '사회민주주의의 승리'라고 언급한 정치이념 및 체제로서의 사회민주주의이다. 버먼에 따르면, 사회민주주의는 자유주의와 마르크스주의 둘 모두에 대한 주목할 만한 대안으로서, "자본주의에 대한 깊은 불신과 자본주의의 가장 큰 피해자들을 위해 무언가 조치가 필요하다는 확고한 신념"에 기초하면서도, "역사유물론과 계급투쟁을 격렬히 거부하는 사회주의"이라고 설명한다(Berman 2010, 21, 28). 스웨덴 사회민주주의자인 비그포르스(Ernst Wigforss)는 사회민주주의의 핵심은 사회경제적 불평등과 노동자의 정치적 배제에 대해서 마르크스가 언급하는 방식인 부르주아 계급의 일소 및 자본주의적 생산과 소유 자체를 철폐함으로써가 아니라, 자본주의 생산수단에 대한 실질적인 공적 통제를 통해 부르주아가 가진 권력과 재산을 민주화함으로써 부르주아 사회를 변혁시키는 것이라고 주장한다(홍기빈 2011). 그리고 이러한 변혁은 민주화된 절차와 제도를 통해 노동자 계급을 대표하는 정당과 선거에서의 승리로 이어진 정치집권과 이를 통한 사민주의적 정책의 구현으로 가능할 수 있다고 보았다.

정치적 평등의 가치: 노동

사회민주주의는 '노동'의 가치에 주목하며 마르크스주의 노동관과 논지를 일면 공유한다. 마르크스주의는 모든 인간은 자신의 노동 결과를 향유할 권리가 있다는 전제 아래, 노동의 결실이 노동자 본인에게 당연히 귀속되어야 함에도 자본가 계급에 의해 착취되는 현실을 강력하게 비판한다. 그래서 자유민주주의 혁명의 결과 자유로워진 것은 모든 개인이 아니라 자본가 계급이며, 자본가 계급이 갖는 "착취의 자유"가 존재하는 한 평등은 이루어질 수 없다고 지적한다(레빈 1994, 122; 강정인 1997, 151).

그렇다고 해서 사회민주주의가 노동의 가치를 절대시하거나 신성시하는 노동절대주의 이념을 추구하는 것은 아니다. 사회민주주의의 입장에서 볼 때, 오히려 자본주의에서 노동을 신성시하면서도 모순적으로 노동자를 천대하는 경향이 드러난다고 비판한다. 베버(Max Weber)의 『프로테스탄트 윤리와 자본주의 정신』에 나타났듯 노동윤리는 자본주의 발달에 중요한 역할을 하였으나, 모든 인간은 노동해야 하며 노동한 사람만이 그 결실을 향유할 자격과 권리가 있다는 노동윤리의 원칙은 오히려 자본주의 사회에서 이중적으로 사용되었다고 지적한다(Weber 1905). 즉 "노동은 신성시되었지만 노동자는 천대받는" 이율배반적인 현실이 자본주의 사회에서 유지되었다는 것이다(강수돌 2012, 30). 실제로 노동자가 경험하는 현실에서 노동의 신성성이라는 이데올로기는 노동의 가치를 존중하는 대신 노동자로서의 삶을 강요하고 억압하는 족쇄로 작용하곤 하였다. 따라서 사회민주주의에서 강조하는 노동은 노동 그 자체에 대한 절대적인 신성시라기보다 "노동하는 인간에 대한 유보 없는 존중"을 의미한다고 볼 수 있다(조원희·정승일 2012, 76).

그러나 적어도 사회민주주의에서 노동자가 보호받고 존중받아야 하는 이유는 바로 그가 수행하는 '노동'의 중요성 때문이라는 점은 명확하다. 무엇보다도 노동은 개인에게 생존의 수단이자 행복과 자아성취의 자원이다. 동시에 노동의 중요성은 그것의 공적(사회적) 영향력 때문이기도 하다. 1930년대 스웨덴 사민당의 당수 한손(Per Albin Hansson)이 주장한 '국민의 집' 노선은 사회민주주의가 노동을 통해 궁극적으로 공동체의 유대와 공동선에 어떻게 기여할 수 있는지 설득력 있게 보여준다. '국민의 집'은 노동자뿐만 아니라 농민과 자영업자를 포함한 모든 스웨덴 국민이 스웨덴이라는 가정에서 평등하게 대우받고 서로 배려하고 협력하는 가족구성원이 될 수 있는 사회를 만들겠다는 비전을 담고 있다. 이는 노동조합에 의존하는 전통적인 계급투쟁을 뛰어넘어 사회구성원 모두가 "서로 연대의식을 공유하며 공생하는 따뜻한 가정"을 스웨덴 사회민주주의가 추구하는 사회의 미래상으로 제시한 것이다(신광영 2012, 257). 이를 통해 볼 때, 사회민주주의는 노동 착취와 소외를 극복하고 노동자를 대표하는 것을 넘어, 다양한 비노동계층을 포함한 노동계급 전체의 보편적 이익을 대변하고 이를 통해 공동의 인간성, 사회적 평등, 계급협력, 사회적 연대, 공동체의 유대를 달성하고자 하는 보다 큰 목적을 두고 있음을 알 수 있다(조원희·정승일 2012, 76).

정치적 동력: 노동자로서 시민

사회민주주의의 정치적 동력은 노동자이다. 원칙적으로 사회민주주의는 노동은 대표되었을 때 힘을 얻는다는 사실과 그 대표된 노동의 정치적 영향력에 주목하면서 '노동조합'을 통한 노동대표 전략을 모색한다(정재요·채장수 2018, 172). 그러나 앞서 언급했듯이, 민주화된 제도와 절차를 따라 보통선거에서 승리할 수 있는 국민정당으로 정치세력화하기 위한 목적으로, 사회민주주의는 노동조합 중심의 계급투쟁이 아닌 대중 및 다양한 노동자 간의 계급교차적 연대와 협력을 추진하였다. 이러한 연대와 협력은 자본주의 시장질서의 부정의 아래 고통 받는 당사자들은 "이해관계를 공유하는 자연적 실체"가 존재한다는 신념에 기초한다(고세훈 1992, 142-143). 예를 들어, 북유럽 국가들의 이른바 '적녹연합'의 전략은 자본주의에서 정치적으로 배제된 농민, 자영업자 등을 포함한 비노동계층과의 연대와 협력을 통해 궁극적으로 자본가 계급과의 "계급대립을 희석시키지 않으면서도 노동의 이해를 관철시키며 노동의 권력동원 능력을 증대"시킬 수 있는 계기를 형성한 것으로 평가된다(고세훈 1992, 142-143).

결국 사회민주주의는 노동자, 농민, 서민 등 일하는 사람들의 삶을 존중한다. 이는 노동이 인간 삶에서 차지하는 엄연한 비중을 인정하며 노동자로서 시민의 측면에 주목하는 것이다. 따라서 사회민주주의가 근거로 하는 시민의 상은 '노동자로서 시민'이라 할 수 있다. 마샬(T. H. Marshall)의 사회권(social rights) 논의도 이러한 맥락과 맞닿아 있다. 『시민권과 사회계급』에서 마샬은 자본주의의 발전으로 계급불평등이 나타나고, 시민권 역시 이러한 계급구조에 복무하는 개념이 되었다고 비판한다(Marshall 1977[1950]). 따라서 복지, 교육, 사회보장 등에 관한 권리인 사회권을 도입함으로써 자본주의의 계급구조에 대응하고, 모든 사회구성원이 온전한 시민으로서 평등한 지위를 부여받을 수 있다고 주장한다. 마샬이 언급하는 시민은 노동자로서의 시민이다. 이하 논의에서 부연하겠지만, 이러한 마샬의 논의는 사회권을 통한 시민권 확대를 주장했다는 점에서 긍정적일 수 있으나, 결국 전통적인 공사구분 및 성별화된 노동분업을 전제로 한 채 공적 영역에서 노동하는 남성을 중심으로 사회권적 시민권 논의를 편향되게 전개했다는 비판에 직면해야 했다(Lewis 1992; Orloff 1993).

정치적 평등의 제도화: 노동중심의 복지제도

사회민주주의에서 경제사회정책은 시장을 규제함으로써 사회경제적 불평등을 근본적으로 교정하는 목적을 갖는다. 따라서 사회민주주의는 시장은 인정하되, 시장에 대한 공적 통제체제를 통해 시장이 야기하는 부정적인 점을 예방·해결하고자 한다. 이에 사회민주주의 정치는 "시장에 반대하는 정치"라기보다는 "시장을 통제하는 정치"로 이해될 수 있다(신광영 2002, 86). 더불어 사회민주주의에서 사회경제질서의 재편은 노동을 중심으로 이뤄지게 된다. 노동을 중심으로 한 정치적 평등의 제도화는 다음의 두 가지 방향이 중요하다.

하나는 시민자격(citizenship)으로서 노동의 의무와 권리의 제도화이다. 먼저 모든 시민은 노동의무, 즉 노동에 충실해야 할 의무를 갖는다. 동시에 모든 노동하는 시민은 노동권을 보장 받는다. 노동권의 보장이란 누구나 원하면 일을 할 수 있는 실질적인 노동권의 실현과 보호를 의미한다. 구체적으로 모든 사람은 일할 권리를 가지며 '일자리의 지속성'을 보장받을 수 있다. 또한 모든 사람은 언제나 좋은 일자리에 대한 새로운 기회를 가지며, 이를 위해서 필요한 교육과 훈련을 받을 수 있다. 국가는 좋은 일자리와 훌륭한 작업조건을 갖는 일자리를 많이 창출하도록 지원해야 한다. 또한 노동자는 자유와 행복을 누릴 헌법적 기본권을 가질 뿐만 아니라 단결권·단체교섭권·단체행동권, 최저임금 및 실질임금의 인상, 노동시간 단축, 차별금지, 이직과 휴직, 훈련 동안 국가적 지원 등을 보장받을 수 있다(배이연 2013, 19-20).

다른 하나는 탈상품화로 대표되는 복지제도이다. 에스핑앤더슨(Gøsta Esping-Andersen)이 주장하는 사회민주주의 복지국가의 주요한 특징은 '탈상품화'이다(Esping-Andersen 1990, 75-111). 탈상품화란 개인이 노동시장에서 노동력을 상품화하지 않아도 적정한 수준의 삶을 유지할 수 있음을 의미한다. 에스핑앤더슨은 복지국가를 노동시장과 독립적으로 생계를 유지할 수 있는 공적 자원을 제공하는 국가로 규정했다. 그에 따르면, 복지를 사회권적 시민권으로 보는 마샬의 논의는 추상적이기 때문에, 특히 국가와 시장과의 구체적인 동학 속에서 복지를 정의할 필요가 있으며 따라서 시장에 의존하는 상품으로서의 노동력이 국가지원에 의해 그 지위가 약화되는 탈상품화를 복지의 핵심적인 원리로 삼아야 한다는 것이다(Esping-Andersen 1990, 53-57). 탈상품화는 국가가 제공하는 복지로 노동의 시장의존성을 약화시키는 결과를 낳았으나, 그럼에도 불구하고 질병, 노령, 실업, 산업재해와 같은 노동과정에서 사회적 위험에 마주한 개인이 노동할 수 없는 경우에 한하여 국가가 개입하여 지원한다는 원리를 전제한다. 따라서 이 역시 시민의 노동자로서의 지위에 의거한 복지정책이라는 성격을 갖는다.

5 돌봄민주주의

정치적 평등의 조건: 돌봄이 배제된 사회경제질서에 대한 도전

자유민주주의는 시장제도를 도입함으로써 봉건적 질서에 도전하고 자유의 가치를 제도화하였고, 사회민주주의는 노동 중심의 복지제도를 도입함으로써 자본주의 시장질서의 경제불평등에 도전하고 노동의 가치를 제도화하였다. 하지만 돌봄은 이러한 제도화 과정에서 모두 배제되어 왔다. 그 결과 '돌봄의 지위'에 있는 사람, 즉 돌봄수혜자나 돌봄제공자는 돌봄이 배제된 사회경제질서 속에서 고착화된 불평등을 경험하게 된다. 다시 말해, 돌봄을 주고받는 역할을 수행하는 사람들은 기존의 사회경제적 위계질서에서 차별과 불이익의 굴레에 빠지게 된다. 돌봄민주주의는 이러한 위계질서에 도전함으로써 정치적 평등을 성취하고자 한다.

돌봄은 자유민주주의 시장제도에서 배제되어 왔다. 다수의 페미니스트 경제학자들이 주장하듯, 효율성, 자율성, 선택, 계약 중심의 시장은 사랑, 도덕, 공감, 책임으로 이해되는 돌봄을 제대로 설명할 수 없다(Folbre 2001; England and Folbre 2003; 윤자영 2018a, 41-48). 시장에서의 개인은 합리적인 자기이해로 사고하고 선택하는 행위자인 반면, 돌봄관계 속의 사람은 타인에 공감하고 타인의 보존과 발전을 위해 복무하는 행위자이다. 따라서 돌봄은 시장경제에 기여하고 있음에도, 시장의 잣대는 이를 제대로 평가할 수 없다. 혹은 시장의 잣대로는 저평가되기 쉽다. 기존 대부분의 경제지표, 예를 들어 국가 간의 경제경쟁력을 비교하는 GDP나 주식시장의 기본지표로 활용되는 다우존스지수 등은 공감, 연대, 사랑으로 이해되는 돌봄을 제대로 평가할 수도 또한 평가하지도 못한다(Folbre 2001, 92-125). 또한 시장에서 상품화되는 돌봄노동은 돌봄 고유의 특성(대인·대면관계, 정서적 지원, 공감·유대의 유지 등)으로 말미암아, 돌봄의 질을 제대로 측정하기 어려울 뿐만 아니라 그 결과 노동의 성과를 제대로 보상받고 평가받기 어렵다. 특히나 사랑과 헌신의 행위인 돌봄이 돈으로 거래된다면 돌봄 고유의 가치가 훼손된다는 믿음은 역으로 돌봄노동에 대한 저임금을 초래하는 데 기여하고 있다(Folbre 2001, 76-77).

돌봄은 사회민주주의 복지제도에서도 배제되어 왔다. 이 역시 많은 페미니스트 복지연구가들이 지적하듯이, 노동권 보장 및 탈상품화에 초점을 두는 복지제도는 노동하는 시민에 대한 전제 위에 구축된 것이다(Lewis 1992; Orloff 1993; Sainsbury 1999; 안숙영 2012; 송다영 2013). 이는 돌봄에 대한 책임 없이 시장에서 일하는 전일제 노동자(주로 남성)를 표준으로 삼고 있기 때문에, 가정에서 돌봄을 제공하며 노동시장에 편입하지 않는 돌봄제공자(주로 여성)를 원칙적으로 배제하고 있다. 예를 들어, 전통적인 사회보장제도는 시장소득과 직접적으로 연동되는데, 이는 노동자의 유급노동을 바탕으로 복지수혜가 결정되는 것이다. 반면 가정에서 자녀나 노인을 돌보는 비시장노동은 보상되지 않은 채, 돌봄제공자(여성)는 생계부양자(남성)에 의존함으로써 복지를 제공받는다(황정미 2007).

이를 비판하며, 프레이저(Nancy Fraser)는 '보편적 돌봄제공자 모델(universal caregiver model)'을 기반으로 하여 복지제도를 재구조화할 것을 제안한다(Fraser 1997, 59-62).

후기 산업사회의 복지국가에서 성평등을 달성하기 위한 핵심은 현재 여성의 삶의 패턴을 모든 사람에 대한 규범으로 만드는 것이다. 오늘날 여성은 엄청난 어려움과 긴장을 겪으면서도 생계부양과 돌봄을 병행하고 있다. 후기 산업사회의 복지국가는 그 어려움과 긴장을 제거할 수 있도록 제도를 재정비하여 남성도 여성과 똑같이 생계부양과 돌봄을 병행할 수 있도록 해야만 한다. 이것을 **보편적 돌봄제공자**라고 부를 수 있겠다(Fraser 1997, 61, 원문 강조).

프레이저 논의의 핵심은 돌봄 배제적이고 성차별적인 기존의 젠더화된 성별분업의 구조를 해체하고 남녀 모두가 동시에 생계부양자(노동자)이자 돌봄제공자로서 수행함을 전제하는 보편적 돌봄제공자 모델로 전환되어야 한다는 것이다. 이를 위해서는 모든 일자리가 돌봄을 수행하는 노동자의 기준에 맞게 재조정되어야 하며, 전체 노동시간이 현재의 평균보다 감소해야 하고, 개인이 공공보육을 이용하던 가정에서 돌봄을 하던 간에 이들에게 돌봄을 위한 보편적인 공적 지원이 제공되어야 하는 등 폭넓은 제도적·정책적 변화가 요구된다고 주장한다.

정리하건대, 자본 중심의 경제시스템과 노동 중심의 복지시스템 모두에서 돌봄은 "보이지 않게" 되었다(Folbre 2014, 30). "자본과 노동은 근본적으로 동맹관계"에 있었지만 계급투쟁이라는 명목아래 이들 간의 동맹은 "은폐"되었다는 일리치(Ivan Illich)의 논평은 이 지점에 적실해 보인다(Illich 1981, 191). 이렇듯 돌봄이 배제된 사회경제시스템 속에서 돌봄을 주고받는 사람들은 고착화된 사회경제적 불평등을 경험하게 된다. 돌봄경제학자 폴브레(Nancy Folbre)는 이를 '돌봄불이익(care panelty)'으로 지칭한다(Folbre 2001, 54-91; 2018). 일례로, 가정에서 돌봄을 담당하는 사람은 그 기간 동안 돈을 벌지 못해 현재의 소득이 상실될 뿐만 아니라 경력단절로 인해 미래의 소득이 상실되고, 또한 시장소득과 연동된 사회보장 소득이 상실되는 등 다차원의 경제적 불이익을 겪는다(윤자영 2018a, 41-43). 돌봄제공자가 시장에 참여한다 하더라도 가정에서의 돌봄과 양립하기 위해 이들이 택할 수 있는 직종 및 고용형태는 제한적이다. 이들은 시간제 노동, 비전문직 노동 등 비정규직 노동자일 확률이 높으며, 이들의 사회경제적 보상수준은 다른 노동자에 비해 상대적으로 낮다. 돌봄철학자 커테이(Eva Feder Kittay)의 지적에 따르면, 돌봄제공자는 누군가를 돌보기 위해 불가피하게 다른 누군가에게 사회경제적으로 의존해야 하기 때문에, 이러한 상황 자체가 돌봄제공자를 취약하게 만든다는 것이다(Kittay 1999). 시장에서 일하는 돌봄노동자의 경우도, 다른 조건이 모두 똑같을 때 여타 직종의 노동자보다 임금수준이 낮다는 것은 기존의 연구들에 의해 증명되고 있다(England et al. 2000).

돌봄이론가 트론토(Joan C. Tronto)는 돌봄불이익을 불평등 구조의 관점에서 설명한다(Tronto 2013, 4장). 돌봄불평등이 어떤 양상으로 나타나고 재생산되며, 어떻게 여타 사회의 불평등과 연계되어 사회 부정의가 공고화되는지에 보다 주목한다. 트론토에 따르면, 돌봄을 담당한 사람은 사회경제적으로 불이익을 받으며, 또한 사회경제적으로 불이익을 받는 사람이 돌봄을 담당할 가능성이 더 높다는 것이다. 트론토는 이를 '돌봄불평등의 악순환'으로 설명한다. 특히 악순환의 굴레가 문제가 되는 이유는 돌봄을 담당한 사람, 즉 돌봄책임을 수행한 사람이 손해를 보는 반면 아이러니하게도 돌봄을 담당하지 않은 사람이 이득을 보기 때문이다. 모든 사람은 돌봄수혜자로서 돌봄책임에 일조해야 함에도 불구하고, 이러한 악순환의 구조 아래 특정 사람들은 다른 특권적 일을 한다는 이유로 (예를 들면, 시장에서 일을 한다거나 국가의 안보를 담당한다는 이유 등) 돌봄책임의 의무에서 면책 받으며, 그 결과 돌봄책임은 다하지 않으면서 타인이 수행한 돌봄의 혜택을 누리는 무임승차가 가능하게 된다. 이에 더해, 이러한 불평등한 돌봄책임으로 야기된 사회경제적인 불평등은 다시 정치적인 불평등으로 이어지며, 정치적인 불평등은 사회경제적인 불평등과 돌봄책임의 불평등으로 다시 순환된다고 지적한다. 예를 들어, 가정에서 돌봄을 담당하는 사람은 시장에서 기대하는 합리적인 행위자와 생산적인 노동자가 되지 못하기 때문에, 시장에서 배제되거나 시장의 경쟁에서 뒤처지게 되어 결과적으로 낮은 사회경제적인 지위에 처하게 된다. 그리고 이들은 낮은 사회경제적 지위로 인해 공적 영역에서 자신들의 목소리를 낼 수 있는 정치적 영향력이 미약해진다. 낮은 정치적 영향력으로 인해 이들은 불평등에 도전하고 비판할 수 있는 정치세력으로 성장하지 못하고 결국 악순환의 구조 속에 매몰된다는 것이다.

결과적으로, 트론토가 주목한 것은 (젠더, 인종, 계급적 억압과 별개로) '돌봄의 지위'에 기초한 사회·경제·정치적 불이익과 차별이 존재한다는 사실이며, 이러한 불이익과 차별로 인한 돌봄불평등은 사회의 젠더, 인종, 계급에 기초한 불평등과 연계되어 사회의 더 큰 부정의를 야기하고 있다는 사실이다(Tronto 2017, 38). 나아가 이러한 돌봄 배제는 현 경제사회의 구조와 권력관계 속에 이미 깊숙이 내장되어 있기 때문에, 혁명적인 시각과 제도가 아니라면 기존의 입장으로는 쉽게 드러나지 않는다는 점이다(Tronto 2015a, 28).[33] "우리의 사회·경제·정치제도는 돌봄에 적합하지 않으며 혁명적인 변화가 필요하다"(Tronto 2013, 58).

돌봄민주주의는 시장과 복지 모두에서 돌봄의 불평등을 생산·재생산하고 영구화하는 위계질서를 지적하고 도전하는 변혁적인 움직임이다. 봉건제 위계질서에 도전한 자유민주주의와 자본주의 위계질서에 도전한 사회민주주의처럼, 돌봄민주주의는 돌봄이 배제된 시장과 복지에서 비롯된 구조화된 사회위계에 도전함으로써 정치적 평등의 이상을 추구하고자 한다.

정치적 평등의 가치: 돌봄

자유민주주의가 '자유'의 가치를 중심으로, 사회민주주의는 '노동'의 가치를 중심으로 재편된 민주주의였다면, 돌봄민주주의는 '돌봄'의 가치를 중심으로 재편된 민주주의라 할 수 있다.

돌봄은 인간과 사회, 정치공동체를 구성함에 있어서 필수불가결한 가치이다(김희강 2018b, 12-17; 2018d, 103-109). 모든 인간은 태어나서 성인이 될 때까지 상당한 기간 동안 타인으로부터 돌봄을 필요로 하는 절대적인 의존의 시기를 경험한다. 성인이라 할지라도 우연과 같은 질병이나 장애의 조건에 따라 타인으로부터 돌봄을 필요로 한다. 나이가 들어 쇠약한 노인이 되면 죽음을 마주하기 전까지 또 다시 돌봄의 필요를 직면하는 시기를 겪는다. 이처럼 돌봄은 모든 인간의 생애과정에서 피할 수 없는 조건이자 사실이다.

또한 돌봄을 주고받는 돌봄관계는 더 이상 미분될 수 없는 사회적 관계이자 개인으로 환원될 수 없는 유대의 시발점이다. 혹자는 이를 "선구질(precursor)"로 표현하기도 하는데, 이 말인즉슨 돌봄관계는 인간이 타인과 관계를 맺게 되는 출발점이자 사회적 유대를 가능하게 하는 선결조건임을 의미한다(Held 2006, 190). 사회는 독립적이고 합리적인 개인들의 집합이나 이들 간 계약의 산물이 아니라 관계적이고 상호의존적인 사람들 간의 다양한 관계의 망으로 구성되며, 이러한 관계 망의 나눌 수 없는 태고의 시작점은 돌봄이 필요한 취약한 사람과 그에게 돌봄을 충족시켜주는 사람 간의 돌봄을 주고받는 관계이다. 돌봄관계는 사회구성원 사이의 신뢰와 상호관심, 사회적 연결과 사회적 연대를 구축하는 필수적인 주춧돌이 된다(Held 2006, 89-92). 또한 돌봄은 정치공동체 차원에서도 불가피한 구성적 가치이다. 돌봄은 정치공동체의 인적 구성원을 지속적으로 충원시켜주는 역할을 담당한다.

따라서 돌봄은 가정이나 사적 영역에만 주저앉아 있어야 하는 사적 가치 혹은 특정 성이나 인종에게 당연하고 자연스럽게 일임되는 젠더화된·인종화된 가치가 아니라, 사회와 정치공동체의 유지와 구성에 필수불가결한 공적 가치이며 이를 보호하고 보장하기 위해서는 사회구성원 모두의 공유된 책임이 요구된다. 이러한 맥락에서 커테이는 돌봄에 대한 사회적 책임을 주장하며 '둘리아(doulia)' 개념을 소개한다(Kittay 1999, 67-71). 둘리아는 그리스 시대에 산모를 돌보는 사람인 '둘라(doula)'에서 차용한 개념으로서, 산모가 아이를 돌볼 때 둘라는 아이를 돌보는 산모를 돌보는 역할을 한다. 돌라는 아이를 직접 돌보지는 않지만, 산모를 돌봄으로써 산모-아이의 돌봄관계를 지원하는 역할을 하게 된다. 우리 모두가 생존하고 성장하기 위해서 돌봄이 필요했듯이, 우리 모두는 다른 이들도 생존하고 성장하기 위해 '둘라'가 한 것처럼 돌봄을 주고받을 수 있는 조건을 마련해야 한다고 주장한다(Kittay 1999, 200).

유사한 맥락에서 트론토는 '함께 돌봄'이라는 아이디어를 통해 사회구성원 모두의 공유된 돌봄책임을 주장한다. '함께 돌봄'이란 구성원 모두는 돌봄의 수혜자로서 서로가 서로를 돌보는 실천적 책임이 있다는 의미로, "민주주의 사회에서 시민으로 산다는 것은 다른 시민을 돌본다는 뜻"을 의미한다고 언급한다(Tronto 2013, 24). 사회구성원에게 돌봄이라는 것은 정부로부터 지원을 보장받아야 하는 시민적 권리이기도 하지만, 동시에 사회와 정치공동체를 유지하고 존속하기 위해 사회구성원이 부담해야 하는 시민적 책임이기도 하다는 뜻이다. '함께 돌봄'을 실현하기 위해서는, 서로에게 어떤 돌봄의 부담과 책임이 따르는지 그리고 누가 얼마나 돌봐야 하는지 등의 돌봄책임의 분배문제가 정치적 이슈로서 상정되어야 하며, 그 분배과정과 의사결정에 있어 돌봄관계에 속한 사람들, 특히 돌봄의 불평등을 경험하는 사람들이 실질적으로 대표되고 참여할 수 있어야 하고 또한 사회구성원 모두에게 돌봄의 책임이 공유될 수 있도록 하는 민주적 조건과 절차가 제도화되어야 한다고 주장한다. 이러한 '함께 돌봄'의 맥락 위에서만이 자유, 평등, 정의의 가치가 유효하게 논의될 수 있다고 첨언한다(Tronto 2013, 73).

정치적 동력: 돌봄인으로서 시민

자유민주주의의 정치적 동력은 신흥 상공업자 계층인 부르주아지였으며, 사회민주주의의 정치적 동력은 노동자 대중이었다. 돌봄민주주의의 정치적 동력은 돌봄인(caring person)이다. 돌봄인이란 돌봄을 주고받음을 인간 삶의 필수불가결한 일부로 받아들이는 인간으로 정의할 수 있다(Tronto 2017). 돌봄인은 타인의 필요와 요구에 민감하게 반응하고 응답하는 관계적이며 상호의존적인 존재이다. 또한 이는 타인과의 관계에 연루되고 타인과의 관계에 지대한 영향을 받는 존재이다(Held 2006, 93-118; 김희강 2018a, 207-208). 돌봄민주주의 관점에서 볼 때, 모든 인간은 본래적으로 돌봄인이며, 함께 사는 공동체에서 요구되는 정치적 인간의 기원 역시 돌봄이 필요한 대상이자 돌봄행위의 대상에서 비롯된다. 인간을 돌봄인으로 보는 입장은 인간을 가장 인간적(personhood)으로 다루는 것이기도 하다(Kittay 1999,

264). 돌봄민주주의는 인간을 가장 인갑답게 만드는 근원을 합리적이고 이성적인 사고역량과 계산능력(자유민주주의)도 아니고 생산적이고 자립적인 노동능력(사회민주주의)도 아닌, 돌봄을 주고받는 돌봄관계 속에서 찾는다. 인간됨의 기초를 합리적 계산능력이나 생산적 노동능력에서 찾는 입장에 근거한다면, 인간이 태생적으로 갖게 되는 의존, 취약성, 돌봄은 쉽게 무시와 경멸의 대상으로 치부되기 쉽다. 그러나 돌봄인의 입장에서 볼 때, 의존, 취약성, 돌봄은 누구도 예외적으로 벗어날 수 없는 보편적이고 정상적인 조건으로 간주된다.

　　돌봄민주주의에서 돌봄인은 정치공동체에서 원하고 기대하는 시민 상을 형성한다(Knijn and Kremer 1997; Sevenhuijsen 1998; Tronto 2001). 이때 시민은 시장이 요구하는 합리적이고 자기이해에 충실한 자유인이 아니며 노동을 통해 생산하고 성과를 얻는 노동자도 아니다. 시민은 타인의 돌봄필요에 민감하게 반응하며 응답하는 책임을 외면하지 않는 돌봄인이다. 자유민주주의는 누군가를 돌보거나 돌봄을 받는 돌봄인을 시민의 대상에서 쉽게 배제하였다. 돌봄인은 이성적 합리성이 부족한 것으로 치부되어 도덕적으로 열등하게 다뤄졌다. 이러한 맥락에서 자유민주주의를 포함한 서구철학사 전반에서 여성, 아동, 노예는 영혼이 결여된 사람으로 간주되었고 성인 남성에 비해 열등한 존재로 인식되었다(Ruddick 1989, 39-53). 돌봄인은 사회민주주의에서도 역시 동등한 시민으로 인정받지 못했다. 아이를 양육하는 여성이나 장애인 등의 돌봄인은 보통 시민권이 확립된 이후에도 노동능력이 없는 사람으로 간주되어 시민자격에 부합되지 않는다고 평가되었다. 복지수급을 부여받는 경우에서도 이들은 의존의 상징으로 대두되어, 사회에 불필요하고 국가적으로 부담인 존재 또한 도덕적으로 해이하고 병리적으로 문제가 있는 사람으로 인식되었다(Fraser and Gordon 2002). 예컨대, 복지수혜를 받는 싱글맘은 '복지엄마' 혹은 '복지여왕'이라고 불리며 쉽게 조롱의 대상이 되었다.

'돌봄인으로서 시민'의 상에 비추어 본다면, 시민에게 어떤 자질과 덕성이 요구되며, 어떤 자격이 필요한지 알 수 있다. 다시 말해, 민주적 시민에게 요구되는 시민성(civility)은 자신의 이해관계를 앞세우지 않고 돌봄이 필요한 사람의 처지에서 바라보는 공감 능력과 관심, 타인의 돌봄필요가 확인되면 그 필요를 충족시키려는 책임성, 일단 책임이 주어지면 돌봄을 실질적으로 제공하는 실천성, 돌봄이 수행된 후 돌봄수혜자의 반응을 민감하게 살피고 반응에 대한 판단을 하는 응답성, 돌봄을 주고받는 이러한 관계가 서로의 소통, 신뢰, 존경에 바탕을 두고 사회구성원 모두의 집합적 책임에 근거한다는 연대 등이다(Tronto 2013, 93-94). 또한 민주적 시민에게 필요한 자격은 이러한 돌봄을 주고받는 관계 속에서 돌봄의 책임을 수행하고, 그러한 수행을 통해 사회적으로 기여할 수 있는지에 따라 시민자격의 기준이 결정된다. 따라서 '돌봄인으로서 시민' 상은 돌봄이 단지 사적 영역에 머무는 가치가 아니라 공동체와 사회에 작동하는 공적 가치임을 명확히할 뿐만 아니라 젠더화된 시민권 논의도 건설적으로 뛰어 넘을 수 있게 된다. 돌봄의 수혜자와 제공자로서 모든 인간은 돌봄의 공유된 시민적 책임을 가지며 이를 통해 시민으로서 대우받을 자격이 있다(Tronto 2001, 71-78). 이는 시민자격을 공적 영역에서의 활동을 기준으로 결정하는 자유민주주의와 사회민주주의와 비교할 때, 공사의 구분을 넘어선다는 점에서 보다 포용적이라 할 수 있다.

돌봄인은 돌봄민주주의를 촉발시키고 성취함에 있어서 핵심적인 정치적 동력이다. 앞서 사회민주주의의 도래가 자본주의 시장질서 아래 고통 받는 노동자들의 "이해관계를 공유하는 자연적 실체"에 근거한 연대와 연합의 움직임으로 가능했던 것처럼(고세훈 1992, 142-143), 돌봄민주주의의 도래는 돌봄이 배제된 사회경제질서 아래 구조적 불평등으로 고통 받는 돌봄인들의 공유된 관점에 근거한 연대와 연합의 움직임으로 가능할 수 있다. 이러한 사회적 움직임을 '돌봄운동(care movement)'이라 부른다. 돌봄운동을 이야기하는 대표적인 연구자인 스톤(Deborah Stone)은 "우리는 왜 돌봄운동을 필요로 하는가?"라는 글에서 돌봄인들, 즉 돌봄수혜자들, 가족 내 돌봄제공자들, 시장의 돌봄노동자들이 함께 정치세력화한다면, 돌봄의 가치를 중심에 둔 사회제도의 변화를 촉구하고 돌봄책임의 분배방식을 바꾸는 효과적인 변화를 이끌 수 있다고 주장한다(Stone 2000). 이것이 바로 돌봄이 배제된 사회구조에서 배제된 사람들 ― 돌봄을 필요로 하는 사람들, 가정과 같은 사적영역에서 돌봄을 제공하는 사람들, 시장에서 생계수단으로 돌봄을 제공하는 사람들 ― 의 세 꼭짓점을 잇는 '돌봄운동'이 필요한 이유이다. 실제로 돌봄운동의 다양한 사례와 이들의 연대 전략은 작금의 현실과 최근의 연구들에서 어렵지 않게 포착된다(Stone 2000; Engster 2010; 강묘정 2018). 스톤이 언급한 홈헬스 돌봄노동자연맹, 장애인-노인-노동자연맹 등을 포함한 미국 사례 이외에도 한국의 다양한 돌봄노동자단체, 정치하는 엄마들, 보육교사협회, 장애인단체, 장애인활동보조인협회, 장애인부모단체, 간병인단체, 요양보호사연합회, 돌봄종사자지원조직 등이다.

스톤 글의 다음 마지막 문단은 과거 '자유'와 '노동'이 그랬던 것처럼 이제 '돌봄'을 매개로 한 연대와 연합으로 돌봄인의 정치세력화가 가능하다는 강한 확신과, 동시에 돌봄이 시민성의 기초이자 시민자격의 조건이며 동시에 민주주의의 전제조건임을 재차 강조한다는 측면에서, 이 지점에서 인용하기에 손색이 없다.

이 작은 민초들의 [돌봄]운동은 거대한 돌봄운동에 영감을 불어 넣는 모델이 된다. 이들은 돌봄의 숨결을 정치적 이슈로, 돌봄을 공적 아젠다로 상정할 수 있는 결집력(power of coalition)을 보여준다. 무엇보다 민초들의 돌봄운동은 정치의 동기로서 돌봄의 힘을 보여주는 것이다.

'서로를 돌보는 것'은 제일 기본적인 형식의 시민참여다. 우리는 가족 내에서 돌보는 법을 배우며, 우리가 성숙해감에 따라 돌봄의 대상과 영역을 확대한다. 돌봄은 매우 민주적 행동의 발원지이며, 이는 투표에 참여하고 협회에 가입하고 회의에 참석하며 사무실에 나가고 민주주의를 유지하는 데 필요한 다른 모든 방법들의 전제조건이다. 활동으로서의 돌봄은 인간과 세상에 대한 태도와 자세의 싹을 키우고 배양하며, 태도로서의 돌봄은 정치로서의 돌봄의 씨알이 된다. 이것이 우리가 돌봄운동을 필요로 하는 이유다(Stone 2000).

정치적 평등의 제도화: 함께돌봄책임제도

돌봄민주주의를 향한 정치적 평등의 제도화는 무엇보다도 정치·사회·경제제도에 돌봄을 반영하는 것이다. 봉건제에서 자유를 제도화한 자유민주주의나 자본주의 시장을 규제하고 노동을 제도화한 사회민주주의가 한 것처럼, 돌봄의 제도화는 "혁명적인 변화"가 필요한 것일 수 있다(Tronto 2013, 58; 2015, 28-29).

이 장에서는 돌봄의 제도화를 크게 두 가지 방향으로 나누어 보고자 한다. 하나는 돌봄이 배제된 사회경제제도에 대한 교정 및 모두가 돌봄인이자 노동자일 수 있는 사회경제제도로의 전환이다. 우선 교정의 측면에서 보자면, 돌봄을 주고받는 일이 차별이나 불이익이 되지 않도록 금지하는 것이다. 일례로, 노동자가 누군가를 돌봄으로 인해서 직장이나 사업체에서 차별이나 불이익을 받지 않도록 하는 '가족돌봄에 대한 차별금지법'의 도입이나, 시장에서 돌봄노동자가 겪는 돌봄에 따른 임금불이익을 방지하기 위한 돌봄노동 분야의 '동일가치노동 동일임금' 추진을 들 수 있다. 실제로 '가족돌봄에 대한 차별금지법'은 미국과 영국을 포함한 국가들이 현재 시행하고 있으며(Williams and Bornstein 2008), 뉴질랜드에서는 2017년부터 돌봄노동 분야에 '동일가치노동 동일임금' 원칙을 적용하여 돌봄노동자들의 임금이 평균 약 15~50% 정도 인상되는 결과를 낳았다(Ministry of Health of New Zealand). 전환의 측면에서 보자면, 프레이저가 언급한 '보편적 돌봄제공자 모델'에 근거해 돌봄과 노동이 양립할 수 있도록 사회경제제도로의 변화와 지원을 제도화하는 것이다. 일례로, 실질적인 출산휴가나 육아휴직을 포함한 적극적이고 포괄적인 일·가정양립정책, 공공보육·공공요양·공공장애돌봄시스템, 돌봄수당, 노동시간의 단축 등 돌봄을 반영한 경제 및 복지정책을 포괄한다(Folbre 2014, 20-29).

이 장이 보다 주목하는 다른 하나는 돌봄을 공적 가치로 인정하고 보상하며 돌봄에 대한 공유된 시민적 책임을 제도화하는 것, 즉 '함께돌봄책임' 제도다. 이것의 목적은 돌봄을 일·가정양립정책이나 가족정책으로 접근하는 범위를 넘어서 돌봄을 통해 시민의 책임과 의무를 구현하고자 한다. 재차 언급하듯, 돌봄은 사적 책임이나 가정 내의 가치를 넘어서며, 특정 성, 인종, 계급에게 자연스럽고 당연하다는 명분으로 그 담당의 부담이 전가되어서도 안 된다. 함께돌봄책임제도는 돌봄과 돌봄의 관계망이 국가와 사회가 보존하고 진흥해야 할 공적 가치이며 시민(남녀) 모두의 공유된 책임이라는 점을 제도화하는 것이다. 예를 들면, 남성의 돌봄참여를 제도화하는 '육아휴직 아버지할당제'는 일·가정양립지원의 맥락에서 논의되고 있으면서도, 동시에 돌봄의 공유된 시민적 책임을 제도화하는 데 일면 기여하는 정책이기도 하다. 함께돌봄책임제도로 다음의 세 가지 방안을 고려할 수 있다.

첫째, 돌봄이 공적 가치이자 시민과 사회, 국가 모두가 지키고 보존해야 하는 가치임을 헌법에 명문화하는 것이다(김희강 2018b). 돌봄을 헌법적 가치로서 명기함의 의미는, 규범적으로 볼 때, 돌봄을 국민의 삶과 사회를 견인하는 가치이자 국민과 사회, 국가가 추구하고 수호해야할 가치로서 공식화하는 것이다. 또한 정치적으로 볼 때, 이제까지 돌봄을 사적인 것으로 규정함으로써 특정 국민(주로 여성)에게 당연하고 자연스럽게 떠넘겨진 돌봄부담에 무임승차하고 우리 모두가 방치하고 편승했던 돌봄불평등과 부정의에 대한 치열한 성찰의 필요성을 명시하는 것이다. 돌봄은 개별 기본권인 돌봄권(돌볼 권리 및 돌봄받을 권리)으로 규명되기에 앞서, 헌법 전문과 총칙에서 국가가 책임지고 수호해야 할 가치이자 국민의 의무로서 명기될 필요가 있다.

둘째, 초중등 의무교육과정 내에 돌봄의 교육과정을 제도화하는 것이다. 돌봄교육의 의미는 시민교육의 측면에 있다. 시민교육에 돌봄을 포함시킴으로써, 돌봄이 시민적 의무이자 권리이고 또한 공동체적 가치임을 제도화할 수 있다. 돌봄민주주의의 시민은 돌봄인으로서 시민이다. 시민자격은 돌봄의 책임과 의무를 이행하며 돌봄인의 시민성을 갖춘 경우에 보장될 수 있다. 따라서 민주주의 시민교육의 측면에서 볼 때, 자유민주주의에서는 자유인으로서 교육이,

사회민주주의에서는 노동자로서 교육이 필요했던 것처럼, 돌봄민주주의에서는 돌봄인으로서의 교육이 요구된다. 예를 들어, 시민-노동자에 중점을 두는 유럽의 사회민주주의 국가들에서는 의무교육과정 중에 '시민교육'이라는 교과아래 노동의 정치사회적 함의, 노동의 역할, 노사관계의 갈등해결 원칙, 시위나 파업 등 노동쟁위를 포함한 노동자의 권리와 책임, 노동현장을 직접 경험하는 직업체험 등을 배운다. 이러한 맥락에서 돌봄의 시민성 역시 태생적이고 본능적으로 갖춰지는 것이 아니라 훈련되고 교육되는 것으로 이해될 수 있다. 시민은 길러지는 것이라는 테제가 돌봄민주주의에도 중요하게 작동한다.

마지막으로 셋째, 성인 모든 국민(남녀)을 대상으로 한 돌봄책임복무제를 제도화하는 것이다. 문화인류학자 조한혜정(2018, 58)은 이와 유사한 형태의 책임시스템을 '청년사회복무제'라 칭하기도 한다. 돌봄책임복무제는 돌봄을 사회구성원인 시민의 책임과 의무로 간주하여 여성과 남성이 동일하게 일정 기간 동안 의무복무를 하도록 하는 것이다. 이는 다양한 모습으로 디자인할 수 있겠으나, 그 핵심은 영유아부터 노인, 장애인에 이르기까지 모든 인간이 겪는 불가피한 취약성과 인간의 유한성을 직접 대면하고 타인의 돌봄필요에 응답하고 공감함을 통하여, 돌봄시민으로서 갖춰야 하는 소양과 자질을 함양·내면화하고 돌봄의 가치를 재고하는 공식화된 기회를 갖는 것이다. 향후 사회적 심의로 다져져야겠으나, 이를 현재 한국의 남성 징병제에 대한 대안으로도 고려해 볼 수 있다. 돌봄책임복무제는 남성 징병제가 전제하는 시민-군인-남성(성)이라는 제한된 프레임을 넘어설 수 있을 뿐 아니라(권인숙 2008), 근본적으로 누가 시민인지, 무엇에 힘입어 시민다워졌는지, 시민적 의무는 무엇인지,

[표 1] 정치적 평등으로서의 민주주의 비교

	자유민주주의	사회민주주의	돌봄민주주의
정치적 평등의 조건	봉건제 신분질서에 대한 도전	자본주의 시장질서에 대한 도전	돌봄이 배제된 사회경제질서에 대한 도전
정치적 평등의 가치	자유	노동	돌봄
민주화의 정치적 동력 (민주시민의 상(像))	자유인 (자유인으로서 시민)	노동자 (노동자로서 시민)	돌봄인 (돌봄인으로서 시민)
정치적 평등의 제도화	시장제도	노동 중심의 복지제도	함께돌봄 책임제도

* 출처: 저자 작성

시민적 자질은 무엇인지에 대한 사회적 논의와 담론의 장을 확장시키는 데 기여할 수 있을 것이다.

6 돌봄민주주의: 자유민주주의와 사회민주주의를 넘어

이 장은 정치적 평등을 성취하고자 하는 도전과 투쟁으로 민주주의를 조망해 보았다. 사회구성원이 평등한 정치적 영향력을 가질 수 있는 조건을 마련하기 위한 인류의 노력은 자유민주주의와 사회민주주의를 거치며 현재의 돌봄민주주의를 목전에 두고 있다 ([표 1]).

자유민주주의는 '자유'라는 가치를 중심으로 봉건적 신분질서를 타파하고 시장제도를 확립함으로써 배타적 소유권과 계약의 자유를 성립하는 데 일조하였다. 그러나 자본주의 시장제도는 계급에 기초한 사회경제적 불평등을 야기하였고, 이에 도전한 사회민주주의는 '노동' 중심의 복지제도를 통해 시민으로서 노동자의 지위를 확립하고 이를 매개로 계급협력, 사회적 평등 및 공동체 연대를 설파하였다.

하지만 자유민주주의와 사회민주주의를 목도한 작금의 상황에서 새로운 위계질서로 인한 정치적 배제를 발견하는 것은 그리 어렵지 않다. 돌봄을 포용하지 않은 현재의 사회경제제도에서 소위 '돌봄의 지위'에 있는 사람들은 고착화된 불평등을 경험하고 있다. 이러한 불평등은 서두의 울스톤크래프트가 비판한 위계질서와 다르지 않다. 이 불평등은 사회의 영역 간 연계되고 세대 간 지속되며 젠더·인종·계급에 기초한 여타의 불평등과 교차하여 더욱더 공고화되고 있다.

'돌봄'은 '자유'와 '노동'에 버금가는 (보다 엄격히 말하면, 이들에 선행하는) 개인과 사회를 구성하는 근본적인 가치이자 사회구성원 모두가 함께 담당해야 하는 책임이다. 그럼에도 불구하고 현재의 사회경제제도 속에서 돌봄의 가치는 평가 절하되고 있으며, 그 책임을 담당하는 사람은 부당하게 차별과 불이익을 겪고 있다. "돌봄으로 인한 불이익이 커지면 결국 사람들은 돌보는 일을 그만두려고 할 것이다. 누군가를 돌봐야 하는 상황을 피하고 싶어 할 것이다"라는 폴브레의 예측은 전대미문의 합계출산율과 인구절벽의 암담한 미래를 전망하는 현재 한국사회의 일면을 정확히 진단하고 있는 듯하다 (Folbre 2001, 77).

민주주의 연구 일각에서는 한국의 민주주의가 자유민주주의를 넘어 서구 유럽의 사회민주주의를 본받아야 한다고 역설한다. 일례로, 정치학자 최장집은 민주화 이후 한국사회의 노동위기를 염려하며 노동 있는 민주주의를 모색할 것을 주장한다.『노동 없는 민주주의의 인간적 상처들』이라는 저서에서 "노동의 시민권이 노사관계와 정당체제에서 취약해질 때 그것의 부정적 효과는 사회 전반의 공동체적 결속을 해체시키는 것으로 나타날 수밖에 없다는 것, 노동이 배제되면 노동자만 배제되는 것이 아니라 사회의 주요 이익 모두가 배제된다는 것"이라고 지적한다(최장집 2013, 9). 이는 노동에 가치를 두는 민주주의는 시민인 노동자뿐만 아니라 노동을 넘어 공동체의 이익과 사회 전체에 기여하고 있음을 재차 강조하는 것이다. 이러한 최장집의 주장에 동조하는 다른 정치학자 고세훈은 노동권으로 매개되는 사회민주주의 복지국가의 발전이야말로 형식적 민주주의를 넘어 실질적 민주주의라고 주장한다. 실질적 민주주의의 관점에서, '노동 없는' 민주주의란 그 자체로 모순된 개념이기 때문이라는 것이다(고세훈 2005, 186).

이 장은 노동 있는 민주주의를 지지하는 최장집과 고세훈의 주장을 넘어, 노동으로 매개될 수 없는 (매개되지 못하는) 민주주의인 돌봄민주주의에 주목하였다. 돌봄민주주의는 현재 진행형이다. 이를 달성하기 위해서는 돌봄 시민권의 이해, 돌봄인을 중심으로 한 정치세력화, 돌봄을 매개로 한 연대와 투쟁(돌봄운동), 함께돌봄책임의 제도화에 혁명에 버금가는 모두의 반성과 쇄신 그리고 노력을 경주해야 할 것이다. 돌봄민주주의는 더 포용적이며 더 정의로운 민주주의이다. '돌봄 없는' 민주주의란 그 자체가 모순이다. 앞으로 민주주의의 시간은 '돌봄 없는 민주주의의 인간적·사회적·국가적 상처들'을 직시하고 반성하며 치유하는 투쟁의 시간이 되어야 할 것이다.

4장 ——————— 헌법적 가치로서 돌봄

돌봄을 헌법에 명시함으로써, 국가는 그동안 돌봄을 개인 책임으로 경시·방조하고 해태해왔음을 치열하게 반성하는 계기로 삼고, 더 나은 국가에서 함께 살자는 새로운 의지를 공화국 헌법의 이정표로서 천명할 수 있을 것이다. 돌봄을 헌법에 명시하는 것은 돌봄부정의의 악순환을 끊는 선순환의 명시적 출발이자 강제적 출발이고, 새로운 가치와 보다 정의로운 가치를 지향하는 새로운 공화국으로 거듭남을 의미하게 될 것이다.

1 돌봄을 논하는데 있어 왜 헌법인가?

＊ ＊ ＊

출산 후 신생아에게 **양수 및 이물질을 제거하는 최초의 산후조치**를
하지 않아 신생아를 숨지게 한 산모에 대한 최근 인천지방법원의
판결이 있었다. 산모는 1심에서 유죄, 2심에서 집행유예 판결을
받았다. 미혼모인 산모는 임신 후 아이를 책임지지 않겠다는 남자
친구와 헤어지고 가족들에게도 임신 사실을 알리지 못한 채 지내
오다가 혼자서 아이를 출산하게 되었다. 아이를 낳은 직후 키울
생각이 **막막하고 두려워서 양육할 수 없음을 예상하고** 신생아에 대해
아무런 조치를 하지 않았다고 한다(뉴시스 2016.12.06., 저자강조).

＊ ＊ ＊

돌봄을 공적 가치로 보는 것은 이제 큰 이견이 없는 듯하다. 장
기요양보험제, 치매국가책임제, 공공보육제, 초등학교 돌봄교실 등
국가에서 추진하고 있는 다양한 돌봄정책들은 돌봄이 사회적 이슈

이며 공적 책임이라는 것을 확연히 보여준다. 물론 개별 돌봄정책의 정책대상은 다양하며 국가책임의 정도와 범위 및 요건도 상이하겠지만, 적어도 돌봄이 사적 이슈이며 개인 혹은 가족만의 책임이라는 주장은 한국 사회에서 더 이상 유의미하지 않아 보인다(허라금 2006a; 류연규 2012; 송다영 2014b).

이러한 맥락에서 이 장은 국가와 사회가 돌봄의 가치를 인정하고 지지하는 것이 어떤 의미인지를 보다 구체화하고자 한다. 특히 이 장은 헌법이 추구하는 가치의 입장에서 돌봄의 위상을 정립하고자 한다. 헌법이란 같이 살겠다는 뜻(commitment to live together)을 지닌 구성원의 의지로 구성되는 정치공동체의 제작 방향에 관한 원칙과 가치의 집합이다. 부연하면, 헌법이란 정치공동체의 주인인 국민 저마다가 자유롭고 평등한 존재로 함께 살아가기 위해 수직적으로는 국가와의 관계를, 수평적으로는 동료 국민과의 생활을 기율할 수 있는 공감대가 형성된 가치들이다. 따라서 헌법은 국민생활을 조정하는 근거가 되며, 주권자에게 위임받은 권한을 주권자에게 강제적으로 행사하는 국가권력의 정통성을 판단할 수 있는 근거가 된다. 나아가 헌법은 제2차 세계대전의 참상과 인종학살 같은 두 번 다시 정치공동체에서 반복되어서는 안 될 과오에 대한 반성이라는 성찰적 가치를 담아 보다 나은 미래의 이정표가 된다. 정리하면, 헌법은 국민 각인의 생활을 강제할 수 있는 국가의 제작 방향을 보다 정의롭게 설정하고 견인하는 공감대가 형성된 명문화된 정치공동체의 근본 가치들이자, 국가와 국민생활을 판단할 수 있는 성찰적 미래 비전을 담은 가치들이다(성낙인 2016, 27-31; 허영 2017, 23-32).[34]

기존에도 돌봄의 규범성에 대한 연구들이 있었지만 대부분은 그 당위성의 논거를 주로 철학적으로 접근했다. 대표적으로 돌봄윤리(care ethics)는 돌봄을 노동을 넘어 윤리적 가치로 접근한다. 최근의 많은 돌봄윤리 논의는 개인적 혹은 여성적 윤리를 넘어 정치사회적 의의를 지닌 정의(justice)의 이슈로서 돌봄을 다루기도 한다(Tronto 1993; Sevenhuijsen 1998; Held 2006; Engster 2007; Engster and Hamington 2015). 하지만 이러한 논의들은 여전히 돌봄윤리에 기초해 함께 할 수 있는 국가의 모습을 모색하고 구체적인 제도를 디자인하는 것에는 많은 관심을 기울이지 않는다.[35] 반면 이 장은 헌법에 투영된 규범적 관점에 견주어 돌봄을 살펴봄으로써, 정의의 입장에서 돌봄을 재고함과 동시에 우리의 삶과 가까운 불가분의 생활영역에서 다뤄지는 구체적인 정치적 가치로서 돌봄을 이야기하고자 한다. 다시 말해, 추상적 수준의 당위적 담론보다 생활정치의 가장 핵심이자 정치의 최고위상을 갖는 헌법을 통해 돌봄의 공적 가치와 실천을 논하고자 하는 것이 이 장의 목적이다. 결국 이 장을 통해서 우리의 삶과 사회를 지탱하고 견인하는 가치이자, 국가운영의 주축이 되는 원리이자, 부정의를 시정하고 정의로운 국가의 제작방향을 알려주는 길잡이로서 돌봄의 의의를 재고할 수 있기를 기대한다.

「대한민국 헌법」은 전문 및 9개의 장과 부칙으로 구성되어 있다. 헌법의 대의(大意)를 담고 있는 전문을 시작으로 국민의 기본권과 의무를 한 축으로 하며, 권력분립의 원리로 구성된 통치구조를 다른 한 축으로 하고 있다. 이 장이 주목하는 지점은 '국민의 권리와 의무'를 규정하는 헌법 제2장의 시작인 제10조 제1문의 '인간으로서의 존엄과 가치' 및 '행복추구권' 조항이다. 이 장은 돌봄의 관점에서 인간존엄 및 행복추구조항을 살펴보고, 헌법의 최고이념이자 구성원리인 인간존엄으로서 돌봄의 가치를 강조함과 동시에 행복추구권에 함축된 자유주의적 자유의 개념 틀로 돌볼 자유를 설명하는 것의 궁극적인 한계를 지적하고자 한다. 이를 통해 돌봄을 헌법에 명시해야 함을 주장하고자 한다.

이 장은 먼저 헌법 제10조 인간존엄 및 행복추구조항의 내용 및 의의를 다룬다. 그다음 '취약한 인간의 필요에 응답하는, 모든 인간의 삶에서 선결적이며 필수불가결한 실천이자 가치'로서 돌봄을 살펴본다. 이후 돌봄의 관점에서 헌법 제10조를 분석한다. 돌봄의 인간상에 기초하여 인간존엄과 등가적인 돌봄을 강조하며, 돌봄제공자가 가지는 돌볼 권리가 헌법상 자유의 기본권체계 내에서 궁극적으로 부합하지 않음을 살펴본다. 마지막으로 돌봄의 헌법적 위상에 대해서 다루고 돌봄이 헌법에 명시되어야 하는 당위를 지적한다.

2 헌법 제10조: '인간으로서의 존엄과 가치' 및 '행복추구권'

「대한민국 헌법」의 가치들은 18세기 후반 근대 입헌주의를 알리는 「버지니아 권리선언」과 프랑스 혁명기의 「인간과 시민의 권리선언」 이래로, 바이마르 공화국 헌법과 제2차 세계대전의 반성으로 다져지고 계승되어 서독·이탈리아·일본 등 자유민주주의 체제를 관류해 한국의 헌법적 조항으로 전수 구현되어 왔다. 이들 가치의 핵심은 인간존엄과 행복추구 그리고 권리로 표현되는 자유라는 데 큰 이견이 없어 보인다.[36]

헌법 제10조는 '모든 국민은 인간으로서의 존엄과 가치를 가지며 행복을 추구할 권리를 가진다. 국가는 개인이 가지는 불가침의 기본적 인권을 확인하고 이를 보장할 의무를 진다'고 규정한다. 이는 모든 국민이 인간으로서의 존엄과 가치를 지닌 주체임을 명시하고, 국가권력이 국민의 기본권을 침해하는 것을 금지함은 물론, 더 나아가 적극적으로 국민의 기본권을 보호해야 하는 의무가 있음을 천명한 것이다(권영성 1981, 44). 특히 헌법 제10조 제1문에 함께 규정되어 있는 '인간으로서의 존엄과 가치' 및 '행복추구권'은 헌법질서의 최고 가치로 해석된다. 이하 논의에서 언급하겠지만, 인간존엄 및 행복추구규정이 개별로 상이한 규범적·헌법적 성격을 내포하고 있음에도, 이 두 규정은 본질적으로 서로 관련되며 모두 기본권 파생의 이념적 기초가 된다는 데에 헌법학계의 의견이 모아진다. 예컨대, 이는 헌법재판소가 기본권 침해 여부를 판단하면서 헌법 제10조를 원용하는 경우, 대부분 '인간으로서의 존엄과 가치 및 행복추구권'을 함께 언급하고 있음을 통해서도 확인할 수 있다(유은정 2016, 190-191).[37]

인간으로서의 존엄과 가치

헌법 제10조 제1문 전단의 인간존엄규정은 1962년 제3공화국 헌법에서 처음 명시되었다. '인간으로서의 존엄과 가치'는 "헌법질서의 최고가치," "국가의 근본질서," "법해석의 최고기준," "국법체계상 최고규범," "객관적 헌법원리" 등으로 표현됨으로써 「대한민국 헌법」의 최고원리이자 절대적 가치로서 평가된다(허영 2017, 341; 성낙인 2016, 1002; 권영성 2007, 376). 헌법이 지향하는 이념은 국민의 자유와 권리의 보장이며 이러한 자유와 권리보장의 전제와 목적이 바로 인간으로서의 존엄과 가치의 보호와 존중이라는 의미이다.

보다 구체적으로 인간존엄은 기본권의 이념적 전제로서 "기본권의 근원" 혹은 "기본권의 핵"을 뜻하며, 이는 인간존엄이 모든 기본권 조항과 "목적과 수단 관계"에 있음을 의미한다(권영성 1981,

31-32). 인간의 존엄은 국가, 개인 혹은 공동체 등 가능한 모든 침해자로부터 절대로 보호되어야 하기 때문에, 헌법 제37조 제2항에 따라 모든 기본권은 법률로서 제한될 수 있음에도, 헌법의 최고 이념인 인간존엄은 '자유와 권리의 본질적 내용'에 해당함으로 이는 기본권 제한의 한계로 제시된다. 또한 인간존엄은 입법, 행정, 사법 등 모든 국가 활동의 가치판단의 기준이 된다. 국가가 '인간으로서의 존엄과 가치'를 침해하는 행위를 한 경우에는 인간존엄조항에 의거하여 위헌 및 무효를 주장할 수 있고, 그러한 국가의 행위로 말미암아 손해를 입은 경우에는 국가에 대해서 손해배상을 청구할 수 있다. 더불어 인간존엄은 헌법규정을 포함한 모든 법령의 해석 기준이 되며, 헌법개정권력 및 헌법에 규정된 개정절차에 의해서도 제한될 수 없는 헌법개정의 한계가 된다(권영성 2007, 375-377; 성낙인 2016, 1002-1003; 홍성방 2010, 11-13). 즉, 인간존엄은 국가를 "통제하는 원리"이자 국가가 "넘을 수 없는 한계"를 구성한다고 할 수 있다(홍성방 1999, 72).

그렇다면 인간존엄이란 무엇을 의미하는가? 그 근간과 구체적인 내용은 무엇인가? 어떤 이유로 인간존엄이 헌법 최고의 가치로 인정받는가 혹은 인정받을 수 있는가? 이에 대한 대답으로 대다수 헌법학자들은 다음의 지점을 주목한다.

첫째, 인간이 존엄하다는 것은 단지 인간으로서 그리고 인간이라는 이유만으로 가치 있고 존귀한 존재임을 의미한다. 다수의 헌법학자들은 인간존엄의 근거를 인간의 인격성(人格性)에서 찾는다. 인격성은 "인간의 본질로 간주되는 존귀한 인격주체성"(권영성 2007, 374), "인격의 내용을 이루는 윤리적 가치"(허영 2017, 340), "인간의 인격과 평가"(김철수 2013, 426) 등으로 통칭되며, 이는 "양도할 수도 포기할 수도 없는 것으로서 시(時)·소(所)를 초월한 인간에게 고유한 가치"(권영성 1981, 30)로 설명된다. 보다 구체적으로, 인격성(인격주체성)은 "자기책임능력이 있는 인격체"로서의 인간을 인정하는 것으로, 인간이란 "자기자신을 의식하고 자기자신의 결단에 의하여 스스로를 규율하며, 자신과 주변세계를 형성할 능력의 소유자"임을 의미하는 것이다(권영성 2007, 374). 이러한 인간상에 기초하여 헌법재판소도 '헌법상의 인간상은 자기결정권을 지닌 창의적이고 성숙한 개체로서의 국민이다'라고 판시한다(헌재 1998. 5. 28. 96헌가5 결정).

이와 같은 헌법상의 인간상은 인간에 대한 칸트(Immanuel Kant)의 논의에 근거한다(임미원 2001; 차수봉 2016). 칸트에 따르면, 인간은 사물이나 동물과 구별되는 이성을 지닌 존재로서, 이성을 활용하여 보편적인 도덕률을 스스로 발견할 수 있고, 스스로 찾아낸 도덕률에 따라 윤리적인 사고와 행동을 할 수 있는 자율적인 존재이다(Kant 1996[1785], 79). 이러한 인간을 칸트는 인격(person)이라 표현한다.[38] 다시 말해, 인간의 인격성은 이성적·윤리적 자율성을 갖는 존재로서의 인간 고유한 가치를 의미하고, 인격성이야 말로 인간존엄의 근거라고 보는 것이다. 인간의 인격성은 모든 인간의 "잠재적 속성"으로서 인간 모두에게 "평등하게 선존하는 것"으로 전제된다(홍성방 1999, 67).

둘째, 인간의 존엄은 바로 인간은 이성적·윤리적 자율성을 지닌 인격이라는 의미이며, 따라서 인격적 존재로서 인간은 객체나 수단으로 취급되어서는 안 된다는 것이 인간존엄의 핵심내용이다. 인간이 존엄하다는 것은 인간이 국가권력의 목적을 달성하기 위한 수단으로 사용되거나 고문, 노예, 대량학살, 강제노역, 인간실험, 잔인하고 가혹한 형벌 등과 같이 객체화되거나 인간 최저한의 생명까지도 위협받는 대상으로 취급되어서는 안 된다는 것을 뜻한다. 인간존엄의 경시는 단지 희생자가 고통을 느끼는가의 여부로 결정되는 것이 아니라, 인격성 지닌 인간이 인간 그 목적 자체가 아닌 다른 어떤 수단이나 객체로 대상화되었을 때 발생하는 것으로 본다(권영성 1981, 34-35). 이는 인간이 스스로를 방어할 수 없는 것, 치욕을 느끼는 것 혹은 쓸데없는 존재로 생각되는 것 등도 포함된다(홍성방 1999, 66).

셋째, '인간으로서의 존엄과 가치'에서 의미하는 인간상은 개인주의 사회에서 전제하는 "고립적·이기적 인간상"이 아니며 또한 전체주의 사회에서 전제하는 스스로 자율성을 갖지 못하고 "국가권력의 객체로 격하된 인간상"도 아니다. 헌법의 인간존엄에서 의미하는 인간상은 인격주의적 사회에서 전제하는 "인간의 고유가치를 유지하면서 사회와 긴밀한 관계를 가지고 사회에 의해서 구속되는 인간"을 뜻한다(권영성 1981, 30). 즉 헌법이 예상하는 인간상은 고립되지 않지만 스스로의 고유한 가치를 지닌 주체로서, 동시에 사회에 지배되어 자유가 부재하지 않지만 사회와 일정한 관계를 유지하면서 사회의 공동생활을 책임 있게 형성해나가는 자주적 주체를 의미한다(홍성방 1999, 68). 이는 개인주의와 전체주의 간의 "중용"의 지점을 이루는 인격주의 인간상으로 해석된다(권영성 1981, 30).

넷째, 인간은 존엄하기 때문에 그 가치를 인정받으며 이를 최고의 가치로서 헌법이 지향한다는 의미는 인간존엄을 실현하기 위해 국가가 존재한다는 뜻이다(홍성방 1999, 70). 다시 말해, 인간은 국가를 형성하는 구성적 지위를 가진다는 것으로, 이는 즉 국가의 존재이유가 바로 인간임을 의미한다. "국가가 인간을 위해서 존재하지, 인간이 국가를 위해 존재하는 것은 아니다"라고 밝힌 독일기본법 제1조 초안의 규정처럼, 정치공동체의 최종적 전제와 최고의 목표는 "인간에게 인간적인 것을 유지하고 발전"시키는 것임을 명확히 한 것이다(홍성방 1999, 71, 각주 37 재인용). 인간존엄을 보호하고 실현 하는 것이야말로 바로 국가의 일차적인 의무와 과제임을 천명한 것 이다(한수웅 2016, 527).

추가적으로, 헌법학계는 '인간으로서의 존엄과 가치'가 헌법의 최고 원리 및 근본이념으로서의 성격을 지님과 동시에 구체적으로 기본권으로서의 성격을 가진다고도 평가한다. 이는 헌법재판소의 판시를 통해서도 확인할 수 있다. 인간존엄에 기초한 기본권의 주목 할 만한 예로 생명권을 들 수 있다.[39] 헌법재판소는 '인간의 생명은 고귀하고, 이 세상에서 무엇과도 바꿀 수 없는 존엄한 인간존재의 근원'이기 때문에, 생명에 대한 권리인 생명권은 헌법에 명문화된 규정이 없다고 하더라도 '인간의 생존본능과 존재목적에 바탕을 둔 선험적이고 자연법적인 권리로서 헌법에 규정된 모든 기본권의 전 제'라고 판시한다(헌재 1996. 11. 28. 95헌바1 결정).[40] 인간의 존엄은 어디 까지나 생명을 전제한 것이다. 생명을 잃은 인간이란 존재할 수 없 기에 생명을 부인하고서는 인간존엄을 논의할 수 없다. "인간의 생 명 → 인간존엄 → 개별기본권"의 순서로 보는 것이 논리적으로 타 당하며, 따라서 생명권의 헌법적 근거를 개별 기본권에서 유추하기 보다 '인간으로서의 존엄과 가치'에서 찾아야 한다는 것이다.[41] 요약 하자면, 인간존엄은 그 자체로 생명권으로 기능한다고 본다(홍성방 1999, 78-79).

행복추구권
'행복을 추구할 권리'는 헌법 제10조 제1문에 '인간으로서의 존 엄과 가치'의 보장과 함께 하나의 문장으로 규정되어 있다. 「대한민국 헌법」에서 행복추구권은 1980년 헌법에서 처음 명문화되었다. 입법례에 따르면 이 조항은 1776년 미국의 버지니아 권리장전과 미국의 독립선언문 제2절의 인간의 양도할 수 없는 권리로서 '생명, 자유 및 행복을 추구할 권리'에서 처음 나타났으며, 「대한민국 헌법」의 행복추구권은 이러한 미국의 헌법문서에서의 행복추구조항을 계수한 것으로 일반적으로 평가된다(한수웅 2016, 540).[42]

　행복추구조항은 그 개념과 내용의 모호함과 불확실성으로 인하여 헌법학계에서 학설의 대립이 심하고 그 법적·규범적 성격의 해석에 대해 정설이 확립되지 못하고 있다. 예를 들어, 행복이라는 용어의 "상대성과 세속성"으로 인해 행복추구권의 규범성을 인정하기 어려우며, 행복추구는 법적 규제의 대상이 아닌 인간본능의 문제로 다뤄져야 할 원리일 뿐 "모든 국민의 당위적인 삶의 지표"를 단지 설정해 놓은 것에 불과하다는 해석이 있다(허영 2016, 346). 혹은 행복이라는 말이 "지나치게 철학적이고 관념적이며 추상적이고 불확정적이며 다의적이고 주관적"이어서 행복추구는 윤리규범일 뿐 법규범으로 규율하기 어렵다고 보기도 한다(김명식 2017, 203). 혹은 행복추구권의 권리성을 부인한 채, '인간으로서의 존엄과 가치'와 결합하여 이해하면서 기본권보장체계의 이념적 기초와 원리로 보는 견해도 존재한다(박일경 1990, 226-227). 정리하건대, 행복추구와 같이 모호하고 불확실한 개념을 일반적인 법규범으로 인정할 수 있는지, 법규범으로 인정하더라도 헌법상 권리로 규정할 수 있는지, 혹은 행복추구권의 권리성을 인정하는 경우에도 인간존엄규정과 더불어 주(主)기본권으로 이해되어야 하는지, 국가의 간섭이나 침해에 대한 소극적 방어권으로서 구체적 권리로 상정되어야 하는지, 혹은 헌법에 열거되지 않은 권리까지도 포괄하는 보충적 권리로 파악되어야 하는지 등에 대한 헌법학계의 논쟁은 현재 진행 중이다(성낙인 2016, 1014-1016).

이와 같이 행복추구권의 법적 성격과 본질에 대해 헌법학계의 다양한 의견이 피력됨에도 불구하고, 현재 수용되는 주류의 학설은 행복추구권이 헌법상 원리에 그치는 것이 아니라 이것의 주관적 권리성까지 인정하고 있다. 여전히 행복추구권의 독자적 권리성의 인정여부와 그 보호범위의 한계에 관한 세부적인 내용에 대하여 다양한 의견이 존재하지만, 행복추구권은 인간의 모든 자유로운 활동과 관련이 있는 일반적 행동의 자유권을 의미한다고 보는 견해가 헌법학계의 일반적인 중론이다(김선택 1993; 김일환 2003, 2014). 아래 김운용의 주장은 이를 잘 대변한다.

> 행복추구권은 궁극적으로 선택의 자유를 내실로 한다. 그리고 이것을 바탕으로 하여 일반적인 의미의 자유의 원칙과 자율의 원칙이 행복추구권 안에 자리잡고 있는 것이다. '행복'의 개념정의가 중요한 것은 아니다. '행복'의 의미내용을 누가 어떻게 정하느냐가 중요할 뿐이다. '행복'의 의미내용을 구체적으로 결정하는 것은 바로 제각기 다른 생각을 가지고 있는 개개인이며 이 개개인은 그 의미내용을 스스로 원하는 대로 정하며 그렇게 정해진 행복을 자율적으로 추구한다는 데에 행복추구권의 기본적인 뜻이 있는 것이다(김운용 1988, 60-61).

다시 말해, 행복의 목표를 스스로 선택할 수 있는 자유와 이를 달성하기 위한 수단을 스스로 결정할 수 있는 자율이 행복추구권의 핵심적인 규범적 의미이며, 이를 통해서 행복추구권을 자유권으로 해석하게 된다고 보는 것이다. 이는 현행 헌법이 행복추구권을 '행복할 권리'가 아니라 '행복을 추구할 권리'임을 보여주는 것이라고 설명한다(김명식 2017, 204).

행복추구권을 일반적 행동의 자유권으로 해석하는 이러한 입장은 헌법재판소 활동 초기부터 이루어진 다수의 판결을 통해서도 알 수 있다(헌재 1989. 10. 27. 89헌마56 결정; 헌재 1995. 7. 21. 93헌가14 결정; 헌재 2000. 6. 1. 98헌마216 결정; 헌재 2008. 10. 30. 2006헌마35 결정).[43]

> 헌법 제10조의 행복추구권은 국민이 행복을 추구하기 위하여 필요한 급부를 국가에게 적극적으로 요구할 수 있는 것을 내용으로 하는 것이 아니라, 국민이 행복을 추구하기 위한 활동을 국가권력의 간섭 없이 자유롭게 할 수 있다는 포괄적인 의미의 자유권으로서의 성격을 가진다(헌재 2000. 6. 1. 98헌마216 결정).

따라서 헌법재판소가 해석하는 행복추구권은 국민이 행복을 추구함에 있어 국가의 침해가 있어서는 안 된다는 자유권적 기본권으로서의 성격이며, 국민이 행복을 추구하기 위하여 필요한 급부를 국가에 대하여 적극적으로 요구할 수 있는 사회권적 기본권으로서의 성격을 의미하지는 않는다.

추가적으로, 행복추구권을 자유권으로서 해석하는 헌법학계와 헌법재판소의 중론과는 달리, 이를 자유권으로서 소극적 권리와 더불어 적극적으로 국가에 권리를 청구할 수 있는 사회권을 포함하는 포괄적 기본권으로 보는 해석도 존재한다(권영성 2007, 381-383; 홍성방 2010, 38). 이러한 입장에서 본다면, 행복은 "생명이나 자유의 관념처럼 권리의 실체"를 뜻하는 반면 추구는 "권리의 실체를 실현하거나 획득하는 수단"을 의미하기 때문에, 행복추구권이라는 것은 자유권과 같은 소극적 성질의 권리임과 동시에 권리를 실현하기 위해 국가에 급부를 요구할 수 있는 적극적 성질의 권리이기도 하다는 것이다(권영성 1981, 40). 예를 들면, 국민의 행복추구를 위해 최저생계 등 최소한의 물질적인 생활유지에 필요한 급부를 국가에 요구할 수 있는, 즉 최소한의 사회복지를 보장하는 근거로 행복추구권이 해석되기도 한다(유은정 2016).

3 돌봄: 인격적·사회적·정치공동체적 가치이자 실천, 그리고 돌봄부정의

인간은 취약하고 의존적인 존재이다. 인간은 누군가의 에너지와 시간이 소진되는 돌봄에 힘입지 않으면 삶의 구간을 지날 수 없는 취약하고(vulnerable) 의존적인(dependent) 존재이다. 탯줄에서 분리되어 모체와 독립된 생이 시작되는 갓 태어난 인간에게 아무런 행위가 작용하지 않는다면, 다시 말해 생명유지에 필요한 그 무엇을 충족해주는 작위가 작동하지 않는다면, 아무것도 할 수 없는 이 인간의 생명유지는 곧 멈추게 될 것이다. 아무것도 할 수 없는 이 취약한 개체 밖에 있는, 이러한 취약성을 인지한 외부의 개입 혹은 간섭이 필연적으로 있어야 한다. 그렇지 않다면 이는 죽음으로의 방치일 뿐이다.

서두의 사례가 보여주듯, 신생아 입속의 양수 및 이물질을 누군가가 제거해 주는 최초의 돌봄을 받지 못한다면 신생아의 생명유지는 정지된다. 갓 나면서부터 본인에게 필요한 바를 자급할 수 있을 정도로 비의존적(independent) 인간으로 세상에 나오는 인간은 없다. 탯줄을 대신한 누군가의 돌봄이 시작되고 연속될 때 인간은 그 후 삶의 시간을 전망할 수 있다. 영유아의 시기뿐만 아니라 성인기라 하더라도 혹은 아프거나 나이가 들어 혼자서 충당할 수 없는 필요가 늘어가게 되는 취약한 인간의 실상은 보편적인 생물학적 조건이다. 모든 인간이 죽는다는 명제처럼, 모든 인간은 취약한 삶의 구간을 스스로 극복할 수 없다는 명제도 참이다. 이런 점에서 홉스(Thomas Hobbes)는 틀렸다. 인간은 버섯처럼 혼자서 자라지 않는다(Held 2006, 37).

인간의 생물학적 취약성에서 비롯된 생존과 이후 성장을 위한 필요를 충족하기 위해 누군가는 해줘야 하는 시간과 에너지가 소진되는 실천이자 책임을 돌봄이라 할 수 있다. 취약한 인간 생명은 — 영양, 여러 위험으로부터의 보존, 교감 등 — 돌봄에 힘입어 절대적 취약성에서 탈피되는 정도만큼 (물론 누군가는 평생 절대적 취약성이 동반되는 삶을 영위해야 하지만), 소위 자급자족할 수 있는 사람으로 거듭나게 된다. 이렇게 보면 모든 인간에게 취약성으로부터의 구조(救助), 즉 돌봄은 그 질적 성공 여부를 떠나 누군가가 외면하지 않은 실천(임무)을 통해 받은 보편적인 인간경험이라 할 수 있다(Kittay 1999). 모든 인간의 돌봄경험은 보편적이며 이 같은 돌봄수혜의 경험에서 그 누구도 예외일 수 없다.

인간 모두의 보편적 경험인 돌봄은 인간을 매개로 한다. 하지만 이러한 인간적인 매개는 자유주의 중심 가치인 이성적 사유의 조건이자 결과물인 언어를 반드시 수반하는 것은 아니다. 이는 비언어적인 인간의 품과 시선, 단순한 표정과 손짓 혹은 수발만으로도 서로에게 유의미한 때에 따라서는 뇌리에 박히는 경험까지를 포괄한다.

이 점에서 나딩스(Nel Noddings)는 심각한 발달장애인도 이성만큼이나 중요한 다른 유형의 인간적인 상호작용을 한다고 지적하며, "웃음·미소·포옹·애정적인 접촉들이 또한 소중한 인간적인 응답"이라고 설명한다(Noddings 1992, 214). 취약한 의존인은 자신의 필요에 대한 (정기적 혹은 간헐적이더라도) 지속적인 응답인 돌봄을 통해 자신을 둘러싼 세상을 접하며 뇌리에 남는 (비언어적인 것을 포함한) 근거를 담는다. 이러한 근거의 축적과 상호작용이 사람됨과 정체성이 형성되는 자양분이라고 할 때, 돌봄은 사람됨과 정체성을 구성하는 밑거름이라 해도 무리가 없을 듯하다. 돌봄은 생물학적 인간이 그 잠복된 사람됨과 정체성을 실질적으로 발현시키는 조건과 매개가 된다는 점에서, 즉 인격적 존재로 거듭나게 하는 구성적 가치이자 누군가는 선결해줘야 하는 경험적·실천적 가치라 할 수 있다.

사회의 측면에서 보더라도 돌봄은 사회적 유대를 가능케 하는 선결조건이 된다.[44] 의존인과 돌봄제공자의 돌봄관계는 더 이상 미분될 수 없는 사회적 관계이자 개인으로 환원될 수 없는 유대의 시발점을 포함하는 관계이다. 돌봄은 개인과 사회의 연속성과 유대를 가능케 하는 전제조건이 되는, 시간과 개인 그리고 세대를 초월하는, 누군가가 담당해왔지만 정치공동체 구성원으로부터 그 진가를 인정받지 못했던 사회의 유대를 가능케 하는 구성원의 관계적 가치라 할 수 있다.

또한 돌봄은 정치공동체 차원에서도 필수불가결한 구성적 가치이다. 생물학적 자원의 충원이라는 관점에서 보더라도, 돌봄은 정치공동체에 그 인적 구성원을 지속적으로 충원시켜주는 역할을 한다. 안보를 국가와 국민의 안전을 위한 국가의 노력이라 할 때 국가 안보의 핵심 가치로서, 즉 국민이라는 국가의 근원적 인적 자원을 안전하게 지속·유지시켜 주는 동력이 되는 돌봄은 필수적이다. 돌봄이 없다면 구성원의 충원이 불가능하며 공동체의 존립과 유지도 불가능하다. 유대 민족의 사례에서 보듯이, 영토 없는 사람은 존립이 가능하지만 사람(국민) 없이 성립될 수 있는 정치공동체는 없다.

하지만 돌봄을 제공하고 돌봄관계를 맺음에 있어 돌봄제공자는 위태로운 지위에 처하게 된다(Kittay 1999, 114-117). 돌봄은 그 자체로 돌봄제공자의 시간과 심신의 에너지가 소진되는 임무이다. 취약한 의존인은 (그 취약성에 있어 편차가 있겠지만) 생각지도 못하는 시시각각의 치명적인 위협에 돌발적이자 상시적으로 노출될 수 있기 때문에, 돌봄제공자는 이에 대한 즉각적인 대처가 가능하도록 항시적으로 응답해야 한다. 돌봄제공자는 비록 휴식을 할 수 있는 틈이 생긴다 하더라도 제3자의 도움이 개입되지 않는 한, 한시라도 의존인에게 신경을 거두어 본인에게 기울이지 못하는 경계태세에 있을 뿐이다. 의존인의 취약성 정도가 완화되더라도 돌봄제공자의 시간과 심신의 에너지가 온전히 돌봄제공자의 것으로 돌아오는 것은 아니다. 취약성이 완화된 정도만큼 요구되는 심신의 에너지는 덜 소진되겠지만, 시간의 질을 감안하면 크게 차이가 나지 않는다. 의존인의 돌봄필요가 항시적이지 않고 간헐적으로 발생한다 하더라도, 규칙성이 담보되지 않는 돌봄필요를 놓치지 않고 응답하기 위해 돌봄제공자는 긴장의 끈을 늦추지 않을 수 없다는 점에서, 돌봄제공자의 시간과 에너지의 소진 정도는 크게 달라지지 않는다.

게다가 노동으로서 돌봄은 쉽게 저평가된다. 오랜 기간 고도의 훈련을 받고 일정한 시간 동안 집중적으로 할당된 일을 완료하는 대부분의 전문직과 비교할 때, 취약한 의존인의 완료될 수 없는 일상의 전반적인 필요를 항시적으로 충족해야 하는 돌봄노동은 그 본질상 분절적이며 분산적이다. 또한 누구도 만족할 수 없는 영원한 미완의 임무인 돌봄노동은 시간과 에너지와 함께 자취를 남기지 않고 사라지는 증발적 노동으로서의 특징으로 인해, 돌봄제공을 경험하지 못한 제3자에게 돌봄노동만의 성과를 (돌봄제공자의 시간과 에너지 그리고 정성이 그 흔적으로 남아있는 주름진 피부와 손마디의 굳은살을 제외하면) 객관적으로 보여주기가 어렵다. 따라서 돌봄노동은 그 경험이 없는 사람들에게 누구나 마음만 먹으면 어렵지 않게 할 수 있어 보이지만, 실제로 노동의 성과가 장기적인 숙성으로 드러나거나 그 노동의 빈자리가 드러나야 실감하게 되는 노동이다.[45]

노동으로서 돌봄의 취약성에 더해, 보다 본질적인 문제는 돌봄제공자를 상대적으로 열위적인 지위에 처하게 하는 돌봄관계의 취약성이다. 돌봄관계의 취약성은 돌봄관계 내 취약한 의존인의 필요를 우선시할 때 돌봄제공자가 처하게 되는 관계 내적 취약성과 돌봄관계를 유지하기 위해 그 관계 밖에 있는 조달자(돌봄자원제공자)에게 돌봄제공자가 취약해지기 쉬운 관계 외적인 취약성으로 나뉠 수 있다.

취약한 의존인의 돌봄필요와 돌봄제공자 본인에 대한 필요(혹은 사회적 욕구)가 충돌할 경우 돌봄제공자는 의존인의 필요를 일반적으로 우선시한다. 심지어 돌봄제공자가 의존인의 다른 종류의 취약성으로 말미암아 상대적으로 더 취약한 경우라 할지라도, 돌봄제공자는 자신의 필요보다 의존인의 필요를 우선시한다.[46] 돌봄제공자가 자신의 이해관계보다 의존인의 돌봄필요를 우선한다 함은 돌봄제공자의 선택지가 후순위가 된다는 것이다. 게다가 돌봄제공자 본인만이 의존인의 필요에 응답할 수 있는 유일한 사람이라면 사회경제적 지위를 차지하기 위한 시장적 경쟁에 나설 수 있는 돌봄제공자의 조건과 역량은 크게 잠식되고 축소되게 된다. 뿐만 아니라, 돌봄제공자가 돌봄의 책임과 양립시키기 위해 실질적으로 선택할 수 있는 시장적 재화는 본인이 최선으로 원하는 선택이 아닌, 돌봄관계를 유지할 수 있는 일로 조건화된 비선택적으로 조정된 차선의 선택이 되게 된다. 차선의 선택이 거듭됨으로써 돌봄제공자의 선택(자유)의 질은 계속해서 악화되게 되며, 이에 돌봄제공자의 돌봄 이외의 자유는 와해되기 시작한다. 이러한 불평등의 지점을 트론토(Joan C. Tronto)는 "악성 선택"으로 명명했다(Tronto 2013, 37). 돌봄제공자를 위태롭게 하는 돌봄관계의 이러한 내재적 특징은, 의존인의 생물학적인 취약성에서 파생된 돌봄필요와 이를 충족해야 하며 동시에 자신의 사회적 욕구를 함께 갖는 돌봄제공자의 이해관계 간의 돌봄관계 내적 긴장에서 기인한다.

　돌봄관계에서 돌봄제공자를 위태롭게 하는 내적 긴장과 더불어, 돌봄제공자를 위태롭게 하는 다른 한 겹의 비대칭적 긴장관계 또한 존재한다. 일반적으로 의존인을 지속적으로 돌보기 위해서는 돌봄에 필요한 자원이 안정적으로 이 관계에 투입되어야 한다. 안정적인 돌봄관계를 위해 돌봄제공자는 그것에 필요한 자원뿐만 아니라 돌봄제공자 자신의 필요에 요구되는 자원을 이 관계 밖에 있는 조달자에게 의존하게 된다. 경제활동이 가정과 공간적으로 분리되기 시작한 산업화 이후, 돌봄관계에 자원을 조달하는 임무는 주로 가장(남편)이, 돌봄제공자의 임무는 그 배우자(아내)가 담당해 왔다. 이 같은 분담(아내-돌봄제공자, 남편-조달자)은 가족이라는 일종의 사회제도와 맞물려 돌봄제공자의 지위를 한 겹 더 위태롭게 만들었다. 왜냐하면 돌봄을 둘러싼 분담은 일종의 협력적 특징뿐만 아니라 갈등적 특징을 동시에 갖기 때문이다. 돌봄제공자와 조달자 간의, 센

(Amartya Sen)이 설명한, '협력적 갈등(cooperative conflicts)' 구조는 돌봄자원의 분배와 역할분담을 두고 양자 간에 벌이는 협상의 모습을 띠지만(Sen 1989), 협상이 거듭될수록 돌봄관계를 유지하기 위한 자원이 필요한 경우에 있어 돌봄제공자가 협상에서 조달자에 상대적으로 수세적인 위치에 있게 되는 열위적 지위(worsen-off position)로 이어지게 된다(Kittay 1999, 105). 특히 조달자와의 협상을 통해 자신이 자원을 통제할 수 없다는 점을 인식하기 시작하면서, 돌봄제공자의 자아 인식이 가정 밖 사회적 지위를 차지한 조달자의 심기를 건드리지 않아야 하는 필요가 되거나 그 필요를 넘어선 바람이 될 때, 돌봄제공자는 협력적 갈등이라는 협상이 파국을 맞기 직전까지 자신의 이해관계가 조달자에 의해 좌우됨을 받아들이는 주관적 종속 지점까지 취약하게 된다.

따라서 돌봄이 인격적·사회적·정치공동체적 가치를 제공하는 실천임에도 불구하고, 이러한 가치를 실현하는 모태가 되는 돌봄제공자는 이를 제공함으로써 놓이게 되는 돌봄관계의 기울어진 겹층위 속에서 서서히 자신의 자유가 경제적·사회적·심리적으로 나아가 정치적으로도 잠식당하는 취약한 상황을 견디면서, 서두 사례의 미혼모가 예상했던 더 악화될 미래에 대한 '두려움'을 품고 살아야 한다. 부정의한 돌봄이란 돌봄을 받거나 담당함으로써, 즉 돌봄관계에 속함으로써 돌봄관계 안과 밖에 밀착된 열위적 지위가 겹층위로 가중되어 일정한 패턴으로 지속·악화되는 구조화된 불평등이라 할 수 있다. 구조화된 불평등은 얼핏 개인의 자유로운 선택의 결과이자 그렇기 때문에 돌봄제공자가 응당 감당해야 하는 부담으로 보일 수 있으나, 자유로운 선택의 관점에서 보면 그렇지 않다. 돌봄제공자가 하는 선택은 대안이 주어진 복수의 선택지들 중 하나를 고르는 자유로운 선택이라기보다 의존인의 취약성을 외면할 수 없는 조건과 열위적 상황에서 어쩔 수 없이 수용(be forced to accommodate)하게 되는 선택에 가깝다. 개인에게 그 선택의 책임이 전가되고 있지만, 이러한 책임을 감당해야 한다는 돌봄제공자의 두려움은 열위적 지위와 불평등을 혼자서 감당하게 방치하는 부실한 국가와 사회에 대한 두려움이기도 하다.

돌봄부정의의 모습으로는 착취(exploitation), 주변화(marginalization), 무력함(powerlessness) 등을 들 수 있다(김희강 2018c). 통상의 경우, 돌봄제공자가 일단 돌봄을 전담하게 되면 돌봄에 필요한 자원이 돌봄제공자가 통제할 수 없는 범위 밖 조달자에 의해 투입·분배되는 필연적인 비대칭성 때문에, 돌봄제공자는 심리적·물적 자원의 통제 측면 모두에서 취약하게 되는 착취 시스템에서 벗어나기 어렵게 된다. 경제가 가정의 울타리 밖으로 분리되기 시작한 산업화 이후, 취약한 의존인과 돌봄제공자는 시장경제중심의 사회에서 주변화된 삶을 살게 되었다. 시장적 가치를 인정받지 못한 아이, 장애인, 노인뿐만 아니라 돌봄을 주로 담당해온 여성은 사회경제적으로 배제·주변화될 뿐만 아니라 이들을 돌보는 보육·요양·장애인시설 등은 지역의 혐오 기피의 대상이 되었다. 설상가상으로 동료 시민들을 대할 때 자신의 정당한 권위나 힘(power)을 발휘하지 못하는 것을 무력함이라 하는데, 의존인과 돌봄제공자는 사회경제적 가치를 인정받지 못하기 때문에 돌봄관계의 지위에서 파생된 권위와 자긍심이 미미하게 된다. 나아가 본인이 속한 각종 조직에서 의사결정적 권한과 힘을 행사하지 못하며 정치사회영역에서 스스로를 비정치화하거나 비대표화하게 된다. 결과적으로, 이들은 명령은 무조건 따르되 명령을 내릴 권한을 거의 갖지 못하게 되는 것이다.

게다가 이 같은 돌봄의 경제사회적 불평등과 정치적 불평등은 서로 맞물려 불평등을 가중시키게 된다. 돌봄을 주로 담당하던 사람은 경쟁력 있는 노동자가 되지 못하기 때문에, 시장경쟁에서 주변화되어 낮은 사회경제적 지위에 처하게 되며 이러한 사회경제적 지위 하락으로 공적 영역에서 본인의 불만을 담을 수 있는 정치적 목소리와 영향력이 또한 미약하게 된다. 이들은 이렇듯 힘없는 정치적 영향력으로 인해 부정의한 돌봄관계에 도전하고 비판할 수 있는 정치 세력으로 성장하지 못하고 결국 악순환의 구조 속에 쉽게 매몰되게 된다. 또한 특정 성(주로 여성)이 주로 돌봄책임의 부담을 안고 있는 현실에서 돌봄불평등은 젠더, 즉 주요 성불평등과 직접적으로 결부되게 된다.

이 같은 돌봄의 부정의는 누적된 긴 시간 조금씩 그러나 차곡차곡 일정한 패턴을 향해 작용된 결과로, 피해자와 가해자를 개인수준에서 일대일 대응시키기가 사실상 불가능하다. 피해는 여성, 아동, 장애인, 노인 등 특정한 집단에서 일정하게 발생하지만, 그렇다고 피해와 가해의 직접적인 인과성을 규명하기 어렵기 때문에 가해자를 특정하기가 불가능하다. 사실상 돌봄부정의의 피해와 교정의 문제는 불간섭(non-interference) 자유가 강조하는 개인 책임으로 설명할 수 없는 사회구성원 전체의 공유된 연대 책임, 즉 정치적 책임의 이슈가 되게 된다(Young 2011).

4 돌봄의 관점에서 본 헌법 제10조

인간존엄으로서 돌봄

앞서 살펴보았듯이, '인간으로서의 존엄과 가치'는 헌법의 최고

원리이자 최고이념이라는 데에 헌법학계의 이견이 있어 보이지 않는다. 인간존엄은 헌법의 구성원리로서 모든 기본권을 "지배"하며, 개별 기본권은 인간존엄을 이념적으로 전제하고 이를 실현시키기 위한 수단으로서 존재한다(홍성방 1999, 74). 헌법상 인간이 그 자체로, 그 이유 하나만으로도 존엄한 존재라는 것은 인간이 지니는 인격성의 가치에 주목하는 칸티안 인간상에서 기인한다. 인격성을 지닌 주체로서 인간은 이성의 능력을 통해서 윤리적 사고와 행동이 가능한 자율적인 인간이다. 오직 인간만이 이성적·윤리적·자율적 사고와 행동이 가능하며, 인간 고유의 이러한 인격성의 가치는 모든 인간에게 잠재적이고 보편적이기에, 따라서 인간은 객체나 수단으로 취급받아서는 안 되며 목적 그 자체로 대우받아 마땅하다고 본다.

그러나 돌봄의 관점에서 볼 때, 헌법상 인간존엄의 기초가 되는 이러한 칸티안 인간상은 한계를 노출한다. 인간은 원래 이성적·윤리적 자율성을 지닌 존재가 아니다. 인간은 본래 "자기자신을 의식하고 자기자신의 결단에 의하여 스스로를 규율하며, 자신과 주변세계를 형성할 능력의 소유자"가 아니다(권영성 2007, 374). 인간존엄의 바탕이 되는 이러한 칸티안 인간상은 인간의 불가피한 취약성을 반영하지 못하며 단지 인간 삶의 일 단면(slice)만을 제한적으로 강조하고 있을 뿐이다. 앞서 언급한 바, 자의식과 자주성으로 자신의 세계를 만들어갈 유능함을 지니고, 태어나면서부터 자급자족하며, 자신에게 필요한 자원을 알아서 충당하며 자라는 인간은 없다. 인간은 세상에 나오는 최초의 순간부터 입속의 양수와 이물질을 제거해주는 누군가의 돌봄을 받지 않으면 살아 숨쉴 수 없는 취약하고 의존적인 존재로 생을 시작한다. 어느 누구도 태어나면서부터 본인 입속의 양수와 이물질을 자력으로 제거하고 숨쉴 수 있을 정도로 유능한 존재로 세상에 나오지 않는다. 이는 인간이란 종이라면 예외 없이 겪게 되는 보편적인 사실이다. 누군가의 돌봄에 힘입어 숨통이 터진 후로도, 갓 태어난 인간은 생명유지와 이후의 성장을 기대하기 위해 상당 기간 동안 영양공급과 위험에 노출되지 않는 보호 등 누군가의 돌봄에 자신을 전적으로 의탁할 수밖에 없는, 취약하고 의존적인 상태로 수년간 돌봄을 받아야 생명을 부지(扶持)할 수 있는 나약한 존재이다.

때문에 인간의 취약성과 불가피한 의존성을 간과하고 있는 칸티안 인간상은 모든 인간이 필연적이고 선결적으로 받아야 하고 누군가는 시간과 에너지를 소진하며 제공해야 하는, 나아가 사회와 정치공동체에 그 구성적 밑거름으로 기여하는 필수불가결한 돌봄을 간과하게 된다. 다시 강조하지만, 돌봄은 생명을 유지하고 인격을 형성하는 조건이자, 사회에 유대라는 필수불가결한 자양분과 정치사회의 생물학적 밑거름을 제공하는 선결적이고 실천적인 가치라 할 수 있다. 따라서 이러한 인간의 의존성과 취약성을 염두에 두지 않는 칸티안 인간상은 돌봄의 가치를 함께 간과할 우려가 있다. 인간은 자신에게는 없었던 돌봄의 힘을 통해 비로소 인격적인 존재로 탈바꿈하게 된다. 취약하고 무력한 인간은 돌봄을 통해 비로소 사람(人格)의 탈(persona)을 쓰게 된다. (돌봄의 질적 문제를 차치하면) 돌봄이 없을 경우 생명의 유지는 정지된다. 극단적으로 표현하면, 살아 있는 인간 중 돌봄에 힘입지(indebt) 않은 인간은 없다. 돌봄이 없다면 인격이 있는 인간은 있을 수 없다. 하지만 "자주적" 혹은 "자기결정권을 지닌 창의적이고 성숙한 개체"로 상정되는 헌법의 인간상에서 인간의 취약성은 반영되지 않으며(허영 2017, 340), 따라서 이는 누군가는 해왔고 하고 있으며 해야 할 돌봄과 그 가치를 왜곡·주변화 시키거나 배제시키게 되는 결과를 야기할 우려가 있다.

앞서 언급했듯이 헌법에서 상정하는 인간상은 개인주의 사회의 "고립적·이기적 인간상"이 아니며 동시에 전체주의 사회의 "국가권력의 객체로 격하된 인간상"도 아니라고 보았다(권영성 1981, 30). 하지만 고립된 개인의 인간상이나 혹은 집단의 가치나 국가라는 전체주의가 제시하는 목적에 함몰된 인간상이 아니어도, 타인의 돌봄 필요를 외면하지 않는 돌봄인의 존재는 성립된다(김희강 2018a). 돌봄관계는 인간상을 고립된 개인으로 환원하지 않을 뿐 아니라 사회 혹은 집단의 이름에 인간을 매몰시키지도 않는, 더 이상 미분될 수 없는 사회적 유대의 시발점이다. 샌델(Michael Sandel)의 표현을 차용하자면, 돌봄관계에서 자유로운 인간은 없다. 우리 모두는 돌봄연고적(care-encumbered) 인간일 뿐이다.

인간존엄이란 추상적인 어떤 근거나 논리라기보다 우리가 실감하는 취약한 인간생명의 가능성에 대한 긍정이다. 이는 우리를 인격적으로 구성해주는 돌봄의 체험 속에서 구체화된다. 돌봄은 인간의, 인간에 의한, 인간을 위한 실천이자 경험이자 가치라 할 수 있다. 돌봄은 인간이라는 그 이유만으로도 가능하다. 인간 이외의 다른 것이 대체할 수 없다는 점에서, 돌봄은 인간의 가치이자 실천이다. 돌봄을 제공하는 데 있어 사회적 신분이나 지위고하, 학력 혹은 문맹이나 문해력에 상관없이 인간의 취약성에 대한 긍정의 태도를 지닌 인간이 아닌 다른 것을 매개하지 않는다는 점에서, 돌봄은 인간에 의한 가치이자 실천이다. 돌봄은 종교나 문화적 신념을 위한 어떤 것이 아니라는 점에서 그래서 인간 이외의 다른 것을 목적으로 하지 않는다는 점에서, 돌봄은 인간을 위한 실천이자 가치이다. 따라서 돌봄은 인간의, 인간에 의한, 인간을 위한 실천이자 가치라는 점에서 인간적 가치(human goods)라 할 수 있다. 인간이라는 바로 그 이유만으로 가능하고 충분한 돌봄이 바로 인간존엄이라 할 수 있다. 인간이 그 자체로 그 이유만으로도 수단과 객체가 아니라 목적으로서 대우받는 것은 돌봄을 통해서 가능하다.

　실제로 헌법학계에서는 인간존엄의 주체를 논의하며 육신·영혼·정신의 통합체로서의 모든 자연인이 주체가 된다고 강조한다. 존재 그 자체 목적으로 보호되고 존중되어야 하는 대상으로서의 "잠재적인 인격성"을 지닌 모든 인간은 성별·나이·종교·인종·국적·질병의 유무·학력의 유무에 상관없이 인간존엄의 주체가 된다고 지적한다(권영성 1981, 34). 예를 들면, 인간의 "생명이 생식(生殖)의 순간부터 시작"됨을 고려한다면 태아도 인간으로서의 존엄과 가치의 주체가 될 수 있으며, 신체적·지적 장애인과 심지어 식물인간도 "인간으로서의 고유가치를 부인하거나 생존할 가치가 없는 것"으로 간주해서는 안 된다고 강조한다(권영성 1981, 34). 이러한 주장을 받아들인다면 따라서 인간존엄의 주체를 논의하면서 "생존할 가치"를 지닌, 즉 생명을 부지하고 있는 모든 인간을 염두하고 있는 것이라면, 돌봄이야말로 인간의 생명을 유지시키는 실천 그 자체라고 할 수 있다. 누구도 돌봄 없이 생명을 부지하거나 다음 단계의 성장으로 이어갈 수 없다는 인간 모두의 보편적 사실 그 자체로 생물학적 생명에 인격성을 부여할 수 있는 누군가의 돌봄을 전제하는 것이다. 인격성을 발현토록 해주는 돌봄이 선재함을 전제해야 "잠재적인 인격성"이 논리적으로 보다 명확해질 수 있다. 헌법학자들이 주체가 존엄을 의식하는지의 여부나 존엄을 지킬 수 있는 여부가 아니라, 단지 "생명이 존재하는 곳에 존엄이 따른다"고 설명하며 "인간의 생명 → 인간의 존엄 → 개별기본권"의 논리 순서로 이야기함을 고려할 때(홍성방 1999, 78), 실제로 이는 돌봄 → 인간의 생명 → 인간의 존엄 → 개별기본권의 순서가 될 수 있다고 본다.

결국, 인간존엄이 국가구성의 원리이자 국가의 존재이유라고 한다면, 인간존엄을 구성하며 인간존엄 그 자체인 돌봄이야말로 국가구성의 원리이자 국가성립의 근거가 될 수 있다. 국가의 대의(大義)로 돌봄을 제시하는 것은 논리적으로 전혀 모순되지 않는다. 앞서 언급한 헌법재판소의 판시처럼 인간존엄이 생명권으로 기능할 수 있다면, 인간존엄은 돌봄받을 권리로도 기능할 수 있을 것이다. 즉, 인간존엄이 어디까지나 생명을 전제한 것이라면, 돌봄 없이는 생명을 유지·존속하는 것이 그 어떤 인간에게도 불가능하기 때문에, 돌봄받을 권리 역시 인간존엄에서 파생될 수 있다고 본다. 생명권은 '이 세상에서 무엇과도 바꿀 수 없는 존엄한 인간존재의 근원'이기 때문에 '헌법에 규정된 모든 기본권의 전제'라는 헌법재판소의 해석과 마찬가지로(헌재 1996. 11. 28. 95헌바1 결정), 돌봄을 받을 권리도 '이 세상에서 무엇과도 바꿀 수 없는 존엄한 인간존재의 근원'이기 때문에 '헌법에 규정된 모든 기본권의 전제'가 될 수 있을 것이다.

행복추구(자유)와 돌봄

헌법학계의 중론과 헌법재판소는 행복추구권을 자유권적 기본권의 성격으로 인정하고 있음을 앞서 살펴보았다. 행복추구권은 국민이 행복을 추구함에 있어 국가의 침해가 있어서는 안 된다는 의미에서 자유권으로 간주되며, 국민이 행복을 추구하기 위하여 필요한 급부를 국가에 대하여 적극적으로 요구할 수 있는 사회권으로 인정되지 않는다. 부연하면, 행복추구권은 행복을 추구하기 위한 일반적 행동의 자유를 보호하는 부재적(negative)[47] 권리로 해석되고 있다. 행복추구권 속에 일반적 행동의 자유권이 함축되어 있다면, 돌봄행위(실천)의 자유도 행복추구권 속에 함축되어 있다고 볼 수 있는가? 다시 말해, 돌볼 권리(돌봄을 할 권리 혹은 돌봄을 제공할 권리)도 일반적 행동의 자유권으로 인정될 수 있는가? 무리 없이 추정컨대, 돌봄은 일종의 행위(작위)이기 때문에, 돌볼 자유는 일반적 행동의 자유로 설명될 수 있으리라 기대할 수 있겠다.

그러나 돌볼 자유를 일반적 행동의 자유, 간섭이 없어야 한다는 부재적 성격의 자유권으로 이해하기에는 다음의 어려움이 존재한다. 첫째, 돌볼 자유는 여타 행동의 자유와 그 성격이 다르다. 앞서 살펴보았듯이, 인간존엄을 위해서 돌봄의 행위는 없어서는 안 되는(require not to be negative), 무엇보다 선결되며 인간에게 필수불가결한 것이다. 인간이 그 자체로 존엄하고 존귀한 존재로서 보호받기 위해서는 다른 누군가로부터 인간존엄이 긍정되는 선결적 실천이자 행위인 돌봄이 없어서는 안 된다. 돌봄은 반드시 있어야 하는 행위이다! 돌봄 없이는 한 인간의 생존도 일체의 인간존엄도 보장받지 못한다. 나의 생명과 삶의 가능성이 정지되지 않고 있다는 것은 누군가가 나를 긍정하는 행위, 즉 돌봄에 힘입었다는 사실을 반증한다. 따라서 인간의 생명은 누군가의 인간에 대한 긍정의 행위인 돌볼 권리를 통해서만이, 즉 누군가의 돌볼 자유가 보장될 때 비로소 보호될 수 있는 것이다.

하여 돌볼 자유는 헌법의 최고원리이자 구성원리인 인간존엄에 선결적이며 불가분의 관계이다. 인간존엄규정에서 생명권(생명에 대한 권리)이 파생되듯, 돌봄받을 권리(돌봄에 대한 권리) 역시 파생될 수 있다고 앞서 살펴보았다. 돌볼 자유가 인간존엄과 필연적으로 관련됨을 고려한다면, 인간존엄에서 역시 돌봄을 제공한 권리도 파생될 수 있다고 볼 수 있다. 이 점에서 '인간으로서의 존엄과 가치'는 인간의 실존과 관련되는 반면 '행복추구권'은 인간 삶의 행동영역에 관련되기 때문에, 이 둘을 구별하는 것이 필요하다는 김선택(1993, 154)의 주장은 돌봄의 경우에 해당되지 않는다. 김선택(1993, 154)에 따르면, "인간으로서의 존엄과 가치는 자기보존"에, "행복추구권은 자기발현"에 "각각 상응"하기 때문에, "인격자의 정태적 존재양상을 보호"하는 인간존엄과 "그의 동태적 행동양식을 보호"하는 행복추구는 서로 구별되어야 한다고 주장한다. 그러나 돌볼 자유의 경우, 이는 인격자의 "동태적 행동양식"임과 동시에 그의 "정태적 존재양상"과 필연적으로 관련된다. 이는 누군가의 돌봄행위가 없다면 누군가의 삶이 유지·존속될 수 없기 때문이다.

둘째, 앞 장에서 언급했듯이, 돌봄행위는 그 자체로 불평등과 부정의에 밀착되어 있다. 돌봄불평등은 돌봄관계 안과 밖에 내재해 있는 불평등이다. 이는 돌봄제공자가 취약한 의존인의 필요를 우선하게 됨으로써 감내하게 되는 불평등뿐만 아니라 돌봄관계에서 필요로 하는 자원 및 돌봄제공자의 필요를 위한 자원을 공급받기 위해 돌봄관계 밖에서 이를 조달하는 조달자와의 관계에서 파생된 돌봄제공자의 열위적 지위와 관련된 불평등을 의미한다. 나아가, 이러한 돌봄부정의는 일종의 구조화된 돌봄불평등이라 할 수 있는데, 이는 착취, 주변화, 무력함 등의 양상을 포함한다. 이러한 돌봄의 구조적 부정의는 누적된 긴 시간 조금씩 그러나 차곡차곡 일정한 패턴을 향해 작용된 결과로, 그 피해자와 가해자를 개인수준에서 일대일로 대응시키기란 사실상 불가능하기 때문에, 피해는 여성, 아동, 장애인, 노인 등 특정한 집단에서 일정하게 발생하지만 피해와 가해의 직접적인 인과성을 규명하기가 어렵고 가해자를 특정하기가 불가능한 부정의의 영역이다. 따라서 만약 돌볼 자유를 국가의 간섭 혹은 침해의 금지라는 부재적(불간섭) 의미의 자유의 맥락에서 이해한다면, 돌봄제공자가 감내하게 되는 구조적 문제인 돌봄부정의를 돌봄제공자 개인 책임으로 환원하게 만든다. 하지만 돌봄의 문제에 있어, 개인 책임이 아닌 일을 개인에게 감당하도록 하는 국가의 방임은 그 자체로 인간존엄에 대한 훼손을 의미할 수 있다. 따라서 돌봄부정의는 개인 책임이라기보다 돌봄의 구조적 불평등을 방관하고 일조한 혹은 편승한 우리 모두의 공유된 책임, 즉 정치적 책임이라 할 수 있다(김희강 2018c, 2020b).

돌봄의 부정의를 정치적 책임으로 이해하는 입장에서 볼 때, 자유는 불간섭이라기보다 지배의 부재(비지배, non-domination)로 이해될 수 있다(Young 2000, 415-416). 이러한 시각에서 국가는 국민의 자유보호를 위해 중립적이라기보다 적극적으로 불의를 규정하고 시정해야 한다. 서두의 미혼모 사례에서 보이듯, 구조적 부정의를 겪는 돌봄제공자에게 국가의 '정의로운' 중립과 방임은 방관과 방치(放置)인 셈이다. 국가의 불간섭이 '부정의에 방치됨'과 동일시되는 돌봄 영역을 감안한다면, 돌봄은 불간섭 자유로 이해될 수 없는 지점을 담고 있다. 따라서 돌봄은 국가의 불간섭을 자유로 그래서 (행위의 자유인) 행복추구로 담아내지 못하는 인간과 정치공동체의 필수불가결한 원천을 제공하는 영역이라 할 수 있다.

정리하건대, 돌봄 자유는 일반적 행동의 자유로 생각될 수도 있겠으나, 이는 기본적인 헌법 체계상 자유권의 성격과 부합하지 않는다. 왜냐하면 돌볼 자유는 인간존엄으로부터 직접적으로 파생되며, 이에 대한 국가의 부작위는 돌봄제공자가 겪는 불평등과 부정의를 방임하고 결국 인간존엄을 훼손하는 것이기 때문이다. 관련하여 혹자는 돌볼 자유를 자신이 원하는 바를 적극적으로 성취하도록 하는 적극적 성격의 사회권으로 해석될 수 있음을 제안할 수 있겠다. 사회권적 기본권은 적극적으로 국가에 급부를 청구할 수 있는 권리이다. 그러나 이러한 입장에도 한계가 있다. 일반적으로 사회권은 그것을 규정하는 정도에 따라 국가의 성격(예를 들면, 사회복지국가)과 관련되며 또한 국가가 정책 및 재정형편 등에 따라 보장의 정도를 달리할 수 있는 권리이기 때문에, 자유권에 비해 사법적으로 약한 보장에 그친다. 반면 돌볼 권리는 그 자체로 인간존엄을 구성하며 인간존엄의 전제임으로 "인간의 생존본능과 존재목적에 바탕을 둔" 권리임이 명확하며, 이는 모든 "기본권의 전제"일 뿐만 아니라 "기본권 중의 기본권"으로 간주될 수 있다(헌재 1996. 11. 28. 95헌바1 결정). 그래서 이를 보장 정도가 약한 임의적인 사회권으로 여기는 것은 그 자체로 인간존엄의 가치를 절하하는 의미일 수 있다.

5 돌봄의 헌법적 위상

이 장은 「대한민국 헌법」의 근본규범이자 최고가치인 '인간으로서의 존엄과 가치' 및 '행복추구권'(제10조)에 비추어 돌봄의 위상을 정립하고자 하였다. 돌봄을 인간존엄의 가치로 위치시켰으며, 돌봄의 관점에서 행복추구권에 내포된 불간섭 자유의 한계를 지적하였다.

현행 헌법은 '돌봄'을 명시적으로 언급하고 있지 않다. 관련하여 국민의 사회보장 및 사회복지 증진이나 여성·노인·청소년·장애인의 복지 증진에 관한 국가의 의무를 언급한 조항이 존재한다.

그러나 이러한 조항도 포괄적 의미에서 돌봄을 지원하는 조항으로 보기는 어렵다. 예컨대, 「사회보장기본법」에서는 '돌봄'을 '사회서비스'의 일환 혹은 종류로 간주하면서 돌봄의 의미를 협소하게 한정하고 있다(제3조 제4항). 헌법의 '국가는 모성의 보호를 위하여 노력하여야 한다'고 적시한 제36조 제2항의 경우, 이때 모성의 보호와 지원이란 가임이 가능한 여성에 대한 지원으로 한정된다. 예컨대, 「모자보건법」에서 '모성'은 '임산부와 가임기 여성'으로 정의하고 있다(제2조 제2항).

필자는 돌봄을 헌법에 명문화해야 한다고 주장한다. 왜 명문화해야 하는가? 명문화해야 한다면, 어떻게 명문화해야 하는가? 이 질문에 답하는 것으로 결론을 갈음하고자 한다. 첫째, 돌봄을 헌법에 명문화함으로써 인간상과 돌봄의 의미를 재정립할 수 있다. 현재 헌법체계가 전제하는 자유주의적 인간상은 자유롭고 평등한 독립적인 인간을 상정한다. 하지만 이는 허상이다. 인간은 취약하고 의존적으로 태어났으며, 누군가의 손에서 상당 부분 돌봄을 받아야 하는 존재이다. 모든 인간은 돌봄에 힘입어야 비로소 자유롭고 평등한 인간으로 거듭나게 된다. 이를 인정하지 않은 자유주의적 인간상은 인간과 정치공동체에서 돌봄의 가치와 위상을 간과하는 인간관을 투영해왔다. 모든 인간이 피할 수 없는 의존이라는 실상이 반영된 인간상과 그에 걸맞는 가치를 헌법에 명시함으로써 정치공동체의 비뚤어진 좌표를 재정립할 수 있을 것이다.

둘째, 돌봄을 헌법에 명문화함으로써 불간섭 자유가 담아내지 못하는 인간존엄의 가치를 명시할 수 있다. 인간존엄이 불간섭 자유주의의 전유물이 아님을 상기한다면, 나아가 자유주의의 불간섭 자유가 인간존엄에 맞는 위상의 돌봄의 가치를 반영하지 못함을 상기한다면, 자유주의적 패러다임과는 별개로 돌봄의 가치를 헌법에 명기해야 한다. 나아가 이는 돌봄제공자가 구조적으로 감당하게 되는 돌봄불평등을 개인의 책임으로 탓하지 않고 우리 모두의 연대 책임으로 함께 시정해 나간다는 정치적 의지의 표현이기도 하다. 또한 이는 구조적 부정의 속에서 더 나빠질 미래에 대한 '두려움'을 품고 살아야 하는 정치공동체 구성원들의 고통을 정치공동체가 더는 외면하지 않을 것이며, 보다 더 정의로운 정치공동체를 함께 만들자는 정치적 결단의 표시이기도 하다. "헌법은 정치적 선언이다"(홍성방 1999, 62).

셋째, 돌봄을 헌법에 명문화해야 한다는 필자의 주장은 돌봄을 사회권의 일환으로 복속시키고자 함이 아니다. 실제로, 최근 개헌 논의 속에서 여성계는 사회보장의 일환으로 '돌봄을 받을 권리와 국가가 이를 보장할 의무'를 돌봄권 조항으로 신설할 필요가 있음을 주장하고 있다(한국여성단체연합 홈페이지). 최근 대통령발의 헌법개정안은 돌봄에 관해 명시하지 않았지만, '국민의 인간다운 생활을 할 권리' 조항에 '장애, 질병, 노령, 실업, 빈곤 등 사회적 위험으로부터 벗어나 … 사회보장을 받을 권리' 및 '임신, 출산, 양육과 관련하여 국가의 지원을 받을 권리'를 추가했으며, 어린이, 노인, 장애인의 권리보호와 존중을 위한 조항을 신설하고 있다(대한민국 청와대 홈페이지). 더불어, 최근 학계에서는 행복추구조항에 대해 불간섭 자유의 해석을 넘어 공적 행복이나 공화주의적 자유, 사회권적 해석의 필요성이 적극 제시되기도 한다(김희강 2006; 이재승 2008; 유은정 2016; 이영효 2017). 행복추구권을 자유권적 성격을 넘어 공공의 행복이나 사회권적 성격의 권리로 이해한다면 국가에 급부를 요구하는 권리로서 돌봄의 해석에 도움이 되리라고 기대할 수 있을 것이다. 그러나 이 장의 주장은 구체적인 돌봄권을 제안하거나 혹은 돌봄을 포함하는 사회권의 범위를 확장함을 제안하는 것에 비해 보다 더 근본적이다. 이 장은 헌법이 상정하는 인간상을 재정립할 것을 제안하고 돌봄이 인간존엄의 가치의 핵심에 있다고 본다. 그렇다면 돌봄받을 권리는 인간존엄과 등가하는 기본권으로 이해될 수 있으며, 돌볼 권리에는 국가의 작위가 반드시 있어야 함이다. 왜냐하면 돌봄은 인간존엄이며 돌봄이 자유 자체를 구성하기 때문이다.

넷째, 필자는 돌봄을 개인, 사회, 국가가 추구하고 수호해야 하는 가치로서 명문화해야 한다고 주장한다. 이는 기존의 헌법체계가 자유주의를 그 패러다임으로 해왔음을 비판적으로 인정함과 동시에 돌봄을, 일각에서 주장하듯, 단지 기본권 체계의 일부로 편입시키거나 사회보장의 목록을 확대하는 수준을 넘어 돌봄의 진가(眞價)에 맞는 위상을 찾아 헌법에 명기되어야 함을 의미한다. 이를 위해 국가가 책임지고 수호해야 할 가치로서 '돌봄'을 헌법 전문이나 특정 조항에 구체화할 수 있을 것이다. 예컨대, 헌법의 인간상을 의미하며 '모든, 돌봄에 힘입은, 사람'이라 적시할 수 있을 것이다. 혹은 헌법의 '제1장 총강'에서 개별 조항을 추가하여 '국가와 국민은 돌봄의 가치를 수호하기 위하여 노력하여야 한다'는 내용을 적시할 수 있을 것이다. 혹은 헌법의 '제2장 국민의 권리와 의무'에서 국민의 돌봄의무와 돌봄권을 구체화한 조항이 신설될 수 있을 것이다. 이렇듯 전문, 총강, 개별 기본권에서 돌봄을 언급함으로써 권리와 의무로서의 돌봄 논의가 보다 확장될 수 있으리라 기대한다.

마지막으로, 헌법은 성찰적 측면이 있다. 헌법에 인간존엄을 명문화한 것은 제2차 세계대전의 참상과 제노사이드에 대한 반성으로 인권, 즉 인간존엄을 명시화하고 권리를 강조한 역사적 성찰이 반영된 것이다. 돌봄의 명문화는 이러한 성찰적 측면이 있다. 이제껏 돌봄을 사적인 것으로 규정하거나 그렇게 봄으로써 우리 모두가 방치하고 편승했던 부정의에 대한 우리 모두의 성찰을 이제는 헌법에 반영해야 한다. 현재 한국은 세계 1위의 저출산 국가이다. 초저출산율은 돌봄의 책임이 국가적으로 인정받았음이 아니라 오히려 서두의 미혼모에게 엄습한 '두려움'의 부담이 되었다는 직접적인 증거이다. 이는 특정 성(주로 여성)에게 당연하고 자연스럽게 떠넘겨진 돌봄부담에 무임승차하며, 누구에게는 돌봄을 '두려움'으로 만들어 놓은 사회적 환경을 우리 모두가 조장·편승해왔음을 의미한다. 이러한 부정의에 대해 우리는 반성해야 하고 성찰해야 한다. 돌봄을 헌법에 명시함으로써, 국가는 그동안 돌봄을 개인 책임으로 경시·방조하고 해태해왔음을 치열하게 반성하는 계기로 삼고, 더 나은 국가에서 함께 살자는 새로운 의지를 공화국 헌법의 이정표로서 천명할 수 있을 것이다. 돌봄을 헌법에 명시하는 것은 돌봄부정의의 악순환을 끊는 선순환의 명시적 출발이자 강제적 출발이고, 새로운 가치와 보다 정의로운 가치를 지향하는 새로운 공화국으로 거듭남을 의미하게 될 것이다.

5장 ———————돌봄민주국가의 복지

일반적으로 기존의 복지국가 논의는 복지국가의 유형을 나누고, 이들을 비교하고, 그 중에서 어떤 것을 선택하는지에 대한 문제로 축소되었다. 자유주의적, 조합주의적 혹은 사회민주주의적 복지체제를 선택할 것인가? 보편적 혹은 선택적 복지를 선택할 것인가? 혹은 더 다양하고 더 세분화된 유형들 속에서 어떤 것을 선택할 것인가? 단순화하자면 기존 논의는 주로 선택의 문제였다. 이는 복지국가란 결국 규범적 고민이 배제된, 단지 전략적인 타협과 합의의 산물일 수밖에 없다는 비규범적 입장만을 복습한 것에 불과하다. 이러한 경향은 한국 학계에서도 재현되고 있다.

1 새롭고 더 나은 복지국가

최근 새로운 복지국가(new welfare state)에 대한 논의가 한창이다 (Esping-Andersen et al. 2002; Pierson 2007; Esping-Andersen 2009). 후기산업사회로 의 진입은 인구구조, 가족형태, 산업구조를 변화시켰고, 이는 인구 고령화, 출산율 하락, 돌봄위기, 산업고용률 하락, 임시직의 증대 같 은 소위 신사회적 위험을 초래했다. 기존 복지국가 논의로는 이러한 새로운 사회적 변화와 위험을 충분히 설명할 수 없음에,[48] 작금의 변 화에 보다 민감하게 대응하고 설명할 수 있는 새로운 복지국가에 대 한 갈망이 대두되는 것이다. 역설적이게도 아직 진정한 복지국가를 경험하지 못한 한국사회에서조차 새로운 복지국가에 대한 논의는 현재 활발히 진행 중이다(김영란 2008; 윤홍식 2011; 김교성 2013; 김병섭 외 2015).

그렇다면 새로운 복지국가는 어떠한 모습일까? 보다 원론적으 로, 새롭고 더 나은 복지국가는 어떤 모습이어야 하는가?[49] 이 장은 이 질문에 답하고자 하며 그 답으로 '돌봄민주국가(caring democratic state)'를 제안한다. 돌봄민주국가란 돌봄에 기초한 가치와 규범(즉 돌봄윤리, 2장에서는 이를 케어리즘으로 소개했다)을 주요한 사회운영의 원리로 상정하는 국가이다. 앞서 3장에서 살펴보았듯이, 돌봄의 '민주적' 특성에 주목하여 필자는 이를 돌봄민주국가로 명명하고자 한다. 이 장의 목적은 돌봄의 정치이론인 돌봄윤리를 소개하고 이에 기초한 돌봄민주국가의 몇몇 특징을 밝히는 데 있다.[50] 이 장에서는 보다 제한적으로 돌봄민주국가가 제시하는 복지를 기존 복지국가의 복지와 비교하여 그 내용과 특징을 밝히고자 한다. 이를 통해 이 장의 논의가 기존 복지국가의 한계를 뛰어 넘어 한국사회의 새롭고 더 나은 복지국가 담론에 기여하기를 기대한다.

이 장은 다음과 같이 진행된다. 우선 돌봄민주국가의 규범적 원리인 돌봄윤리에 대해서 살펴본다. 이를 통해 돌봄민주국가의 몇몇 특징을 명시화할 것이다. 특히 돌봄민주국의 복지와 기존 복지국가의 복지 간의 차이를 세 가지 지점 ─ (1) 의존의 보편성과 돌봄필요에 기초한 복지, (2) 돌봄관계에 기초한 복지, (3) 돌봄의 공공윤리에 기초한 복지 ─ 을 중심으로 전개한다. 마지막으로 이 장에서 제시하는 돌봄민주국가가 한국사회의 새롭고 더 나은 복지국가 담론에 던지는 함의를 제언하고자 한다.

2 돌봄민주국가의 운영원리

돌봄민주국가는 돌봄의 가치와 규범에 기초한 이론인 돌봄윤리를 주요한 운영원리로 상정하는 국가이다. 돌봄윤리는 1980년대 일군의 여성주의 학자들에 의해 처음 제시되었다(Ruddick 1980; Gilligan

1982; Noddings 1984). 그 정초로 언급되는 것이 심리학자 길리건(Carol Gilligan)의 영향력 있는 저서 『다른 목소리로(In a Different Voice)』(1982)이다. 이 책에서 길리건은 여학생들을 대상으로 한 실험을 근거로, 여학생들은 전통적인 윤리 가치인 권리(rights)와 규율(rules) 같은 정의에 덜 반응하지만, 대신에 관계(relationships)와 책임(responsibility)을 강조하는 돌봄 가치에 보다 반응하였다고 지적한다. 정의를 윤리의 기준으로 놓고 실험한다면 여학생은 남학생보다 윤리성이 떨어지는 결과가 나오게 되지만, 그 이유는 여성이 남성보다 윤리성이 떨어져서가 아니며 단지 남성과 여성의 윤리적 가치 기준이 다르기 때문이라고 강조한다. 남성과 여성은 서로 다른 윤리의 목소리를 갖는다는 것, 즉 남성은 정의에 기초한 윤리관을 여성은 돌봄에 기초한 윤리관을 갖는다는 것이 길리건 주장의 핵심이다.

길리건의 주장은 기존의 윤리체계가 간과해 온 돌봄이라는 가치를 강조하고 있다는 점에서 학계의 많은 주목을 받았다. 그러나 돌봄윤리의 적용이 개인적 수준으로 한정되었다는 점, 그것의 특징이 여성적(feminine) 속성으로 제한된다는 점에서 동시에 비판의 대상이 되었다. 하지만 이후 진행된 논의를 통해서 돌봄윤리는 개인적 차원을 넘어 공적 함의를 갖는 정치이론으로, 여성적 윤리를 넘어 인간 보편의 윤리로 확장·발전되고 있다. 현재 돌봄윤리는 심리학 및 철학·윤리학 분야에 제한되지 않고, 다양한 사회정치적 이슈를 설명하고 분석할 수 있는 규범적 이론 틀로서 제시되고 있다(Held 1993; Tronto 1993; Sevenhuijsen 1998; Robinson 1999; Kittay 1999). 최근에는 교육, 사회정책, 국제정치, 인간안보, 민주주의, 불평등, 문화, 경영·경제의 영역으로까지 확대·적용되어 논의가 진행되고 있다(Noddings 2002a; Held 2006; Robinson 2011; Tronto 2013; Engster 2007; Hamington and Sander-Staudt,

2011).[51]

잉스터와 해밍턴(Daniel Engster and Maurice Hamington)은 돌봄윤리를 롤즈의 자유주의, 자유지상주의, 운평등주의(luck egalitarianism), 가능성 접근(capabilities approach) 혹은 공동체주의 같은 여느 규범적 정치이론에 버금갈 정도의 이론적 완성도를 갖췄다고 평가한다(Engster and Hamington 2015, 6). 필자의 입장과 이 장의 논지도 이들의 평가와 맥을 같이 한다. 돌봄윤리는 그 역사가 상대적으로 짧다 할 수 있겠으나, 이론 및 실천의 잠재력과 함의는 여느 규범적 정치이론보다 지대하다.[52] 무엇보다도 기존 정치이론의 한계를 뛰어넘을 뿐만 아니라 작금의 신사회적 위험을 보다 적절히 설명할 수 있는 대안 논의로 돌봄윤리는 손색없음이다.[53] 따라서 본서 2장에서 지적하고 있듯이, 돌봄윤리는 케어리즘(Carism)이라는 새로운 대안적 정치이론으로 대우받기에 충분하다.

여타 정치이론도 마찬가지이겠지만, 돌봄윤리를 한마디로 정의하기는 쉽지 않다. 그럼에도 불구하고 다음의 지점은 돌봄윤리의 내용과 특징을 공통적으로 구성한다.[54]

의존의 보편성과 돌봄필요

돌봄윤리는 인간의 의존성을 전제한다. 태어난 후, 고령으로 죽음을 맞기 전, 장애가 있을 때, 아플 때, 모든 인간은 예외 없이 의존적이다. 누군가의 돌봄을 받아 생을 이어왔으며, 이 과정에서 누군가의 돌봄에 전적으로 의존했었다. 현재도 인간은 누군가의 돌봄에 생을 의존하는 삶을 살고 있다. 다시 말해, 의존의 시기에 누군가의 돌봄을 받지 않는다면, 인간은 생존하거나 성장할 수 없다. 이것은 부인할 수 없는 사실이다. 모든 인간은 죽는다는 명제가 언제나 참인 것처럼, 살아있는 인간의 의존성도 인간 존재에 내재된 부인할 수 없는 사실이다. 이것이 '인간의존의 사실(fact of human dependency)'이다(Kittay 1999; Fineman 2001).

따라서 돌봄윤리의 관점에서 의존이라는 것은 부정적인 것이 아니며 벗어나거나 극복해야 하는 과제가 아니다. 누구에게나 예외 없는 존재론적 사실이다. 물론 의존의 범위와 강도는 사람마다 다를 수 있다. 태어나면서부터 심각한 장애로 평생 동안 의존적인 삶을 사는 사람이 있는 반면, 태어난 후와 죽기 전의 기간을 제외한다면 대체로 비의존적인(독립적인) 삶을 지내는 사람도 있다. 그러나 우리 모두에게 의존의 시기가 있다는 것은 누구도 부인할 수 없는 사실이며, 인간은 결국 의존적이라는 사실은 의존을 보편적인 것, 당연한 것, 자연스러운 것, 정상적인 것으로 만든다. 그 결과 돌봄윤리는 의존이라는 낙인으로 인한 차별, 배제, 혐오를 비판한다. 신생아의 의존이 정상적인 것이듯, 중증 장애인의 의존도 정상적인 것이다. 우리 모두가 예외 없이 영유아의 의존 기간을 겪었듯, 누군가는 같은 의존을 좀 더 길게 경험할 뿐이다. 장애는 그 자체로 우연적인 것이겠지만, 장애를 만드는 것, 즉 장애를 장애로 보게 만드는 것은 결국 사회라고 지적한다(Kittay 1999, 72-110; Fineman 2001, 23-30).

그 결과 '인간의존의 사실'에서 볼 때, 자유주의에서 전제하는 비의존적이고 자율적이며 자립적인 인간은 단지 허구이며 가식이다(Kittay 2001b; Fineman 2004, 7-30). 스스로를 속이는 자기기만이다. 인간은 홉스가 상정하듯 자연상태(state of nature)에서 버섯처럼 솟아나지 않는다. 버섯처럼 솟아난 개인들이 상호교환과 계약으로 시장을 만들고, 이들이 뜻을 모아 정부를 창조하는 것이 아니다. 이러한 시장과 정부를 신봉한다면, 허구 속에서 만들어진 제도와 조직에서 삶을 살고 있는 것이다(Kittay 2007). 자유주의적 허구 속에서 의존의 보편성은 쉽게 무시되며, 의존은 쉽게 경멸과 혐오의 대상이 된다. 자유주의적 허구는 의존에 따른 돌봄필요를 가차 없이 천대한다(Fineman 2004, 31-54).

돌봄윤리의 관점에서 의존이 보편적인 것, 당연한 것, 자연스러운 것, 정상적인 것이듯, 돌봄을 받는다는 것도 보편적인 것, 당연한 것, 자연스러운 것, 정상적인 것이다. 의존적인 인간은 돌봄을 필요로 한다. 누구로부터건 (어머니건, 간호사건, 먼 친척이건, 유모건) 내가 돌봄을 받지 못했다면, 나는 생존하지도 성장하지도 못했을 것이며 나의 정체성의 일부도 구성되지 않았을 것이다. 따라서 모든 인간이 돌봄의존적이라는 사실은, 돌봄을 제공해야 하는 윤리적 책임을 담보한다. 의존의 시기에 돌봄을 받지 못한다면, 의존인(dependents)은 생존하고 성장하지 못한다. 취약한 의존인에게 돌봄을 제공해야 하는 외면할 수 없는 윤리적인 책임, 그것이 바로 돌봄윤리이다. 돌봄윤리는 인간의 돌봄의존성(care dependency)과 이에 따른 취약성(vulnerability)에서 비롯된다(Kittay 1999, 111-148; Engster 2007, 51-120).

돌봄윤리는 인간의 의존성과 취약성은 두 단계로 나눈다. 첫째, 의존인의 의존성이다. 이때의 의존은 불가피한 의존(inevitable dependency)이다. 우리 모두는 생애주기에 따라 (또한 장애와 질병으로 인해) 의존을 경험한다. 피할 수 있는 것이 아니다. 의존인의 피할 수 없는 의존으로 인해 누군가에게 돌봄을 제공해야 하는 피할 수 없는 윤리적 책임이 발생한다. 의존인의 의존성과 이에 따른 취약성으로 말미암아 의존인을 돌봐야하는 윤리적 책임이 돌봄제공자에게 부과된다. 의존인과 돌봄제공자의 관계는 1차 돌봄관계를 구성한다(Kittay 1999, 81-110; Fineman 2004, 34-37).

둘째, 돌봄제공자의 의존성이다. 이때의 의존은 돌봄을 제공함에 수반되는 파생된 의존(derived dependency)이다. 돌봄제공자는 의존인에게 돌봄을 제공함으로써 사회경제적으로 취약해진다. 이는 어떤 개인적 특질(속성)에 기인하는 의존(불가피한 의존)이 아니라 사회구조에 기인하는 의존이다. 이러한 돌봄제공자의 취약성으로 말미암아 돌봄제공자를 돌봐야하는 윤리적인 책임이 조달자(provider)에게 부과된다. 조달자는 1차 돌봄관계 밖에 있는 제3자이다. 조달자의 돌봄윤리는 취약한 돌봄제공자에게 자원을 조달하는 책임이지만, 보다 넓게는 돌봄제공자를 돌봄으로써 1차 돌봄관계 전체를 돌보는 사회적 책임으로 이해된다. 돌봄제공자가 의존인에게 좋은 돌봄을 제공하기 위해, 그리고 의존인이 돌봄제공자에게 좋은 돌봄을 제공받기 위해, 조달자에게는 돌봄윤리를 이행하여 1차 돌봄관계가 유지·보호될 수 있는 조건을 조성할 것을 요구한다. 돌봄제공자와 조달자의 관계는 2차 돌봄관계를 구성한다(Kittay 1999, 81-110; Fineman 2004, 34-37).

결과적으로, 돌봄윤리에서 돌봄은 의존과 필연적으로 관련된다. 의존인을 돌봐야하는 윤리적인 책임은 불가피한 의존인뿐만 아니라 의존인을 돌보는 돌봄제공자인 파생된 의존인에게도 해당된다. 인간의존의 보편성과 취약한 의존인을 돌봐야하는 윤리적인 책임이 돌봄윤리의 근간을 형성하는 것이다.

돌봄관계의 우선성

돌봄윤리의 입장에서 돌봄을 주고받는 관계인 돌봄관계는 인간의 삶에서 가장 본질적인 것이다. 의존적인 인간은 돌봄을 받아야 하며, 의존인을 돌봐야하는 책임은 특정 개인이나 특정 성(sex)에 국

한된 것이 아니라 인간의 보편적인 윤리적 책임이다. 돌봄관계 없이
는 어떤 개인도, 어떤 사회도 존속하고 성장할 수 없다. 돌봄관계 없
이는 시장적 관계도, 정치적 관계도, 관료제적 관계도 존재할 수 없
다. 따라서 돌봄윤리에서는 돌봄관계가 사회의 어떤 제도와 관계보
다 근본이 되며 우선시된다(Fineman 2004, 47-48; Held 2006, 206-236; Tronto
2015b).

　　그러나 사회를 자유롭고 평등하며 비의존적(independent)이고 생
산적인(productive) 개인들의 결사체로 상정하는 자유주의 이론 틀에
서는 이러한 돌봄관계를 논의할 여지가 없음이다.[55] 무엇보다도 돌
봄윤리가 강조하는 자유주의의 문제점은, 이제껏 누군가에 의해 돌
봄이 제공되고 있었다는 사실을 외면한다는 점이다. 지금 우리가 존
재하고 작금의 사회가 존속되고 있음이, 누군가가 돌봄을 제공해
왔다는 사실을 입증한다. 누군가는 돌봄책임을 담당해왔으며 그래
서 돌봄관계는 지속되고 있다. 하지만 자유주의가 전제하듯, 자유
롭고 평등하며 비의존적이고 생산적인 개인을 상정하며 누군가가
돌봄을 제공하고 있다는 사실을 간과한다면, 따라서 결과적으로 우
리 모두가 받은 돌봄수혜 사실에 눈을 감는다면, 이는 사실을 왜곡
하는 것이다. 왜곡하는 것이기에 우리의 과거와 현재를 부정하는 것
이다. 이는 시장제도의 신성성과 정부의 정당성이라는 미명아래 누
군가의 희생을 당연시하고, 누군가의 희생에 안주하며, 누군가의
희생을 착취하고 있는 것이다.

　　이 점에서 트론토(Joan C. Tronto)는 "특권적 무책임(privileged irresponsibility)"
에 대해 비판한다(Tronto 1993, 146-147; 2013, 206-210). 누군가가 돌봄을
제공하고 있다는 사실을 간과한 사회구조에서는 돌봄을 제공하는
사람이 사회경제적인 차별과 불이익을 경험하는 반면, 반대로 돌봄

을 제공하지 않는 사람이 오히려 사회경제적인 특혜와 이득을 보게 된다. 모든 사람은 돌봄을 받았음에도 불구하고 (즉, 모든 사람은 누군 가의 돌봄에 의존하였음에도 불구하고), 역설적이게도 돌봄책임을 회피 하는 사람, 트론토의 또 다른 표현으로, 돌봄책임의 "무임승차자 (passes)"가 특권을 누리게 된다는 것이다(Tronto 2013, 315-327). 이러한 사회구조에서는 진정한 평등도 진정한 민주주의도 불가능하다고 보았다.

돌봄윤리의 입장에서 볼 때, 공동체주의도 돌봄관계를 충분히 반영하지 못하고 있다. 공동체주의에서 강조하는 가족의 역할과 가 치를 언급해보자. 공동체주의의 가족은 돌봄관계와 상당히 부합해 보일 수 있다. 전형적인 가족의 모습은 생계부양자인 아버지와 양육 자인 어머니, 그리고 자녀들로 구성된다. 어머니는 돌봄제공자로서 자녀들을 돌보고, 아버지는 조달자로서 어머니에게 사회·경제적 인 지원을 한다. 1차 돌봄관계와 2차 돌봄관계의 전형을 보고 있는 듯하다. 하지만 이러한 가족은 돌봄윤리의 입장에서 볼 때 한계가 있다. 무엇보다도 돌봄제공자인 어머니의 파생된 의존성과 이에 따 른 돌봄필요를 인정하지 않고 있다. 가족 내에서 어머니는 조달자인 아버지에 사회경제적으로 의존적이며, 아버지와의 불평등한 권력 관계에서 학대와 폭력에 취약하게 된다. 또한 보다 근본적으로 시장 중심의 자본주의 사회에서 일을 갖고 수입을 얻지 못하기 때문에, 즉 사회경제구조상 자율적이고 비의존적이며 생산적인 개인으로 역할을 할 수 없기 때문에, 가정에서 돌봄을 제공하는 어머니의 위 상은 매우 초라해진다. 가부장적인 자본주의 사회에서 돌봄제공자 는 주로 여성의 몫으로 전담되며, 여성의 의존성은 작금의 사회경 제구조 아래에서 빈곤, 폭력, 배제, 학대에 취약한 조건으로 작동하게 된다(Kittay 2001c, 537-541).

돌봄윤리 학자들은 돌봄관계 속에서 인간됨(personhood)의 의미를 재설정한다(Held 2006, 44-57). 인간을 인간답게 만드는 것은 다름 아닌 돌봄관계이며, 인간됨의 의미는 돌봄관계에 위치할 수 있는지에 달려 있다고 보았다. 타인과의 돌봄관계 없이 우리는 인간다운 인간이 될 수 없다. 말을 할 수 없고, 이성적인 사고를 할 수 없고, 몸을 자유롭게 쓸 수 없고, 시장에서 원하는 생산적인 일을 할 수 없는 장애인도 인간이기에 부족함이 없다. 자신이 사랑받고 있음을 온 몸으로 느끼며, 눈빛 하나로 손끝의 움직임으로 돌봄관계 속에 있는 한, 장애인도 우리와 다름없는 인간이다. 심한 장애를 지녀 근육 하나 쓸 수 없는 사람일지라도, 엄마의 목소리 혹은 아름다운 음악소리에 미미한 느낌을 받으며 누군가의 돌봄을 받고 있는 돌봄관계에 있다면, 그것이 바로 인간됨을 만드는 것이라고 지적한다(Kittay 2001b, 562-565). 이는 인간됨의 의미를 비의존적이고 자율적이며 생산적인 가치에서 찾는 자유주의와는 다른 것이다. 돌봄윤리에서 정의하는 인간됨의 의미는 정치공동체의 구성원인 시민(권) 개념과도 직접적으로 관련된다(Knijn and Kremer 1997; Tronto 2001). 정치공동체에서 원하고 기대하는 시민 상(象)은 시장이 요구하는 합리적이고 자기이해에 충실한 상인(商人)이 아니라, 타인의 돌봄필요에 민감하게 반응하며 돌봄책임을 외면하지 않는 돌봄인이다.

돌봄의 공공윤리

돌봄윤리는 공사관계의 구분을 배격한다. 돌봄필요를 제공하는 윤리적 책임은 사적 영역이나 개인 간의 관계에 국한되지 않고 공적 영역으로 확장된다. 돌봄에 대한 사회적·공적 책임, 즉 돌봄의

공공윤리가 바로 정의의 원칙이다.[56]

돌봄의 공공윤리를 잘 드러내는 개념이 커테이(Eva Feder Kittay)가 제시한 둘리아(*doulia*)이다(Kittay 1999, 67-71). 커테이는 그리스 시대 산모가 아이를 돌볼 때 그 산모를 돌보는 책임을 칭하는 둘리아 개념을 차용하였다. 산모가 아이를 돌보듯, 둘라(*doula*)라고 불리는 산모 도우미는 아이를 돌보는 산모를 돌보았다. 둘라의 역할은 매우 중요하다. 둘라는 아이를 직접 돌보는 것이 아니라 산모를 돌봄으로써 산모가 아이를 잘 돌볼 수 있는, 그래서 아이가 산모로부터 좋은 돌봄을 잘 받을 수 있는 조건을 마련한다. 우리 모두가 생존하고 성장하기 위해서 돌봄이 필요했듯이, 우리 모두는 다른 이들도 생존하고 성장하기 위해 돌봄을 주고받을 수 있는 조건을 제공해야 한다는 것이다. 다시 말해, 우리 모두가 예외 없이 어느 엄마의 아이(some mother's child)인 이상, 우리 모두에게는 우리 모두가 돌봄을 받을 수 있고 돌봄을 줄 수 있는 조건을 만들 사회적·공적 윤리의 책임이 있다고 강조한다.

돌봄윤리 학자들은 돌봄의 공공윤리를 다음의 이유로 중시한다. 왜냐하면 첫째, 우리 모두는 의존적이며 돌봄의 필요가 있다는 사실을 인정하기 때문이다. 둘째, 의존인을 보살펴야 하는 책임이 돌봄제공자에게 부과된다는 사실을 인정하기 때문이다. 셋째, 돌봄을 제공함으로써 의존적인 지위로 진입하게 되는 파생된 의존인(즉 돌봄제공자)에게 돌봄을 제공해야 하는 윤리적 책임이 사회구성원 모두와 정부에 있음을 인정하기 때문이다(Kittay 1999, 238-239; Engster 2007, 74-120).

그 결과 돌봄의 공공윤리는 자유주의가 전제하는, 자유로운 개인 사이의 계약 관계인 쌍무적 호혜성 개념에서 벗어난다. 이는 상호 주고받는 관계 속에서 권리와 의무가 생성되는 논의가 아니다. 내가 어렸을 때는 어머니로부터 돌봄을 받고, 후에 어머니가 노인이 되고 성인이 된 내가 돌봄을 제공하는 관계가 아니다. 돌봄관계에서 호혜성은 반드시 쌍무적이지 않다. 내가 받은 것보다 더 많은 양의 돌봄을 주기도 하며, 누구는 평생 돌봄을 받는 위치에 있을 수 있다. 또한 쌍무적 호혜성 개념으로는 조달자(제3자)의 돌봄책임을 설명할 수 없다. 돌봄의 공공윤리에서 요구하는 것은 양자관계를 넘어서는 "배태된 의존성(nested dependency)"에 기초한 확장된 호혜성 개념이다 (Kittay 1999, 132). 이는 둘리아 방식의 호혜성 개념이다. 모든 사람은 예외 없이 돌봄을 받았다. 지금도 받고 있으며 앞으로도 받을 것이다. 모든 사람은 돌봄을 받는다는 사실에서 돌봄필요를 제공하고 돌봄관계를 보살펴야 하는 사회적·공적 책임이 도출된다.

따라서 돌봄윤리는 사적윤리를 넘는 공공윤리이며, 더 나아가 정의로운 사회의 규범적 기초이다. 돌봄의 공공윤리는 법, 제도, 사회구조와 정책이 어떻게 구성되어야 하는지에 대한 기준을 정하는 정의의 원칙이다. 무엇보다도 이는 사회체계의 모든 부문과 제도가 보편적인 가치인 돌봄을 근간으로 전면적으로 재편되어야 함을 의미한다. 물론 돌봄의 공공윤리는 돌봄의 제도화(혹은 공식화)와 직접적으로 연관된다. 그러나 이는 단지 돌봄의 제도화에 한정되지 않는다. 오히려 돌봄의 공공윤리에서 강조하는 바는, 돌봄의 제도화 여부를 뛰어넘어 돌봄이 개인과 사회에 필수적인 가치이며 이러한 가치를 제대로 인정하는 것이 사회구성원 모두와 정부의 책임이라는 점이다.[57]

이하 논의에서는 이러한 돌봄윤리를 규범적 원리로 삼는 돌봄민주국가의 복지를 다음의 세 가지 지점 — 의존의 보편성과 돌봄필요, 돌봄관계, 돌봄의 공공윤리 — 을 중심으로 살펴보고, 이러한 돌봄민주국가의 복지를 기존 복지국가의 복지와 비교하여 설명해보고자 한다.

3 돌봄민주국가의 복지: 의존의 보편성과 돌봄필요에 기초한 복지

돌봄민주국가는 인간의존을 보편적인 것으로 여긴다. 취약한 의존인에게 돌봄필요를 제공하는 윤리적인 책임인 돌봄윤리가 돌봄민주국가의 근간을 형성한다. 따라서 돌봄민주국가에서 복지란 인간의존의 취약성에서 발생한 돌봄필요를 제공해야 하는 윤리적인 책임으로 이해할 수 있다(Goodin 1985, 145-153). 이 경우 돌봄윤리가 고려해야 하는 것은 두 가지 의존 — 불가피한 의존과 파생된 의존 — 모두가 해당된다. 불가피한 의존인의 돌봄필요뿐만 아니라 파생된 의존인인 돌봄제공자의 돌봄필요도 고려대상이다. 불가피한 의존인을 돌봐야하는 책임이 돌봄제공자에게 부과된 것이라면, 돌봄민주국가의 복지가 더 주목하는 것은 돌봄제공자를 돌봐야하는 책임이다. 이 점에서 기존 복지국가와의 차이가 여실히 드러난다.

기존 복지국가 정책과 담론은 돌봄제공자의 의존을 간과하거나 심지어 멸시해 왔다. 대표적인 사례가 '복지의존' 개념이 담고 있는 부정적인 함의이다. 1990년대 미국과 서구 유럽에서 진행된 복지개혁은 노동 중심적 복지, 일을 위한 복지, 노동연계 복지를 강조하며 개인책임의 논리 속에서 사회복지의 민영화를 추구하였다. 이러한 맥락에서 복지수혜자는 복지의존자로 낙인 지어졌다. 복지수혜를 받는 주로 배우자 없이 자녀를 양육하는 싱글맘들에게 '복지엄마(welfare mom)' 혹은 '복지여왕(welfare queen)'이라는 조롱조의 딱지가 따라 다녔다. 이들은 노동 없이 단지 납세자의 세금을 축내는 국가의 부담일 뿐이었다. 이들은 게으르고 생산적이지 못할 뿐만 아니라 비도덕적이고 병리적으로 문제 있음으로 묘사되었다(Hirschman and Liebert 2001, 5; Fineman 2001, 23). 결국 이들은 개인적인 부도덕과 부정의로 인해 사회전체에 부정적인 영향을 끼치는 존재로 인식되었다.

복지국가 논의가 활발한 한국 학계에서도 복지의존에 대한 부정적인 함의에는 예외가 없어 보인다. 예컨대, 김태성·성경륭의 『복지국가론』은 1998년 초판 이후 개정을 거쳐 현재까지도 자주 인용되는 복지국가에 관한 대표적인 교과서이다. 그러나 이 책은 '의존성'이라는 소제목의 세션에서 복지의존에 대한 내용만을 제한적으로 기술하고 있을 뿐이다. "스스로 자립할 수 있는데도 불구하고 프로그램에 의존하여 살아가려고 하는 의존성"을 지닌 "도덕성이 훼손된" 복지수혜자에 대한 비판의 논의만을 소개하고 있다(김태성·성경륭 2014, 310-317).

이와 관련되어 프레이저와 골든(Nancy Fraser and Linda Gordon)의 연구는 '의존'의 의미가 어떻게 변해왔는지의 계보를 흥미롭게 보여준다(Fraser and Gordon 2002). 후기산업사회인 현재 '복지의존'이 어떻게 부정적인 개념이 되었는지 그 맥락을 설명해준다. 프레이저와 골든에 따르면, 산업사회 이전의 의존이란 사회정치적 위계질서에 대한 종속으로 왕과 귀족을 제외한 대다수 사람들에게 자연스럽게 범용되었다. 경제는 사회정치에 종속되는 부수적인 것이었기 때문에, 사회정치적 지위가 낮고 충분히 부유하지 않아 노동의 대가로 돈을 벌어야하는 임금노동자의 경우 의존적이라고 인식되었다. 이때 의존이란 도덕적 해이와 무관한 개념으로 이해되었다. 그러나 산업화와 후기산업사회를 거치면서 의존의 의미는 크게 달라진다. 사회정치적 위계질서가 사라지고 자본주의가 공고화된 후기산업사회에서 임금노동자에 대한 평가에 규범성이 가미되게 된다. 자신의 노동으로 돈을 벌지 않는, 즉 정부지원을 받는 사람들은 모두 의존적이라 간주되었다. 특히 싱글맘은 복지수혜의 대표적인 단골로 등장하였고, 이들의 복지의존은 심지어 개인의 병적 장애와 등치되었다고 프레이저와 골든은 지적한다. 예를 들어, 약물의존, 알코올의존과 유사한 차원에서 복지의존이 병리적으로 다뤄지거나 정신의학적으로 의존적 개인의 인격장애(dependent personality disorder)로 인식되기도 하였다. 자신 스스로 돈을 벌지 않고 타인의 자선이나 정부지원에 의존하는 것을 개인의 병적·행동적 장애로 보게 되고, 이러한 장애가 젠더와 인종과 결부된다는 선입견도 가세했다고 언급한다.

하지만 돌봄윤리의 관점에서 의존을 부인하고 낙인찍고 배척하는 기존 복지국가의 정책과 담론은 잘못된 것이다. 이러한 잘못이 가능하게 된 것은 기존 복지논의가 '비의존'이라는 도덕적 인간상의 왜곡된 '신화'를 전제하고 있기 때문이다(Fineman 2004). '비의존의 신화'는 자율적이며 자립하고 생산하고 노동하는 인간을 도덕적 인간의 전형으로 여긴다. 이는 의존이 피할 수 없는 인간조건의 사실이라는 점을 부인한다. 의존은 자기절제의 부족, 미약함, 게으름을 의미할 뿐이다. '비의존의 신화' 아래에서 정부지원(복지수혜)을 받는다는 것은 자신의 의존성을 증명하는 결과로 해석된다. 그러나 돌봄민주국가의 복지에서 볼 때, '비의존의 신화'는 인간의 의존성, 돌봄 필요, 그리고 소위 자유롭고 도덕적인 인간을 위해 누군가는 돌봄을 제공해왔다는 사실을 오히려 간과하고 억압하고 있는 것이다.[58] 이는 돌봄제공자의 돌봄필요를 간과하고 부인하는 복지일 뿐만 아니라, 도덕적 인간은 비의존적이라는 뒤틀린 '신화'를 생산하고 전파하는 복지이다.

국가가 제공하는 복지지원은 국가의 시혜가 아니라 국가에 대한 시민의 권리라는 점을 강조하는 마샬(T. H. Marshall)의 주장은 복지의존의 부정적인 함의를 희석시킬 여지가 있어 보인다(Marshall 1981[1969]). 마샬의 논의는 복지를 권리의 주체자인 시민이 국가에 대해 정당히 요구할 수 있는 사회권(social rights), 즉 복지권(welfare rights)으로 접근하고 있다는 점에서 주목받았다. 그러나 이하의 마샬의 언급을 고려해 볼 때, 마샬 역시도 사회권의 권한 행사가 일면 시민의 능력을 떨어뜨릴(disempower) 수 있다고 염려하고 있다.[59]

사회권 ─ 포괄적으로 복지권으로 이해될 수 있는 ─ 에 대해서 고려해 보자면, 사회권은 어떤 권한을 행사하기 위한 목적으로 디자인되지 않았다. 내가 오래전에 언급한 바와 같이, 사회권은 대중사회의 강한 개인주의적 요소를 반영하고 있다. 그러나 이는 개인을 행위자(actor)가 아니라 소비자(consumer)로서 인식한다. 이때 소비자로서 개인은 올리버 트위스트(Oliver Twist)를 흉내내거나 '조금 더'를 요구할 수 있을 뿐이다. 더 많이 주겠다고 약속함으로써 대중에게 행사할 수 있는 정치인의 영향력이, 더 많은 것을 요구함으로써 정치인에게 행사할 수 있는 시민의 영향력보다 일반적으로 더 크다(Marshall 1981[1969], 141; Tronto 2001, 81에서 재인용).

이는 복지가 시민의 권리로 간주됨에도 불구하고, 그 권리의 정당성이 철저하게 뒷받침되지 않는다면 시민 주체성의 기반이 해체

될 수 있음을 함의한다. 다시 말해, 시민은 왜 복지권을 요구할 수 있으며, 국가는 왜 시민의 복지권을 보장해야 하는 책임과 의무가 있는지에 대한 정당성이 철저히 확립되지 않는다면, 국가는 여전히 베푸는 위치에 있으며 시민은 국가의 은혜를 받는 "수동적인 수혜자"가 된다는 점을 유념해야 한다는 것이다. 시민은 주체성과 행위자성을 상실한 채, 단지 소비하고 모방하는 개인으로 또한 정치인의 영향력에 좌우지되는 생각 없는 대중으로 존재하게 되는 것이다. 그러나 돌봄민주국가의 복지는 다르다. 복지란 시민의 돌봄행위를 지원하고 보장하는 것으로 이해되기 때문에, 개인의 주체성과 행위자성을 상실시키기보다는 돌봄행위에 참여하는 시민의 주체성과 행위자성을 복원하는데 복지의 초점이 맞춰진다(Tronto 2001, 82).

따라서 돌봄민주국가에서 강조되어야 하는 것은 복지란 일반적인 의미의 필요(needs)를 넘어 보다 구체적으로 돌봄필요(care needs)를 충족시키는 책임이라는 점이다. 전통적으로 복지국가의 임무는 자신의 필요를 충족할 수 없는 개인에 대한 조력으로 이해된다(Goodin 1988, 27-50). 개인의 필요를 충족시켜주는 국가의 책임으로서 복지가 이해되는 것이다. 그러나 이러한 입장에서 볼 때, 기존 복지국가에서는 인간의 의존성과 이에 따른 돌봄필요, 특히 의존인을 돌보는 돌봄제공자의 돌봄필요에 대한 이해를 찾을 수 없다. 더 나아가, 이는 돌봄제공자가 겪는 불평등, 차별, 착취와 억압과 같은 구조적인 부정의를 직시할 수 없게 만든다. 따라서 그렇게 된다면 자신의 필요를 스스로 충족시키지 못하는 돌봄제공자에 대한 낙인과 수모, 그리고 국가를 단지 시혜적인 기관으로 보는 입장이 재생산될 것이다. 즉, 필요충족에 기초한 기존 복지의 이해도 인간의 의존성과 돌봄제공자의 돌봄필요를 정당하게 고려하지 않는다면, '복지의

존'에 대한 부정적인 낙인과 차별을 피하기 어렵다. 구딘(Robert Goodin)에 따르면, 복지국가의 목적은 "사회에서 취약한 구성원을 착취로부터 보호"하는 것이지만, 이것은 단지 취약한 구성원의 필요를 만족시키는 것이 아니라 "자신을 보호할 수 없는 지위에 있는 이들을 보호하는 것"이다(Goodin 1988, xi). 이 점에서 돌봄제공자의 돌봄필요를 고려하는 돌봄민주국가는 구딘이 언급한 복지국가의 목적에 부합할 수 있다.

결론적으로, 돌봄민주국가의 복지는 의존인의 돌봄필요뿐만 아니라 돌봄제공자의 돌봄필요를 채워주는 책임으로서 복지이다. 이러한 복지의 실행을 위해서는 돌봄제공자의 돌봄필요가 사회경제적으로 보상되어야 할 뿐만 아니라 이들이 제공하는 돌봄에 대한 가치가 사회적으로 인정될 수 있는 제도와 구조를 갖춰야 한다. 또한 모든 사람은 의존의 시기를 겪었고 돌봄을 받았으며, 따라서 우리 모두가 돌봄필요를 제공해야 하는 책임을 갖는 이상, 모든 사람은 필연적으로 국가가 제공하는 돌봄(복지)으로부터 수혜자라는 사실이 강조되어야 할 것이다(Fineman 2001, 37, 2004, 24, 27).

4 돌봄민주국가의 복지: 돌봄관계에 기초한 복지

에스핑앤더슨(Gøsta Esping-Andersen)은 『복지자본주의의 세 가지 세계』에서 복지국가의 유형을 세 가지로 나눈다(Esping-Andersen 1990). 자유주의적 복지국가, 조합주의적 복지국가, 사회민주적 복지국가가 그것이다. 이 같은 유형 분류는 이후 많은 논의를 불러 일으켰으나 여전히 유효한 구분으로 자주 언급된다. 에스핑앤더슨의 책은 자본주의 사회에서 개인이 시장에 의존하지 않고도, 즉 자신의 노동력을 상품화하지 않고도 적정 수준의 생활을 유지할 수 있는지를 '탈상품화'라는 개념으로 정리하고, 탈상품화의 정도에 따라 복지국가의 유형화를 시도한 것으로 평가받는다. 개인이 노령, 실업, 산업재해, 질병 등의 사회적 위험으로 인해 노동을 수행할 수 없는 상황에서 국가가 개인의 복지를 보장하는 방식을 중심으로 복지국가의 유형화를 나눈 것이다. 예를 들어, 자유주의적 복지국가는 탈상품화 정도가 낮은 국가로, 시장에 대한 의존도가 높고 국가가 복지급여를 가급적 최소화한다. 반면 사회민주적 복지국가는 탈상품화 정도가 높은 국가로, 시장에 대한 의존도가 낮고 사회의 모든 계층이 보편적이고 포괄적인 복지급여를 받을 수 있도록 보장한다.

하지만 이러한 복지국가 논의, 즉 국가-시장의 역학관계에 초점을 맞춘 논의는 돌봄관계에 대한 이해가 부족하다. 인간의 의존성과 돌봄필요는 간과되고 있다. 그 결과 기존 복지국가는 돌봄제공자에 대한 돌봄과 이에 따른 이들의 취약성에 대해 크게 고려하지 않는다. 인간은 시장에서 자유롭게 계약할 수 있으며 또한 정치적인 선택을 하는 개체로 가정될 뿐이다. 반면 돌봄민주국가는 돌봄관계를 기초로 한다. 돌봄민주국가는 인간은 시장의 피조물이 아니라 돌봄의 피조물이라는 점을 전제한다. 돌봄민주국가에서 돌봄관계는 가장 기본적이고 우선하는 사회관계로서, 어떤 시장적 관계나 민주적 관계 보다 먼저 존재해왔던 관계로 인정된다. 또한 이는 시장적 관계와 정치적 관계의 정당한 한계를 설정해주는 기준으로서 제시된다.[60]

돌봄민주국가의 복지는 인간이란 기본적으로 돌봄을 주고받는 사람이며 이들 간의 관계가 모든 인간과 사회의 생존 및 번영과 직결된다는 점에 기반을 둔다. 이 점에서 에스핑앤더슨의 복지국가 유형화를 비판하는 페미니스트 논의에 주목할 필요가 있다(Lewis 1992; Orloff 1993). 이들은 돌봄관계를 간과하는 가부장적 복지국가에 대해서 비판한다.[61] 이들은 기존 복지국가 유형화는 시장에서 일하는 임금노동자를 기준하고 이는 '보편적 생계부양자 모델(universal breadwinner model)'을 기준으로 하기 때문에, 돌봄의 책임을 담당하지 않는 따라서 '보편적 생계부양자 모델'에 부합하는 (주로) 남성 노동자의 시장에서의 우위를 기본적으로 전제하고 있다고 비판한다. 그 결과 사적 영역에서 돌봄을 담당하는 (주로) 여성의 돌봄 노동은 간과되며, 여성의 열악하고 취약한 사회경제적 지위에 대한 고려는 누락되고 있다고 보았다. 보편적 생계부양자 모델의 입장으로는 의존인과의 돌봄관계에 있는 돌봄제공자(여성)의 열악하고 취약한 사회경제적 지위를 충분히 반영하지 못한다는 것이다.

페미니스트들은 기존 복지국가 유형화에 대한 비판과 대안으로서 무급(돌봄)노동과 유급(시장)노동 간 관계를 중심으로 복지국가에 대한 새로운 유형화를 시도한다. 이러한 유형화의 과정에서 언급된 대안 모델로는 프레이저가 제시한 '보편적 돌봄제공자 모델(universal caregiver model)'이나 세인즈버리(Diane Sainsbury)가 지적한 '개별화된 소득자-돌봄자 모델(individualized earner-carer model)' 등을 들 수 있다(Fraser 1997, 59-62; Sainsbury 1999). 이들 모델은 기준이 되는 개인을 보편적 양육자로 상정하고 이를 기초로 복지국가의 유형을 나눈다. 예를 들어, '보편적 돌봄제공자 모델'의 복지국가는 남녀가 모두 동시에 돌봄제공자이자 임금노동자로서 역할을 수행할 수 있도록 노동시간 감소와 돌봄을 위한 보편적 서비스 같은 제도적 기반을 조성하는 국가이다. 이 국가는 돌봄제공자와 임금노동자 간의 성별화된 역할

구분을 전제하는 사회구조를 전적으로 해체하고 보편적 돌봄제공자 모델에 맞는 재구조화를 지향한다. '개별화된 소득자-돌봄자 모델'의 복지국가도 남녀가 모두 소득자와 돌봄제공자를 불이익 없이 병행할 수 있도록 정책적 지원을 하는 국가로서, 국가의 적극적인 돌봄 서비스 제공, 돌봄 비용에 대한 공적 보상, 임금노동과 같은 수준의 돌봄노동 보상, 양성 모두에게 유리한 노동시장 등을 제공한다.

결국 프레이저와 세인즈버리는 시장을 기준으로 하는 복지국가 유형화를 비판하고 돌봄관계를 기준으로 하는 복지국가 유형화를 시도했다고 볼 수 있다.[62] 이들 논의는 의존과 이에 따른 돌봄필요의 보편성, 돌봄제공자의 취약성, 그리고 돌봄관계의 우선성을 복지국가 논의에서 진지하게 고려해야 함을 함의한다. 여느 복지 논의도 돌봄관계, 특히 돌봄제공자의 취약성을 간과하고 있는 한, 돌봄제공자가 겪는 불평등의 이슈를 묵인하고 있다고 볼 수 있다. 핵심은 국가가 시장을 규율하는 정도(탈상품화)에 따라 복지가 정의되는 것을 넘어, 어떠한 기준으로 국가가 시장을 규율할 수 있는지가 중요하다. 돌봄민주국가는 그것에 대한 적절한 답을 제시할 수 있다. 즉 복지란 시장에 대한 국가의 입장이라기보다 돌봄관계에 대한 국가의 입장이 기준이 되어야 한다.

일반적으로 복지를 논의하는 많은 사람들은 복지란 '시장적 자유(market liberty)'에 대한 '민주적 평등(democratic equality)'의 요구라고 설명한다(Moon 1988).[63] 자본주의 시장경제에 대한 민주화 요구로서 복지를 이해하는 것이다. 시장경제가 야기한 자유주의적 분배에 대해 민주적 절차와 평등에 대한 정치적 합의를 토대로 한 재분배의 요구가 복지라는 설명이다. 마샬(Marshall 1977[1950])이 주장한 시민권으로서 사회권 역시, 시장적 분배가 야기한 불평등이 민주적 평등을 방해할 수 있다는 염려 속에서 탄생했다고 해석된다(Moon 2004). 이 점에서 필자는 돌봄관계에 기초한 복지와 민주적 평등 간의 양립 가능성을 강조하고자 한다. 트론토는 『돌봄민주주의(Caring Democracy)』에서 진정한 평등은 사회에 돌봄윤리가 전제되고 돌봄책임이 평등하게 분배되었을 때 가능하다고 설명한다(Tronto 2013). 만연된 사회경제적 양극화와 불평등은 돌봄책임의 불평등한 분배에서 야기되었고, 이는 민주적 불평등으로까지 이어진다고 지적한다. 돌봄책임의 평등한 분배는 민주주의의 과제라는 것이다. 다음의 인용도 돌봄과 민주적 평등과의 상관성을 지지한다.

> 만약에 복지(정책)체제가 불평등에 주목하는 것이라면, 그것은 핵심적으로 돌봄에 주목해야 한다. … 돌봄에 주목한다면 불평등을 완화할 수 있다; 즉, 공적 돌봄은 불이익 받고 불평등한 개인들에게 보다 평등한 지위를 얻을 수 있도록 자원을 제공할 수 있다(Hirschmann and Liebert 2001, 10).

따라서 "형식적 민주주의는 민주국가에서 달성되지만, 실질적 민주주의는 복지국가에서 비로소 완성된다"고 한다면(정원오 2010, 28), 실질적 민주주의를 이루기 위한 복지국가는 바로 돌봄민주국가를 의미할 것이다.

5 돌봄민주국가의 복지: 돌봄의 공공윤리에 기초한 복지

돌봄민주국가에서 돌봄윤리는 사회적·공적 책임의 원리로, 즉 돌봄의 공공윤리로 적용·운영된다. 이는 복지란 결국 사회구성원 전체가 담당하는 집합적인 책임(collective responsibility)의 논리에 기초하고 있음을 시사한다(Schmidtz and Goodin 1988, 145-154). 돌봄윤리가 개인적 수준에서 적용되거나 혹은 시장에 의해 운영되더라도, 궁극적으로 사회와 국가가 제도적인 조건을 통해 돌봄윤리의 적용 및 운영을 뒷받침해줘야 한다는 입장과 일맥상통한다(Tronto 2010). 다음의 잉스터의 지적은 주목할 만하다.

> 개인들이 사적 결사체나 자선을 통해 돌봄의 공적 책임을 의심할 바 없이 수행할 수 있다고 하더라도, 국가(정부)는 돌봄윤리를 적용함에 있어 사적 조직이 갖는 한계, 예를 들면 돌봄의 범위, 비정규적이고 불평등한 돌봄 분배, 무임승차자로부터 돌봄제공자를 보호하는 것의 무능함 등을 극복하는데 여전히 중요한 위치를 차지해야 한다(Engster 2015, 25).

그렇다면 사회와 국가는 어떤 제도적 조건을 보장해야 하는가? 돌봄의 공공윤리에 기초한 복지는 기존 복지와 다음의 유의미한 차이를 보인다. 첫째, 복지국가의 전형적인 복지는 실업, 재해 및 퇴직 같은 노동 관련 사회적 위험으로부터 노동자와 그의 가족을 보호하려는 목적에서 시작되었다. 예컨대, 실업보험제도, 산재보험제도, 퇴직연금제도 등이 주된 제도적 장치였다. 물론 작금의 대다수 복지국가에서 복지의 대상이 확대되었고, 사회수당이나 사회적 서비스 같은 다양한 공적지원 제도를 갖추고 있다. 그러나 돌봄정책, 특히 아이, 노인, 장애인에 대한 돌봄정책은 여전히 미흡한 수준이다. 많은 복지정책이 돌봄을 단지 가족과 여성의 일로 치부해버리곤 한다.

하지만 돌봄민주국가의 복지는 돌봄 이슈에 더 적극적이고 민감하게 대응할 수 있다(Sevenhuijsen 2003; Hamington and Miller 2006; Engster 2015). 이 장의 서두에서 언급한 신사회적 위험은 주로 돌봄과 관련된 이슈들이다. 기존의 복지국가는 고령화와 저출산으로 대표되는 '돌봄위기'에 선제적이고 심층적인 대응을 하기 어렵지만, 인간의 의존성과 돌봄필요, 돌봄책임, 돌봄관계를 전제하는 돌봄민주국가는 이러한 돌봄위기를 근본적으로 해소할 수 있다(Engster 2015, 18). 하지만 무엇보다도 돌봄민주국가 복지의 장점은 단지 돌봄 이슈를 포함하도록 복지의 외연을 확대한다는 점을 넘어선다. 궁극적으로 돌봄민주국가의 복지는 돌봄필요와 돌봄관계를 반영하는 사회경제구조의 재건축을 추구한다. 말하자면 돌봄 인프라의 구축이다. 엄격한 공사구분에 기초한 현행 복지정책을 재정립하고, 성별이나 나이에 상관없이 모든 시민에게 기본적인 좋은 돌봄을 주고받을 수 있는 조건을 제공하고자 한다.

예를 들어, 돌봄민주국가의 복지는 돌봄에 대한 가치를 재설정하는 것에서부터 시작한다. 모든 돌봄은 그 사회적 가치가 공적으로 인정받아야 한다. 누구나 원하면 재능에 따라 돌봄을 제공할 수 있고, 필요에 따라 누구나 돌봄을 제공받을 수 있도록 실질적인 제도적 조건이 마련되어야 한다. 사회와 국가는 이러한 제도적 조건을 마련하고 관리하는 궁극적인 책임을 갖는다. 또한 돌봄제공자가 시장에서 일을 하지 않고도 사회경제적인 어려움 없이 온전히 돌봄책임을 담당할 수 있도록 정부의 사회경제적 지원은 필수적이다. 시장에서 제공되는 유급 돌봄노동도 사회경제적으로 충분히 보상받을 수 있어야 한다. 돌봄노동권과 공정한 노동조건이 보장되어야 한다. 시장에서 일하는 모든 남녀 노동자는 가정에서 돌봄제공을 병행할 수 있도록 제도적으로 보장되어야 한다. 예컨대, 모든 노동자는 유급의 육아휴직(돌봄휴직)이 실질적으로 가능해야 하며, 돌봄제공을 위해 노동시간을 유연하게 조정하거나 단축할 수 있어야 한다.

둘째, 돌봄민주국가의 복지는 돌봄정책을 넘어 사회정책 일반에 보다 큰 함의를 갖는다. 사회정책의 핵심 과제인 빈곤문제를 살펴보자. 빈곤퇴치는 '빈곤과의 전쟁'이라 불리며 대부분의 국가에서 정책적 관심을 지속적으로 갖는 쟁점이다. 그럼에도 여전히 해결되지 않고 있는 이슈이기도 하다. 그러나 돌봄민주국가의 복지는 기존과는 다른 관점에서 빈곤문제를 접근한다. 기존의 빈곤정책은 크게 두 가지 입장을 견지한다(Pearce 1990, 269-271). 하나는 생계부양자 모델(breadwinner model)이고, 다른 하나는 빈자 모델(pauper model)이다. 전자는 외부의 사회적 위험으로 인해 직업을 잃은 노동자를 대상으로 하는 실업보험이나 연금정책을 제시하고, 후자는 건강한 육체를 가졌음에도 일을 하지 않는 이들이 취업할 수 있도록 하는 기술 훈련 및 교육정책을 제시한다. 전자는 이들이 잠시 시장을 벗어난 시기의 빈곤에 대해 지원을 하며, 후자는 이들을 취업할 수 있도록 하여 빈곤에서 벗어나도록 도와준다. 그러나 이 두 입장 모두 근본적인 빈곤문제를 해결하는 데 한계를 보인다. 실제로 빈곤을 겪는 대다수의 사람은 여성과 아이들이다. 특히 한부모가족이 빈곤 인구의 많은 부분을 차지한다.[64] 이것은 빈곤이 돌봄과 여러 겹으로 연동되어 있음을 암시한다. 왜냐하면 빈곤은 단순한 경제적 문제가 아니라 아이들이 겪는 돌봄결핍, 돌봄제공자에 대한 차별, 이들이 노동시장에서 감내하는 불평등 등에 기초하기 때문이다(Pearce 1990, 270).

　기존 빈곤정책의 문제점은 그 정책 대상으로 돌봄책임이 없는 경제적으로 생산적이고 비의존적인 개인(주로 남성)을 상정하고 있기 때문이다. 기존 빈곤정책은 가정과 사적 영역에서 의존인을 돌보는 돌봄제공자(주로 여성)의 돌봄제공 사실을 감안하지 않고 있다. 이는 공사구분에 기초하여 생산적인 시장노동과 비생산적인 돌봄노동을 구분하고, 비생산적인 돌봄노동에 대해서는 간과하고 가치를 평가절하하는 전제에서 탈피하지 못하고 있다. 따라서 돌봄노동에 대한 가치를 인정함과 동시에 시장노동과 돌봄노동에 대한 이분법적 구분에 대한 근본적인 재고 없이는 빈곤문제에 대한 해결은 요원하다. 모든 인간은 돌봄 의존적이며, 돌봄은 사회적 가치라는 인정을 전제하지 않고 있는 이상, 빈곤정책은 결코 성공하지 못한다. 기존의 생계부양자 모델과 빈자 모델에 기초한 빈곤정책은 그 자체로 돌봄제공자에 대한 차별일 뿐만 아니라 이들이 겪는 노동시장에서의 차별을 오히려 더 강화할 뿐이다. 빈곤정책은 인간의 상호의존성, 돌봄에 대한 사회적 가치인정, 돌봄제공자에 대한 구조적인 차별을 직시하는 관점에서 재편되어야 할 것이다(Pearce 1990, 274-277).

　결론적으로, 돌봄민주국가의 시작은 조달자의 역할을 국가가 성실히 담당하는 것이다. 이는 앞서 언급한 커테이의 둘리아 모델에서 산모를 돌보는 둘라의 역할이다. 국가가 직접 돌봄을 제공할 수 있지만, 둘라 역할의 핵심은 1차 돌봄관계를 보호하고 유지하는 것이다. 이는 가정이든, 시장이든, 무급이든, 유급이든, 돌봄제공자가 사회경제적으로 취약해지지 않고 좋은 돌봄을 제공할 수 있도록 보장하는 것이다. 이를 통해 돌봄의 질을 보장하여 의존인이 좋은 돌봄을 받을 수 있도록 조력하고 담보할 수 있다. 이러한 조건을 조성하는 것이 바로 돌봄민주국가의 책임이자 역할이다.

6 돌봄민주국가, 더 정의로운 국가

이 장은 새롭고 더 나은 복지국가의 모습으로 돌봄민주국가를 제시하고, 기존 복지국가와의 비교를 통해 돌봄민주국가의 내용과 특징을 살펴보았다. 이 장의 목적은 단지 기존 복지국가의 한계를 지적하거나 돌봄민주국가의 장점을 강조하고자 함이 아니다. 이 장은 어떤 국가가 더 나은 국가인가, 어떤 국가가 더 정의로운 국가인가라는 근본적인 고민을 바탕에 두고 있다. 국가는 시민에게 어떤 책임과 의무를 갖는가? 국가는 시민에게 어떤 삶을 보장해야 하는가? 시민은 서로에게 어떤 책임과 의무가 있는가?

위의 질문에 답하기 위해 이 장은 신사회적 위험의 대두와 "새로운" 복지국가를 갈구하는 학문적 시류에서 그 논의를 출발시켰다. 필자가 보기에 기존 복지국가 논의의 가장 큰 한계는 앞선 질문들과 같은 규범적인 숙고가 부족했다는 점이다. 시민들에게 복지를 보장하는 복지국가가 어떤 국가 형태보다 정의롭고 좋은 국가라면, 그 규범적 원칙과 원리는 무엇이며 또 무엇이 되어야 하는지에 대한 고민을 생략해 왔다(Moon 2004, 210; White 2010, 19). 심지어 복지국가의 규범성을 불필요한 것으로 간과하기도 하였다. 예를 들어, 에스핑 앤더슨은 신사회적 위험을 다룰 수 있는 새로운 복지국가를 제안하는 과정에 "(규범적) 사상이 기반이 된 주장"은 자신의 복지제안을 정당화 하는 데 불필요하다고 언급하였다. 더 나아가 복지국가의 재편에 있어 규범적 논리가 역할을 할 수 있겠지만, 궁극적으로는 효율성의 논리를 중심으로 그 역할이 제한되어야 한다고 주장하였다 (Esping-Andersen 2009, 8, 15).

일반적으로 기존의 복지국가 논의는 복지국가의 유형을 나누고, 이들을 비교하고, 그 중에서 어떤 것을 선택하는지에 대한 문제로 축소되었다. 자유주의적, 조합주의적 혹은 사회민주주의적 복지체제를 선택할 것인가? 보편적 혹은 선택적 복지를 선택할 것인가? 혹은 더 다양하고 더 세분화된 유형들 속에서 어떤 것을 선택할 것인가? 단순화하자면 기존 논의는 주로 선택의 문제였다. 이는 복지국가란 결국 규범적 고민이 배제된, 단지 전략적인 타협과 합의의 산물일 수밖에 없다는 비규범적 입장만을 복습한 것에 불과하다. 이러한 경향은 한국 학계에서도 재현되고 있다.

결론적으로 필자는 이 장의 논의가 어떤 국가가 더 나은 국가인지의 근원적인 질문과 좌표를 재조명하는 기회가 되기를 기대한다. 어떤 국가가 더 나은 국가인지에 대한 질문은 결국 규범성의 질문으로 귀결된다. 이는 비뚤어진 인간관, 사회관, 정부관을 교정할 수 있는 정초(foundation)가 될 것이며, 국가다운 국가를 구축하는 주춧돌이자 디딤돌이 될 것이다.

6장 ─────── 돌봄과 복지

'복지영역'의 사회운영 원리 입장에서 복지원리와 돌봄원리 모두를 의미 있게 수용하기 위해서는, 이제껏 간과되고 저평가된 돌봄원리의 입장을 보다 더 적극적으로 수용하고 반영해야 한다. 복지의 노동(생산)중심, 권리중심, 공정중심, 불편부당중심, 분배중심의 패러다임과 함께 돌봄의 취약성중심, 필요중심, 책임중심, 맥락중심, 실천중심의 패러다임이 평등한 가치로 제시되어야 한다.

1 돌봄과 복지의 상보성(相補性)

일반적으로 복지연구에서 돌봄은 주요한 비중을 차지하는 주제가 아니었다. 돌봄은 복지를 지원하는 수단적 서비스로 이해되거나 개념정의가 난해하고 모호한 광의의 복지단위로 이해된다. 한편으로, 돌봄은 노인돌봄이나 아이돌봄 같이 국가나 지방자치단체가 지원 혹은 제공해야 하는 사회서비스의 일환으로 간주되어 복지의 하위 부류 정도로 해석된다. 일례로, 「사회보장기본법」을 비롯한 현행 법령은 돌봄을 복지 및 보건의료 등을 고양시키기 위한 수단인 사회서비스의 한 형태로 정의한다. 다른 한편으로, 돌봄은 '케어'라고 호칭되어 내용과 범위가 다소 모호한 광의의 복지로 접근된다. 일례로, '지역사회 통합돌봄'이라 불리는 현 정부의 국정과제인 커뮤니티케어는 '케어'에 대한 명확한 정의 없이, 이를 보건의료, 주거, 요양, 교육, 여가 등을 망라하는 포괄적이고 복합적인 개념으로 간주한다.

이러한 배경에서 이 장은 다음의 세부 목적을 갖는다. 첫째, 돌봄을 사회서비스 차원 혹은 모호하게 개념화된 복지단위를 넘어 사회운영 원리의 하나로서 접근하고자 한다. 이를 통해 돌봄에 대한 관점과 이해의 전환을 시도하고자 한다. 둘째, '복지영역'의 중요한 사회운영 원리의 입장에서 복지원리와 돌봄원리를 비교하고자 한다.[65] 셋째, 이러한 비교를 통해 돌봄이 복지의 한계를 아우르는 대안의 지점을 담고 있음을 지적하고, 돌봄과 복지가 상보(相補)적일 수 있는 가능성에 주목하고자 한다. 이를 위해 먼저 연구의 발단이 된 여성주의 복지와 돌봄윤리(care ethics)를 논의의 배경으로 살펴보고, 복지원리와 돌봄원리를 비교한 뒤, 복지원리와 돌봄원리가 상보적일 수 있는 지점들을 짚어보겠다. 마지막으로 정의로운 국가의 맥락에서 돌봄의 함의를 언급하며 마무리하고자 한다.

2 여성주의 복지와 돌봄윤리

한국사회는 복지국가를 지향한다(윤홍식 2020). 하지만 동시에 사회담론과 학계연구는 복지국가의 한계 및 복지의 대안에 대한 논의를 함께 진행시켜 왔다. 특히 2000년 이후 새로운 복지국가에 대한 논의는 지속적으로 이뤄지고 있다(Bonoli and Natali 2012; 김교성 2013; 최영준 2018). 신사회적 위험에 대처하는 에스핑앤더슨(Gøsta Esping-Andersen)의 '새로운 복지국가'로부터, 가장 최근에는 코로나19라는 전대미문의 감염병에 대응해 기존 복지패러다임을 질적으로 뛰어넘는 대안의 복지에 대한 논의까지 다양하게 전개된다(Esping-Andersen et al. 2002; 이원재·최영준 외 2020). 이들 논의의 발단은 다양하며 그 실효성을 검증하기 위해선 치열한 논증이 향후 필요하겠지만, 복지연구의 이러한 추세는 기존 복지를 뛰어 넘어, 더 나은 그리고 더 정의로운 사회와 국가를 향한 학문적 경로임은 분명해 보인다.

이러한 복지연구의 흐름 속에서 특히 주목을 요하는 연구가 있다. 최근 일군의 여성주의자들에 의해 제기된 돌봄 재평가 논의이다. 이들은 복지를 보완하는 혹은 복지를 재편하는 대안의 가치 기준으로서 돌봄을 강조한다(Kittay 2001a; Engster 2015; 마경희 2011b; 김희강 2016; 백영경 2017; 홍찬숙 2020b). 예컨대, 커테이(Eva Feder Kittay)는 복지란 빈곤을 제거하거나 시장의 불확실성으로부터 시민을 보호하는 것을 넘어, 공적 가치를 갖는 돌봄 및 돌봄관계를 지원하는 사회적 책임으로 이해되어야 한다고 주장한다(Kittay 2001a). 김희강(2016)은 모든 인간의 정상적이고 보편적인 돌봄필요(care needs), 돌봄관계 및 돌봄의 공공윤리에 기초한 복지로 재편된 돌봄국가의 당위를 주장한다. 백영경(2017)은 '복지 커먼즈(welfare commons)'라는 개념을 제시하며 재생산위기를 겪는 현 사회의 복지요구는 돌봄을 매개로 한 생태환경, 자연자원, 공적 공간, 공공서비스 등의 커먼즈의 복원과 생성에 주력해야 한다고 본다. 홍찬숙(2020b)은 자원과 재화의 재분배에 주력하는 복지는 돌봄문제를 다룰 틈이 없음을 비판하고, 돌봄의 보편성을 강조하고 기본적 수준의 소득을 보장하는 새로운 복지모델의 필요성을 제안한다.

무엇보다도 이들 논의는 코로나19를 겪으면서, 코로나19를 야기하게 한 자본주의의 성장만능주의 및 경제생산주의에 대한 혁신적인 대전환이 필요하다는 현재 사회의 요구와 깊숙이 맞닿아 있다(마이크 데이비스 외 2020). 코로나19라는 사회위기는 "[위기]변화에 단순히 적응하는 것을 넘어 삶의 방식을 바꿔야 한다는 공감대"를 확산시켰으며(백영경 2020, 36), 바꿔어야 하는 삶의 방식은 "단순한 기술

혁신이 아니라 새로운 사회계약의 전망"이어야 하고(홍찬숙 2020a),
"돌봄의 가치가 배합된(inclusion) 성찰적 도전"이어야 한다고 보았다
(김희강·박선경 2021). 다시 말해, 코로나이후 사회에 대한 전망과 지
향은 돌봄이라는 대안 가치를 중심으로 이뤄져야 함을 강조하고 있
는 것이다.[66]

　　복지의 대안으로서 돌봄을 제안하는 이들 여성주의 논의는 다
음의 배경 속에서 비롯되었다. 첫째, 가부장적 복지국가에 대한 여
성주의 비판이다. 여성주의 복지연구자들은 기존의 복지 논의가 공
사구분과 성별분업에 기초한 남성노동자 중심이기 때문에, 이는 복
지국가의 성장·발전이란 궁극적으로 가정에서 여성의 돌봄 및 가
사노동에 의존하고 있는 모양새라고 비판한다. 기존의 복지제도와
시스템 자체가 남성 생계부양자 중심이기 때문에, 이는 가정 내 돌
봄의 사회경제적 기여를 간과하고 있고, 여성의 경제참여 증진에
큰 관심을 두지 않으며, 돌봄을 남녀 모두가 함께 공정하게 나누는
문제에 대해 도외시하고 있다고 지적한다. 결국 이들 여성주의 논의
는 복지연구에서 돌봄에 대한 가치 인식의 부재는 그 자체로 충분한
복지를 이루고 있지 못하다는 각성에 기초한다. 궁극적으로 이는
"복지국가의 지연(遲延)"을 야기했다는 것이다(Fraser 2017; Orloff 2010;
안숙영 2012; 송다영 2014a).

　　둘째, 돌봄을 단지 노동에 국한시키거나 혹은 아동, 노인, 장애
인 등에 적용되는 특정 정책분야라는 접근을 넘어 가치와 원리로서
이해하려는 시도이다. 이는 1980년대 여성주의 윤리로부터 시작된
돌봄윤리에 기인한다. 길리건(Carol Gilligan), 러딕(Sara Ruddick) 등의 논
의를 기초로 한 돌봄윤리는 인간의 관계에 기초한 도덕(규범)이론이
다(Gilligan 1982; Ruddick 1989). 기존 자유주의 정의윤리가 권리, 공정성,

보편성, 추상성 중심의 논리였다면, 돌봄윤리는 책임, 관계성, 응답성, 맥락성 중심의 도덕에 기초한다. 최근에는 도덕이론으로서 돌봄윤리의 적용이 정치적·공적 영역으로 확대되어 대안의 정책원리와 사회운영의 원리로 유의미하게 접근되고 있다(Hamington and Miller 2006; Engster 2015; Urban and Ward 2020). 돌봄윤리의 이러한 연구경향은 최근 한국 학계에서도 이어진다(마경희 2010, 2011b; 김희강 2018c; 허라금 2018). 예컨대, 마경희(2020)는 돌봄정책은 인간의 보편적인 돌봄필요(욕구)와 관계인 돌봄을 사회적으로 조직하는 근본적인 방식의 전환이 필요하다고 주장하며, 서비스 차원을 넘어 보다 변혁적인(transformative) 돌봄정책의 원리로서 돌봄윤리의 아이디어를 활용한다. 송다영 외(2017)는 돌봄윤리에 기초한 '민주적 돌봄' 관점을 개념화하고, '민주적 돌봄'의 관점에서 서울시의 가족정책을 평가·분석한다.

　　이 장도 이들 선행연구에 힘입었다. 이들처럼 기존 복지국가의 돌봄 배제의 한계를 지적하고 돌봄을 사회운영의 가치와 원리로 인식하고자 하는 시도에서 비롯되었다. 그렇다면 보다 구체적으로, 사회운영의 원리로서 복지와 돌봄은 어떠한 유사점과 차이점이 있는가? 돌봄원리는 복지원리의 한계를 뛰어 넘는 대안이 될 수 있는가? 이하 논의에서 이러한 질문에 답함으로써, 복지와 돌봄의 관계를 설정하고 각각의 원리의 내용과 작용에 관해 살펴보고자 한다. 이 장은 복지와 돌봄을 구분하고 그 원리를 구체화하여 서로 비교하는 시도를 통해, 돌봄이 복지를 지원하는 서비스의 일환으로 간주되거나 "특정 노동 영역으로 축소되어" 버린 개념이 아님을 증명해 보이고(백영경 2020, 48), 더 나아가 복지의 한계를 아우르는 보다 건설적인 대안 가치이자 사회운영의 원리임을 논증해 보이고자 한다. 결국, 돌봄이 복지의 하위부류가 아니며 대등한 사회원리로서 둘은 서로 보완적일 수 있음을 주장하고자 한다.

3 복지원리와 돌봄원리: 비교

일반적으로 사회운영의 원리는 그 바탕이 되는 철학적·사상적 배경도 다양하고 개별 원리가 적용되는 사회문화적·정치경제적 맥락도 다양하다. 예컨대, 복지원리의 경우, 화이트(Stuart White)는 그 핵심 개념으로 필요(needs), 평등, 자유를 제시하고, 필요, 평등, 자유가 어떤 스펙트럼 상에서 정의되는지에 따라 복지국가의 성격도 달라진다고 설명한다(White 2010). 김윤태(2016)가 편집한 『복지와 사상』을 보더라도 복지국가는 사회민주주의로부터 마르크스주의 및 신자유주의까지 다양한 사상적 배경을 두고 있음을 알 수 있다. 그렇기 때문에 개별 운영원리를 개념화하여 비교하는 것은 단순화의 오류에 대한 우려가 있을 수 있다. 이러한 우려에도 불구하고, 이 장은 개별 원리를 단순화하고 비교하는 작업을 통해 개별 원리의 특징을 보다 명확히 하고자 하는 목적을 갖는다.

이 장은 사회민주주의 복지원리와 돌봄윤리의 돌봄원리를 중심으로 논리를 펼치고자 한다. 복지원리와 돌봄원리를 세 가지 측면 — 목적, 보장수단, 실현방법 — 에서 비교하려고 한다.

목적

일반적으로 정의되는 복지의 목적은 시민의 '인간다운 생활'을 보장하는 것이다(정원오 2010, 48). '인간다운 생활'이란, 단지 굶어죽음을 방지하거나 빈곤이 없는 상태가 아닌, 영국의 베버리지 보고

서가 지적했듯이, "의식주, 의료뿐만 아니라 건강, 교육, 여가, 문화까지 포함하는 완전한 생활"을 뜻한다(Beveridge 1942, 170; 이정우 2016, 14에서 재인용). 따라서 복지국가란 시민이 인간다운 생활을 유지할 수 있도록 '먹고 살아갈 수 있는' 기본적인 생활수준을 보장하는 국가로 정의되며, 복지국가는 공공부조, 사회보험, 사회수당, 사회서비스 등 다양한 유형의 사회보장시스템을 제도화함으로써 이를 보장하게 된다. 이러한 복지의 목적은 크게 두 가지 양상으로 드러난다.

첫째, 소위 요람에서 무덤까지 시민의 최소한의 생활수준을 보장하는 것이다. 최소한의 생활수준은 '국민최저선' 혹은 '국민복지기본선'이라 불린다. 이는 절대적 빈곤 개념의 관점에서 시민이 인간답게 살아갈 수 있는 최소한의 생활수준을 설정하고, 그 기본선(빈곤선) 이하에서 생활하는 사람들을 대상으로 국가가 보장을 하는 것이다. 이는 특정 빈곤집단을 대상화하여 이들에 대해 빈민구제를 실시하는 것과 달리 보편적인 보장수준과 범위를 정하는 것이다(김태성·성경륭 2014, 49). 둘째, 상대적 빈곤의 관점에서 시장에 대한 적극적 재분배를 통해 불평등을 감소시키는 것이다. 예컨대, 시민이 빈곤에 대한 걱정 없이 일정기간 노동시장에서 일하지 않고도 살아갈 수 있는 '탈상품화'의 제도화를 들 수 있다(김태성·성경륭 2014, 51). 사회보험은 대표적인 탈상품화 정책이다. 이는 질병, 산재, 실업, 퇴직 등 뜻하지 않은 사회적 위험에 대해 보험의 방식으로 대비하는 것으로서, 위험을 사전에 대비하는 합리적 시민의 선택으로 해석된다(이정우 2016).

복지원리에서 전제하는 인간은 기본적인 필요(욕구)를 갖는 인간이자 또한 교육·훈련 등을 통해 생산적이 될 수 있는(혹은 되어야 하는), 즉 노동하는 인간이다. 복지국가는 완전고용을 지원함으로써 시민이 노동할 수 있도록 적극적으로 보장함과 동시에 불의의 사회적 위험에 빠져 노동시장에서 일을 할 수 없을 때 기본적인 소득을 보장해주는 국가이다. 이 점에서 양재진(2020, 49)은 빈곤과 불평등을 줄임으로써 시민의 일정한 삶의 수준을 보장하고자 하는 복지의 목적이 '탈노동'으로 곡해되어서는 안 된다고 강조한다. 오히려 복지의 목적은 개인이 사회적 위험에 빠졌을 때 소득을 보장해주는 것이지만, 동시에 빨리 노동시장에 복귀해서 자신의 적성과 능력에 맞는 일자리를 찾아가도록 도와주는 것이라고 보았다. 즉, 탈상품화만큼 재상품화도 복지국가의 목표라고 강조한다.

복지가 개인의 인간다운 삶이라는 일정수준의 소득과 사회적 위험에 대한 대비를 보장함을 목적으로 한다면, 반면 돌봄은 인간다운 삶을 취약한 누군가의 돌봄필요(care needs)에 응답(response)함을 통해 성취하고자 한다. 응답해야 하는 취약한 인간의 돌봄필요는 소위 '위험'이라 불리는 예상치 못한 사건으로부터 비롯된 것이 아니다. 물론 취약한 인간의 돌봄필요는 개인마다 그 정도와 범위가 다를 수 있겠으나, 이는 인간조건에 구속된 실재(reality)이기 때문에 일정기간 동안 모든 인간에게 피할 수 없는 현실이 된다. 돌봄원리는 취약한 인간이 누군가로부터 돌봄을 받는다는 것을, 즉 돌봄필요가 응답됨을 자연스럽고 당연하고 부끄럽지 않은 정상적인 것으로 바라본다(Held 2007, 28-35).

취약한 인간에 대한 응답은 본질적으로 관계적인 것이다(Gilligan 1982, 19). 돌봄이란 서로 관계를 맺는 행위다(Gilligan 1982, 134). 기존 복지원리가 인간다운 삶을 위해 '사회적 위험으로부터 보호할 수 있는' 최소한의 재화가 보장되는 제도에 집중한다면, 돌봄원리는 인간다운 삶을 관계에서 찾는다. 돌봄원리에서 인간의 '도덕성'이란 취약하고 무력한 인간을 마주하게 될 때 (취약한 이들과 관계하게 될 때), 헬드(Virginia Held)의 표현에 따르면, 인간을 인간다운 존재로 전화(轉化, congeal)시키는 무엇으로 본다(Held 2006, 95). 다시 말해, 취약한 인간 앞에서 무언가를 하지 않으면 안 될 것 같은 외면할 수 없는 내적 변화와 그 실천이 돌봄원리의 도덕성이다.

이 점에서 길리건은 여아들이 하인즈(Heinz)의 딜레마에 어떻게 대처하는지에 주목하여 돌봄원리의 관계적 특징을 설명한다.[67] 남아들은 딜레마를 서로 대립하는 권리의 대결로서 보고 해결을 시도한 반면, 여아들은 딜레마에 등장하는 사람들이 인간관계라는 그물조직에 속한 사람들이며 그러한 인간관계가 유지·존속·호전될 수 있는 방향으로 해결하려 든다. 예컨대, 남아들은 약사의 재산권과 하인즈 아내의 생명권의 대결 프레임 속에서 상위의 권리에 도덕적 우위를 부여한 반면, 여아들은 모두의 존속을 위해 인간관계망이 유지되어야 한다는 전제 아래 하인즈의 아내를 인간관계망 속에 포함시키는 것에 도덕적 우위를 부여한다. 그래서 여아들은 약사에게 하인즈의 상황을 잘 설명하여 약사가 약을 저렴하게 팔도록 설득할 수 있는 여지를 물으며, 또한 다른 사람들에게 도움을 요청한다든지 해서 하인즈와 아내의 관계가 끊이지 않고 지속될 수 있는 방안을 모색하려 한다는 것이다(Gilligan 1982, 75-97).

돌봄원리에서 전제하는 인간은 누구도 피할 수 없는 보편적인 취약성을 지닌 존재이다. 모든 인간은 취약한 기간 동안 누군가의 돌봄을 받아 생을 이어왔으며, 이 과정에서 누군가의 돌봄에 전적으로 의존하게 된다. 우리의 인간다운 삶은 돌봄이라는 관계를 통해 유지되고 호전되며 성장할 수 있다. 따라서 보다 궁극적인 돌봄의 목적은 인간이 이렇듯 필연적으로 속하게 되는 돌봄을 주고받는 관계가 보호되고 유지될 수 있도록 이를 보장하는 것이다.

보장수단

개별 시민의 인간다운 삶을 목적으로 하는 복지는 시민의 권리로서 이해된다. 보편적이고 포괄적인 권리 개념으로 복지에 접근한 대표적인 입장은 마샬(T. H. Marshall)의 사회권(social rights)이다(Marshall and Bottomore 1950). 마샬에 따르면 20세기에 들어 시민권이 확대되고 발전되어 왔지만, 지속된 사회적 불평등으로 인해 현실적인 권리로서 시민권은 평등하게 인정받지 못했다고 비판한다. 이에 평등한 시민권의 실현을 위해서 사회권의 중요성을 인지하고 이를 시민권의 일부로 인정해야 함을 강조한다. 이러한 마샬의 사회권은 자선을 통해 빈곤층에게 시혜를 베푸는 전통적 사고를 넘어, 권리의 개념을 통해 시민의 복지라는 새로운 패러다임을 제시한 것으로 평가받는다(김윤태 2016, 145). 사회권으로서 복지는 일반적으로 다음의 특징을 보인다.

첫째, 근대사회의 주체로서 시민 '개인'과 '자유(권리)'를 강조하는 자유주의 맥락에서 기원했다. 개인은 존재론적으로 국가와 사회에 우선하며, 국가의 존재이유는 개인의 그러한 권리를 보호하는 것이다. 즉, 개인의 기본권은 국가에 의해 침해될 수 없으며, 국가는 개인의 기본권을 보장해야 하는 보장의무를 갖게 된다(송다영 2016, 301). 사회권 역시 시민의 권리이자 국가의 보장의무(시민의 권리를 침해하지 말아야 하는 의무)로 상정된다. 둘째, 시민권론은 사회권을 공민권, 정치권과 동등한 차원의 시민권적 기본권으로 끌어올림으로써 보편적 권리로서 "복지권을 실제화"하였다(여유진 외 2018, 38). 마샬은 완전한 시민권을 위해 공민권, 정치권, 사회권 모두는 상호 간에 이끌어주고 도움을 주는 상보적 관계라는 점을 강조한다. 공민권과 정치권은 사회권의 발달을 촉진하는 데 기여했고, 사회권 역시 공민권과 정치권이 충분히 성숙하고 완전히 발휘하는 데 기여했다고 보는 것이다(여유진 외 2018, 38).

이렇듯 복지가 시민이 요구하는 권리로서 이해되는 반면, 돌봄은 시민 서로의 취약성에 대한 대응성, 즉 책임을 중심으로 설명된다. 인간이 취약하다는 사실은 누군가가 이러한 취약한 인간에게 돌봄을 제공해야 하는 윤리적인 책임을 담는다. 인생사 피할 수 없는 의존의 시기에 다른 누군가의 돌봄을 받지 못한다면, 그 누구도 생존하고 성장하지 못했을 것이다. 이에 기본적으로 돌봄이란 취약하고 의존적인 인간에게 응답해야 하는 외면할 수 없는 인간의 윤리적인 책임이다. 복지가 원칙적으로 개별 시민과 국가와의 관계 속에서 시민을 복지의 수혜자로, 국가를 복지의 제공자로 성립시킨다면, 돌봄원리는 시민을 돌봄의 수혜대상이자 돌봄의 제공주체로 성립시킨다. 시민은 누군가로부터 돌봄을 받고 또한 누군가에게 제공할 권리가 있지만, 이러한 권리 이전에 취약한 인간을 돌보고 이들과 관계를 맺는 윤리적인 책임 역시 모든 시민에게 성립된다(Kittay 1999, 119-134).

이때 책임은 남에게 해를 입히지 않는 부작위(不作爲)라기보다 타인의 삶에 적극적으로 개입하는 행위, 즉 보살피는 행위이다 (Gilligan 1982, 265). 돌봄원리에서 지키려는 '책임' 개념은 타인의 권리를 침해하지 않음보다 더 적극적인 보살핌의 행위를 뜻한다. 이에 반해 자유주의 '권리' 개념에 상응하는 짝으로서 '의무' 개념은 기본적으로 타인의 '권리'를 침해하지 않아야 하는 소극적인 의미를 뜻한다(Gilligan 1982, 92, 각주 5). 예컨대, 복지원리에서 복지가 시민의 권리이자 국가의 보장의무로 이해된다면, 돌봄원리에서 돌봄은 권리-의무 프레임을 넘어 서로가 적극적으로 누군가에게 개입일 수 있는 돌보는 행위를 의미한다. 시민 서로는 서로의 필요에 적절히 반응해야 하며 서로에 대해 보살펴야하는 책임이 있다는 의미이다(Gilligan 1982, 265).[68]

더 나아가, 이는 돌봄을 받는 사람과 돌봄을 주는 사람이 만족하는 돌봄관계를 유지하고 존속하기 위한 책임이며, 우리 모두가 속한 돌봄관계망을 보호하고 보존해야 하는 서로에 대한 시민의 공유된 사회적 책임이다. 또한 이는 돌봄을 받는 사람과 돌봄을 주는 사람이 그러한 돌봄관계를 담임(擔任)함으로써 사회적으로 불이익이나 차별을 당하지 않는 조건을 마련하는 책임이다. 이와 동시에 돌봄의 관계망에 속한 시민들 모두가 이러한 관계를 보호하고 증진해야 할 돌봄의 사회적 책임이다. 이때 국가는 이러한 돌봄의 사회적 책임이 실천되고 실현되는 제도적 조건을 보장할 책임을 갖는다.

실현방법

복지는 시장을 규제하고 자원을 재분배함으로써 그 목적(인간다운 삶의 수준을 보장함)을 실현하고자 한다. 시장의 규제 정도와 상응하는 재분배 정도는 복지국가의 유형에 따라 다르게 나타난다. 예컨대, 에스핑앤더슨의 복지국가 유형분류에서 보듯, 자유주의 복지국가에서는 시장을 보완하는 수준의 재분배가 이뤄지는 반면, 사회민주주의 국가에서는 시장의 규제정도가 크기 때문에 따라서 복지를 통한 재분배 효과도 크게 나타난다(Esping-Andersen 1990). 또한 해당 국가 사회보장시스템의 유형에 따라, 즉 공공부조, 사회보험, 사회수당, 사회서비스 중 어떤 것을 갖췄으며 무엇이 강조되고 어떤 내용으로 제도화되었는지에 따라, 시장의 규제 정도와 재분배 효과는 다르게 나타나게 된다.

여기에서 중요한 것은 복지원리는 시장을 그저 부인하는 것이 아니기 때문에, 절대적 빈곤을 막고 시장의 분배가 야기한 불평등을 교정하고자 하는 목적으로 재분배를 지원한다는 점이다. 복지국가는 "자본주의 시장과정을 파괴하는 수단이 되는 것이 아니라, 그것을 좀 더 효율적으로 관리하는 일련의 집단 행위 기법"이라는 지적처럼(Garland 2016, 74), 시장을 관리하는 재분배는 복지의 핵심이자 대표적인 실현방법이 된다(양재진 2020, 88). 복지는 "'시장에 대항하는 정치'이기도 하지만 '시장과 함께하는 정치'"이기도 하기 때문에, 자본주의 시장경제의 생산력과 부는 복지국가의 물적 토대로서 "위험에 빠진 사람들에게 최대한의 사회보장"을 제공하면서도 역으로 복지국가의 사회보장은 사회에 안정성을 제공하고 시장경제의 정당성을 담보해준다고 보는 것이다(양재진 2020, 46-47).

이에 복지원리는 시장원리와 다른 별도의 재분배 규범이 필요하게 된다. 예를 들어, 롤즈(John Rawls)의 정의론은 복지국가의 이러한 재분배 규범의 철학적 논거를 제시한다. 롤즈에게 복지국가란 시장원리에 따른 소득분배에 대해 재분배하는 기구이며, 재분배에 대한 규범적인 기준은 이타주의나 온정주의가 아닌 공정성(fairness)이다. 공정성의 기준(롤즈가 제시한 정의의 원칙)으로 시장의 소득분배를 재분배하는 것이 궁극적으로 복지라는 것이다. 롤즈의 이러한 입장은 복지를 '분배적 정의'의 시각으로 접근하는 것이며, 따라서 분배적 정의의 실현은 복지국가의 주된 기능이 되게 된다(신정완 2016, 183-184). 롤즈가 제시한 재분배 규범인 공정성 원칙은 무지의 베일이라는 사고실험(thought experiment)을 통한 합의의 결과로서, 보편적이고 추상적이며 불편부당성의 특징을 갖는다.

복지가 재분배를 통해 빈곤감소 및 불평등 완화를 달성하고자한다면, 반면 돌봄은 돌봄을 주고받는 관계 속 행위를 통한 실천에 주목한다. 쉽게 말해, 복지가 자원을 통한 재분배에 주목한다면, 돌봄은 사람을 통한 실천에 주목한다. 돌봄의 실현은 자원이 아니라 사람이 필요한 것이다. 혼자는 삶을 이을 수 없는 아이에게는 재분배되는 물적 재화보다 돌봄필요에 응답하는 누군가가 있어야 한다. 무력한 의존인의 안전과 필요에 대처하기 위해 있어야 하는 것은 같은 공간에서 시간, 시선, 교감을 함께 나누며 인간다운 관계를 키우고 지켜줄 사람이다. 돌봄은 누군가를 보존하고 성장시키며 사회화하는 응답적 사유(thought)를 동반하지만(Ruddick 1989), 그렇다고 그러한 사유는 "두뇌만 굴리는 걱정(cerebral concern)"이 아니다(Tronto 1993, 104). 또한 돌봄은 재화를 필요로 하지만, 그렇다고 단지 재화를 사람 앞에 두고 가는 서비스도 아니다. 돌봄실천은 시선과 같은 인간만이 교감할 수 있는 비언어적 소통수단뿐만 아니라 누군가의 손이 닿아야 해결되는, 일회적일 수 있지만 대개는 어떤 과정을 구성하는 인간적 실천이다. 돌봄은 누군가의 취약성에 응답할 수 있는 공간적 거리에서 동시간대에 맞춰 누군가의 에너지와 사회적 비용이 소모되는 도덕적 실천이다. 이러한 실천은 취약한 누군가에게는 생명의 구조(rescue)가 되며, 나아가 이는 인간다운 삶이 지향하는, 확장된 돌봄관계를 맺고 유지해가는 관계적 씨알의 원천이 된다.

또한 복지가 보편적이고 추상적이며 불편부당성의 특징을 갖는 공정성 원칙을 재분배 규범으로 삼고 있다면, 돌봄실천의 행동규범은 시공간적으로 조건지어지기에 매우 구체적이고 특수하며 맥락적이다. 여기에서 중요한 것은 돌봄실천 역시 그 실천을 평가하는 규범성을 담고 있다는 점이다. 그러나 이는 롤즈가 언급한 이성(reason)에 기초한 사고실험의 산물이 아니라, 돌봄을 주고받는 구체적인 실천과 관계 속에서 그러한 실천과 관계의 옳고 그름을 평가하고 개선할 수 있는 행위규범이다(Ruddick 1989, 55). 예컨대, 앞서 언급한 하인즈의 딜레마를 살펴보자. 정의윤리를 상정하는 남아들 같은 경우는 추상적이고 보편적인 원칙의 프레임 속에서 답을 찾는다. 하인즈 아내의 생명은 약사의 재산보다 더 가치 있는 것이라는 원칙을 전형으로 보고, 도덕생활의 다양하고 복잡한 문제를 일반적인 원칙(재산권이 중요한지 혹은 생명권이 중요한지)을 도출해 낼 수 있는 이분법적인 선택의 문제로 — 약을 훔치느냐 마느냐 — 추상화하여 깔끔하게 단순화한다. 반면 돌봄윤리를 상정하는 여아들의 경우는 대안이 나올 법하지 않을 때조차도 대안을 만들고, 사건을 철저하게 관찰하며, 약사나 아내에게 다시 이야기해보기를 주저하지 않고, 난처한 질문, 즉 '약이 정말로 치료효과가 있을까요?'라고 질문할 것을 요구한다(Ruddick 1989, 75-135, 168). 추상적이고 보편적인 원칙에 의문을 제기하며, 또한 정형화된 규범을 따르기 보다는 구체적인 맥락과 상황을 고려하여 딜레마 문제에 있어서 "열린 결말"을 유도해내는 것이다(Held 2006, 31). 이러한 과정은 문제해결의 과정에서 원칙을 우선함으로써 배제되는 고려사항이 없도록, 서로의 맥락과 특수성으로부터 성찰적으로 포용하려는 실천의 기획으로 이해될 수 있다.

[표 2] 복지원리와 돌봄원리 비교

	복지원리	돌봄원리
목적	인간다운 삶 (일정수준 소득보장과 사회적 위험대비를 통한)	인간다운 삶 (취약한 인간의 돌봄필요에 응답하는 관계를 통한)
보장수단	시민적 권리	시민적 책임
실현방법	자원의 재분배	관계 속의 (돌봄)실천

* 출처: 저자 작성

이하 논의에서는 앞서 살펴본 복지원리와 돌봄원리의 비교([표 2])를 기초로 하여 돌봄이 복지에 비해 보다 의미 있게 적용되는 지점들을 짚어보고자 한다. 이는 궁극적으로 돌봄원리와 복지원리가 사회운영 원리로서 서로 상보적일 수 있는 가능성의 지점들이다.

4 돌봄원리는 취약한 인간의 필요에 더 포용적이다.

복지원리에서 취약한 인간의 필요를 간과했거나 배제했다고 보는 것은 잘못이다. 소위 사회적 약자라고 통칭되는 아동, 노인, 장애인, 여성 등은 복지의 중요한 수혜대상으로서 다뤄진다. 하지만 독립적이고 생산적인 시민의 노동활동을 원칙적으로 전제하는 복지원리는 그러한 전제에 따라 혜택의 수혜자에게 노동이라는 특정한 방식의 규범과 행동을 요구한다. 그 결과 복지원리에서 노동의 규범과 행동에 부합하지 않는 (혹은 부합되지 못하는) 사람들은 동급의 상대로 존중되지 않는다. 이것이 복지가 취약한 시민의 필요를 제대로 포용하지 못한다고 자주 비판받는 지점이다(백영경 2017, 131).

물론 아동이나 노인처럼 노동할 수 없는 연령대이거나 장애인처럼 소위 노동능력을 갖추었다고 보기 어려운 경우, 복지혜택을 받기 위한 근로조건은 부과되지 않는다. 급여기간에도 제한이 없어서 연금이나 장애수당은 사망 시까지 계속 지급될 수 있다(양재진 2020, 49). 따라서 아동, 노인, 장애인의 필요충족은 노동의 가능성 여부와 상관없이 복지의 관심대상이 된다. 그럼에도 불구하고, 이들의 필요와 이에 대한 응답은 그 자체로서의 목적보다는 노동과 생산에 종속적이며 도구적인 것으로 주로 이해된다. 예컨대, 아동에 대한 복지는 번성할 미래사회에 대한 투자 개념으로 접근되며, 장애인에 대한 복지는 그것이 소모적인 것이 아니고 생산적인 것임을 강조하여 전개된다(안형진 2020). 아동, 노인, 장애인에 대한 공공돌봄도 그 자체의 당위성보다는 공공부문의 일자리창출이라는 목적에서, 특히 경력단절 여성의 일자리 창출을 위한 목적에서 보다 설득력을 갖는다(김태성·성경륭 2014, 237). 결국 사민주의 복지국가의 두 가지 중요한 정책목표란 완전고용 보장과 사회보장이라는 양재진(2020, 49)의 주장을 상기할 때, 사회보장은 사회적 위험에 닥쳐 빈곤과 실업 상태일 때 개입하는 정책이며 복지에서 전제하는 인간은 기본적인 필요를 갖는 인간이지만, 이때 필요충족의 원칙은 노동활동의 전제 위에 설립된 사회적 위험의 대비 측면에서 주로 다뤄지고 있다.

반면 돌봄원리는 취약한 인간의 필요를 노동과 생산에 부차적이나 수단적인 것이 아니라 취약한 인간의 필요에 응답해야 하는 당위에 주목한다. 따라서 돌봄원리는 취약한 인간의 필요에 더 포용적일 수 있다. 더 나아가 돌봄원리는 취약한 소수를 대상으로 한다기보다 취약한 모든 인간의 보편적인 필요라는 측면에서 설득력을 더한다.

… 돌봄이 소수에 국한된 문제가 아니라 우리 모두의 문제라고 볼 때 매우 중요한 지점이다. 흔히 많은 이들은 돌봄을 받아야 하는 사람을 그저 도움이 필요한 불쌍한 사람으로 타자화한다. 이는 누구나 언젠가는 돌봄을 필요로 한다는 점을 생각하면 어불성설이다(김보영 2020, 168).

이 점에서 복지는 수혜를 받는 사람이 "불쌍한 사람으로 타자화"되고 대상화되기 쉬운 반면, 돌봄은 우리 모두가 인생사 당연하게 겪는 보편적 인간의 필요라는 측면에서 접근된다. 결국 복지는 평등한 가치를 지닌 존재로 대우받는 인격적 개체가 인간다운 삶을 유지할 수 있는 재화와 보편적 기준에 초점을 두는 반면, 돌봄은 인간다운 삶을 관계에서 찾으며 인간의 보편적 취약성이 인정되고 돌봄필요가 충족되는 돌봄관계를 그 중심에 둔다. 이를 확장해 볼 때, 이상적 지향으로서의 돌봄은 궁극적으로 길리건의 주장처럼, "인간관계를 맺는 행위이며, 다른 사람이 무엇을 필요로 하는지 느껴서 그에 응답하고 연결의 그물조직이 유지되게끔 세상을 보살핌으로써 아무도 소외되지 않게 하는 것"이라 할 수 있다(Gilligan 1982, 133-134). 돌봄원리의 관점에서 볼 때, "어느 누구도 예외 없이 도덕적인 고려에 포함되어야 하며, 그들의 필요에 적절한 응답이 주어질 것이고, 어느 누구도 소외되거나 고통 받지 않"아야 하는 것이다 (Gilligan 1982, 135).

더 나아가, 돌봄은 "자신의 필요와 다른 사람의 필요를 존중하고 보살피는 공감"을 바탕으로 사회적 연대(social solidarity)의 보다 튼튼한 정초가 될 수 있다(Gilligan 1982, 135). 물론 '연대'는 복지원리에서도 중요한 개념이다. 복지원리에서 상정하는 '연대'는 사회적 위험의 분산적 공유 개념으로서, 사람들 간에 상호의존 관계(연대)를 형성함을 통해 사회적 위험을 함께 책임진다는 의미로 이해된다. 이는 "물질적으로 궁핍한 개인과 집단을 위한 재원의 재분배를 정당화"하려 할 때 그 논거로 활용된다(여유진 외 2018, 50). 실제로 역사상 복지의 성취는 노동계층이 이루어낸 것처럼 보이기도 했으나, 이는 농민, 중산층, 전문직을 포함하는 폭넓은 연대로 만들어진 것이었다. 하지만 돌봄원리는 복지원리와는 다른 새로운 차원에서 상호의존과 사회적 책임에 기초한 연대에 대한 기반을 제공할 수 있다. 돌봄원리는 취약한 이들에게 인간다운 삶을 보장하는 추상적인 원칙에 기대는 것이 아니라, 이들의 고통을 외면하지 않는 신념과 태도로 채워진 구성원 간의 사회적 관계망을 통한 연대에 주목한다. 돌봄경험이 인정되고 장려되어 사회적 가치로 배합된 연대는 상대적으로 취약한 시민의 고통에 보다 민감하게 반응할 수 있다. 돌봄관계는 사회적 신뢰의 토양을 견고히 한다는 헬드의 주장처럼, 돌봄관계에서 자라는 애착과 신뢰의 경험은 사회적 유대의 확장을 가능하게 하는 관계형성의 원료가 된다(Held 2006, 89-92). 타인의 고통을 외면하지 않는 태도를 지닌 사람들이라면, 그들이 노동자건, 농민이건, 주부건, 남녀노소건, 장애인이건 상관없이 이들을 교차해서 묶어내는 연대를 더 튼튼하게 조성할 수 있다. 돌봄이 서로가 서로를 보듬는 사회적 애정의 기반이 되는 것이다.

이 장에서는 돌봄원리에 기초한 연대를 '돌봄적 상상력'이라 칭하고자 한다. 돌봄적 상상력은 추상적인 담론이 아니라, 돌봄을 주고받은 경험에서 비롯된 감정과 체험을 유사한 처지에 있는 타인의 심정까지 확장해서 전이(轉移)시키는 도덕적·감정적 능력이다.[69] 이 능력은 각자가 구체적으로 경험해온 돌봄이라는 보편적 경험에서 파생된 상상력이다. 그래서 '돌봄적 상상력'은 각자의 삶에서 내가 애정을 보내고 애착의 대상이 되었던 내 자식, 내 부모, 내 이웃으로 특정되는 취약한 인간과의 관계적 경험이 기반이 되어, 사회적으로 외면당하고 위협받고 억눌린 다른 구성원들에게 유대와 연대감을 갖게 되는 도덕적 능력과 태도를 포함한다. 그렇기 때문에 기존에는 사적인 것이라 백안시해왔던 자식, 부모, 이웃에 대한 애틋한 감정도 돌봄원리에서는 사회적으로 소통하고 확장시켜 나눌 수 있는 또한 시민적 태도를 고양하고 또한 정의로운 공동체로의 항행(航行)에 도움이 되는 원동력이 될 수 있다.

돌봄적 상상력은 소위 입주민 갑질로 인해 자살한 아파트 경비노동자, 스크린 도어 정비 중 사고를 당한 하청업체 청년, 과로로 사망한 택배노동자, 학교 앞 어린이보호구역에서 교통사고를 당한 어린이 등이 우리 모두의 자녀이자 이웃의 부모였음을 되새긴다. 입주민 갑질로 인해 자살로 생을 마감한 아파트 경비원의 사연을 적은 청와대 청원사이트 역시 그가 "한 가정의 사랑받는 소중한 할아버지, 남편, 아빠"였음을 상기시킨다(청와대 국민청원 2021). 더 나아가 돌봄적 상상력은 단절된 돌봄관계에서 사람들이 위협받고 동료들이 고통받게 되는 사태를 방지하지 못한 책임을 우리 모두와 국가에 적극적으로 묻는다. 그래서 국가를 구성하고 운영하는 법과 제도도 그 당위성의 논거를 추상적인 가치나 포괄적인 원리에만 두는 대신, 돌봄관계가 위협받거나 끊겨서는 안 된다는 돌봄적 상상력에 기초한 연대감에 함께 호소할 수 있다.

예컨대, 스쿨존 교통사고로 희생된 김민식군 사건의 재발을 막기 위한 소위 '민식이법(어린이 생명안전법)'이 처리되는 과정은 우리모두가 누군가의 자식이고 누군가의 엄마와 아빠라는, 각자의 돌봄경험과 돌봄관계를 상기시키는 돌봄적 상상력과 연대감이 법안 처리의 기폭제가 되었음을 보여준다. 2019년 12월 고위공직자범죄수사처 설치법을 지연시키기 위한 필리버스터로 '민식이법' 처리가 불투명해지자 그 법안에 이름을 올린 아이들(해인이, 민식이, 하준이, 태호)의 유가족들은 국회에서 기자회견을 열었다. 연일 보도되는 오열하는 부모의 모습에 '아이들의 안전을 정치권이 볼모로 삼는다'며 정치권에 대한 국민적 공분이 일어났고, 이는 '민식이법'이 우선 처리되는 계기로 작용하였다(오마이뉴스 2019.12.10.). 그러나 '엄마들의 눈물'의 기자회견만으로 '민식이법'이 처리된 것은 아니었다. 그 이면에는 자식을 키우는 모든 엄마들과 아빠들이 부실한 안전으로 자식을 잃은 '엄마들의 눈물'을 통해 그 슬픔에 동감하게 되고, 이는 나아가 어린이 안전에 부실한 사회의 전반적인 성찰의 계기가 되었기 때문이다. 결국 엄마들의 기자회견이 보통의 아이들의 일상과 엄마들의 삶도 법과 정치와 무관하지 않다고 보게 되는 평범한 시민들의 의식변화의 전환점이 된 것이다(최이숙 2020; 오마이뉴스 2019.12.26.).

이러한 돌봄적 상상력은 스웨덴의 사민당 당수였던 한손이 국민적 '연대'를 주장한 '국민의 집' 연설 내용과 닮았다. 한손은 적녹동맹을 주장하며 노동자(적) 및 농민(녹)이 함께 어울려 살 수 있는 국가를 좋은 가정에 비유한다.

가정의 기초는 공동체와 연대이다. 좋은 가정에는 특권이나 무시, 편애와 의붓자식 따위가 존재하지 않는다. 좋은 가정에서는 어떤 사람도 다른 사람을 깔보지 않으며, 어느 누구도 다른 이를 희생시켜 이득을 얻고자 하지 않으며 강자가 약자를 억압하거나 강탈하지도 않는다. 좋은 가정에서는 평등, 배려, 협동, 지지가 넘쳐난다

(페르 알빈 한손의 1928년 의회 연설 중, 여유진 외 2018, 48에서 재인용).

'돌봄적 상상력'은 기존의 복지원리가 충분히 강조하지 않았던 인간의 불가피한 취약성과 이들에 대한 응답에 중요한 의미를 부여한다. 그래서 돌봄원리는, 한손이 묘사한 '연대'의 모습처럼, "어떤 사람도 다른 사람을 깔보지 않으며, 어느 누구도 다른 이를 희생시켜 이득을 얻고자 하지 않으며, 강자가 약자를 억압하거나 강탈"하지 않는다. 왜냐하면 고통 받는 동료 구성원들이 내 자식과 내 부모로서 이해되기에 그리고 그러한 이해가 각자의 특수하고 구체적인 돌봄경험에서 연유한 돌봄적 상상력과 돌봄관계망에 의해 뒷받침되기에, 이는 취약한 인간의 필요에 더 포용적이기 때문이다.

5 돌봄원리는 시민이 담임해야 할 책임을 더 권장한다.

마셜의 사회권은 빈곤층에게 시혜를 베푸는 전통적 사고를 넘어, 권리 개념을 통한 시민의 복지라는 새로운 패러다임을 제시한 것으로 평가받는다. 복지는 국가의 시혜가 아니라 시민이 국가에 보장을 요구할 수 있는 시민 권리로서의 정당성을 부여받는다고 앞서 살펴보았다. 권리 담론은 복지를 시혜나 자선이 아닌 시민이 당연하고 당당하게 요구할 수 있는 권리로서 이해하게 만들었다는 장점이 있다. 복지를 시민적 권리로서 이해하는 이러한 장점은 하지만 다른 한계를 노정한다. 즉, 권리의 프레임으로 논의되는 복지는 이에 대한 의무 논의를 최소화한다는 한계에 부딪힌다. 시민적 권리로서 복지를 제한되게 개념화하게 되면, 복지를 보장받는 개별 시민이 동료시민 및 자신이 속한 공동체에 어떤 시민적 책임(의무)이 있는지에 대한 논의를 최소화하게 만든다. 실제로 이러한 비판 속에서 복지권리와 복지책임 간의 균형을 잡고자 하는 노력이 복지국가 담론 내에서도 제시되고 있다. 예컨대, 스웨덴이나 영국의 신노동당에서 보여지는 최근의 담론은 복지권리에 상응하는 복지수급자가 따라야 하는 의무에 대해서 강조한다. 복지는 단지 권리로서 보장되는 것이 아니라 사회적 책임과 의무를 다하는 경우에만 보장될 수 있다는 개인책임과 국가책임이 함께 강조되는 "상호책임성의 논리"가 복지개혁의 원칙으로 언급된다(정원오 2010, 151-152).

물론 기존 복지원리에서 의무 논의가 없는 것은 아니다. 복지국가에서 복지수혜를 제공받는 시민은 크게 두 가지 의무, 즉 노동의 의무와 납세의 의무를 갖는다. 노동의 의무란 노동자로서 시민은 노동을 통해 공공의 이익 및 경제발전에 기여해야 한다는 것이고, 납세의 의무란 시민은 노동을 통해 얻은 임금을 납세하여 국가가 복지재원을 마련할 수 있도록 해야 한다는 것이다. 이러한 의무는 복지국가가 상정하는 시장경제와 사회보장 간의 선순환 관계 속에서 무리 없이 이해되어 질 수 있다. 하지만 이러한 의무의 전제는 시민을 노동자의 역할로 또한 국가를 (혹은 국가의 존재이유를) 세금이라는 공적 자원에 대한 효율적 집행을 수행하는 역할로 주로 제한한다(신광영 2011, 206). 그 결과 노동의 의무와 납세의 의무에 근거해서는 동료 시민과의 관계 속에서 또한 공동체의 구성원으로서, 복지를 보장받는 시민이 동료 시민에게 또한 자신이 속한 공동체에 대해 어떤 의무(적극적 책임)가 있는지에 대한 심도 깊은 논의가 어렵게 된다.

무엇보다도 자신과 동료 시민 그리고 자신이 속한 공동체를 지속가능하게 하고 성장시키는 돌봄의 경우, 나와 타인 그리고 사회에 대한 시민적 책임 논의가 반드시 이뤄져야 하는 영역이다. 앞서도 언급했듯이, 돌봄은 취약한 사람의 필요를 충족시켜야 하는 인간의 윤리적 책임이다. 취약한 이들을 돌보고 이들과 관계를 맺는 윤리적 책임은 서로 서로를 보살피고 상생해야 하는 시민의 공유된 사회적 책임에 상응한다. 이렇듯 서로를 돌보는 돌봄책임이라는 전제가 우선되어 충족되지 않는다면, 복지원리가 언급하는 타인의 권리도 그것이 존중될 수 있는 상호관심과 연대의 토대를 상실하게 될 것이다 (Held 2006, 249). 따라서 복지원리에 비해 돌봄원리는 "취약한 사람의 필요에 응답하는 사회의 책임을 인정하는데 있어, 기존의 도덕보다 신선하고 견고한 진지(陣地)"를 제공하고 있다고 볼 수 있다(Held 2006, 169).

돌봄원리에서 시민이 담임해야 하는 돌봄의 사회적 책임은 서로를 돌보는 돌봄의 관계망을 함께 보호하고 증진해야 할 책임이다. 이는 구체적으로 돌봄을 주는 사람들과 돌봄을 받는 사람들이, 즉 돌봄관계에 속한 사람들이 그 관계를 담임함으로써 어떠한 사회적으로 불이익이나 차별을 당하지 않는 조건을 함께 마련하는 사회적 책임에 해당한다. 이 점에서 시민적 책임으로서 돌봄은 저출산을 포함한 총체적인 '돌봄위기'에 처했다고 진단받는 현재의 한국사회에 함의하는 바가 크다. 정부는 지난 15년 동안 200조 원이 넘는 예산을 저출산 정책으로 지출하였지만, 결과적으로 출산율은 이전에 비해 더 떨어져서 정책의 실효성에 대해 신랄하게 비판받고 있다(서울신문 2021.02.24.). 하지만 돌봄을 시민적 책임으로 본다면 돌봄의 사회문제에 있어 그 해결책을 모색하는 데 중요한 함의를 갖게 된다. 백영경(2017, 114)이 지적하듯이, 저출산과 돌봄위기는 "재화를 지불하는 것으로 해결하기 어려운 성격의 것"이며, 이는 "실제로는 삶의 영역 전반에서 돌봄의 문제를 누가 책임져야 할 것인지"에 대한 근본적인 질문에 답해야 하는 문제이기 때문이다. 즉, 돌봄문제는 여타 수당지원 등으로 해결될 수 있는 이슈가 아니라 돌봄을 하기에 우호적이지 않은 사회구조 속에서 누가 돌봄을 책임져야 하는지, 돌봄을 책임지는 사람이 불이익이나 차별을 당하고 있지는 않은지, 어떻게 하면 서로가 함께 공정하게 돌볼 수 있는지의 문제로 귀결되며, 이에 답할 수 있는 제도적 방안을 강구하는 것으로부터 저출산과 돌봄위기의 근본적인 해결책을 찾아야 하기 때문이다.

돌봄원리에서 보는 국가의 역할은 시민의 돌봄책임이 수행될 수 있는 제도적 조건을 보장하는 것이다. 국가는 시민이 돌봄책임을 평등하고 정의롭게 담당할 수 있는 조건을 보장하는 책임이 있다. 이때 국가는 돌봄이라는 서비스를 개별 시민에게 제공·전달하는 주체를 넘어선다. 국가는 사회의 다양한 수위의 돌봄관계망이 보다 공정하고 안전하고 안심할 수 있게끔 충분하고 적극적인 지원을 하는 것이다. 이는 사회권적 시민권으로 복지에 접근하는 기존 복지원리에 비해 다음과 같은 사안에 있어 보다 적극적인 국가의 역할을 기대할 수 있다. 예컨대, 최근 양육비를 미지급한 부모에 대한 신상정보 공개 사이트('배드파더스')가 논란의 중심에 있었다(경향신문 2020.01.19.). 이 사이트는 이혼 후 양육비를 지급하지 않는 부모의 신상정보를 인터넷 상에 공개함으로써 양육비 징수를 원활하게 하고, 그래서 양육비 지원 없이 아이를 혼자 키우는 한부모 가족을 경제적으로 돕기 위한 취지로 만들어졌다. 이 사이트가 만들어진 배경은 양육비 미지급 부모에 대한 처벌이 현재의 법률시스템으로는 강제하기 어려웠기 때문이다. 양육비 지급의 문제는 개인(배우자) 간 채무계약의 이슈로 상정되는 이상, 이에 대해 국가가 개입할 근거가 제한되게 된다. 결국 이 사이트는 양육비 미지급 부모의 명예권과 아이의 생존권 간 대결양상의 프레임으로 논쟁화되었다. 웹사이트 논란이후, 정부정책은 양육비 미지급 부모에 대해 향후 운전면허 정지, 출국금지 조치, 더 나아가 형사처벌에 신상공개까지 가능할 수 있도록 변경되었다. 그럼에도 여전히 양육비 이행을 사적인 계약 사안으로 보고 있는 현 법률시스템 아래서는 국가의 적극적인 개입이 어렵고 그 결과 실제적인 처벌 실효성이 낮다고 비판받는다(KBS 2021.03.28.). 하지만 돌봄원리의 측면에서 양육비 미지급에 대해 접근한다면, 아이의 양육비를 내지 않는 부모는 돌봄책임을 해태(懈怠)한 자이기 때문에, 아이와 남은 부모의 돌봄관계를 보호하기 위해 양육비 불이행 부모에 대해 양육비를 강제로 징수하거나 이들을 처벌하고 제재하는 등의 적극적인 국가의 기대할 수 있다.

　　유사한 맥락에서, 돌봄원리의 입장에서 볼 때 가정이나 혹은 보육(요양)시설에서 벌어지는 아동학대나 노인학대에 대해서, 또한 가정이나 보육(요양)시설에서 돌봄제공자가 겪는 착취와 불평등에 대해서도 적극적으로 국가가 개입할 수 있는 규범적 당위가 존재하게 된다. 돌봄제공자와 돌봄수혜자 간의 힘의 불균등으로 인해, 아이, 노인, 장애인 같은 돌봄수혜자는 돌봄제공자의 학대와 지배에 상시적으로 비(非)보호될 수 있다. 그러한 이유로 가정과 시설에서 아동학대나 장애인학대 등이 끊임없이 불거져 나온다. 최근 기사화된 양부모의 학대로 숨진 정인이 사건이나 인천 국공립 어린이집 장애아동 학대사건 등이 비근한 예이다(세계일보 2021.02.13.; 한겨레 2021.01.21.). 그러나 동시에 돌봄제공자 역시 누군가를 돌봄으로 인해 심리적·감정적으로 소진되며 사회경제적으로 우위에 있는 돌봄관계 밖 제3자(주로 남편이나 국가)의 지배에 상시적으로 노출될 수 있다. 또한 시장에서 임금을 받는 유급 돌봄제공자의 경우도, 다른 노동과 달리 제대로 보상받지 못하거나 다른 누군가의 경제적 처분에 위태롭게 종속되게 된다. 이 경우 돌봄원리에서 상정하는 국가는 학대와 지배에 취약한 돌봄수혜자와 돌봄제공자 모두를 보호하고 지원함으로써 돌봄관계가 정의롭게 지속될 수 있도록 역할하는 것이다. 국가는 돌봄관계에서 파생된 불평등과 부정의를 교정함으로써 돌봄관계를 보호하고 지지하는 책임을 담임한다(김희강·박선경 2021).

사회학자 신광영은 복지를 국방이라 표현한다. 과거에는 국방이 외부로부터 받는 위협에 대비해 국토와 국민을 지킨다는 의미로 쓰였지만, 현대적 의미의 국방은 실업, 빈곤, 질병 같은 국가 내부의 다양한 사회적 위험으로부터 국민을 보호함을 뜻한다는 것이다. 따라서 현대국가에서 복지는 국방의 새로운 개념이라고 강조한다(신광영 2011, 206). 이는 개인의 안전과 안보는 외부의 적으로부터 보호되는 것뿐만 아니라 국가로부터의 적절한 지원이 보장되어야 한다는 해석으로, 충분히 설득력이 있어 보인다. 그러나 동시에 이러한 해석이 중요하게 간과한 지점이 있다면, 국방은 국가의 의무이기도 하지만 동시의 국민의 의무라는 점이다. 복지도 마찬가지이다. 시민적 의무와 책임으로서 복지 역시 강조되어야 하며, 그러기 위해서는 시민 서로 간 돌보고 또한 함께 돌봐야 하는 책임에 주목하는 돌봄원리는 의미 있는 대안이 될 수 있다고 본다. 왜냐하면 시민은 시민권적 사회권의 담지(擔持)자이지만, 동시에 (그리고 그 이전에) 동료 시민에 대한 그리고 자신이 속한 크고 작은 공동체에 대한 공유된 돌봄책임의 담임(擔任)자이기 때문이다.

6 돌봄원리는 자원이 아니라 인간관계에 더 주목한다.

복지원리는 빈곤을 막고 불평등을 최소화하기 위한 목적으로 재분배적 측면에 주목한다. 그래서 복지 이슈는 재화를 어떻게 나눌 것인지의 쟁점에 국한되고, 차별이나 의사결정의 지위 및 절차의 부정의 같은 근본적인 문제제기에 충분한 관심을 보이지 않는다 (Young 1990). 복지원리는 '복지 = 분배 = 정의'라는 프레임 속에서, 시장과 사회의 자원(재화)을 어떻게 공정하고 효율적으로 나눌 것인지에 복지의 초점을 맞춘다. 하지만 이러한 분배 중심의 복지체제는 다음의 지점에서 비판받고 있다(Young 2000, 3장). 첫째, 이러한 체제 속에서 분배의 기준과 절차는 추상적 규칙과 형식적 절차로 규제되고, 동시에 복지실무는 규격화·보편화·표준화되게 된다. 다시 말해, 시민의 자발적인 행동이나 공동의 결정 혹은 다양한 맥락과 구체적인 재량 아래 놓여 있는 삶의 많은 활동들이 추상적 규칙과 형식적 절차 아래에서 규격화·보편화·표준화되게 된다. 복지가 엄격한 행정관리의 대상이 되는 것이다. 이는 '복지관료제'로 통칭된다. 둘째, 복지수혜를 받는 시민들은 분배의 규칙에 "종속된 고객이자 소비자"로서 "관료체제의 지배"의 대상이 되게 된다(Young 2000, 183). 물론 시민은 고객이자 소비자로서 국가의 활동이 만족스러운지 평가할 수 있는 기회를 가질 수 있지만, 그러한 기회 역시 적극적이고 자율적인 시민의 참여를 원칙적으로 제한하며 동시에 시민을 단지 사적 존재로 치부해 버릴 뿐이다.

실제로 복지현장에서 복지관료제의 비판적 면면들을 발견하는 것은 그리 어려운 일이 아니다. 일례로, 코텀(Hilary Cottam)은 최근 저서에서 복지국가의 탄생을 이끌 만큼 선도적이라고 평가받았던 영국복지의 관료적 행정을 신랄하게 비판한다(Cottam 2018). 코텀이 비판하는 영국복지의 최대 한계는 경직된 복지제도와 무력해진 복지 현장이다. 복제체제는 과도하게 촘촘한 규칙과 무정한 절차의 시스템 속에서 복지대상자나 사회복지사 모두 무력함을 경험한다고 비판한다. "따라잡기 어려운 시스템과 미로 같은 과정, 정말 우리가 필요한 것과 우리 사이를 가로막는 짜증나는 규칙들"은 사회복지사를 감당할 수 없을 만큼의 업무에 허덕이게 만들었고, 복지대상자 역시 그러한 시스템 속에서 "관리와 통제의 대상"이 되어 "'소포넘기기 게임'의 배달상자처럼 이리저리 옮겨진다"라고 설명한다(Cottam 2018, 31, 34). 후자는 행정관리 시스템 속에서 탈인격화되는 복지대상자의 모습을 표현한 것이다.

이러한 관료제적 복지행정의 모습은 한국 사례에서도 역시 어렵지 않게 발견된다. 예컨대, 50대 치매 걸린 아버지를 돌보는 20대 청년 돌봄제공자의 자전적 에세이 『아빠의 아빠가 됐다』에서 저자는 복지대상자가 되기 위해 고군분투하는 자신의 모습을 묘사한다. 저자는 "이중 삼중으로 자물쇠를 채운 복지의 문"을 열기 위해, 칸막이도 없는 주민센터에서 모두가 들을 수 있도록 자신의 가난을 거듭 이야기하고 다양다종의 서류꾸러미를 받아옴으로써 결국 기초생활수급자로 "등급"할 수 있었던 일련의 과정을 생생하게 적는다(조기현 2019, 109-113). 10년째 발달장애아를 키우는 어머니의 자전적 에세이 『사양합니다, 동네 바보 형이라는 말』에서도 관료제적 복지행정의 한계가 곳곳에서 포착된다. 저자는 주기적으로 교체되는 주민센터 담당공무원도 잘 모르고 실수하는 수없이 많은 서류준비 때문에, 사안별로 주민센터, 구청, 국민연금공단, 복지부, 특수교수청을 일일이 문의하고 이곳저곳을 다시 들려야 하는, 복지대상자가 되기 위한 치열한 과정을 설명하며 반문한다(류승연 2018, 101-109). "대체 아는 게 무엇이랍니까? 주민센터 장애인 복지 담당자님들. 장애인과 관련된 사람들은 주민센터의 도움을 받아야만 하는데 당신들이 모르면 우리는 어찌하랍니까?"(류승연 2018, 103-104). 이 점에서 백영경은 복지관료제의 문제를 정확하게 꼬집는다.

> 국가와 시장은 각기 다른 방식으로 복지 수요를 양적으로 측정하고 관리할 수 있는 기술적 문제로서 파악하고자 하며, 실제로 일상 속에서 사람들이 경험하는 문제는 무엇이고 돌봄이 필요한 영역은 어디인지를 찾아내려 하기 보다는 서류에 의존하는 관료적인 태도나 효율성을 우선시하는 입장에서 비용과 수요를 감축하는 것을 지상과제로 삼는 양상을 보인다(백영경 2017, 135).

결국 관료적 복지체제 속에서 실제로 수혜받아야 하는 시민이 무엇을 필요로 하고 원하는지에 대한 충분한 공감과 이해 없이 이뤄진 수많은 규칙과 절차로 인해, 담당공무원도 소화하지 못할 정도의 과중한 업무 속에서 복지수혜자는 항상 평가받고 관리받아야 하는 비인격의 대상자가 되는 현실이다.

하지만 복지원리와는 달리 돌봄원리는 규격화·보편화·표준화된 규칙이나 절차에 의존하여 누군가의 필요를 평가하고 관리하는 시스템이 아니다. 돌봄원리는 본질적으로 다른 사람의 필요에 공감하고 이에 대해서 반응하는 것이고, 이것은 필요를 가진 사람의 구체적인 맥락과 처한 상황에 대한 이해를 함께 동반한다. 그리고 이는 필요를 갖는 개별 시민과 동료 시민, 그 시민이 속한 공동체에 대한 관계성을 필연적으로 동반한다. 따라서 돌봄원리는 분배되어야 하는 자원의 관리에 주목하는 것이 아니라 필요를 갖는 사람들에 맥락과 상황에 맞은 응답과 책임에 더 초점을 맞춘다. 또한 이들의 관계회복에 더 주목한다. 다시 말해, 필요를 관리하는 것이 아니라 필요에 적극적으로 응답함으로써 수혜자를 인격적으로 존중하는 것을 목적으로 한다. 이들이 단지 수단적으로 대상화되지 않도록 한다. 이로써 이들은 자신의 가난을 공공연히 증명하지 않아도 되고, 복잡한 규칙에서 '소포'처럼 이곳저곳을 옮겨 다니지 않아도 되는 대상이 되게 된다.

영국의 복지관료제를 비판한 코텀의 대안도 결국은 복지현장에 적용되는 관계 중심의 새로운 복지모델이다. 코텀은 단지 돈이나 관리로는 현재 우리가 당면한 복지의 문제를 제대로 해결할 수 없다고 지적한다. 소위 '복지의 영역'에서 발생하는 많은 문제가 이전처럼 사회보장과 실업보호 같은 재화지급으로 해결할 수 있는 문제가 아니기 때문이다. 실제로 시민들의 복지필요는 복합적이고 지속적이다. 유년기에 충분한 돌봄을 받지 못했거나 노동의 경험이 없고 경험할 수 없는 경우라면, 이들이 필요로 하는 복지는 단지 금전적인 것을 넘어선다. 이때 필요한 것은 그들의 필요에 맞게 구체적으로 대응되어야 한다고 코텀은 보았다. 결국, 복지란 주어진 범주의 모든 사람에게 자원이 일률적으로 분배되고 관리되는 것이 아니라, 이들의 맥락과 처한 상황에 맞게 구체적으로 제시되어야 한다고 설명한다. 하지만 현재의 복지는 "무엇이 필요한지에 대한 온정을 갖고 인간적으로 고민하기를 시작할 수 있는 언어조차 갖고 있지 않"기 때문에, 인간적인 연결과 관계, 이들의 필요와 존엄에 대해서 보다 고민해야 한다고 코텀은 지적한다(Cottam 2018, 62). 돌봄원리는 코텀이 지적한 기존 복지의 이러한 한계를 채워줄 수 있다. 돌봄은 인

간적인 연결과 관계, 인간의 필요와 존엄에 대한 '원리'이자 '언어'가
될 수 있다.

관료제의 형식주의와 보편주의, 규칙의 비개인성은 의사결정
자의 변덕이나 호불호의 자의성으로부터 사람들을 보호하는 기능
을 갖는다고 여겨진다. 그러나 실제로 개별 사례에 자동적으로 적용
되는 매커니즘은 없기 때문에, 비개인적인 규칙을 개별 사례에 적용
함에 있어 자의적인 판단의 개입은 불가피하다(Young 2000, 183). 이때
돌봄원리는 돌봄제공자(혹은 복지담당자)의 개인적 판단과 재량의 가
치에 의미를 부여한다. 최근 많은 논의들은 복지행정에 있어 정책을
실제 실행하고 이를 집행하는 일선 관료의 실천윤리로서 돌봄윤리
를 강조한다(Stensota 2015; Engster 2020). 정책의 실행단계에서 일선 관료
는 법률과 정책에 의해 제한되지만, 동시에 개별 시민을 상대하고
개별 사안을 적용할 때 거의 항상 재량적 판단을 요구받는다. 그리
고 그 재량권의 행사는 개별 '시민의 상황과 필요의 특수성'에 맞게
정당화할 수 있는 것이어야 한다. 예컨대, 실업수당을 받는 조건으
로 직업훈련에 참석해야 한다면, 이 조건 없이 무조건적인 혜택을
부여할 수는 없겠지만, 일선 관료는 시민이 자신의 집에 가깝고 관
심사에 맞는 직업훈련을 찾을 수 있도록 도와줄 수는 있다. 특히 일
선관료와 시민과의 관계는 상당히 불평등한 관계이지만, 이러한 불
평등한 관계 속에서 시민의 필요를 살피고 이에 구체적으로 대응하
며 책임지고 헌신하는 일선관료의 실천은 구체적인 돌봄실천에 상
응하는 것이다. 따라서 복지행정의 일선관료는 거대한 조직의 '톱니
바퀴'이기 이전에 누군가를 돌보는 '돌봄제공자'이다. 돌봄이란 다
른 사람의 구체적인 삶에 적극적으로 개입하여 필요에 어떻게 응답
할 것인지를 실천하는 것이므로, 추상적인 원리와 보편적인 절차만

을 통해서는 확립되기 어렵기 때문이다(Engster 2020, 628-631).

7 돌봄과 복지: 정의로운 국가의 운영원리

이 장의 목적은 복지원리와 돌봄원리의 비교를 통해, 돌봄이 복지의 한계를 아우르는 건설적인 가치이자 사회운영의 원리임을 논증하고, 돌봄이 복지의 하위부류가 아닌 대등한 사회원리로서 둘은 서로 보완적일 수 있음을 주장하고자 함이었다.

복지가 일정수준의 소득과 사회적 위험에 대한 대비를 통해 개인의 '인간다운 삶'을 보장함을 목적으로 한다면, 돌봄은 취약한 인간의 돌봄필요에 응답하는 관계 속에서 '인간다운 삶'을 찾는다. 복지가 시민의 권리로서 접근되는 반면, 돌봄은 시민 서로가 함께 돌봐야하는 책임으로서 접근된다. 복지는 주로 자원의 분배를 통해 실현되는 반면, 돌봄은 관계 속의 실천을 통해 실현된다. 이러한 비교를 기초로 했을 때, 돌봄원리는 복지원리에 비해 취약한 인간의 필요에 더 포용적이며 사회적 연대에 기반을 더 튼튼히 다질 수 있으며, 복지원리에 비해 담임해야 하는 시민적 책임을 더 권장하며 이를 통해 서로가 서로를 돌보는 돌봄책임을 적극적으로 지지할 수 있고, 더 나아가 복지원리에 비해 자원의 분배보다는 사람과 관계 중심의 실천에 주목함으로써 구체적이고 맥락적인 실천윤리의 가능성을 확인할 수 있었다.

이 장에서 살펴본 복지원리와 돌봄원리의 비교는 길리건이 설명한 정의윤리와 돌봄윤리의 프레임을 닮았다. 정의윤리는 권리, 정의, 공정을 중심으로 한 가치에 초점을 두는 반면, 돌봄윤리는 관계, 책임, 공감, 실천을 중심으로 한 가치에 초점을 둔다. 이 장을 마무리하며 강조하고 싶은 것은 길리건의 의도이다. 길리건은 자신의 의도가 정의윤리와 돌봄윤리가 얼마나 서로 대체적이고 대립적인지 혹은 이 둘 중 어떤 가치가 더 나은지에 대해 답하려는 것이 아니라는 점을 명확히 했다. 오히려 길리건의 의도는 포괄적인 도덕이론은 정의윤리와 돌봄윤리의 통찰력 모두를 놓쳐서는 안 된다는 점이며, 그러기 위해서는 이제껏 간과되어 왔던 돌봄윤리의 통찰력을 보다 더 주목해야 한다는 점이다(Gilligan 1982, 46).

결론적으로, '복지영역'의 사회운영 원리 입장에서 복지원리와 돌봄원리 모두를 의미 있게 수용하기 위해서는, 이제껏 간과되고 저평가된 돌봄원리의 입장을 보다 더 적극적으로 수용하고 반영해야 한다. 복지의 노동(생산)중심, 권리중심, 공정중심, 불편부당중심, 분배중심의 패러다임과 함께 돌봄의 취약성중심, 필요중심, 책임중심, 맥락중심, 실천중심의 패러다임이 평등한 가치로 제시되어야 한다. 복지원리가 노멀(normal)이 된 현재의 입장에서, 앞서 길리건이 기존 발달심리학에서 돌봄윤리를 언급할 때처럼, 돌봄원리는 매우 급진적인 시도로 보일 수 있다(Gilligan 1982, 29). 하지만 포괄적인 도덕이론을 위해 정의윤리와 돌봄윤리의 통찰력 모두가 필요하듯, 복지원리와 돌봄원리 모두는 더 나은 사회 더 공정한 국가를 위한 논의를 확장하는데 필요하다. 재분배를 통해 시장을 규제하고 사회권적 권리로서 국민의 생활수준을 보장하는 국가와 더불어, 서로의 취약성을 외면하지 않는 책임으로 다져진 시민의 돌봄실천을 통해 서로의 생존과 안녕을 담보 받으며, 그러한 돌봄실천의 관계와 가치가 공적으로 인정되는 국가야말로 궁극적으로 우리가 지향해야 하는 정의로운 국가라고 생각한다.

7장 ———————— 한국적 돌봄민주국가 :

도전과 전망

한국의 유교주의, 발전주의, 신자유주의 맥락이 돌봄민주국가의 도전과
전망으로서 작동하고 있음에도 불구하고, 한 가지 분명한 것은 그 어떠
한 맥락도 돌봄의 가치와 돌봄관계에 특별히 주목하고 있지 않다는 사실
이다. 그 결과 이러한 맥락에 놓인 현재의 한국적 복지국가는 돌봄중심
적이라 평가되기에는 어려웠다. 한국적 복지국가의 유교주의와 신자유
주의 맥락 아래 돌봄은 사적인 문제나 가정의 이슈로 돌려졌으며, 발전
주의 맥락은 경제발전을 명분으로 돌봄의 가치를 거들떠보지 않았다.

1 복지국가를 넘어 돌봄민주국가로

최근의 많은 연구는 돌봄이라는 부정할 수 없는 인간의 보편적인 경험과 돌봄의 가치에 근거한 돌봄윤리가 갖는 정치사회적 함의를 강조한다(Sevenhuijsen 1998; Kittay 1999; Engster 2007; Tronto 2013). 그 결과 돌봄윤리는 사회제도와 공공정책에 적용되는 이론으로서 중요하게 자리를 잡았다. 예를 들어, 커테이(Eva Feder Kittay)는 롤즈의 정의의 원칙을 수정해 돌봄에 기초한 제3의 정의의 원칙(care-based third principle of justice)을 제시하며(Kittay 1999), 나딩스(Nel Noddings)는 개인적 수준의 돌봄을 넘어 사회정책의 원리로서 돌봄윤리를 강조한다(Noddings 2002a). 잉스터(Daniel Engster)도 돌봄윤리가 필연적으로 현재의 복지국가에 구체적인 함의를 가질 수밖에 없음을 강조하며 "새로운 모습의 복지국가"의 규범적 원리로서 돌봄윤리를 제시한다(Engster 2007, 160-163; 2015). "돌봄활동에 대한 공적 지원을 정부의 목표로 정당화"하는 새로운 복지국가에 대한 신정의론(new theory of justice)으로서 돌봄윤리가 역할한다는 것이다(Engster 2007, 45-46). 이 점에서 잉스터가

"새로운 모습의 복지국가"라고 칭한, 즉 돌봄의 가치와 돌봄관계를 지원하고 반영하는 국가는 더 정의로운 복지국가, 더 나은 복지국가 등으로 다양하게 호칭된다(Kittay 2001a, 48-59; Tronto 2001, 74-82).

이 장에서는 잉스터가 "새로운 모습의 복지국가"라고 칭한, 돌봄윤리에 기초한 국가의 한국적 적용과 그 함의를 살펴보고자 한다. 앞서 5장에서 언급했지만, 필자는 이 국가를 돌봄민주국가로 부르고자 한다. 한국적 맥락에서 돌봄민주국가의 가능성과 한계를 짚어보는 보는 것이 이 장의 목적이다. 그렇다면 무엇이 한국적 맥락이며 그 특징은 무엇인가? 한국적 맥락에서 발전한 복지국가가 돌봄민주국가로 나아가기 위한 도전과 전망은 무엇인가? 이들 질문에 답하고자 한다.

지난 70년간 한국은 격동의 역사를 경험했다. 1945년 과거 36년간 일본의 식민지 지배로부터 해방되었고 그 후 3년 동안 미군의 통수 아래 있었다. 1948년 남한 단독의 정부가 수립되었으나 수립된 지 얼마 되지 않아 한국전쟁(1950~1953)을 겪었다. 무능하고 부패했던 초창기 정부는 1960년 이래로 군사 쿠테타 세력에 두 번이나 정권을 내어주게 된다. 그러나 1987년 시민의 힘으로 민주화를 이뤄낼 수 있었으며, 이후 현재에 이르기까지 세 번의 평화적인 정권교체를 이룸으로써 명실상부한 민주주의 국가의 자리를 견고히 하고 있다. 1997년 아시아 경제위기로 IMF 체제를 경험했음에도 불구하고, 비약적인 경제성장을 이뤄 현재 코로나19의 충격 속에서도 경제규모(GDP 기준) 세계 제10위의 국가로 성장하였다(한국경제 2021.03.15.).

격동의 역사 속 한국은 "동아시아 국가 중 복지의 확대속도가 가장 빠르고 그 형태도 유럽의 복지국가와 가장 가까운 형태"라고 평가받는다(김원섭 2011, 186).[70] 이 장에서는 한국적 복지국가의 특징을 규정짓는 중요한 세 가지 맥락에 주목하고자 한다.[71] 이는 유교주의, 발전주의, 신자유주의 맥락이다. 유교주의 전통은 한국 사회에 여전히 만연하며 한국의 복지국가 발전에도 중요하게 영향을 미쳤다. 식민주의 역사를 경험한 제3세계 국가인 한국은 군사 권위주의 정권 시기를 포함하여 경제발전을 국가발전의 중요한 모토로 삼는 발전주의 전략을 선택했다. 또한 한국은 1997년 아시아 금융위기와 IMF 체제 이후 신자유주의의 도입으로 구조조정과 시장주의를 적극적으로 받아들였다. 한국이 위치한 이러한 문화적·정치사회적·경제적 맥락은 매우 구체적이고 현실적이다. 이들 맥락은 서로 연계되기도 혹은 갈등하고 경합하기도 한다. 이러한 유교주의, 발전주의, 신자유주의 맥락에서 발전한 한국적 복지국가의 입장에서 돌봄윤리의 함의를 살펴보고 돌봄민주국가의 가능성과 한계를 살펴보는 것이 이 장의 취지이다.

먼저 돌봄윤리에 기초한 돌봄민주국가의 주요 원리들을 살펴볼 것이다. 그다음으로 유교주의, 발전주의, 신자유주의 맥락에서 발전한 한국적 복지국가의 특징을 밝힐 것이다. 이후 돌봄민주국가의 주요 원리들이 한국적 복지국가에 어떤 함의를 갖는지 탐색해 봄으로써 한국적 맥락에서 돌봄민주국가의 도전과 전망을 짚어보고자 한다.

2 돌봄민주국가의 원리들

정치사회제도의 원리로서 돌봄윤리는 국가란 무엇에 주목해야 하고 무엇을 해야 하는지에 대한 가이드라인을 제시할 수 있다. 잉스터의 표현에 따르자면, 돌봄윤리는 "돌봄정책에 대한 철학적 정당성"을 제공하는 것을 넘어 "돌봄실천의 수용과 지원을 정부의 중심 목표로 삼는 새로운 모습의 복지국가를 수립하고 정당화하는 이론적 체계"를 제시한다는 것이다(Engster 2007, 46). 필자는 돌봄윤리가 투영된 돌봄민주국가의 주요 원리들을 다음과 같이 제시하고자 한다.[72] 이는 돌봄민주국가의 기본전제를 함께 포함한다.

(원리 1) 돌봄민주국가는 모든 인간의 불가피한 돌봄의존성과 불가분의 상호의존성에 기초한다.

모든 인간은 누군가의 돌봄에 의존한다. "영유아기, 질병, 장애, 노약"은 인간의 삶에서 예외적인 상황이 아니라 우리의 생물학적 한계에 내장된 타인의 돌봄에 대한 불가피한 의존이다(Fineman 1995, 161-162; Kittay 1999, 81). 또한 우리의 상당수는 삶에서 또 다른 형태의 의존을 경험한다. 이는 누군가를 돌보는 것에서 비롯된 의존이다(Fineman 1995, 162-163; Kittay 1999, 135-141). 누군가를 돌본다는 것은 종종 물적 자원 및 편의를 또 다른 누군가에게 의존함을 의미한다. 아마도 돌봄에 대한 다양한 정의가 가능하며 또한 타인에게 의존하는 다양한 방식이 존재하겠지만, 우리는 모두 타인의 돌봄에 불가피하고 깊숙하게 의존하고 있다. 결국 우리가 타인에게 돌봄을 의존한다는 것은 우리에게 돌봄을 직접적으로 제공하는 돌봄제공자를 넘어 다른 타인에게 의존한다는 의미이다. 다시 말해, 돌봄제공자가 우리를 돌볼 수 있도록, 돌봄제공자에게 편의를 제공하거나 뒷받침하는 모든 사람에게 의존한다는 의미이다. 이는 우리는 "돌봄을 가능하게 만드는 광범위한 사회적 관계"에 불가분으로 상호의존하고 있음을 의미한다(Engster 2007, 94). 커테이의 표현에 따르자면, 우리는 의존과 돌봄의 항상 "연계되고 배태된 사회적 관계망 속"에 존재하는 것이다(Kittay 1999, 140).[73]

(원리 2) 돌봄민주국가는 돌봄과 돌봄인을 인간 삶과 사회 존속에 있어 필수적인 가치로 상정한다.

우리 모두는 삶을 유지·성장하고 사회를 존속·번영하는 데 타인의 돌봄과 돌봄관계에 의존 및 상호의존하기 때문에, "돌봄이 없다면 사회도 없으며, 돌봄이 없으면 사람도 없다"(Held 2006, 168). 누군가의 돌봄이 없었다면, 우리는 생존하고 성장하고 발전하지 못했을 것이며, 사회도 한두 세대 안에 대가 끊어질 것이다. 따라서 돌봄은 인간 삶에 있어서도, 그리고 사회의 존속과 지속가능에 있어서도 본질적인 가치이다. 돌봄은 다른 어떤 사회적·정치적 가치보다 선제한다(Held 2006, 43). 돌봄민주국가는 돌봄인에 가치를 부여한다(Held 2006, 83, 93-100). 돌봄인에 가치를 부여함은 인간은 본질적으로 돌봄인이라는 점을 인정하는 데에서 시작한다(Tronto 2017). 이는 또한 우리 모두는 돌봄관계 속에 존재하는 돌봄의 수혜자이자 제공자라는 점을 인정하는 것이다. "사람은 일생을 통해 돌봄의 필요와 능력이 변화하기는 해도 언제나 돌봄의 수혜자이자 제공자"이다(Tronto 2013, 87).

(원리 3) 돌봄민주국가는 모든 사람이 평등하게 적절한 돌봄을 받아야 함을 보장한다.

취약하고 의존적인 존재로서 모든 인간은 일생에 거쳐 다양한 돌봄필요를 가지며 그러한 돌봄필요는 적절히 충족되어야 한다. 돌봄필요는 의존인으로서 개인뿐만 아니라 "불가피하게 의존적인 사람"을 돌보는 돌봄제공자의 돌봄필요를 모두 포함한다(Fineman 2004, 35-36). "모두가 평등하고 포괄적으로 누릴 수 있는 — 수혜자와 제공자 모두 — 돌봄을 만드는 것"은 민주국가가 보장해야 할 최소한의 역할로 상정한다(Tronto 2013, 137). 이때 국가의 역할은 돌봄수혜자와 돌봄제공자 모두에게 적절한 관심과 지원을 제공함으로써, 그 누구도 돌봄관계에서 소외받거나 착취되지 않는 환경을 조성함을 의미한다(Kittay 2015). 이러한 국가의 역할을 권리의 언어로 표현한다면, 국가는 우리 모두에게 평생동안 "돌봄받을 권리," "돌볼 권리," 그리고 이 두 가지 권리를 판단할 "공적 과정에 참여할 권리"를 보장해야 한다(Tronto 2013, 287).

(원리 4) 돌봄민주국가는 돌봄관계를 보호하고 증진할 책임을 진다.

돌봄민주국가의 주요한 핵심 목적은 사회 전반에 이미 존재하는 돌봄관계와 돌봄활동을 지원하며 편의를 제공하는 것이다. 나딩스는 이를 제도적 돌봄(caring-about)으로 설명한다(Noddings 2002a, 48). 따라서 국가는 면대면으로 돌봄을 직접 제공하는 것이 아니라 제도적 돌봄을 통해, 즉 "개인적 수준의 돌봄을 지원하는 제도와 정책을 뒷받침하여 돌봄이 융성할 수 있는 사회적 조건을 수립함으로써 타인을 돌볼 수 있다"고 설명한다(Noddings 2015, 83). 유사한 맥락에서 커테이는 둘리아 원칙을 활용하여 국가의 역할을 설명한다. 둘라가 아이를 돌보는 산모를 돌보는 것처럼, 조달자는 의존인을 돌보는 돌봄제공자를 보조하고 지원하는 환경과 제도를 마련할 것을 주문한다(Kittay 1999, 238-239).[74] 이는 트론토(Joan C. Tronto)가 제시하는 "함께 돌봄"과도 맞닿아 있다(Tronto 2013, 276-277). 이때 트론토는 국가의 역할이란 "돌봄서비스의 제공자"라기보다 "현재 진행되고 있는 돌봄활동을 지원하거나 혹은 제한하는 것"이라는 점에 주목하며, 이러한 국가의 역할이 "공적 토론의 중심"에 놓일 수 있어야 한다고 강조한다(Tronto 2013, 288). 국가는 개인 사이의 돌봄관계를 단지 보호하고 증진할 책임을 넘어 돌봄관계를 평가 및 관리할 수 있어야 하며, 돌봄관계의 토양을 유실시키는 장치(예를 들면, 시장)를 어떻게 제한할 것인지도 판단할 수 있어야 한다는 것이다.[75]

(원리 5) 돌봄민주국가는 시민의 공유된 돌봄책임을 인정하고 이에 대한 공정한 분배를 제도화한다.

"돌봄에 의존하는 사회적 존재"로서 우리는 타인에 대한 돌봄책임을 갖는다(Engster 2007, 96). 쉽게 이야기하면, 우리 모두는 돌봄을 받아왔기 때문에 또한 돌봄의 사회관계망에 불가분하게 얽혀있기 때문에, 돌봄이 필요한 타인을 돌볼 책임이 있다는 것이다. 커테이는 이를 '돌봄에 대한 사회적 책임'이라 부른다(Kittay 1999, 209). 동시에 돌봄민주국가는 우리 모두가 공유하는 돌봄책임을 인정하고 이에 대한 공정한 분배를 제도화한다. 돌봄민주국가에서 우리 모두에게 공유된 돌봄책임이 공정하게 분배됨은 다음을 의미한다(Tronto 2013, 263-332). 첫째, 그 누구도 개인의 지위, 직업 또는 재산상의 이유로 돌봄의 책임분담에서 자유롭다면(트론토는 이를 무임승차로 표현한다) 이는 정당하지도 공정하지도 한다. 둘째, 현재의 사회제도가 일부에게만 돌봄책임을 부과하고 다른 일부에게는 회피할 수 있게 하여 돌봄책임 분담의 불평등을 야기·방조하고 있다면, 돌봄민주국가는 이러한 사회제도를 교정할 책임을 갖는다. 즉, 돌봄민주국가는 "돌봄책임을 방기하는 무임승차권을 정당하게 회수"할 수 있다(Tronto 2013, 313). 셋째, 돌봄책임의 분배는 민주적 과정과 조건을 통해 담보되어야 한다. 이를 통해 돌봄수혜자와 돌봄제공자를 포함하여 돌봄에 참여하는 모든 사람의 목소리가 분배의 의사결정 과정과 조건에 공정하게 반영되어야 한다.

3 한국적 맥락과 한국적 복지국가

이하 논의에서는 한국적 복지국가의 주요한 특징을 짚어보고자 한다. 한국적 복지국가의 특징은 한국이 놓여있는 문화적·정치사회적·경제적 맥락과 필연적으로 관련된다. 이를 각각 유교주의, 발전주의, 신자유주의 맥락으로 나누어 살펴보겠다. 이들 맥락은 서로 복잡하게 혼재해 있어서 이들 간 특징을 구분 짓는 것이 어렵기도 하다. 어떤 경우는 개별 맥락이 특정 복지정책 및 제도에 반영되어 있음을 경험적으로 증명해 보이는 것이 논쟁적일 수 있다. 그럼에도 이러한 구체적인 맥락을 이해하는 것은 한국적 복지국가의 성격을 이해하는 데 도움이 된다.

유교주의 맥락

한국사회에서 유교는 더 이상 국가종교도 정치이념도 아니지만 여전히 가장 오래되고 영향력 있는 문화 전통으로 한국인의 사고와 행동양식에 영향을 미치고 있다(Kim and Choi 2015, 131-213).[76] 무엇보다 유교주의 문화와 전통은 한국의 복지제도와 정책의 주요 성격을 특징짓는 데 의미 있게 이바지했다고 평가받는다(Sung and Pascall 2014).

이에 한국을 포함하여 유교주의의 영향을 받는 동아시아 국가은 '유교주의 복지국가(Confucian Welfare State)'(Jones 1993, 214) 혹은 '가족주의 복지국가(Oikonomic Welfare State)'(Jones 1990, 446)로 불리기도 한다.

유교주의 맥락의 대표적인 특징은 첫째, 돌봄(복지)제공의 주체로서 비공식적 결사의 역할이 강조된다는 점이다(Goodman and Peng 1996, 193; 홍경준 1999). 비공식적 결사에는 가족, 이웃, 지역공동체 등 다양한 비국가적 조직이 포함되지만, 유교주의는 그중 핵심적으로 가족의 역할에 주목한다. 왜냐하면 유교주의에 따르면 가족의 화목과 유지는 전체 사회의 화목과 유지의 근간이며, 사회관계는 가족 내 구성원 관계(부자관계, 부부관계, 형제관계 같은)의 확장으로 간주되기 때문이다(Kim and Choi 2015, 132-134). 예를 들어, 가족은 유교주의 최상의 윤리 덕성인 모든 인간에 대한 사랑, 즉 인(仁)과 부자관계에서 요구되는 윤리 덕성인 부모공경, 즉 효(孝)가 실천되는 "최초의 장소"이다. 또한 자기 부모에 대한 공경(filial respect)이 타인 부모에 대한 공경으로 확대됨으로써, 한국인들은 친구의 부모님이나 혹은 전혀 모르는 낯선 어르신에게도 아버지, 어머니라는 호칭을 자연스럽게 부른다. 유교주의에서 개인의 정체성은 주어진 관계와 개인이 속한 비공식적 결사를 통해서 발현되며, 가족과 공동체의 화합과 유지를 위해 개인에게는 가족과 공동체에 대한 책임과 의무를 이행할 것을 요구한다.[77]

현재 한국사회에서 비공식적 결사는 다양한 수준에서 사회구성원들의 복지필요를 충족시키고 있다. 자녀에 의한 부모의 국민연금 대납이나 가족 내에서 이뤄지는 소득이전(예를 들면, 부모님 용돈 및 생활비 지원) 등은 자주 볼 수 있는 현상이다(홍경준 1999, 319).[78] 유교주의 맥락에서 국가는 직접적인 복지(돌봄)제공의 노력이 낮으며, 오히려 국가의 복지정책은 가족이나 기타 공동체의 재건을 목적으로 하여 이들 공동체의 기능과 역할을 강화하는 데 힘을 쏟는다(Jones 1993, 198). 예를 들면, 한국은 1960년대부터 산아제한 인구정책을 실시했는데, 이는 국가가 가족을 위한 복지를 제공하기보다 가족 구성원의 수를 줄여서 가족 스스로 부양이 가능하도록 동기를 부여하는 정책으로 평가되기도 한다(여유진 외 2014, 224). 몇 년 전에는 저출산과 돌봄부족을 해결하기 위해 정부 여당이 '가족 3세대 동거지원'을 제시하기도 하였다. '가족 3세대 동거지원'은 3세대가 더불어 살아가는 가족공동체 회복을 목적으로 하는데, 이는 효문화를 계승할 뿐만 아니라 노인봉양을 실천하고 세대 간 육아부담을 용이하게 할 것이라는 논리였다(노컷뉴스 2015.07.17.).

둘째, 위에서 언급했듯이 유교주의에서 가족은 소득과 돌봄을 제공하는 주된 주체로서, "가족의, 가족에 의한, 가족을 위한 복지"라는 가족책임주의의 모습을 보인다(Yamashita et al. 2013, 475). 여기에서 주목해야 하는 것은 가족구성원에 대한 돌봄책임이 주로 가족 내 여성(어머니, 아내, 며느리, 딸)에게 부과된다는 점이다. 전통적으로 한국은 유교적 전통에 기초한 위계적 부모자녀관계(父子有親)와 부부관계(夫婦有別)를 중심으로 가족주의를 형성·유지해왔으며, 특히 가족구성원에 대한 주요한 돌봄제공자로서 가족 내 여성의 역할이 지속되고 있다. 예컨대, 한국의 보육 예산은 최근 10년간 5배 이상 증가하였으며, 이에 따라 1.2%에 불과하던 취학전 아동의 보육 비율은 2016년 기준으로 0~2세는 49.3%, 3~5세는 90.5%로 급증했다(육아정책연구소 2016, 34-35, 23-24). 그러나 지난 25년간 여성의 노동시장 참여율은 크게 변화하지 않고 있다. 1990년 47.0%이던 여성의 경제활동 참가율은 2000년 48.6%, 2011년 49.7%, 2015년 51.8%로

25년 동안 4.8% 포인트 높아지는데 그쳤다(통계청 2016). 이러한 통계는 공적 돌봄 인프라가 크게 확대되고 있음에도 불구하고, 한국사회에서 여전히 주로 어머니가 아동을 양육하고 있음을 보여주는 일면이다(윤홍식 2012, 262).

특히 한국은 1980년대 이후 가족 내 자녀수가 감소하고 가족관계도 핵가족 중심으로 변화하였음에도 불구하고, 돌봄제공자로서 여성의 역할에는 큰 변화가 없어 보인다. 이 점에서 대표적인 저출산 국가인 한국의 저출산 원인에 대한 해석은 서구적 맥락과는 다르게 분석되기도 한다. 서구에서 저출산은 개인주의 확대의 결과로 이해되지만, 한국에서 저출산은 여성친화적 고용체계가 부재한 상태에서 여성들이 이중으로 부과된 돌봄노동과 시장노동을 조절하기 위하여, 개별가구 수준에서 적은 수의 자녀에게 돌봄과 자원을 집중하려는 전략적 선택으로 해석된다(여유진 외 2014, 224). 즉, 한국의 저출산은 가족주의 해체의 증거라기보다 여성에게 부과된 돌봄책임에 근거한 자녀중심 가족주의의 사례라는 것이다.

발전주의 맥락

한국은 일본의 식민지 지배(1909~1945)와 한국전쟁(1950~1953)을 거치면서 선진국으로 도약하고자 하는 제3세계 국가의 전형을 보이게 되는데 그것이 바로 발전주의이다. 발전주의란 전후 신생국가들이 생존과 존립이 상시적으로 위협받는 취약한 후기 식민주의의 국제환경 속에서 자국의 생존에 가장 중요하다고 생각하는 경제성장에 정치적 우선권을 부여하는 맥락에서 해석될 수 있다(Holliday 2000, 718-719). 이들 국가는 빈곤을 벗어나는 것, 즉 국가에 의해 주도되는 경제발전을 정부운영의 최상위 목표로 하는 발전주의 전략을

택하게 된다(Johnson 1982). 특히 대다수의 발전주의 국가들은 권위주의 정권의 모습을 보였으며 이는 한국도 예외가 아니었다. 경제발전의 목표는 권위주의 정권의 정치적 정당성을 위해 활용되었다. 이러한 발전주의 국가의 특징은 복지제도 및 정책에도 영향을 미치게 된다(Kwon, 2005; Holliday 2000).[79]

발전주의 맥락의 특징은 첫째, 복지정책을 경제발전에 반하는 것으로 간주하여 이를 억제하거나 혹은 이를 단지 경제발전의 수단으로 활용하는 것이다(Kwon 2005, 2009; Holliday 2000, 709). 한국의 발전국가는 "경제성장을 위해 국내의 모든 경제적, 사회적 자원을 동원하는 체계"로서, 복지정책에 대한 정부지원이 최대한 억제되었고, 정부지원을 받는 경우에도 경제적 필요에 부합하는 제도가 우선적으로 발전하였다(김원섭 2011, 191). 예를 들어, 5·16 군사 쿠데타로 집권한 박정희 군사정부(1963~1979)는 경제성장 우선주의를 내세우면서도 이전 정권에 비해 상대적으로 많은 복지제도(예를 들어, 산재보험(1963)과 건강보험(1963))를 도입했지만, 그 이유는 이러한 복지제도가 암묵적으로 경제성장에 도움이 된다는 이유에서였다(윤도현 2017, 195-196). 또 다른 군사정권인 전두환 정부(1980~1988)도 '복지국가건설'을 국정지표의 하나로 내세웠지만, 이는 실질적으로 경제발전을 의미할 뿐 적극적인 복지정책의 도입이나 예산의 증가는 거의 없었다(윤도현 2017, 197).

한국의 경우 군사권위주의 정권 기간인 1960년부터 1987년 민주화 이전까지 발전주의 복지국가의 전형을 보였다고 일반적으로 평가되나, 1997년 이후 민주주의 진보정권의 복지체제에서도 복지제도의 정책목표가 경제발전과 성장에 종속되는 발전주의적 경향이 지속되었다고 평가되기도 한다.[80] 예를 들면, 진보정권인 김대중

정부(1998~2003) 동안 주요 사회복지제도가 정비·확대되고 사회부조와 실업급여 같은 제도를 통해 국가가 직접적으로 복지를 제공하는 역할을 수행하게 되었지만, 복지정책이 경제발전을 위해 이용되는 발전주의적 특성은 근본적으로 변하지 않았다는 것이다(Kwon 2005, 494). 노동유연화의 부작용 완화와 개별 기업의 복지부담을 감소시키기 위해, 즉 경제 효율화에 기여하고자 하는 목적으로 공적 사회안전망을 확충하려고 노력하였다는 것이다(Kwon 2005, 493).[81] 이후 보수정권인 이명박 정부(2008~2013)도 감세, 규제완화, 친기업 정책을 통해 7%대의 고성장을 달성하고자하는 목적으로 복지와 분배보다는 성장을 강조하는 "강한 발전주의적 정파성"을 보였다고 평가된다(김태성·성경륭 2014, 600). 시민들의 촛불혁명으로 정권교체에 성공한 문재인 정부(2017~) 역시 아동수당 도입, 치매국가책임제 도입, 국민건강보험 대상의 확대, 기초연금의 수당 인상 등 적극적인 복지(돌봄) 확대를 꾀하고 있지만, 여전히 복지는 성장전략이라는 담론을 구사하고 있는 것이 현실이다(한겨레 2017.08.10.).

　　발전주의 복지국가의 두 번째 특징은 발전주의 전략을 구사하는데 요구되는 국가의 강력한 역할, 즉 강한 국가이다. 국가가 정한 정치적 우선순위를 달성하기 위하여, 물적·인적·제도적 자원을 동원할 수 있는 역할과 권한을 국가가 역시 지닌다는 것이다. 강한 국가는 복지 분야에도 적용된다. 이는 국가가 복지를 적극적으로 지원하고 제공한다는 의미라기보다 복지의 의미와 정도 및 대상과 범위를 선정에 있어 국가의 의도와 역할이 절대적이라는 의미이다. 권위주의 정권의 경우, 경제정책에서는 적극적으로 개입하였지만 사회정책에서는 제공자보다는 규제자의 역할을 자처하게 된다(김원섭 2011, 191). 이러한 강한 국가의 특성은 권위주의 정권뿐만 아니라 진보적 민주정권에도 해당되는 것으로 평가된다. 진보적 민주정권인 김대중 정부의 복지정책 역시 정책결정에 있어 노동계와 시민사회의 영향력이 반영되었다고 하지만, 여전히 국가주도로 "위로부터 이루어진" 경향이 강했다는 것이다. 복지정책을 지지하는 사회세력이 단단하게 형성된 상태에서 이들의 이해가 반영되어 이뤄진 정책이 아니라는 평가이다(윤도현 2017, 204).

신자유주의 맥락

한국사회가 직접적이고 강력하게 신자유주의의 영향을 받은 것은 1997년 아시아 경제위기부터이다. 한국은 부족한 외환을 조달하기 위해 세계은행과 IMF의 권고에 따라 경제 및 노동부문에서 신자유주의적 구조조정을 진행하게 된다. 복지정책 역시 이러한 신자유주의의 큰 틀 내에서 영향을 받았다고 평가받는다(손호철 2005, 218). 논쟁의 여지가 있음에도, 진보적 민주정권인 김대중 정부의 복지정책 역시 시장으로부터 노동을 보호하는 탈상품화에 주목하기보다 자유주의적이고 잔여주의적 성격이 지속되었을 뿐만 아니라 오히려 강화되었다는 평가가 있다(정무권 1999; 조영훈 2002; Park 2011). 이렇듯 신자유주의의 영향력은 복지확대에도 불구하고 복지정책의 기본노선으로 시장경쟁과 민영화를 추구했던 진보적 민주정권인 노무현 정부(2003~2008)에도 이어졌다고 평가된다(윤도현 2017, 207). 특히 최근 10년 동안의 보수정권인 이명박 정부(2008~2013)와 박근혜 정부(2013~2017)에는 복지정책이 더욱더 신자유주의적으로 변모하였다.

신자유주의 복지국가의 가장 두드러진 특징은 복지에 있어 시장의 역할을 강화한다는 것이다. 시장은 복지를 최선으로 할당하는 제도이며, 복지에 있어 정부나 다른 공적 제도의 필요는 단지 잔여주의적으로 존재한다는 입장이다. 쉽게 말해, 신자유주의 복지국가의 핵심은 시장을 통한 복지이다. 이명박 정부에서는 신자유주의적 복지를 '민간주도 복지'라는 이름으로 담론화함으로써 대대적으로 시장이 복지의 영역에 침투하기 시작하였다. 이는 돌봄을 제공하는 사회서비스 영역도 예외가 아니었다. 이전 노무현 정부 시기로부터 사회서비스 영역이 가파르게 확대되었고 이명박 정부 시기에는 아이돌봄서비스나 장기요양보험제도 같은 공적 돌봄지원제도가 적극적으로 확대되었음에도 불구하고, 돌봄의 분배체계는 주로 시장을 통함으로써 사회서비스의 생산과 공급의 시장화·민영화가 진행되었다(김태성·성경륭 2014, 610).

한국에서는 국가에서 운영을 위탁받은 민간단체 및 법인에 의해 운영되는 민간시설에서 대부분의 돌봄서비스가 제공되고 있다(윤홍식 외 2010, 318). 예를 들어, 2016년 기준 민간과 가정어린이집의 비율은 개소 수 기준으로 85%를 차지하는 반면 국공립어린이집의 비율은 7%에 불과하다. 이용 아동 수 기준으로 볼 때도, 민간과 가정어린이집은 74%, 국공립어린이집은 12.1%에 머물고 있다. 유치원의 경우도 국공립유치원의 이용률은 2016년 24.21%(아동 수)에 불과하다(육아정책연구소 2016, 18, 20).

이에 더해 사회서비스 바우처제도의 도입과 확대는 사회서비스 제공의 시장화를 가세하고 있다. 사회서비스 바우처의 재정규모는 2007년에 1,874억이었으나 2012년에는 8,796억 원까지 증가하였다. 이 기간 이용자는 2배, 제공기관은 4배가량 증가하였지만, 이과정에서 노인돌봄, 산모신생아도우미, 가사간병사업, 보육, 장애아동 재활치료, 장애인활동보조 등 다양한 사회서비스가 시장을 통해 공급되었다(김태성·성경륭 2014, 610). 바우처의 기본 논리는 소비자에게 서비스를 선택할 수 있는 권리를 보장하고 공급기관 간의 경쟁을 유발하여 서비스의 질을 높이겠다는 것이지만, 최근의 많은 연구들은 사회서비스 영역에서 바우처 제도가 이러한 목적에 충실히 부합하고 있지 못하며, 오히려 시장적 기제의 도입이 여러 문제점을 야기하고 있다고 지적한다(양난주 2015).

두 번째 두드러진 특징은 근로연계복지와 자립에 대한 강조이다. 복지정책 아래 시민들이 자신의 노동을 통해 시장에 의존하게 함으로써, 근로소득의 획득을 통해 자신의 생활을 꾸려나갈 것이 요구된다. 국가의 책임은 주로 교육과 훈련기회의 제공에 제한되며, 개인은 노동을 통해 자신의 생활을 책임지는 개인책임이 강조된다(조영훈 2002, 92-94). 노무현 정부 시기 동안 도입된 근로장려세제(EITC)와 사회적 일자리 창출 및 노동을 장려하는 사회투자국가는 노동을 장려함으로써 저소득층의 복지의존을 줄이고, 이를 통해 복지에 대한 국가책임을 줄이려는 의도로 평가된다(윤도현 2017, 207). 이명박 정부가 내세운 '능동적 복지'의 프레임도 국가의 복지책임을 최소화하고 개인의 자립과 근로연계복지를 최대화하려는 시도로 평가된다(김태성·성경륭 2014, 603).

4 한국적 맥락의 돌봄민주국가

이하 논의에서는 앞서 살펴본 돌봄민주국가의 주요 원리들이 한국적 맥락에서 어떤 함의를 갖는지 탐색해 보도록 하겠다. 유교주의, 발전주의, 신자유주의 맥락의 관점에서 볼 때, 돌봄민주국가의 특징을 갖추기 위해서 한국적 복지국가는 어떤 가능성과 한계를 지니는가? 이에 답하고자 한다.

유교주의 맥락

유교주의 맥락이 돌봄민주국가에 갖는 가장 유의미한 가능성은 자유주의적 인간관에서 벗어나 관계적 인간관을 지향한다는 점이다. 유교주의는 가족 내 구성원의 관계인 부자관계, 부부관계, 형제관계 같은 우리에게 주어진 비선택적 관계의 윤리적 중요성을 강조하며, 이러한 관계에서 파생된 인간의 의무와 책임을 전제한다. 인간은 관계적이고 상호의존적인 존재이며, 이러한 관계에 기초하여 자신이 속한 가족과 공동체의 유대와 결속을 강조하는 것이다. 이는 돌봄민주국가의 원리가 보여주듯, 인간을 관계적이고 상호의존적인 존재로 바라보는 돌봄윤리의 특징과 일면 상통한다(원리 1).

특히 유교적 맥락은 가족과 우애 같은 사적 관계의 도덕적 중요성을 강조하며, 사적 관계의 도덕적 의미는 내 가족에게만 한정되는 되는 것이 아니라 사회 전체로 확대된다. 공과 사가 구분되어 서로 대립하지 않고 하나가 된다는 유교적 이상에 기초하는 것이다(윤홍식 2012, 267). 이 역시 돌봄윤리의 입장과 맞닿아 있는 지점이다. 돌봄윤리의 입장에서 볼 때, 돌봄은 단지 가족적 가치일 뿐만 아니라 사회적 가치이기도 하기에, 이는 공적 윤리란 사적 윤리의 확장으로 바라보는 유교적 관점과 양립될 수 있다(Held 2006, 49-50). 앞서도 언급했듯이, 한국사회에서 나의 부모님에 대한 공경(효)은 타인의 부모님에 대한 공경으로까지 확장된다.

이런 모습은 복지제도에도 나타난다. 한국은 2008년 노인장기요양보험제도를 도입하면서 돌봄서비스 제공인력으로 요양보호사

제도를 함께 시행했다. 요양보호사제도는 일련의 수업과 시험을 통과해야 요양보호사로서 인정받을 수 있는 국가자격제도이다. 정부는 요양보호사제도를 사회적 '효 나누미'라 표현하며 이를 선전하고 담론화하였다(경남신문 2015.12.03.). 자신의 부모를 공경하는 효라는 윤리적 가치가 요양보호사제도를 통해 다른 어르신들에게도 공유된다는 것이다. 즉, 국가가 제공하는 공적 돌봄서비스라기보다 우리 모두에게 부여된 효라는 윤리적 가치를 함께 나눈다는 담론을 통해 노인장기요양보험제도가 활용된 것이다.

이 점에서 김성문은 유교적 가족주의는 돌봄에 대한 가족책임에 머무르지 않고 책임의 범위가 돌봄이 필요한 타인과 사회적 약자에게 확대되는 잠재성을 지닌다고 강조한다. 다시 말해, 윤리적 책임의 한계가 가족을 넘어 동료 시민에 대한 돌봄과 도움으로 전환될수 있는, 즉 "가족적 돌봄이 시민적 관심과 돌봄"으로 전환될 수 있다는 것이다(Kim 2014, 158, 177). 이러한 관점에서 유교주의 복지국가는 돌봄민주국가의 원리인 타인에 대한 시민의 공유된 돌봄책임의 논리가 적용될 수 있는 가능성이 존재한다(원리 5).

반면 유교주의 맥락의 가장 큰 한계는 가부장적 가족주의이다. 돌봄책임이 가족 내 여성에게 주로 부가되는 유교주의의 특성은 돌봄민주국가의 모습과 배치된다. 한국은 성별에 근거한 유교적 전통이 남아있고, 성별분리의 전제하에 여성이 있어야 하는 자리는 여전히 '가족'이라는 관념이 남아있다. 여성이 돌봄을 제공해야 한다는 전통적 가족책임주의가 한국사회를 여전히 지배하고 있는 것이다(윤홍식 2012, 279). 반면 돌봄윤리는 기존의 전통적인 돌봄실천을 그대로 따르는 것이 아니라 위계적이고 불평등한 돌봄실천에 도전하고 이를 변화시키는 데 기여하는 규범이론이다(Held 2006, 130-133).

유교적 가부장제는 성별분업에 근거하여 여성을 무급의 돌봄노동자로 한정하기 때문에, 유급노동에 종사하는 남성보다 여성을 더욱 열악하게 만들고 여성을 착취하는 결과를 낳게 된다. 유교주의 복지국가는 돌봄이 가족 내에서 어떻게 분배되고 있는지 크게 주목하지 않음으로써 가족 내 여성의 불리한 지위 및 저임금에 시달리며 돌봄노동을 하는 다수 여성의 착취에 일조하고 있는 셈이다. 이는 돌봄관계에서 돌봄수혜자와 돌봄제공자가 소외받거나 착취되지 않는 환경을 보장해야 하는 돌봄민주국가의 원칙에 위배된다(원리3).

　　유교주의 맥락의 또 다른 한계는 돌봄을 지원하는 국가역할의 부재이다. 유교주의에서 돌봄은 가족이나 공동체의 기능으로 간주되기 때문에 돌봄을 제공하고 지원하는 독립적인 국가의 역할은 제한된다(Jones 1993, 204-205). 실제로 한국의 대표적인 공공부조인 국민기초생활보장제도의 경우, 생활보호제도라는 이름으로 1961년 도입된 이래 제도적으로 많은 변화가 있었지만 가족이 부양의 기본적인 의무를 지닌다는 부양의무자제도는 최근까지도 지속적으로 운영되어 온 이력이 있다.[82] 국민기초생활보장제도는 부양의무자제도가 폐지되기 전까지 도입 50년 동안 오히려 부양의무자의 범위를 확대하였다. 특히 국민기초생활보장제도는 부양의무자 범위와 평가에 관한 매우 상세한 기준을 포함하고 있었기 때문에, 부양과 관련된 모든 단계에 국가가 "일일이 개입하여" 가족에 의한 "사적 부양을 강제"하는 양상으로 평가되기도 하였다(김수정 2003, 195). 이는 공공부조의 혜택 조건조차 가족이 우선 부양의무를 져야한다는 가족책임의 논리에 묶여있음을 보여주는 사례이다(김수정 2003, 217).

　　다른 예를 살펴보자. 2008년 돌봄의 사회화를 지향하는 노인장기요양보험제도가 도입되었고, 동시에 이즈음 「효행장려 및 지원에 관한 법률」도 함께 도입되었다. 이는 돌봄의 공적 지원을 제도화 하면서도 동시에 유교주의적 가족책임주의를 제도화하는 시도도 함께 진행되었음을 방증한다(여유진 외 2014, 241). 가족책임주의의 또 다른 예로 몇 년 전 국회에서 자녀가 부모님께 드리는 용돈에 대해 소득공제를 해주는 법안의 발의가 추진된 사례를 들 수 있다. 이 법 안은 부모님을 봉양하는 자녀에게 세재 해택을 주면 가족이 노인봉 양을 책임지는 전통적인 효사상이 진작됨과 동시에 노인의 생활부 조에 대한 국가부담의 감소 효과도 있다는 논거로 제안되었다(YTN 2015.03.24.). 그러나 국가의 돌봄책임을 제한하는 이러한 유교주의 입 장은 돌봄민주국가의 원칙과 배치되는 것이다. 돌봄민주국가는 가 족과 공동체가 돌봄을 담당하도록 단지 두는 것이 아니라, 가족과 공동체의 돌봄을 지원하는 정부의 더 포괄적이고 적극적인 역할과 기능을 지지하기 때문이다(원리 4).

최근 효의 유교주의 가치를 국가가 적극적으로 지원함으로써 돌봄책임의 주체로서 국가의 역할을 강조하는 담론이 대두되고 있 다. 이는 유교주의의 가족책임주의와 상반되는 모습이다. 문재인 대통령은 후보시절 공약으로 치매국가책임제와 (노령)기초연금 인 상을 국정과제로 제시하며 "이제는 국가가 나서서 우리 어르신들 께 효도해야 한다"고 설파하였다(SBS 2017.04.18.). 이는 유교주의 맥 락의 돌봄민주국가의 입장에서 볼 때 고무적인 일면으로 평가될 수 있겠다.

발전주의 맥락

발전주의 맥락이 돌봄민주국가에 갖는 유의미한 가능성은 강 한 국가의 역할을 상정하고 있다는 점이다. 돌봄민주국가는 돌봄관계를 보호·지원하고 시민의 공유된 돌봄책임을 제도화하는 공식적이고 규범적인 기능을 수행한다(원리 5). 더 나아가 돌봄민주국가는 돌봄관계를 보호하고 지원하기 위해 시장과 가족 등을 어떻게 교정하고 제한할 것인지를 판단할 수 있는 권한을 갖는다고 주장한다(원리 4). 비록 한국의 발전주의 맥락이 돌봄필요와 돌봄관계의 지원에 특별히 주목하고 있지 않지만, 국민의 의무 집행자로서 국가의 주도적인 역할을 상정하고 있다는 점에서 돌봄민주국가에 긍정적인 함의를 가질 수 있는 잠재성이 있다. 다시 말해, 발전주의 맥락에서 등장하는 강한 국가의 특징은 그 자체로 돌봄민주국가에 부정적이라고 보기는 어렵다.[83]

그러나 발전주의 맥락의 강한 국가가 갖는 한계점 또한 분명하다. 첫째, 발전주의 국가는 자의적이다. 한국의 발전주의 역사를 살펴보면, 국가발전, 경제성장, 국민보호라는 명분으로 국가의 자의적 권력을 정당화해왔다. 이는 비록 발전주의 복지국가는 명시적으로 '돌봄'이라는 표현을 사용하지는 않았지만, 경제발전과 생활안정을 통해 국민을 돌보고자하는 '온정주의적(paternalistic)' 전제가 강하게 내포되어 있음을 알 수 있다. 하지만 이러한 '온정주의적' 전제는 돌봄민주국가에 부정적이다. 많은 돌봄윤리 학자들이 온정주의의 위험성에 대해 지적하듯이, 돌봄민주국가의 원리는 온정주의 국가가 양립하지 않는다.

예를 들면, 트론토는 나라얀(Uma Narayan)이 언급한 영국이 진행했던 식민지 인도에 대한 돌봄 담론의 불편한 이면을 지적하였다(Tronto 2013, 75). 나라얀에 따르면, 영국이 인도 식민지를 정당화하고 합리화하기 위해 사용한 것은 인도를 식민화함으로써 인도를 돌볼 수 있다는 온정주의적 성격의 '돌봄' 담론이었다. 트론토는 이러한 나라얀의 논의를 언급하면서, '돌봄'이 좋은 목적뿐만 아니라 나쁜 목적에 자의적이고 무분별하게 혼용될 수 있음을 경고한다. 트론토의 경고는 한국의 발전주의 맥락에도 적용된다. 경제발전이라는 명분은 권위주의 국가를 정당화시키는 자의적인 수단으로 사용되었다. 반면 돌봄민주국가에서는 "모든 돌봄이 좋은 돌봄으로 정의되지 않기"때문에 (Tronto 2013, 75), 이 점에서 "자애로운 지배(benevolent domination)"는 좋은 돌봄의 사례에 해당되지 않는다(Held 2006, 56)(원리 4).

둘째, 민주적 조건의 부재는 발전주의 맥락의 또 다른 치명적인 한계이다. 국가가 온정주의에 빠지지 않고 좋은 돌봄을 지지하기 위해서는 국가의 역할과 권한이 민주적 과정과 절차, 민주적 환경을 통해 보호되고 지지되어야 한다. 하지만 한국의 발전주의 복지국가는 이 점에 미흡하며, 이는 돌봄민주국가의 원리와 배치된다. 돌봄민주국가는 공정한 분배의 룰을 정함에 있어, 돌봄수혜자와 돌봄제공자를 포함하여 돌봄에 참여하는 모든 사람의 목소리가 분배의 의사결정과정과 조건에 공정하게 반영되어야 함을 강조한다(원리 5). 반면 온정주의는 돌봄제공자가 과도하게 자신의 권위를 내세우고 자신의 입장에서 돌봄필요에 대한 판단을 특정해서 규정하는 것이다(Tronto 2013, 138-141).

돌봄민주국가는 돌봄을 제공하는 국가의 권위만을 강조하는 것이 아니라 민주적 돌봄, 즉 시민 모두가 함께 책임지는 민주적 환경에 의해 지지받는 돌봄을 강조한다. 이는 또한 돌봄활동을 지원하거나 제한하는 국가의 역할이 공적 토론의 주요 의제가 되어야 한다는 의미이기도 하다(Tronto 2013, 263-311). 따라서 돌봄민주국가는 민주적 방식의 돌봄을 지지하며, 이러한 조건 속 강한 국가는 강한 시민사회와 양립할 수 있게 된다(정무권 2017). 하지만 한국의 발전주의

복지국가는 강한 국가의 특징은 존재했지만 강한 국가가 강한 시민 사회에 의해 뒷받침되지는 못했다.[84]

신자유주의 맥락

일반적으로 한국의 신자유주의 맥락은 돌봄민주국가의 한계로 작동한다(원리 4, 원리 5). 첫째, 돌봄민주국가는 시장주의, 즉 시장을 활용한 돌봄분배 방식에 있어 부정적이다(Held 2006, 206-236; Tronto 2013, 224-226). 왜냐하면 무엇보다도 시장을 통한 돌봄분배는 사회구조가 돌봄의 불평등을 생산하고 영구화하는 방식을 감추기 때문이다(Tronto 2013, 237-239). 이러한 시장의 한계는 한국사회에서도 나타난다. 2009년 가정양육수당과 보육바우처가 도입되고, 2013년 무상보육이 전 계층에 실시되는 등 공적 돌봄에 대한 인프라가 확장된 것처럼 보이지만, 양육수당과 보육바우처를 통해 제도화된 돌봄의 시장화는 돌봄책임을 성별로 또한 소득별로 계층화시켰다고 평가받는다(송다영, 2009).

현재 한국사회는 보육서비스의 무려 95%가 민간시설에 의존하고 있으며, 아이가 무상 보육기관을 이용하는 경우에도 많은 부모들이 사적 돌봄망을 함께 병행하는 경향이 크다. 예를 들어, 사적 돌봄망은 조부모와 친인척 같은 혈연을 통해서도 이뤄지지만, 육아돌보미의 고용을 통한 시장의 민간부문 인력에 의존하는 경우도 크게 증가하고 있다(백경흔 외 2017, 16-20). 특히 중고령의 중국동포 육아돌보미 여성의 유입이 증가하고 있는데, 이용가구의 특성을 보면 월 가구소득은 400~600만 원 미만 31.3%, 600~800만 원 미만 22.4%, 1,000만 원 이상 18.5%로 고소득 계층에서 주로 지원을 받고 있다. 또한 육아돌보미를 고용하는 어머니의 학력이 4년제 대졸 이상인 경우가 83.0%이며 어머니가 대학원 이상 학력을 가졌거나 전일제 취업모일 때 상대적으로 중국동포 돌보미의 이용률이 높았다(백경흔 외 2017, 17). 이는 돌봄이 시장을 통해 분배되는 경우, 돌봄분배가 소득별 및 인종별 계층화가 되었음을 보여주고 있는 일면이다. 결국, 이 점에서 윤홍식 외(2010, 325)는 한국의 보육서비스의 시장화는 "보육의 공공성을 훼손하게 될 가능성이 매우 크며," 이로 인해 보육서비스가 양극화되고 계층 간 보육 형평성이 훼손될 경우, "아동이 인생의 출발을 평등하게 하지 못하"게 된다고 평가한다.

둘째, 노동연계복지와 개인책임을 강조하는 신자유주의 복지국가에서는 돌봄민주국가가 강조하는 돌봄인 및 돌봄가치가 배제된다(원리 2). 신자유주의 맥락이 주목하는 개인은 노동을 할 수 있고 노동할 준비가 되어 있는 개인이다. 그래서 국가의 역할은 성실한 사람이 자신의 노동결실을 향유할 수 있도록 재산을 보호하고 질서를 유지하는 것이어야 한다. 노동윤리의 기본적인 출발점은 인간은 스스로의 필요를 충족시키기 위해 노동을 해야 한다는 것이다. 열심히 일하는 사람은 열심히 노력한 대가를 얻게 될 것이지만, 태만한 사람은 노력을 하지 않은 대가로 고통을 겪게 된다는 전제이다. 하지만 이러한 노동윤리의 사고방식은 취약한 의존인과 취약해진 돌봄제공자를 주변화시키고 배제시킨다(Tronto 2013, 171-179). 노동윤리의 사고방식은 시민 스스로에게 돌봄받음이 필요없다고 기만하게 만들며, 따라서 "'곤궁한 사람'과 그들 자신에게 돌봄을 제공한 돌봄제공자를 완전한 시민의 지위에서 배제"할 수 있게 만든다(Tronto 2013, 179).

이는 한국의 경우에도 적용된다. 한국의 많은 복지시스템에서 의존인과 돌봄제공자는 배제되고 소외되고 있다. 보육과 노인요양

같은 사회서비스 시장은 지난 10년간 급격히 확대되었고 그 결과 사회서비스 일자리는 크게 확충되었으나, 실제로 서비스를 제공하는 돌보미, 보육교사, 요양보호사의 열악한 처우(저임금, 고용불안, 고강도 노동 등) 및 취약한 노동환경에 관한 문제점은 여전히 개선되지 않고 있다. 일례로, 민간시설에서 일하는 요양보호사의 경우 월 평균 임금이 136만 원이며 방문요양보호사는 이보다 적은 97만 원으로 조사된다. 민간과 가정어린이집의 보육교사 월급도 평균 각각 163만 원, 150만 원으로 조사된다(경향신문 2017.07.12.). 이는 요양보호사와 보육교사의 장시간 고된 노동에 비추어 본다면 최저임금 수준에도 못미치는 수준이다.

관련하여 최근 한국사회에서는 장애인학교 설립과 관련된 이슈가 있었다. 어느 지역 국회의원이 예정된 장애인학교 부지의 지정을 철회하고 대신 영리목적의 한방병원을 짓겠다고 선언하였다. 다수의 지역주민들도 장애인 학교의 설립으로 인해 그 동네 집값이 떨어질 것을 우려하여 한방병원 설립을 찬성하였다. 그 결과, 장애인학교의 설립을 추진하던 시민단체와 장애인학생 학부모들이 지역주민들을 대상으로 무릎을 꿇고 장애인학교의 설립의 호소하는 광경이 벌어지기도 하였다. 이는 한국사회에서 돌봄을 받아야 하는 장애인의 지위가 얼마나 초라한지를 보여주는 단적인 사례라고 할 수 있다. 2016년 기준 서울지역에서 특수교육 대상 학생 1만 2,929명 중 불과 34.8%(4,496명)만이 특수교육을 받고 있다. 장애인학교는 쓰레기처리장이나 방폐장 같은 기피시설로 간주되는 안타까운 한국의 현실이다(머니투데이 2018.10.03.).

5 한국적 돌봄민주국가에 대한 전망

이 장에서는 한국적 돌봄민주국가의 가능성과 한계를 짚어보 았다. 돌봄윤리는 서구적 맥락이 아닌 비서구 문화와 전통에서 더 수용적이며 전향적인 미래를 갖는다고 일반적으로 평가되기도 한 다(Engster and Hamington 2015, 7). 이러한 평가는 틀리지 않을 수 있다. 하 지만 이 장에서 살펴보았듯이 한국적 맥락을 하나의 특성으로 단언 하기란 어려웠다. 혹자는 한국을 "비동시의 동시성"이라는 개념으 로 설명하기도 한다(임혁백 2014). 한국사회는 전근대적이고 비서구 적 특징이 존재하지만, 동시에 근대적이며 서구적인 특성이 함께 공존해 있으며 또한 이러한 특징들이 서로 상승작용하기도 반대로 갈등·경합하기도 한다.

이는 한국적 복지국가의 경우에도 마찬가지였다. 발전주의 속 성은 산업화와 경제발전의 명분으로 가족주의적 유교주의를 강화· 장려하는 모습을 보인 반면, 1987년 민주화 이후 본격적으로 진행 된 신자유주의 영향력은 시장과 개인주의를 강화하면서 유교주의 를 퇴색시켰지만, 동시에 새로운 모습의 발전주의 속성을 보여주기 도 하였다. 실제로 특정 제도 내에서도 이러한 복합적인 성격이 내 재해 있기도 하다. 예컨대, 대표적인 공공부조인 국민기초생활보장 제도는 1961년 생활보호제도라는 이름으로 박정희 군사권위주의 정부 시절 "빈민으로부터 초래될 사회적 불안을 막은 수단"으로서 도입되었지만(발전주의 맥락), 이후 제도상 많은 변화에도 불구하고 엄격한 부양가족조사를 통한 가족부담의 원칙(유교주의 맥락)과 근로 능력자에게 조건부급여제공을 통한 근로연계복지 및 수혜자의 '자 립정신'과 '자활'조성의 원칙(신자유주의 맥락)을 채택하게 되었다(김원섭 2011, 199-200; 김태성·성경륭 2014, 463; 윤도현 2017, 196).

요약하건대, 한국의 유교주의, 발전주의, 신자유주의 맥락은 돌봄민주국가에 어떤 경우는 도전으로서, 어떤 경우는 가능성으로서 다가옴을 알 수 있었다. 인간관계와 상호성을 강조하는 유교주의적 맥락은 돌봄민주국가와 상통하는 반면, 개인의 책임과 독립성을 강조하는 신자유주의적 맥락은 부정적으로 작동함을 알 수 있었다. 유교의 가족주의는 그 자체로 돌봄민주국가에 부정적인 함의를 갖는다고 볼 수 없으나, 가족주의의 가부장성은 돌봄책임의 부담을 여성에게만 의존하고 있다는 점에서 그리고 돌봄의 가족책임주의는 돌봄관계를 보호하고 지원하는 국가의 역할을 제한하고 있다는 점에서 돌봄민주국가의 원리에 길항(resistive)으로 작용함을 알 수 있었다. 발전주의 맥락은 강한 국가를 상정하고 있다는 점에서 궁극적인 조달자로서 국가의 역할을 지지하는 돌봄민주국가와 일면 맞닿아 있기도 하지만, 발전주의 국가의 자의성과 온정주의는 돌봄민주국가가 전제하는 돌봄의 민주적 가치와 위배됨을 알 수 있었다. 또한 신자유주의의 시장을 통한 돌봄분배는 돌봄의 구조적 부정의를 외면함으로써 또한 신자유주의의 노동윤리는 돌보는 인간이 갖는 정치사회적 가치를 간과함으로써, 돌봄민주국가의 원리와 배치됨을 알 수 있었다.

결론적으로, 한국의 유교주의, 발전주의, 신자유주의 맥락이 돌봄민주국가의 도전과 전망으로서 작동하고 있음에도 불구하고, 한 가지 분명한 것은 그 어떠한 맥락도 돌봄의 가치와 돌봄관계에 특별히 주목하고 있지 않다는 사실이다. 그 결과 이러한 맥락에 놓인 현재의 한국적 복지국가는 돌봄중심적이라 평가되기에는 어려웠다. 한국적 복지국가의 유교주의와 신자유주의 맥락 아래 돌봄은 사적인 문제나 가정의 이슈로 돌려졌으며, 발전주의 맥락은 경제발전을 명분으로 돌봄의 가치를 거들떠보지 않았다(송다영 2014a).

그럼에도 불구하고 최근 한국사회의 돌봄배제를 민주적으로 재편하고자 하는 위·아래로부터의 고무적인 새로운 움직임이 나타나고 있다. 우선 문재인 정부의 치매국가책임제, 온종일돌봄체계, 사회서비스원의 설립 등은 보육과 어르신 돌봄 영역을 국가책임의 영역으로 인정한다는 점에서 진일보한 돌봄정책으로 기대할 만하다. 동시에 아래로부터의 돌봄움직임(돌봄운동)도 목격되고 있다. 예를 들어, 순수 시민단체 10년의 노력이 모태가 된 어르신돌봄종사자 지원단체가 서울시 사업으로 정식 편입되었고 이후 사업을 확장하고 있다. 그 결과 국회입법으로 일정 인구 이상의 전국 시도 단위에서 의무적으로 어르신돌봄종사자 지원센터를 설립하도록 하는 법률이 통과되기도 하였다. 또한 돌봄제공의 주요 당사자인 엄마들이 '엄마의 정치'를 모토로 직접 나서서 각종 돌봄정책의 참여자가 아니라 결정자로서의 요구를 관철하려는 움직임도 나타나고 있다(정치하는 엄마들 2018).

따라서 이제껏 근대화, 산업화, 시장화의 외풍 속에서 선진국을 따라잡으려 고군분투 노력했던 한국사회가 촛불시민이라는 이름으로 전 세계에 보여주었던 민주주의에 대한 열망으로, 이제 자신만의 돌봄 모델을 어떻게 만들어 갈지는 앞으로 주목해 볼 만하다.

8장 ——————— 돌봄과 구조적 억압

영의 '억압' 개념을 활용한 이유는, 그것이 억압의 전형을 성공적으로 보여주었다기보다 돌봄의 지위에 근거한 피억압집단인 돌봄제공자와 돌봄수혜자가 경험하는 다양하고 다층적인 억압의 양상을 보여주고 그것이 구조화되었음을 증명하기에 영의 논의가 도움이 되기 때문이다.

1 돌봄과 사회구조

여성주의 철학자 재거(Alison Jaggar)는 1995년 그녀의 글("Caring as a Feminist Practice of Moral Reason")에서 돌봄윤리가 실천적 여성주의 도덕이론이 될 수 없는 몇몇 한계를 지적한다. 그중 하나가, 비록 돌봄윤리가 구체적이고 특별한 맥락에 놓인 친밀하고 직접적인 돌봄필요를 만족시키는데 유용할 수 있어도, 무엇이 돌봄필요를 낳으며 또 왜 그러한 돌봄필요가 여전히 충족되고 있지 못하는지를 설명하는 거시적인 사회구조의 문제를 지적할 수 없다는 점이다. 다시 말해, 돌봄윤리는 주어진 사회제도와 구조를 당연시하기 때문에, 그러한 사회제도와 구조의 부정의(injustice)를 돌봄윤리가 지적할 수 있는지에 대해서 재거는 의문을 제기한다. 예를 들어, 어떤 집단에 비해 다른 집단에게 특권과 권한을 부여하는 사회구조를 지적하는 작업은 "돌봄윤리가 가시화(visible)할 수 있는 것"에 해당되지 않는다는 것이다(Jaggar 1995, 194). 이렇듯 돌봄윤리의 "[불평등한] 사회구조를 설명할 수 없음"은 비판적인 도덕이론으로서 돌봄윤리의 적용범위를 제한할 것이며, 이러한 한계는 앞으로 돌봄이론가들이 풀어야 하는 중요한 도전이 될 것이라고 예견하였다(Jaggar 1995, 197-198).

그러나 재거의 글이 출판된 지 25년이 지난 지금, 이러한 예견은 틀린 듯하다. 돌봄윤리는 윤리적 담론을 넘어 정치적 분야로 그 적용범위를 성공적으로 확장하고 있다. 최근 다수의 논의는 돌봄이라는 것이 정치사회 권력배분의 과정 및 시스템에 얽혀 있음을 밝히고 있다(Kaufman-Osborn 2018; Bourgault and Robinson 2020). 예컨대, 돌봄이 정치적 개념임을 꾸준히 강조했던 트론토(Joan C. Tronto)는 최근 논의에서 신자유주의적 자본주의가 돌봄을 어떻게 구조적으로 배제해왔으며, 그러한 신자유주의에 대한 대안으로서 돌봄을 어떻게 제도화할 수 있는지에 대해서 논한다(Tronto 2017). '돌봄윤리'라는 대안의 도덕이론을 처음 언급하고 제시한 길리건(Carol Gilligan) 역시 돌봄윤리가 전통적 여성의 역할을 지지하는 것이 아니며 (그렇게 본다면 이는 오해이자 잘못된 해석이며) 오히려 돌봄윤리는 가부장제 시스템을 비롯한 부정의에 대적하는 '저항윤리(an ethic of resistance)'라고 거듭 강조한다(Gilligan 2011, 175).

이 장은 돌봄윤리의 정치사회적 함의를 강조하는 최근의 논의와 맥락이 맞닿아 있다. 이 장의 목적은 돌봄이 구조적 억압(structural oppression)의 문제임을 드러내고, 돌봄을 둘러싼 억압을 지적하는 규범적 정치이론으로서 돌봄윤리의 가능성을 견실히 하고자 하는 것이다. 이를 통해 사회구조의 문제를 간과하고 있음을 돌봄윤리의 한계로 지적하는 재거의 앞선 비판에 대해 공고한 대답을 내놓으려 한다. 이 장은 영(Iris Marion Young)이 제시한 '억압' 개념을 활용하여 어떻게 돌봄이 "권력과 불평등의 구조에 깊이 얽힌" 문제임을 증명해 보이고, 이를 통해 돌봄을 둘러싼 억압적 구조를 가시화하고자 한다

(Kaufman-Osborn 2018, 3). 영의 '억압' 개념을 활용한 이유는, 그것이 억압의 전형을 성공적으로 보여주었다기보다 돌봄의 지위에 근거한 피억압집단인 돌봄제공자와 돌봄수혜자가 경험하는 다양하고 다층적인 억압의 양상을 보여주고 그것이 구조화되었음을 증명하기에 영의 논의가 도움이 되기 때문이다.

이 장은 다음의 순서로 진행될 것이다. 먼저 돌봄을 정치와 권력의 문제로 접근하는 최근 돌봄윤리 논의를 소개하고 이 장의 논의가 이러한 기존 논의 위에 발전되었음을 보여줄 것이다. 그다음 영이 제시한 '억압의 다섯 가지 양상'을 소개할 것이다. 이후 영의 억압 개념을 활용하여 돌봄윤리가 비판하는 돌봄을 둘러싼 구조적 억압의 특징을 구체화할 것이다. 마지막으로, 비판적·규범적 정치이론으로서 돌봄윤리의 가능성을 점치고 돌봄윤리가 가진 개혁적 가능성에 대해서 논의할 것이다.

2 돌봄의 정치화

돌봄윤리는 1980년대 길리건(Carol Gilligan)의 『다른 목소리로(In a Different Voice)』, 나딩스(Nel Noddings)의 『돌봄(Caring)』, 러딕(Sara Ruddick)의 『모성적 사유(Maternal Thinking)』 등의 저작들을 통해 자유주의 정의윤리의 한계를 지적하고 이에 대한 페미니스트 대안윤리로 제시됨에 따라 학계의 주목을 받기 시작하였다(Gilligan 1982; Noddings 1984; Ruddick 1989). 그 이후 현재에 이르기까지 돌봄윤리는 그 내용과 적용 범위 면에서 크게 확장하였다.

특히 1990년대 이후 트론토와 세븐후이젠(Selma Sevenhuijsen)으로 대표되는 소위 제2세대 돌봄이론가들을 통해, 돌봄이라는 것이 단지 도덕적 개념을 넘어 정치사회를 규범적으로 평가하고 가이드하는 정치적 개념이라는 점이 설득력 있게 제시되었다(Tronto 1993; Sevenhuijsen 1998).[85] 마혼과 로빈슨(Rianne Mahon and Fiona Robinson)에 따르면, 제1세대와 제2세대 돌봄윤리의 가장 큰 특징은, 제2세대는 돌봄윤리를 "정치화(politicizing)"시킴으로써 이전에 돌봄윤리가 비판받은 지점들(예컨대, 근본주의, 온정주의, 향리주의 등)을 극복하려 노력했다는 점이다(Mahon and Robinson 2011, 4). 따라서 돌봄은 더 이상 "여성에게 한정된 관심"이나 "2차 윤리문제" 혹은 "사회하층민의 노동"이라기보다, "정치사회제도의 변화"를 꾀할 수 있는 "인간 삶의 핵심 관건"이라는 점이 강조되고 있다(Tronto 1993, 180).

그 결과, 최근 많은 논의는 정의로운 정치사회의 제도를 디자인하고 평가하는 규범적 정치이론으로 돌봄윤리의 잠재성에 주목하고 있다(Kittay 1999; Engster 2007; Tronto 2013; Engster and Hamington 2015). 이러한 논의의 흐름에 비추어 볼 때, 돌봄윤리가 그 자체로 규범성을 가지지 못한다거나 혹은 사회구조의 문제점을 지적하지 못한다고 하는 서두 재거의 비판은 틀린 듯하다.[86] 오히려 최근 돌봄윤리는 돌봄을 둘러싼 사회적 권력과 억압의 매커니즘에 대한 비판으로까지 그 논의의 폭을 확대하고 있다. 돌봄윤리는 그 적용을 "도덕적 영역에서 정치적 영역으로, 개인적 관계에서 공적 관계로, 지역에서 전 지구적으로, 여성적인 것에서 여성주의 덕성과 가치로, 젠더 이슈에서 더 일반적인 권력 및 억압의 이슈로 현재 확대하고 있다"(Koggle and Orme 2010, 110).

예컨대, 크로이스(Kristin Cloyes)는 초기의 돌봄윤리는 돌봄을 단지 여성의 윤리로 보아 권력과 특권 같은 정치적 문제를 다루는데 실패한 것과 달리, 최근의 돌봄윤리는 이를 권력과 관련되는 개념으로 재개념화하였고 이에 따라 돌봄윤리가 "좀 더 사회적으로 책임 있는 이론"의 중추가 될 수 있을 것이라고 기대한다(Cloyes 2002, 209). 샌더 스타우트(Maureen Sander-Staudt)도 돌봄윤리에서 주목하는 것은 개인의 덕성으로서 돌봄이 아니라 돌봄의 권력관계를 지적할 수 있는 규범적 시각이라는 점을 강조한다. 사회에서 돌봄의 억압적인 관행이나 부정의를 지적하고 교정할 수 있는 규범이론으로서 돌봄윤리를 언급한다(Sander-Staudt 2006).

더 나아가, 윌리암스(Fiona Williams)는 정치적 돌봄윤리(political ethics of care)의 구체적인 특징을 설명하기도 한다. 특히 정치적 돌봄윤리의 주요한 특징으로 기존 돌봄정책으로 누가 혜택을 받는 반면 누가 불이익을 받는지 주목할 수 있는 점을 언급한다. 더불어 정치적 돌봄윤리는 돌봄을 주고받는 과정과 시스템에 포함된 불평등을 비판할 수 있으며, 이러한 불평등이 젠더와 더불어 장애, 나이, 민족, 피부색, 인종, 계급, 섹슈얼리티 등과 어떻게 연관되며 구성되는지 주목할 수 있다고 주장한다(Williams 2001, 486-488). 결국 이러한 논의는 돌봄이 "근본적으로 정치적 이슈"이자 "권력이 매개되는 주체"라는 것이 불가피하고 필연적이라는 점을 강조하고 있다(Robinson 2006, 323).

보다 구체적으로, 몇몇 학자들은 돌봄이 왜 정치적 문제이며, 돌봄이 사회제도와 구조에 내장된 권력, 위계 및 사회적 불평등과 어떻게 불가피하게 연결되는지 그 동학을 밝히고 있다. 부벡(Diemut Bubeck)은 돌봄의 착취시스템을 고발한다. 부벡은 어려움에 처한 사람이 자력으로는 자족할 수 없는 '필요의 충족'을 돌봄이라고 지칭한다. 예를 들어, 건장한 남편을 위해 식사를 제공하는 것은 서비스인 반면, 스스로 음식을 준비하고 섭취할 수 없는 취약한 아이를 위해 음식을 제공하는 것은 돌봄이라고 설명한다. 따라서 돌봄을 특징짓는 것은 음식을 제공한다는 그 기능 자체에 있는 것이 아니라, 어려움에 처한 사람이 스스로 할 수 없는 "필요의 충족"에 있다고 보았다.

이러한 돌봄의 특징으로 인해, 돌봄은 일반적인 다른 노동과 달리 착취에 취약하다고 부벡은 지적한다. 일반적인 노동은 나의 노동이 필요한 사람으로부터 노동의 대가를 보상받을 수 있는 대칭적 관계에서 발생하지만, 돌봄은 취약한 의존인과 돌봄노동자(돌봄제공자) 간의 비대칭적 관계에서 나오기 때문에, 돌봄노동자의 경우 대부분 자신이 제공하는 돌봄노동에 대해 의존인으로부터 보상받지 못하거나 혹은 보상을 받더라도 의존인이 아닌 돌봄관계 밖의 제3자에 의해 그 대가를 보상받게 된다는 것이다. 다시 말해, 돌봄노동자는 누군가의 삶을 책임지는 중요한 역할을 하고 있음에도 불구하고, 돌봄노동자 본인의 생계와 복지는 남편이나 국가 같은 제3자에 좌우되는 취약한 처지라는 점이다(Bubeck 2002).

트론토는 보다 구체적으로 사회에 구조화된 돌봄불평등을 보여주는 단면으로 '특권적 무책임(privileged irresponsibility)'을 제시한다(Tronto 2013). '특권적 무책임'이란, 시장에서 생산적 노동을 한다는 이유로 혹은 국방이나 경찰과 같이 사회의 안전을 담당한다는 이유로 어떤 특권적 위치에 있는 사람들이 돌봄을 담당하는 책임을 다하지 않는 것을 의미한다. 특히 '특권적 무책임'이 문제인 이유는 이처럼 돌봄책임을 수행하지 않는 사람은 사회경제적으로 혜택을 보지만, 돌봄책임을 수행하는 사람은 사회경제적인 불이익을 겪게 되는 구조의 부정의를 보여주기 때문이다. 다시 말해, 돌봄책임을 다하는 사람은 불리함을 겪지만 돌봄책임을 다하지 않는 사람은 유리하게 되는, 이러한 비대칭적인 시스템이 부정의한 돌봄을 보여주는 중요한 일면이라고 트론토는 주장한다.

이에 더해 부정의한 구조로 인해 돌봄불평등이 계속되는 악순환에 빠지게 된다고 지적한다. 불평등한 돌봄의 분배는 사회경제적인 불평등으로 연동되며, 이것은 다시 정치적인 불평등으로 이어지게 되고 또한 이러한 정치적인 불평등은 사회경제적인 불평등과 돌봄책임의 불평등으로 악순환하게 된다. 트론토는 이를 강화되고 고착화되는 돌봄불평등의 악순환(vicious circle of care inequality)이라고 설명한다(Tronto 2013, 192-222).

결국 부벡과 트론토 등을 포함한 앞선 논의들이 주장하는 것은, 돌봄이라는 것이 현 사회구조의 모순 및 권력 내에 깊숙이 내장된 이슈라는 점이다. 이하의 논의에서는 돌봄이 어떤 모습으로 기존 권력과 불평등에 내장되어 있는지 구체적으로 살펴보고자 한다. 먼저 영이 설명하는 '억압' 개념에 대해서 살펴보고 이를 활용하여 돌봄을 둘러싼 구조적 억압의 구체적인 양상을 살펴보도록 하겠다.

3 억압

영은 '억압(oppression)'을 부정의를 대표하는 개념으로 사용한다(Young 1990, 103-156). 억압이라는 용어를 쓴 이유에 대해 "자유주의적 개인주의의 언어로 측정되지 않는 사회구조와 사회적 행위를 평가하고 분석하는 방식"이기 때문이라고 영은 설명한다. 즉 영에게 억압이란 특정 개인 혹은 소수의 강압적 영향력이거나 특정한 정부정책의 결과라기보다, 오랜 기간에 걸쳐 고착화된 사회전반에 걸쳐있는 "구조화된(structural)" 부정의를 의미한다(Young 1990, 104). 이때 구조란 규범, 관습, 제도 등과 같이 이미 굳어지고 정상화된 관계를 뜻하며, 이러한 관계 속에서 특정 사회집단은 지속해서 불리함을 겪게 되고 다른 사회집단은 지속적으로 유리함을 얻게 되는 구조화된 억압이 나타나게 된다.

영은 이러한 구조화된 억압을 다섯 가지 양상으로 제시한다. 이는 착취(exploitation), 주변화(marginalization), 무력함(powerlessness), 문화제국주의(cultural imperialism), 폭력(violence)이다. 영에 따르면, 이러한 다섯 가지 양상은 특정 억압의 전형을 보여준다기보다, 피억압집단의 구성원들이 자신이 처한 부정의한 상황을 설명하기 위해 억압이라는 용어를 사용한 용례들의 집합이다. 피억압집단은 구체적인 사회적 맥락과 관계 속에서 억압을 경험하며, 이들이 경험하는 억압은 이러한 다면적인 양상을 갖는 일군의 상황이다.

착취

착취란 자본주의 시스템에서 생산수단을 소유한 자본가와 그렇지 못한 노동자의 불평등한 권력관계에 언급되는 개념이다. 자본가와 노동자 관계가 착취적이라는 것은, 자본주의 시스템 아래 자본가는 노동자로부터 노동을 산물을 이전받음으로써 권력과 부가 증가하지만, 노동자는 자본가에게 이전된 노동의 산물 이상으로 자신의 부와 권력이 줄어들게 되는 부정의를 일컫는다. 영은 착취의 핵심으로 "한 집단 노동의 산물이 타 집단에게 이득이 되도록 이전되는 항상적 과정"에 있다고 보았다(Young 1990, 124). 즉, 착취는 한 집단으로부터 다른 집단으로 에너지가 지속해서 이전되는 체계적인

과정을 통해 진행되며, 이는 한 집단은 부, 지위, 권력을 축적하게 하면서 다른 집단은 그렇지 못하게 되는 방식으로 지속적으로 생산·재생산된다. 영이 강조했듯이, 착취의 근원은 두 집단 간의 부와 권력의 불평등한 분배에 있다기보다, 노동이 누구에 의해 정의되는지, 노동의 가치가 얼마로 어떻게 규정되는지, 노동의 결과물이 어떤 방식으로 보상되는지, 노동의 결과물이 누구에게 얼마만큼 보상되는지 등을 정하는 규범과 제도가 불평등한 관계를 낳기 때문이다 (Young 1990, 124).

주변화

영에 따르면, 주변화란 자본주의 시스템을 사용할 수 없거나 사용하지 않으려는 사람들(예를 들어, 노인, 장애인, 청년, 복지수급자 등)이 시민적 지위로부터 명시적으로 배제되는 것을 지칭한다. 이들은 노동하지 않는 혹은 노동하지 못하는 사람들로서, 사회에서 자율적이고 생산적이며 독립적인 행위자로 분류되지 않는다. 이들은 일반적이고 유용한 사회생활에서의 참여가 배척되며, 그 결과 대부분 심각한 물질적 궁핍을 경험한다. 더 나아가, 이들은 심지어 사회적 멸종(social extermination)에 몰리게 될 가능성이 크다고 지적한다. 주변화야말로 "가장 위험한 억압의 형태"일 수 있다고 영은 언급한다(Young 1990, 132).

무력함

영에 따르면, 무력함이란 개인이 자신이 속한 조직 및 공동체의 의사결정에 참여하지 못하고 그 결정에 수동적으로 따르게 되는 것을 의미한다. 무력함의 전제는 의사결정에 참여하는 자와 그 결정을 단지 수행하는 자가 사회적으로 구분된다는 사실이며, 무력한 자들은 의사결정의 권한이나 권력을 가지지 못한 채 권력행사의 대상으로만 존재한다. 즉, 무력한 자들이란 명령은 무조건 따라야 하지만 명령을 내릴 권리는 거의 갖지 못하는 지위에 있는 사람들이다. 이들은 자신의 일을 통해 역량을 계발하거나 지위상승이 어렵고, 자신의 일에 대한 또한 외부에서 인정하는 존중감을 갖기도 어렵다. 더나아가 이들은 정치적 시민으로서 목소리를 갖지 못함에 따라 정치의 영역에서 비(非)정치화되고 비(非)대표화 된다(Young 1990, 136-141).

문화제국주의

문화제국주의의 억압은 지배집단의 경험과 문화가 보편화되고 유일한 규범이 됨으로써, 이들의 관점과 입장에서 사회의 사건과 이슈가 해석된다는 점에 있다. 따라서 지배집단의 경험, 가치, 목표는 사회의 지배적인 문화생산물이 되어 사회 내에서 자연스럽고 당연하게 받아들여지기 때문에 이에 비판적이기는 쉽지 않지만, 피억압집단의 해석과 체험은 거의 표현되지 못하고 사장된다. 특히 지배문화가 산출하는 고정관념은 피억압집단을 어떤 본성(본질)을 가진 존재로 규정지으며 이들을 표준에서 벗어난 존재이자 열등한 존재라는 타자(Other)의 낙인을 붙인다(Young 1990, 141-146).

폭력

폭력은 강간, 폭행, 살인을 포함해 피억압 집단을 괴롭히는 다양한 행위를 포함한다. 그러나 영이 정의하는 폭력의 핵심은 단지 폭력적인 행위 자체로 국한되지 않는다. 영은 그러한 폭력 행위들을 가능하게 하고, 심지어는 받아들일 수 있는 것으로 만들어주는 사회적 환경과 맥락에 주목한다(Young 1990, 146-152). 다시 말해, 폭력이 개인의 잘못된 행위를 넘어서서 사회부정의의 한 현상이 되는 것은 폭력이 '체계적인 사회적 실천(systematic social practice)'으로서 존재하기 때문이다. 폭력이 '체계적'이라 함은, 특정 집단의 구성원이라는 이유만으로 이들을 향해 언제 어디서든지 폭력이 행사될 가능성이 항시적으로 존재한다는 점이다. 또한 폭력이 '사회적 실천'이라 함은, 폭력이 현재 발생하고 있고 또한 앞으로도 계속 발생할 것이라고 누구나 알고 있다는 점에서 폭력이 사회적으로 이미 전제, 관용, 용인되는 사실이라는 점에 있다.

4 돌봄의 지위에 근거한 억압

최근 글에서 트론토는 돌봄이 권력과 불평등의 이슈라 단언할 수 있는 이유는 무엇보다도 돌봄을 둘러싼 권력과 불평등이 기존 사회제도와 규범 속에 "이미 정형화"되어서 드러나지 않기 때문이라고 설명한다(Tronto 2018, 22). 특히 지배집단의 입장에서 그러한 사회제도와 규범은 쉽게 묵인되거나 간과되었음을 강조한다. 여기에서의 목적은 이렇듯 기존 제도 및 규범 속에 "이미 정형화" 되어 있는 돌봄을 둘러싼 권력과 불평등을 앞서 언급한 영의 억압 개념을 활용해서 더욱 명백히 드러내고자 하는 것이다.

이 장에서는 돌봄의 지위(status of care)가 주요한 억압의 축(axis of oppression) 중 하나임을 보이고, 돌봄과 관련된 다양한 구조적 억압의 양상을 구체화하고자 한다. 돌봄의 지위는 돌봄을 주고받는 관계에 속해 있는지의 여부와 관련된다. 돌봄관계에 속한 돌봄제공자와 돌봄수혜자는 그렇지 않은 사람들(돌봄관계에 속하지 않은 사람들)과 차별화되는 다른 사회집단으로 구분될 수 있다. 물론 많은 사람들이 하나의 역할에 고정되지 않고, 예컨대 돌봄을 주는 역할과 돌봄을 받는 역할을 (돌봄제공자가 되기도 하고 반대로 돌봄수혜자가 되기도 하듯이) 넘나들기도 한다. 또한 돌봄을 제공하는 제공자와 돌봄을 필요로 하는 수혜자의 경험은 서로 다를 수 있다. 심지어 시장에서의 유급 돌봄제공자와 가정에서의 무급 돌봄제공자의 입장은 서로 다를 수 있다.

하지만 돌봄의 가치와 돌봄을 주고받는 관계에 대한 전제가 간과된 사회제도와 규범 속에서, 돌봄제공자와 돌봄수혜자는 사회구조 상 서로 유사하게 위치지어 진다. 돌봄관계에 속하지 않은 사람들과의 관계 속에서, 이들은 체계적인 불리함과 이하 언급하게 될 억압의 다면적 상황을 경험하게 된다. 영이 강조하듯이, 사회집단이란 모두 동일한 특징을 공유하거나 동일한 경험을 공유하거나 혹은 동일한 정체성을 공유하는 집단이 아니다. 대신에 이들은, 예를 들면 합리적이고 독립적인 인간을 전제하는 시장제도 속에서 그리고 생산적이고 노동하는 인간을 전제하는 복지제도 속에서, 돌봄관계에 속하지 않는 사람들과 비교하였을 때, 유사하게 불리하게 위치지어 진다(Young 2000, 135-196).[87]

착취

의존과 돌봄이 보편적이고 정상적인 삶의 일부로 인정되지 않고 "비하(degradation)"과 "폄하(denigration)"로 이어지는 사회에서 돌봄의 가치는 제대로 인정받지 못한다(Kittay 2011). 가정에서의 돌봄은 누구나 할 수 있는 일, 허드렛일 혹은 여자라면 당연히 해야 하는 일 정도로만 평가된다. 시장에서의 돌봄도 다른 일반적인 노동에 비해

하찮은 것으로 여겨지며 저평가된다. 예를 들어, 교육이나 노동자의 고용경험 등 다른 변수를 통제한 경우에 있어서도, 돌봄은 다른 노동에 비해 임금수준이 낮은 것으로 조사된다(England et al. 2002). 돌봄의 보상수준이 낮은 이유 중 하나는 공식적인 시장경제의 지표를 기준으로 돌봄노동에 대한 성과평가가 제대로 이뤄지기 어렵기 때문이다. 일반적인 시장경제에서는 노동자가 시간당 평균적으로 투입한 노력이나 산출물에 근거해서 서비스의 질을 평가하고 임금을 상정하지만, 돌봄의 경우 이러한 기준으로 투입된 노력과 산출물을 측정하기가 힘들기 때문에 서비스의 질을 평가하기 어려울 뿐만 아니라 고용주의 입장에서도 효율적인 임금을 제공할 동기가 없게 된다(Folbre 2018).

돌봄(돌봄노동)의 가치가 평가절하된 사회에서 돌봄제공자(돌봄노동자)는 쉽게 착취의 대상이 된다. 그러나 영이 지적했듯이, 착취의 부정의는 단지 돌봄제공자의 돌봄이 단지 무급이거나 저평가된다는 점을 넘어 선다. 앞서 부백과 트론토가 지적한 대로, 돌봄의 착취는 돌봄의 대가가 불평등하게 분배되는 부정의한 사회적 과정에 기인한다. 돌봄제공자는 인간의 삶과 사회유지에 필수불가결한 일을 수행함에도 불구하고, 그러한 노동을 하면할수록 더욱더 열악한 지위에 빠지게 되는 반면, 돌봄을 제공하지 않는 사람들은 돌봄을 제공하지 않음으로 인해 이들의 권력, 지위, 부가 더욱 더 증가한다는 점은 돌봄제공자가 착취당하고 있음을 보여준다.

예를 들어, 가정에서 돌봄을 담당하는 사람은 시장에서 기대하는 능력 있고 생산적인 노동자가 되지 못하기 때문에, 시장에서 배제되거나 시장의 경쟁에서 뒤처지게 되지만, 가정에서 돌봄을 담당하지 않는 사람은 시장의 경쟁 속에서 전일제 노동자로 활약하며 우위를 가질 수 있다. 전일제 노동자를 기준으로 세워진 경제사회 시스템은 돌봄제공자의 착취에 기여하는 중요한 조건이 된다. 돌봄을 담당하는 사람은 일반적으로 하루 8시간 일주일 5일 이상 일할 수 있는 전일제 노동자의 기준을 충족할 수 없으므로 시장노동을 포기하는 경향이 많다(Williams 2000). 따라서 가정에서 돌봄을 담당하는 사람은 돌봄을 담당하는 동안 시장에서의 소득을 벌지 못할 뿐만 아니라, 그동안 자신의 인적자원을 쌓지 못하게 되어 잠재적인 소득을 상실하게 되며 또한 시장에서의 소득이 전제된 사회보장의 소득도 상실하게 된다(윤자영 2018a, 41-43).

또한 가정에서 돌봄제공자가 시장노동에 참여한다하더라도 가정에서의 돌봄과 양립하기 위해 이들이 택할 수 있는 직종 및 고용형태는 제한적이다. 이들은 시간제 노동, 비전문직 노동 등 비정규직 노동자일 확률이 높으며, 이들의 사회경제적 보상 수준은 다른 노동자에 비해 상대적으로 낮다. 자주 인용되는 왈드포겔(Joel Waldfogel)의 연구에 따르면, 다른 모든 관찰 가능한 변수를 통제하고도, 돌봄노동을 수행하는 유자녀 여성노동자의 임금수준은 그렇지 않은 여성이나 남성에 비해 더 낮다. 왈드포겔은 이러한 차이를 '가족격차(family gap)'로 설명하고 가족을 돌보는 책임으로 인한 임금불이익(wage penalty)을 지적한다. 엄마들은 시장에 남아 있더라도, 다른 여성보다 임금을 적게 받는다. 임신이나 육아 때문에 직장을 그만둔 적이 없다 하더라도 누군가를 돌보는 어머니가 된다는 것은 여성의 임금을 낮추는 경향이 있음을 알 수 있다(Waldfogel 1998).

이 점에서 일리치(Ivan Illich)가 돌봄노동을 "그림자 노동"이라 칭하고, 돌봄이 현재의 경제사회에서 얼마나 예속적(bondage) 위치에 있는지를 설명하는 지점은 돌봄제공자에 대한 착취를 설명하기에 유용하다. 주로 가정에서 여성들에게 '자연스럽다'고 혹은 '본능적'이라고 명목으로 부가된 돌봄은 임금노동 및 공식경제를 떠받치고 있음에도 불구하고, 이는 대부분 무임금일 뿐만 아니라 그 가치를 제대로 인정받고 있지 못하다. 특히 돌봄은 임금노동의 전제를 이루고 있음에도 불구하고 그 혜택은 돌봄담당자가 아닌 임금노동자에게 돌아갈 뿐만 아니라, 자본가와 관료 역시도 그림자 노동으로부터 많은 혜택을 본다고 일리치는 일갈한다(Ilich 1981, 113). 다시 말해, 돌봄의 불이익은 개인적으로 떠안지만, 돌봄의 혜택은 돌봄관계에 속한 당사자들을 넘어 사회전체로 확대된다. 이를 경제학에서는 돌봄은 그 행위로부터 발생하는 편익을 완벽하게 측정할 수 없는 사회적 외부성(social externality), 즉 "파급효과와 부산물"이 발생한다고 설명한다(Folbre 2001, 88-90). 따라서 돌봄제공자가 착취되는 이유는 돌봄이 단순히 저평가되었다는 것을 넘어, 돌봄제공자는 돌봄을 하면 할수록 자신은 소진되지만 그렇지 않은 다른 사람은 이득을 얻게 되는 부당한 사회구조에 있다고 할 수 있다.

주변화

흑인과 여성을 포함한 모든 사람에게 평등한 시민적 지위가 부여된 지 무려 1세기가 지났지만, 돌봄의 지위에 근거하여 나타난 시민적 지위로부터의 배제는 현재도 절실히 존재한다. 돌봄수혜자와 돌봄제공자는 사회의 평등한 성원으로 인정받지 못한 채 주변화된 삶을 삶게 된다. 돌봄윤리의 입장에서 보았을 때, 우리 모두는 예외 없이 의존과 돌봄의 기간을 지났으며, 의존과 돌봄이라는 것이 인간 삶의 필수불가결한 부분으로 당연하고 자연스럽고 정상적인 것임에도 불구하고, 돌봄수혜자와 돌봄제공자는 자본주의 시장에서 요구하는 자율적이고 생산적인 개인이 되지 못한다는 이유로 시장에서 배제되며 적극적인 사회참여를 제한받는다. 그 결과 이들은 경제적으로 궁핍해지고 사회적으로 소외되게 된다.

영이 지적하였듯이, 주변화의 대상은 아이, 노인, 환자, 장애인 같이 주로 누구의 돌봄을 필요로 하는 사람, 즉 의존 상태에 있는 사람이다(Young 1990, 131-132). 이들에 더해, 이들에게 돌봄을 제공함으로 인해 자신이 파생된 의존을 겪는 돌봄제공자도 주변화의 대상이 된다(Kittay 1999, 232-235). 이들은 자립적이고 생산적이지 못하기 때문에 무엇인가 부족하고 미흡한 존재로 사회에서 인식된다. 성장해서 성인이 되는 아이의 경우를 논외로 치더라도, 예컨대 의존을 겪는 성인장애인은 단지 '아이 같은' 존재로 여겨진다. 이들은 "능력 없고, 중성적이며, 단지 '귀여운'" 존재로 온정주의적 관심을 받는 대상으로 여겨지게 된다(Kittay 2019, 147). 혹은 이들은 쓸모없는 존재, 비생산적인 존재, 사회에 부담이 되는 존재로 여겨진다(Benton 2018). 이 점에서 커테이(Eva Feder Kittay)는 미국 「장애인법(The Americans with Disabilities Act)」이 장애인 차별금지에 기여한 공로에도 불구하고, 이 역시 독립과 생산성의 전제 위에 의존과 장애를 사회의 부담으로 이미지화하고 있다고 평가한다(Kittay 2019, 150).[88]

따라서 누군가의 돌봄을 필요로 하는, 즉 누군가의 돌봄에 의존하는 돌봄수혜자는 자립과 노동이 정상적인 인간능력의 기준인 사회에서 정상적이지 못한 인간, 부족하고 부담이 되는 인간으로 취급받는다(Tronto 2017). 이들은 가장 불명예스러운 인간으로서, 인간의 존엄성을 존중받지 못하는 인간(혹은 존중받지 않아도 되는 인간)으로 간주된다. 이들이 겪는 주변화는 단지 경제적 빈곤이나 정치적 불평등을 넘어서며, 이들은 사생활과 관련된 기본권, 존중받을 기본권,

개인적 선택과 관련된 기본권이 쉽게 제한되고 정지 당한다. 그 결과 이들은 사회적으로 증오, 비하, 혐오, 멸시의 대상이 되기 쉽다. 최근 한국에서는 노인요양시설이나 장애인복지시설(장애인학교) 등이 지역주민들에 의해 '혐오시설'로 간주되어 지역사회의 설립이 좌초됨으로써 사회적인 논쟁 이슈가 되기도 하였다(오마이뉴스 2020.04.10.).

　누군가를 돌봄으로써 파생된 의존을 겪는 돌봄제공자(주로 여성)도 역시 다른 누구로부터 돌봄을 받아야 하는 사람들이다. 이들은 주로 남편이나 국가에 의존하며 그로 인해 주변화 된다. 예를 들어, 복지수혜를 받으며 주로 배우자 없이 자녀를 양육하는 싱글맘에게 '복지엄마,' '복지여왕'이라는 조롱이 덧붙여졌다. 이러한 표현이 암시하듯, 이들은 노동 없이 단지 납세자의 세금을 축내는 국가의 부담으로 인식되며, 더 나아가 게으르고 생산적이지 못할 뿐만 아니라 비도덕적이고 병리적으로 문제가 있는 인간으로 간주되었다(Fineman 2001, 23). 관련하여 프레이저와 골든(Nancy Fraser and Linda Gordon)의 연구는 '의존'의 의미가 역사상 어떻게 변해왔는지의 계보를 보여준다. 특히 후기 산업사회인 현재 '복지의존'이 어떻게 부정적인 개념이 되었는지에 대해 설명한다. 자본주의가 공고화된 후기 산업사회에서 임금노동자는 규범성의 기준으로 대두된 반면, 자신의 노동으로 돈을 벌지 않고(못하고) 정부지원을 받는 사람들은 모두 의존적이라 간주되었다는 것이다. 싱글맘은 복지수혜를 대표하는 대상으로 자주 언급되었고 이들의 복지의존은 심지어 개인의 병적 장애와 등치되었다고 지적한다. 그래서 약물의존, 알코올의존과 유사한 차원에서 복지의존이 병리적으로 다뤄지거나, 정신의학적으로 의존적 개인의 인격장애로 인식되기도 하였다고 설명한다(Fraser and Gordon 2002).

무력함

누군가의 돌봄을 받는 사람과 누군가를 돌보는 사람은 앞서 영이 언급한 무력한자들의 특징을 공유한다. 어린 아이나 쇠약한 노인같이 취약한 의존인이 의사결정의 주체로 역할하기 어렵다는 점은 논외로 치더라도, 이들에게 돌봄을 제공하는 돌봄제공자도 의사결정의 권한이나 권력을 가지지 못한 채 권력행사의 대상으로 존재한다. 돌봄제공자는 다음 두 가지 측면에서 무력함을 경험한다. 첫째는 자신이 돌보는 의존인과의 돌봄관계에서 무력하며, 둘째는 돌봄을 주고받는 관계 밖의 사람들 및 이들이 속한 조직에서 무력하다.

첫째, 의존인과의 관계에서 돌봄제공자는 많은 경우 시시각각 변하는 취약한 의존인의 필요에 반응하며 이를 정성으로 살피고 필요를 충족해줘야 하는 역할과 책임을 담당하기 때문에, 자신의 개인적 이해관계를 내세우기 힘들다. 이들은 자신이 선택하여 돌봄제공자가 되었을지라도, 일단 돌봄관계에 발을 들여놓게 되면 스스로의 권한을 갖지 못하는 위치에 놓이게 된다. 자신이 돌보는 돌봄수혜자와의 돌봄관계는 단순한 상호성에 바탕을 둔 계약관계가 아니라 공감, 책임, 애착, 유대의 관계이기 때문에, 일단 돌보는 관계에 들어가면 돌봄제공자 개인의 이익과 입장을 드러내기 어려운 경우가 많다. 그렇다고 해서 돌봄제공자 자신이 본인 자아를 잃어버리거나 아무것도 아닌 사람이 되는 것은 아니다. 이들의 자아는 의존인의 필요를 반영하지만(커테이는 이를 '투명자아'라고 칭한다), 그렇다고 이들이 스스로 결정하고 숙고할 수 있는 능력을 잃어버리는 것은 아니다(Kittay 2019, 173-174). 돌봄제공자에게 자신이 돌보는 의존인의 안녕은 자신의 안위나 개인적 이득보다 우선시 된다. 다시 말해, 의존인과의 관계에서 돌봄제공자는 의사결정의 지위와 권한을 갖게 되지만, 의사결정의 기준은 자신의 이익이나 행복이 아니라 의존인의 안위와 안녕에 따르는 결정을 하게 된다.

둘째, 돌봄제공자는 돌봄관계를 둘러싼 가족이나 직장에서 자신의 의견을 내세우지 못하고 수동적인 위치에 있게 되는 무력함을 종종 경험한다. 가정 내에서 남편에게 경제적으로 의존하며 아이를 돌보는 아내는 경제적 주도권을 쥔 남편에게 종속적일 뿐만 아니라, 결혼이 깨지면 현재보다 더 취약해질 수 있다는 두려움으로 인해 자신의 의견을 내세우는 데 소극적이 되며 남편과의 관계에서 나약하고 굴욕적인 처지에 놓이게 된다(Lundberg and Pollak, 2003). 더군다나 돌봄제공자로서 그녀의 위치는 남편과의 협상에서 '더 이상 자녀를 돌보지 않겠다'는 조건을 내세워 자신의 입장을 관철시킬 수 있는 어떤 유리한 위치를 점유할 수 없다. 결국 돌봄제공자는 "사랑의 포로"가 되는데, "협상과정 자체가 자신이 돌보는 사람들을 위험에 빠뜨리기 때문에" 이들은 가정 내 자원배분의 협상에서 결코 유리한 입장에 설 수 없다(Folbre 2001, 76).

커테이는 가정 내 생계부양자(남편)와 돌봄제공자(아내)의 불평등한 관계 속에서 돌봄제공자가 무력해지는 모습을 구체적으로 묘사한다. 커테이에 따르면, 가정에서 자원의 분배와 역할분담에 대한 의사결정은 협상의 모습을 보이지만, 협상이 거듭될수록 돌봄제공자가 생계부양자와의 관계에서 상대적으로 수세적인 위치에 빠지게 되는 '파국의 열위적 지위'에 놓이게 된다(Kittay 1999, 102). 돌봄제공자는 생계부양자와의 협상에서 자신이 자원을 통제할 수 없다는 점을 알게 되며, 그 결과 최소한의 자원이라도 분배받기 위해서는 생계부양자의 심기와 비위를 건드리지 않아야 한다는 점을 인식하게 된다. 결국 돌봄제공자는 생계부양자에 사회경제적으로 종속될 뿐만 아니라 자신의 지위와 이해관계가 생계부양자에 좌우됨을 받아들이게 되는 주관적 종속의 지점까지 취약해지게 된다.

임금을 받는 시장에서의 돌봄제공자도 직장과 조직에서 종종 무력함에 빠지게 된다. 자신이 돌보는 사람에 대해 도덕적·감정적으로 몰두하게 되는 돌봄제공자의 경우, 여타 노동자에 비해서 더욱 조직의 의사결정권이 없는 경우가 많다. 여타 노동과 달리 돌봄노동의 성과는 자신이 돌보는 사람과의 감정적 유대와 애정, 그리고 이들과의 지속적이고 안정적인 관계형성에 좌우된다(Folbre 2018). 예를 들어, 돌봄수혜자의 입장에서 좋은 돌봄이란 어떤 돌봄기능의 완벽한 수행이라기보다 돌봄관계에서 파생된 '돌봄받고 있다는 안정감'이다. 나를 돌봐줄 돌봄제공자가 나의 근거리에서 언제라도 나에게 응답할 준비가 되어 있다는 것 그 자체만으로도 돌봄받고 있음을 느낀다. 돌봄제공자가 "나 여기 있어요"라고 확신시켜 주는 것만으로도 돌봄수혜자는 돌봄받고 있음을 느낄 수 있다(Noddings 2002a, 231-233). 따라서 자신이 돌보는 대상자와 애착관계에 놓인 돌봄노동자들은 자신의 이해관계와 금전적 보수 같은 목적을 위해 돌봄관계를 쉽게 끊어버리기 어렵다. 돌봄노동자들은 자동차 노동자들이 협상을 위해 파업을 하듯 파업의 위협을 쉽게 가하지 못한다(Folbre 2001, 76). 실제로 파업을 진행한 경우에 있어서도, 이들은 윤리적으로 책임을 다하지 못하는 무책임한 사람들이라는 사회적 비난을 거세게 받게 되며 또한 파업의 부정적인 결과가 대중매체를 통해 강조되어 주목받곤 한다(Kemp 2013; French 2020).

반면 돌봄수혜자와 직접적인 접촉이 없는 고용주나 관리자는 안정적인 돌봄관계의 형성과 유지보다 '효율성'이라는 명분으로 비용절약(예를 들면, 돌봄노동자의 임금삭감 같은)의 전략을 선택하기 쉬우며, 근로환경에 대한 통제권 및 의사결정권에 있어 돌봄노동자보다 손쉽게 우위를 점유할 수 있다. 이러한 무력함으로 인해 돌봄제공자는 자신의 지위에서 파생된 권위나 자긍심이 크게 없게 되고, 자신의 역량을 발전시킬 동기부여가 적으며, 타인과의 관계나 직장생활에서 의사결정 권한을 갖지 못하고 또한 자신의 돌봄지위로 부여되는 존중이나 품위가 결핍되게 된다(Young 1990, 138-139).[89]

문화제국주의

문화제국주의의 핵심은 지배집단이 만들어낸 문화생산물이다. 영은 문화생산물이란 상식처럼 받아들여지고 있는 사회적 인식이라고 설명한다. 예를 들어, 지구가 태양을 도는 것이 상식이듯, 게이는 성적으로 난잡하며, 아메리칸 인디언은 알코올의존자이며, 여자는 아이를 능숙하게 다룬다는 것도 상식처럼 받아들여진다는 것이다. 문화제국주의의 부정의는 이러한 문화생산물이 만들어낸 고정관념이 피억압집단에게 일방적으로 부과됨으로써, 이들은 자신의 관점과 해석을 드러내지 못한 채 결핍, 부정, 타자라는 낙인의 표식을 일방적으로 갖게 됨에 있다(Young 1990, 142-143).

돌봄의 지위에 연계된 주목할 만한 문화생산물로 모성애(mother-love) 이데올로기를 들 수 있다. 모성애 이데올로기는 돌봄을 여성(젠더) 및 모성(motherhood)과 함께 묶음으로써, 모든 여성(어머니)은 태생적으로 모성을 갖는다는 사회적 믿음이다. 즉 돌본다는 것은 여성이 지닌 모종의 본성으로 인식된다. 모성애 이데올로기는 자기 자신을 헌신·희생하고 자녀를 절대적인 사랑으로 돌보는 '숭고한' 어머니의 이미지를 함께 양산해 냈다. 더 나아가, 모성애는 어머니의 '숭고함'과 '성녀스러움'이라는 칭찬을 넘어 인류와 사회에 기여하는 위

대한 사회적 가치로까지 추앙받기에 이른다(Beck-Gernsheim 2006).[90]

모성애 이데올로기는 여성(어머니, 돌봄제공자)을 '모성'이라는 족쇄에 갇힌 억압의 대상으로 만들었다. 한편으로 누군가를 돌본다는 것은 모든 여성에게 자연스러운 것, 그렇게 해야만 하는 것, 거부할 수 없는 자연의 이치에 순응하는 것으로 간주된다. 여성이 행하는 돌봄에의 희생과 헌신은 본능적이기 때문에, 사회는 그것의 '숭고함'을 찬미하면서도 동시에 지극히 당연한 것으로 취급하였다. 여성에게만 부가된 돌봄의 책임은 자연스러운 상식이 되는 것이다. 다른 한편으로 돌봄의 역할을 하지 않는 혹은 하지 못하는 여성에게는 가혹한 사회적 비난이 뒤따랐다. 자녀가 없거나 자녀를 원하지 않는 여성은 무시와 동정의 대상이 되었으며, 헌신하는 어머니가 되지 못하는 여성은 이기적이고 사악하며 '비정상적인' 여성으로 비난의 대상이 되었다.

시장에서 종사하는 유급 돌봄제공자도 모성애 이데올로기에 의한 억압의 대상에서 예외일 수 없다. 모성애 이데올로기의 전제에 따르면, 좋은 돌봄이라고 하는 것은 사랑, 이타심, 의무감에서 비롯되어야 하며, 돌봄제공자의 자기희생이 수반되어야 한다고 본다. 따라서 돌봄제공자가 자신의 이해관계를 내세우거나 경제적 동기를 돌봄에 접목시키는 것은 돌봄의 질을 떨어뜨릴 뿐만 아니라 '숭고하지 못한' 행동으로 평가된다. 예컨대, 모성애 이데올로기를 전제하는 어떤 연구는 좋은 돌봄을 제공하는 간호사는 낮은 임금을 받는 간호사라고 주장한다(Heyes 2005). 이 연구에 따르면, 간호사의 임금수준을 높이면 환자의 간호와 상관없이 오직 경제적 이유로 많은 사람이 간호사 업무에 진입하기 때문에 그 결과 돌봄(간호)의 질이 낮아진다는 것이다. 따라서 간호사의 임금수준이 낮을수록 직업에 대한 사명감과 환자에 대한 사랑이 충만한 간호사가 그 직업을 선택하게 된다는 것이다.[91] 이러한 모성애 이데올로기의 논리는, 돌봄 부분의 임금을 낮추는 데 일정 부분 기여했을 뿐만 아니라 '좋은 돌봄'이라는 명분으로 돌봄제공자가 낮은 임금을 감내하게 했다. ILO의 최근 연구는 전 세계적으로 다양한 돌봄노동과 돌봄 일자리들이 존재하지만 이들 대부분은 일반적으로 낮은 임금 수준을 보이고 있다고 밝힌다(Addati et al. 2018).

이에 더해, 문화제국주의 부정의의 중요한 일면은 피억압집단이 경험하는 자기 비하적인 자기의식(인식)이다. 영에 따르면, 지배문화가 어떤 집단에 대해 고정관념을 부여하고 열등한 존재라는 이미지를 투사하면, 피지배집단은 이러한 사회와 외부의 시선의 관점에서 자신을 바라보게 된다고 설명한다. 즉, "타인의 눈을 통해서 언제나 자기 자신을 바라보며, 조롱과 연민으로 자신을 바라보는 세상의 잣대로 자기영혼을 평가"하게 된다는 것이다(Du Bois 1969[1903]; Young 1990, 143-144에서 재인용). 돌봄제공자의 경우도 모성애 이데올로기의 관점에서 끊임없이 자기 자신을 평가하고 비하하게 된다. 관련하여 러딕(Sara Ruddick)은 다음과 같이 설명한다.

> 좋은 어머니(Good Mother)에 대한 이상화된 모습은 수많은 실제 어머니들의 삶에 무거운 그림자를 드리운다. 오늘날에는 그 어떤 완벽한 순간일지라도 어린이들을 완벽하게 보살필 수는 없다. 자기의심은 타인들과의 자극과 혼용되어 있으며, 실제로 자녀가 태만하다든지, "학업성적이 나쁘다든지," 혹은 단지 슬픔을 느낄 때, "전문가들은" 가장 자존적인 여성의 자신감마저도 무너뜨릴 수 있다(Ruddick 1989, 78).

결국 아이를 어머니가 완벽하게 통제하는 것은 현실적으로 불가능하기 때문에, 어머니는 아이에게 닥치는 작은 고난도 '좋은 어머니'가 되지 못했다는 생각으로 자신의 책임으로 탓하며, 상대적으로 "무력한 존재"이자 부족한 존재로서 스스로를 저평가하며 죄의식에 시달리게 된다(Ziegler 2020).

폭력

돌봄의 지위에 근거한 폭력은 사적 돌봄관계의 영역인 가족이라는 울타리에서 자주 일어난다. 폭력의 형태는 협박, 위협, 육체적·정신적 학대, 성폭력 등을 포함하여 다양할 수 있다. WHO(2013)의 조사에 따르면, 전 세계적으로 여성의 3분의 1이 친밀한 파트너에 의한 다양한 폭력에 노출되어 있으며, 여성 살해의 40%가 친밀한 파트너에 의해 발생한 것으로 조사된다. 또한 2012년 미국 아동의 7%는 가정폭력에 노출되었으며 이는 약 5만 명 정도에 해당되는 것으로 조사된다(National Coalition Against Domestic Violence). 폭력의 가해자는 많은 경우 남편과 아버지이며, 많은 경우 피해자는 아내와 어린 자녀이다.[92]

이렇듯 돌봄수혜자와 돌봄제공자가 폭력에 취약한 이유는, 앞서 언급했듯이, 이들이 경제적으로 착취당하고, 사회적으로 주변화되었으며, 정치적으로 무력화되고, 문화적으로 타자화(대상화)되었기 때문일 것이다. 이에 더해 이들에 대한 폭력이 영이 언급한 체계적인 사회적 실천으로서 작동하는 이유는, 젠더 억압인 가부장제와 공사구분에 기초한 '가족 사생활(family privacy)'이라는 규범화된 제도가 돌봄수혜자와 돌봄제공자의 폭력에 대한 취약성을 강화하였기 때문이다. 가부장제와 '가족 사생활'이라는 제도적 맥락 속에서, 돌봄의 지위에 기초한 폭력이 사회에서 어떻게 묵인되고 관용되며 더 나아가 조장되는지 살펴보도록 하겠다.

가부장제는 제도화된 젠더의 위계이다. 남성은 우월성(superior) 으로 정의되는 반면 여성은 열등성(inferior)으로 정의된다. 남녀의 위계는 신과 인간, 인간과 동물, 주인과 하인의 위계처럼 자연스럽고 바람직하며 피할 수 없는 것으로 간주된다(Gilligan and Snider 2018).[93] 이 논리가 가정에 적용되면서, 아버지는 도덕적으로 완전한 행위자이자 집안의 주인인 가장으로서 가족의 경제자원 및 가족구성원을 소유하고 통제·지배하는 정당한 권한을 갖게 된다. 다시 말해, 가부장제 아래 아내와 자녀는 아버지 마음대로 처분하고 처벌할 수 있는 대상이 된다. 도덕적으로 열등한 존재로 간주되는 아내와 자녀는 아버지의 지시에 복종하고 침묵하는 것만이 이들이 갖는 유일한 미덕과 명예로서 인정된다.

실제로 19세기 이전의 영미법 체계의 전통에서 남편은 아내에 대한 통제와 지배의 목적으로 아내에 대한 체벌과 처벌이 허락되는 특권을 가졌었다(Siegel 1996). 19세기에 이르러 아내를 체벌할 수 있는 남편의 권리가 더 이상 허용되지 않았지만, 그 이후에도 여전히 가정폭력에 대한 국가의 개입은 제한적이었다. 예를 들어, 남편이 가정폭력으로 처벌받거나 기소되는 경우는 아주 심각한 폭력인 경우에만 해당되었으며, 반면 폭력을 당한 여성이 이혼을 요구하거나 양육권을 주장하거나 경제적 독립을 요구하는 경우 이는 매우 제한적으로 받아들여졌다. 가족관계에서 어느 정도의 폭력은 어느 정도 정상적인 삶의 부분으로 간주되었다. 결국 가족관계에서 부모, 아버지, 주인 등이 물리적인 힘을 사용하는 가부장적 위계가 오랫동안 강력하게 영향을 미치고 있음을 알 수 있다. 더불어 가족은 오랫동안 사생활의 영역으로 간주되었다. 가족과 결혼을 "조화로운 삶"을 추구하는 "인내하고 친밀한" 것으로 여김에 따라, 국가의 개입이 불가한 이슈로 여겨지고 그곳에서 벌어지는 가정폭력의 경우도 법과 제도로 이를 처벌하지 않았다(Schneider 1991, 973). 따라서 19세기 이전에는 남편의 특권으로서 가정폭력이 묵인되었다면, 19세기 이후에는 '가족 사생활'이라는 관점에서 가정폭력이 묵인되었다고 평가된다(Siegel 1996).

그러나 1960년대 여성주의 운동은 가족을 사회적·공적 이슈화하였으며 이는 국가 및 사회제도가 가정폭력을 대하는 방식을 많은 부분 변화시켰다. 그 결과 최근 여러 나라에서 가정폭력에 대한 법적 제재가 행해졌다. 미국에서는 1994년 「여성폭력방지법(Violence Against Women Act)」이 제정되었으며, 더 나아가 연방 및 개별 주 수준에서 가해자 처벌과 학대당한 여성의 보호 및 권리구제에 관한 다양한 수준의 법제도가 개선되었다. 한국도 1997년 「가정폭력범죄의처벌등에관한특례법」을 제정함으로써 가정 내 폭력행위는 범죄행위로서 국가가 개입해야 하는 영역임을 공식적으로 인정하였다. 그런데도 여전히 '가족 사생활'이라는 규범 속에서 가정에 대한 공권력 개입을 주저하는 경향이 발견된다. 예컨대, 한국의 「가정폭력범죄의처벌등에관한특례법」은 "가정의 평화와 안정을 회복"하는 것을 궁극의 입법목적으로 하고 있기 때문에, 가정폭력의 범죄자 처벌과 피해자 보호보다는 정상적 가족의 회복과 유지에 중점을 두고 있다. 따라서 폭력의 종식보다는 이혼방지에 노력하며, 가정폭력을 형사사건이 아니라 가정보호사건으로 처리하려는 경향이 강한 것으로 발견된다(박복순 2018; 이승현 2019).

결과적으로 가정폭력에서 국가의 임무는 가족이 스스로 그 문제를 해결하지 못했을 때 개입이 허용되는, 즉 잔여적인 책임을 갖는 것으로 여전히 이해되고 있다(Eichner 2010, 62-68). 이는 가정폭력, 아내학대, 자녀구타가 처벌의 대상이 되는 폭력의 문제임을 그 자체로 부인하는 결과를 낳게 했다. 그것을 폭력으로 인정하지 않음으로써 이를 제도적으로 허용하고 조장하게 되는 것이다. 또한 이를 폭력으로 인정한다고 쳐도 단지 개인 간의 문제로 여김으로써, 이러한 폭력이 구조적 문제이며 사회적 책임이 요구되는 문제라는 점을 간과하게 만들고 있다.[94] 결국, 일찍이 슈나이더(Elizabeth Schneider)의 지적대로, 가정을 사생활로 보는 것 자체가 사회적 폭력이 되는 것이다(Schneider 1991).

5 돌봄을 둘러싼 구조적 억압, 그리고 돌봄정의

앞선 논의를 통해 돌봄수혜자와 돌봄제공자는 돌봄관계에 속하지 않은 사람들(집단)과의 관계 속에서 착취, 주변화, 무력함, 문화제국주의, 폭력을 경험함을 살펴보았다. '돌봄의 지위'에 근거한 억압은 최근의 돌봄연구들이 지적하듯(Robinson 2011; Williams 2011; Hankivsky 2014) 젠더·계급·인종 등과 연계되어 나타나지만, 또한 동시에 트론토의 지적처럼 젠더·계급·인종적 지위와 별개로 다소 독립적으로 존재하고 있음을 확인할 수 있었다(Tronto 1993, 21, 2017, 38). 정리하건대, 돌봄을 둘러싼 구조적 억압은 다음의 특징을 갖는다고 볼 수 있다. 이들 특징은 돌봄을 둘러싼 억압의 구체적인 동학을 밝히는데 충분하지 않을 수 있지만, 돌봄을 둘러싼 억압적 구조가 다른 억압적 구조와 유사하면서도 동시에 다를 수 있음을 보여주는데 유용하다.

첫째, 돌봄의 지위에 기초한 억압은 경제영역(착취), 사회영역(주변화/폭력), 정치영역(무력함), 문화영역(문화제국주의) 등의 주요 제도 속에 존재한다. 이는 억압이 다방면에 걸쳐 다양한 모습으로 나타남을 보여준다. 예컨대, 일찍이 여성주의자 월비(Sylvia Walby)가 가부장제는 하나의 거대 구조라기보다 7개의 개별 영역에서 부분적으로 상호의존적인 구조들로 이론화한 것과 유사하게(Walby 1989), 돌봄 역시 그 억압의 구조가 하나의 보편적인 모습이라기보다 부분적으로 상호의존적인 구조들로서 나타남을 알 수 있다.

둘째, 돌봄을 둘러싼 억압은 억압이 발현되는 다양한 영역들이 서로 밀접하고 체계적으로 연결됨을 알 수 있다. 예컨대, 시장에서 돌봄노동자가 겪는 착취와 저임금은 돌봄이 사랑과 희생의 산물이라는 문화이데올로기와 연결되며, 가정에서 돌봄제공자와 돌봄수혜자(여성과 아동)가 겪는 폭력은 이들이 경험하는 경제적·정치적 무력함과 직결된다. 물론 시대와 문화의 맥락에 따라 이들 영역들 간에 교차하는 모습과 동학은 다르게 나타나리라고 예상할 수 있다.

마지막으로, 돌봄을 둘러싼 억압은 다른 억압만큼 (혹은 다른 억압보다 더) 심각한 부정의로 간주될 필요가 있다. 왜냐하면 돌봄과 돌봄관계는 개인뿐만 아니라 사회를 지탱하고 유지·번성하게 하는 없어서는 안 되는 필수적인 공적 가치이기 때문에, 돌봄수혜자와 돌봄제공자가 겪는 이러한 억압은 특히 옳지 않다. 따라서 이들이 겪는 억압과 부담은 정치적·공적 이슈로서 간주되어야 하며, 이러한 부정의에 어떻게 대처하고 어떻게 부담을 함께 분담할지에 대해 우리 모두의 공식적인 논의가 필요하다(Tronto 2013).

이 장에서는 돌봄이 현 사회구조의 모순 및 권력 내에 깊숙이 내장된 이슈임을 지적하는 최근 돌봄윤리 연구의 연장선상에서, 돌봄윤리가 도전하고 비판하는 돌봄을 둘러싼 구조적 억압의 구체적인 양상들을 영의 억압 개념을 활용하여 제시하였다. 이를 통해 이 장의 논의가 구조의 부정의에 주목하는 규범적 정치이론으로서 돌봄윤리의 가능성을 보다 공고히 하는 데에도 기여하고자 하였다.

결론의 이 지점에서 정치철학자 슈클라(Judith Shklar)의 주장을 언급하는 것은 유의미하다(Shklar 1990). 슈클라는 자신의 책『부정의의 양상들(The Faces of Injustice)』에서 기존의 많은 정의론이 부정의를 간과하고 있다고 비판한다. 기존 정의론은 정의를 설명하는 데 치중한 나머지, 부정의를 정의가 없는 상태로 치부해 버리거나 비정상적인 것 혹은 운이 없는 것으로 간과해 버렸다는 것이다. 따라서 기존의 많은 정의론은 결과적으로 부정의에 민감하지 않게 되었다고 비판한다. 슈클라의 입장에서 볼 때, 오히려 정의론에 담겨야 하는 내용은 정의에 대한 이상이나 추상적인 담론이라기보다 부정의에 대한 예민함(sense of injustice)이며, 이러한 부정의에 대한 예민함을 통해서만이 부정의의 양상들이 더 가시화되고 쉽게 인식될 수 있다고 보았다(Shklar 1990, 14). 결국 부정의에 대한 예민함을 통해서 정의로운 사회에 더욱 다가갈 수 있다는 것이다.

유사한 맥락에서 최근 굳하트(Michael Goodheart)도 기존의 정의론은 이상적인 도덕이론을 추구한 나머지 "실제로 사람들이 일상에서 경험하는 구체적인 부정의"를 설명하지 못하며, 그 결과 "부정의한 사회제도와 이를 떠받치는 이데올로기를 도전하고 변화시키는 방식"을 찾지 못하고 있다고 주장한다(Goodheart 2018, 8). 따라서 굳하트는 기존의 정의론과 달리 부정의의 정치, 즉 갈등과 권력에 대한 현실적인 분석을 포함하는 대안의 논의가 필요하다고 역설한다(Goodheart

2018, 9).

　　필자는 슈클라와 굳하트의 주장에 동의하며 돌봄윤리가 부정의에 매우 예민하며 현실의 부정의를 더욱 "가시화"하는 역할을 할 수 있다고 주장한다. 또한 굳하트가 지적하듯이, 돌봄윤리는 부정의를 이해하고 도전함으로써 현실 세계와 관련된 유용한 정의론이 될 수 있다고 본다. 결론적으로 돌봄윤리는 현실 사회의 구조적 부정의를 밝히고 비판할 수 있는 비판적 규범이론으로서의 가능성을 충분히 지니고 있을 뿐만 아니라 비판이론으로서의 역할을 통해 사회제도의 변혁을 꾀할 수 있는 "급진적이고 혁명적인 잠재력"을 담고 있다고 평가한다(Cox 2010, 16).

9장 ──────── 코로나19, 돌봄부정의,
포스트코로나 국가

국가의 역할은 코로나 국면을 헤쳐가기 위해 과거로의 회귀나 일상으로의 회복이 아니라 돌봄부정의를 직시하고 반성하며 이를 교정(矯正)하는 것이어야 하며, 이를 위해 국가는 기존 시스템의 한계를 뛰어 넘는 돌봄포용의 전망을 제시할 수 있어야 함을 주장하려고 한다. 결국 돌봄민주국가는 돌봄부정의를 직시하고 반성하며 교정하는 국가이며 이를 통해 돌봄포용의 비전을 제시할 수 있는 국가이다.

1 팬데믹과 국가의 역할

초유의 전 지구적 재난인 코로나바이러스 감염증(이하 코로나19) 팬데믹은 여전히 진행 중이다. 2021년 4월 기준 누적 코로나19 사망자는 294만 명으로 추산된다(코로나19 실시간 상황판). 미국을 포함해 전 세계 국가들에서 백신 보급이 시작되었다는 뉴스에도 불구하고, 효과적인 백신이 보급되기 전에 코로나19 누적 사망자의 수가 200만 명에 달할 수 있다는 이전의 우려섞인 예측은 이미 현재화되었다(동아사이언스 2020.09.28.). 코로나 팬데믹 속 '돌봄위기'는 대표적인 코로나 위기로 자주 언급된다. 한국여성민우회가 분석한 연구에 따르면, 2020년 2월 1일부터 8월 31일까지 총 7개월간 16개 언론사 기사 중 '코로나'와 '돌봄' 검색어가 모두 포함된 기사는 1,253건이었으며, 이 중 '돌봄위기'를 직간접적으로 언급한 기사는 829건에 해당된다(정슬아 2020).[95] 이들 기사는 가정 내 돌봄부담이 가중된 가정주부, 자녀돌봄휴가를 불허 받은(혹은 이미 소진한) 노동자, 부모는 출근하고 가정에 방치된 아이들, 학교와 지역사회의 사각지대에서 가정폭력으로 학대받는 아이들, 사회복지시설을 이용하지 못해 장애가 악화된 발달장애인, 공공재활시설이 문을 닫게 되어 정신병원에 자녀를 입원시키다가 끝내 자녀와 함께 자살한 어머니와 장애아들, 집단감염이 우려되는 상황에서 열악한 요양·장애인시설에 갇힌 환자, 노인, 간병인, 요양보호사 등에 관한 내용을 담고 있다. 이러한 '돌봄위기'에 관한 기사들은 주로 '독박돌봄,' '돌봄감옥,' '돌봄공백' 등의 제목으로 보도되었다.[96]

그렇다면 돌봄위기의 본질은 무엇인가? 무엇이 돌봄위기를 야기하는가? 돌봄위기는 코로나가 만들어낸 현상인가 아니면 이전부터 존재했던 현상인가? 국가는 돌봄위기를 극복하기 위해 어떤 역할을 해야 하는가? 돌봄위기를 극복하려는 국가는 어떤 비전을 보여야 하는가? 이 장은 이들 질문에 답하고자 하는 목적을 갖는다. 이 장에서는 돌봄위기의 상황은 코로나19가 만들어낸 처음 보는 현상이라기보다 돌봄을 배제한 기존 사회구조에 얽히고설켜 있는 부정의에 가깝다고 주장한다. 코로나19가 들춰낸 재난위기로 언급되는 돌봄위기는 코로나19와 무관하게 코로나19 이전부터 돌봄이 배제된 사회구조가 지속적으로 배양해온 '돌봄부정의(care injustice)'라는 점을 강조하는 것이다. 따라서 국가의 역할은 코로나 국면을 헤쳐가기 위해 과거로의 회귀나 일상으로의 회복이 아니라 돌봄부정의를 직시하고 반성하며 이를 교정(矯正)하는 것이어야 하며, 이를 위해 국가는 기존 시스템의 한계를 뛰어 넘는 돌봄포용의 전망을 제시할 수 있어야 함을 주장하려고 한다.[97] 결국 돌봄민주국가는 돌봄부정의를 직시하고 반성하며 교정하는 국가이며 이를 통해 돌봄포용의 비전을 제시할 수 있는 국가이다.

많은 사회담론은 코로나 여파 속 가시화된 돌봄문제를 '워킹맘의 위기'나 '여성의 위기'로 설명하곤 하였다(정슬아 2020). 예컨대, 언론기사는 독박돌봄으로 코로나 블루를 겪는 가정주부에게 가족에게 도움을 요청할 것 혹은 자신만의 시간을 찾기 위해 즐거운 게임이나 가벼운 산책을 할 것을 제안하기도 한다(연합뉴스 2020.08.28.). 하지만 '돌봄위기'는 돌봄을 배제한 사회구조와 제도의 모순으로 발생한 '돌봄부정의'라는 필자의 주장을 고려한다면, 이러한 위기는 개인적인 수준에서 혹은 부모님이나 친척의 찬스로 극복될 수 있는 것이 아님은 명백하다. 이 글의 함의는 돌봄부정의는 그러한 모순을 생성시킨 사회구조와 제도에 책임을 물어야 하는 것이며, 사회구조와 제도가 변혁됨으로써만이 구조의 모순이 교정될 수 있음을 지적하는 데에 있다. 그리고 구조와 제도를 변혁시키는 주요한 주체로서 국가의 돌봄포용적인 역할과 전망을 중요하게 상정한 점에 있다.

이 장의 구성은 다음과 같다. 먼저 돌봄과 코로나19와 관련된 논의배경 및 선행연구와의 차이점을 살펴보고자 한다. 이후 여성주의 돌봄윤리(care ethics) 논의에 근거해 '돌봄위기'는 코로나 이전부터 지속되어온 '돌봄부정의'로 접근해야 하는 논거를 제시할 것이다. 그다음 지난 1년간 보도된 신문기사 등을 바탕으로 앞서 개념화한 '돌봄부정의'의 구체적인 양상들을 살펴보려 한다. 마지막으로 위기 대응을 위한 전환을 측면에서가 아니라 부정의에 대한 교정의 측면에서 요구되는 국가의 돌봄포용적인 비전을 전망하고자 한다.

2 돌봄과 코로나19

돌봄은 최근 코로나 팬데믹 여파 속에서 관심을 받고 있다(Kittay

2020; 김현미 2020; 백영경 2020; 오하나 2020; 장이정수 2020; 전희경 2020; 홍찬숙 2020a). 그 이유는 무엇보다도 코로나 팬데믹이 기존 사회가 외면한 돌봄의 가치에 주목하는 계기를 만들었기 때문일 것이다. 코로나 여파 속에서 돌봄에 주목하는 논의들은 코로나19가 서로 돌보는 존재로서, 취약하고 유한한 인간임을 시민들에게 일깨워 주었다고 언급한다. 모든 것이 멈춤이 가능하고 사회적 거리두기가 가능해도 우리의 생존과 안전을 위한 '돌봄'은 멈출 수 없음을, 멈춰서는 안 됨을, 그래서 사회적 거리두기가 불가능함을 코로나19는 시민들에게 일깨워 주었다는 것이다. 코로나사태는 사회를 멈추게 하고 사람들이 서로 물리적 거리두기를 두게 했지만, 요양시설의 간병인과 요양보호사, 어린이집 보육교사, 학교의 긴급돌봄전담사, 가정에서의 돌봄제공자, 사회복지기관의 사회복지사 등에 의해 진행된 돌봄은 우리 삶에 무엇이 진정으로 필요한지에 대해 생각하는 기회가 되고 있다고 강조한다. 이는 이제껏 사회가 간과하고 배제해 왔던, 그래서 누군가의 몫으로 당연시 여기거나 누군가의 무조건적 사랑과 헌신으로 포장해왔던 돌봄의 가치와 의미를 성찰할 수 있는 기회라는 것이다.

> 코로나19 팬데믹은 사회를 멈추게 하고 사람들을 자가격리시켰다. 우리는 이제까지 경험해보지 못한 이 팬데믹으로 인간의 삶과 생명을 유지하기 위해 정말 필요한 것이 무엇인가를 깨달았다. 팬데믹은 평소에 비가시화되고 평가절하되었던 것을 사회적으로 인식하는 계기가 되었다(김은실 2020, 6).

위의 김은실의 지적처럼 코로나19가 초래한 상황은 이제껏 보이지 않았던 또한 무시되었던, 하지만 멈춘적이 없었던 돌봄의 가치가 시장과 사회의 멈춤으로 부각되는 아이러니가 되었음을 강조한다.

최근 진행된 「코로나19의 사회적 영향과 시민의식에 관한 패널 여론조사」 결과도 이들 논의에 대한 경험적 근거를 뒷받침한다(박선경·김희강 2021).[98] 조사에 따르면, 코로나로 인해 돌봄의 중요성에 대한 시민의 인식변화가 발견된다. 코로나19를 계기로 돌봄에 대한 생각이 바뀌었는지를 묻는 질문에 대해서 전체 1,507명의 응답자 중 1,002명(66.49%)이 코로나19로 인해 돌봄이 중요하다고 생각하게 되었다고 답했고, 1,507명 중 478명(31.72%)의 응답자는 코로나19를 계기로 돌봄에 대한 생각이 바뀌지 않았다고 답했으며, 돌봄이 중요하지 않다고 생각하게 되었다는 답변은 27명(1.39%)으로 매우 드물었다.[99] 전체 응답자 중 66.5%의 사람들이 취약한 누군가를 돌보고 보살피는 것은 위기 상황에서도 대체되거나 멈출 수 없었던 핵심적인 인간활동임을 이해하게 되었음을 의미한다.[100]

또한 공공돌봄서비스종사자나 돌봄노동자에 대한 정부의 임금인상이나 처우개선을 위한 조치를 취하는 것에 대해서 얼마나 동의하는지에 관한 질문에서도, 장애인활동보조인(87.1%), 돌봄교사(82.3%), 보육교사(82.1%), 사회복지사(81.9%), 요양보호사나 간병인(80.0%) 순으로 이들의 처우개선과 임금인상에 찬성한다는 의견이 높았다.[101] 이러한 찬성의 강도는 동일한 설문조사에서 필수노동인력으로 간주된 배달운수물류센터노동자(82.2%)에 대한 처우개선 찬성의견과 유사하고 의사(78.8%) 및 보건의료 분야 공무원(72%)에 대한 처우개선 찬성의견보다 높은 정도이다. 이러한 결과는 양육, 보육, 간병, 요양, 간호 등을 포함하는 돌봄의 재평가와 이 분야에서 일하는 종사자들의 처우개선과 관련된 시민의 의식변화도 이끈 것

으로 평가할 수 있을 것이다.[102]

이 장의 논의도 돌봄에 대한 코로나19의 영향력에 주목하는 앞선 논의들과 유사한 맥락에 있다. 하지만 이들 연구와 달리 이 장은 코로나19 팬데믹으로 야기된 돌봄위기 상황에 보다 주목하려 한다. 돌봄위기의 근본적인 원인을 짚고 이를 극복하는 국가의 역할과 전망에 대해서 재고하려는 목적을 갖는다. 보다 구체적으로 이 장의 논의는 선행연구와 비교할 때 다음의 지점에서 차이를 보인다.

첫째, '돌봄위기'에 대한 논의는 이전부터 있어 왔다. 이는 주로 여성주의 학자들에 의해서 논의되었으며, 일·가정양립의 어려움, 시간빈곤, 이에 따른 돌봄공백(care deficit)의 맥락에서 주로 언급되었다(김은지 2013; 이선형 외 2019). 일례로, 프레이저(Nancy Fraser)는 자본주의의 구조적 모순의 입장에서 돌봄위기를 논의한다(Fraser 2016a, 2016b). 혹실드(Alie Hochschild)와 빠레나스(Rhacel Salazar Parreñas) 등은 국제적 맥락에서 제1세계의 돌봄공백을 제3세계 여성이주노동자가 채우게 되는 현상을 지적하며 전 지구적인 돌봄위기를 논의한다(Hochschild 2004; Parreñas 2004). 이 장도 돌봄위기의 원인으로서 자본주의의 모순, 성별화된 위계, 엄격한 공사구분, 이에 따른 돌봄공백과 일·돌봄 간의 긴장 등을 지적하는 이러한 선행 연구결과에 힘입었다. 하지만 이들 연구와 달리 이 장은 돌봄을 배제한 사회구조라는 총체적인의 맥락에서 돌봄제공자의 입장, 돌봄수혜자의 입장, 돌봄관계에 주목하여 돌봄부정의의 면면을 주목하여 밝히고자 한다.

더불어 이 장은 돌봄부정의에 대한 포괄적인 이론화나 돌봄부정의의 구체적인 동학을 설명하려는 시도가 아님을 밝혀둔다. 예를 들어, 석재은(2018)은 이상적 모형으로서 돌봄정의(caring justice)를 이론적으로 개념화하였다. 이와 달리 이 장은 도달해야 하는 추상적인 목표로서 돌봄정의를 개념화하는 것이 아니라, 돌봄위기가 야기된 현실의 사회구조와 제도의 모순을 밝히고, 이러한 모순 속에서 발생한 돌봄위기는 이전부터 지속되어온 돌봄부정의의 양상이라는 점에 초점을 두고자 한다.[103] 따라서 부정의의 교정이라는 입장에서 돌봄 논의에 접근하려 한다.[104]

둘째, 코로나 맥락에서 '돌봄위기'를 논하는 몇몇 연구들은, 본 연구의 취지와 유사하게, 위기라는 것이 의도하지 않은 피치 못하는 결과가 아니라 오히려 사회의 구조적 모순이 드러난 것임을 강조한다(Kittay 2020; 추지현 2020; 장진범 2020). 예컨대, 코로나사회가 겪는 다양한 돌봄문제는 단지 코로나19로 인해 "관심 받게 된" 사회의 "허점과 부정의"라고 지적하며(Kittay 2020, 1), 이는 "이 사태 이전에도 늘 존재했지만 이런저런 이유로 '밀실에 은폐되어 있던'" 사회의 어두운 이면들이 코로나로 인해 가시화된 것이라고 설명한다(장진범 2020, 241). 다시 말해, 코로나19로 인해 이제껏 감쳐져 왔던 돌봄문제가 가시화되었다고 보는 것이다. 이 장도 이들 주장에 동의하며, 최근 언론에서 연이어 보도된 코로나의 돌봄위기가 어떤 점에서 돌봄부정의를 반영하는지 그 면면을 보다 실제적으로 구체화하고자 하였다. 따라서 비록 개별 심층인터뷰가 진행된 것이 아니지만, 신문기사와 여타기관의 설문조사를 활용함으로써 돌봄부정의의 고충을 드러낸 시민들의 의견과 현장의 목소리를 최대한 반영하고자 노력하였다.

마지막으로, 일련의 여성주의자들은 코로나19를 유발하는 데 기여한 신자유주의, 성장만능주의, 경제생산주의를 비판하며, 코로나 이후의 사회는 돌봄이라는 대안 가치에 주목해야 함을 주장한다(김현미 2020; 오하나 2020; 장이정수 2020; 전희경 2020; 추지현 2020, 19-23; 홍찬숙 2020a). 이 장도 이들의 논점과 함께 한다. 하지만 이 장의 논의가 기존 논의와 구별되는 지점은, 이들 논의가 주로 자발적 결사체로서 시민사회의 역할에 주목하며 돌봄 패러다임으로의 전환을 주장하거나 생태주의적(ecological) 입장에서 돌봄의 대안가치를 주로 언급하고 있는 반면, 이 장은 돌봄 가치를 재고하고 이를 제도화하는 국가의 역할과 비전에 초점을 맞추고자 하였다. 예외적으로 배진경(2020, 39-40)과 백영경(2020)은 정부정책의 입장에서 시론적 수준이지만 '돌봄뉴딜'을 제안한다. 이 장의 논의도 구체적인 정책모습이나 방향성의 제시를 목적으로 하지는 않지만(돌봄민주국가의 제도 제안에 대해서는 본서 12장 참조), 돌봄부정의를 교정해야 하는 당위성을 논거로 돌봄포용이라는 국가의 역할을 전망한 점에서 이들 논의와 차이가 있다.

3 '돌봄위기'가 아닌 '돌봄부정의'

최근 국내외의 많은 논의들이 돌봄이라는 주제에 주목하고 있다. 이들 논의는 돌봄을 단지 사적인 것이나 여성적인 것을 넘어 인간관계를 규율하는 가치와 규범 측면에서 접근한다(Kittay 1999; Held 2006; Engster 2007; Tronto 2013; 마경희 2010; 남찬섭 2012; 김희강 2018c; 허라금 2018). 가치와 규범의 측면에서 돌봄에 접근하는 이들 논의는 '돌봄윤리'를 기반으로 한다. 여성주의 도덕이론으로서 돌봄윤리는 모든 인간의 불가피한 취약성과 이에 응답해야 하는 윤리적인 책임의 도덕윤리이다. 더 나아가 이는 사적 개인 간의 행위를 규율하는 윤리를 넘어 정치사회 제도의 규범적 지침으로 활용되고 있다. 돌봄윤리는 모든 인간은 태어나서 일정 기간, 죽기 전에 일정 기간, 아프거나 병들었을 때, 장애가 있거나 생겼을 때, 누군가의 돌봄이 필요한 불가피한 의존의 시기를 경험한다는 사실에 주목한다. 이에 따르면, 이것은 좋든 싫든 피할 수 없는 인간 삶의 엄연한 현실이자 조건이다. 인간이 의존을 겪는다는 것은 삶과 생을 이어가기 위해서 누군가로부터의 돌봄이 필요하다는 것이며, 이는 다른 누군가는 그 의존인에게 돌봄을 주고 있다는 것을 의미한다. 돌봄관계는 인간 삶의 과거, 현재이자 미래이며, 또한 개인으로 환원될 수 없지만 동시에 더 이상 나눌 수 없는, 사회를 구성하는 밑알이자 정초(定礎)가 되는 단위라는 점을 지적한다.

돌봄윤리 논의는 기존 사회구조가 모든 인간이 정상적으로 경험하는 의존과 취약성, 이에 따른 불가피하고 보편적인 돌봄필요, 돌봄을 제공한다는 것의 공적 의미와 돌봄관계의 사회구성적 가치를 외면해 왔다고 비판한다. 기존 사회구조에서 인간은 자유롭고 평등하며 자족적이고 합리적인 개인으로 상정되었고, 사회는 이들 간의 협력의 산물로, 시장은 이들 간의 상호교류로 여겨졌다고 언급한다. 따라서 이러한 사회구조는 개인들이 어떤 자유와 권리를 갖는지, 그러한 자유와 권리가 얼마나 보호되어야 하는지, 재화를 어떻게 공평하게 나눌 것인지에 관심을 갖는 반면, 인간의 보편적인 돌봄필요가 충분히 충족되고 있는지, 돌봄관계가 보호되며 진흥되고 있는지, 돌봄제공자가 불리함을 겪고 있지 않은지, 돌봄책임이 평등하고 민주적으로 분배되고 있는지에 대해서는 주시하지 않는다고 지적한다(김희강 2018a, 210-214).

이 장은 이러한 돌봄윤리에 기초하여 코로나 여파 속에서 회자되는 돌봄위기는 돌봄부정의로 보아야 한다고 주장한다. 이 장에서 개념화하는 돌봄부정의란 돌봄이 배제된 사회구조 속에서 돌봄을 받거나 돌봄을 제공하는 사람들이 경험하는 다면적이고 체계화된 불평등이다. 예컨대, 합리적이고 독립적인 인간을 전제하는 시장제도 속에서 또한 시장노동을 전제하는 복지제도 속에서, 돌봄의 가치와 돌봄을 주고받는 관계는 배제되고 주변화된다(e.g., Orloff 2009; Tronto 2017). 돌봄윤리에 따르면, 돌봄과 돌봄을 주고받는 관계는 누구도 벗어날 수 없는 인간 삶의 부분이자 조건이다. 모든 인간은 다른 누군가의 돌봄에 힘입어 존재하며, 또한 다음 세대를 양육하고 노인, 환자, 장애인 등 돌봄이 필요한 취약한 사람들을 보살핀다는 측면에서, 돌봄은 인간적·사회적·정치공동체적 가치이다. 따라서 돌봄은 사회 전체의 책임이자 사회구성원들이 그 책임을 분배하는 일은 민주적 과정과 논의가 필수적으로 요구되는 작업이 된다 (Tronto 2013). 그러나 기존 사회구조 속에서 돌봄은 제대로 된 평가와 민주적 논의가 이뤄지고 있지 않다. 돌봄은 개인의 희생 혹은 봉사와 연결된 사적 이슈로 치부되거나 공사구분과 성별분업의 논리에 묻혀 가정과 특정 성(여성)의 문제로 평가절하되었다. 그 결과, 돌보는 사람들은 이들이 무급 혹은 유급 돌봄제공자이건 간에, 이들이 가정 혹은 시장에서 돌보건 간에, 사회경제적이고 문화심리적으로 불리한 위치에 처하게 된다. 아이, 노인, 환자, 장애인 등 돌봄을 받는 사람들도 차별과 배제의 대상이 되며, 낙인과 연민, 혐오와 부담의 존재로 각인되고 있다.

물론 돌봄을 제공하는 사람과 돌봄을 받는 사람이 어떤 단일한 특징이나 똑같은 경험을 공유하는 것은 아니다. 또한 이들이 어떤 특정한 정체성을 갖는 것도 아니다. 그럼에도 불구하고 돌봄이 배제된 사회제도와 규범 속에서 돌봄제공자와 돌봄수혜자는 유사하게 위치 지어지며, 이들은 돌봄관계에 속하지 않는 사람들(즉, 합리적·독립적·생산적이라 간주되는 사람들)과의 관계 속에서 다면적이지만 체계화된 불평등을 경험하게 된다. 최근 돌봄연구들이 지적하듯이, 이러한 불평등은 젠더·계급·인종의 불평등과 교차하여 더욱 공고화된 모습으로 나타난다(Hankivsky 2014; Robinson 2020). 여성, 아동, 노인의 전 지구적 빈곤문제에 주목하는 옥스팜(Oxfam) 같은 국제 NGO나 UN과 ILO 같은 국제기구들이 빈곤의 원인으로서, 돌봄을 간과하고 저평가한 세계가 야기하는 지속적이고 체계화된 불평등을 지적하고 이를 교정하는 정책수립에 몰두하는 것도 이러한 맥락이다(ILO 2018; Ilkharan 2018; Oxfam 2020).

결국, '위기'의 언어는 부정의를 감춘다는 트론토(Joan C. Tronto)의 지적은 여기에서 유의미하다(Tronto 2015b). 트론토에 따르면, 회자되는 많은 '위기'는 통제되지 못하는 불운이거나 의도하지 않은 결과가 아니라 오히려 사회의 구조적 모순이 드러난 것이며, 따라서 그러한 모순을 생성시킨 사회와 그 제도에 책임을 물을 수 있는 것이라고 보았다. 따라서 코로나19는 상황을 악화시킬 수 있었겠지만 없던 것을 만들어내지 않았으며, 코로나 상황에서 유념해야 하는 것은 제거되고 관리되어야 하는 위기가 아니라 부당함이 교정되어야 하는 제도적 결과물인 돌봄부정의라는 사실이다.

4 코로나19와 돌봄부정의

여기에서는 앞서 개념화한 돌봄부정의를 바탕으로 최근 언론에서 연이어 보도된 코로나19의 '돌봄위기'가 지속되어온 '돌봄부정의'의 모습을 반영하고 있음을 보여주는 면면들을 살펴보고자 한다. 이러한 면면들은 불균등한 돌봄책임, 돌봄제공자의 불리함, 돌봄수혜자의 불리함, 취약한 돌봄관계를 포함한다.

불균등한 돌봄책임

코로나19의 여파로 발생한 '돌봄위기'의 일면은 불균등한 돌봄책임이다. 이는 돌봄을 함께 나누지 못하고 누군가가 오롯이 감당한다는 의미로 주로 '독박돌봄' 혹은 '독박육아'의 단어로 표현되곤 한다. 코로나19 이후 재택근무, 원격수업, 돌봄 및 사회복지시설의 축소는 많은 부분 여성이 책임지게 되는 돌봄 증가로 이어졌다. 한국여성노동자회와 전국여성노동조합에서 전국 여성 318명을 대상으로 실시한 최근 설문조사에 따르면, 응답자의 절반이상(56.2%)이 코로나19 때문에 하루 평균 돌봄시간이 증가했다고 답했다. 이미 가정에서 돌봄을 전담하고 있는 전업주부의 경우 6시간 이상 돌봄시간이 증가했다고 응답(29.5%)한 비율이 가장 높았다. 또한 전체 응답자 중 40.2%가 돌봄을 분담하지 못한 채 독박돌봄을 하고 있으며, 배우자와 분담하는 경우에도 배우자의 분담비율은 14.0%에 불과하다고 한다. 이러한 추가적인 돌봄부담으로 인해 응답자의 36.4%가 임금노동을 중단할 위기에 있다고 응답했다(김명숙 2020, 20-29).[105]

통계청 자료를 살펴보더라도, 코로나로 인해 여성이 남성에 비해 가정 내 돌봄을 더 많이 담당하고 있음을 알 수 있다. 2019년 3월 대비 2020년 3월, '주된 활동별 비경제활동인구' 증감을 살펴보면 여성은 '육아, 가사'를 사유로 한 비경제활동 인구가 크게 증가한 반면 남성은 감소하였다. 이러한 추세는 2020년 7월까지 이어져 여전히 여성은 육아와 가사로 인한 비경제활동인구의 증가폭이 크게 유지되고 있는 반면 남성은 소폭 증가에 그치고 있다(통계청 2020a, 2020c). 가족돌봄휴가 등 일·가정양립제도 활용의 여성편중도 두드러져서, 2020년 11월 12일까지 가족돌봄비용 신청자 중 62%가 여성으로 조사된다(고용노동부 2020). 특히 치매노인이나 발달장애인 가족은 가중된 돌봄으로 인해 극심한 신체적·정신적 고통을 겪고 있으며, 발달장애인 자녀와 어머니가 자살이라는 극단적 선택을 하는 사회문제가 여러 차례 언론에 보도되기도 하였다(MBC 2020.06.04.; 경향신문 2020.06.13.).

하지만 코로나19로 불거진 이러한 불균등한 돌봄책임의 이슈는 실상 이전부터 지속된 문제이다. 정부가 시행해온 다양한 돌봄정책들(예를 들면, 온종일돌봄, 장기요양보험, 치매국가책임제 등)은 기존 가정에서 전담해온 돌봄을 공적 영역으로 이전시키는 데 상당부분 기여하였음에도 불구하고, 돌봄은 여전히 사적(가정의) 부담으로 또한 특정 개인이나 여성의 임무로 부과되고 있다. 일례로 생활시간조사에 따르면, 성인의 평일 가사노동 시간이 2014년 여성 3시간 22분, 남성 39분에서 2019년 여성 3시간 10분, 남성 48분으로 큰 변화가 없는 것으로 조사되었다. 비록 여성의 가사노동시간이 다소 줄고 반면 남성의 가사노동시간이 다소 늘기는 했지만, 2019년 기준 여성은 남성에 비해 평일 가사노동에 하루 2시간 22분을 더 쓰는 것으로 밝혀졌다(통계청 2020b, 18). 여성이 취업할 경우 임금노동 시간은 증가하지만 돌봄시간은 그만큼 감소하지 않는 것으로 조사되며, 그 결과 여성은 돌봄과 임금노동 중 양자택일을 강요받거나 두 가지를 모두 수행해야 하는 이중 부담을 지게 된다(윤자영 2018b, 192-193).

더불어 치매노인과 발달장애인 가족의 자살문제는 코로나 상황만의 이슈로 단정해서는 안 된다. 『간병살인, 154인의 고백』에 따르면, 가정에서 돌봄을 받는 환자는 현재 100만 명(평균 20가구 중 한 가구)으로 추산되며, 혼자 돌보는 독박간병은 이 중 60%를 차지한다. 간병살인의 가해자는 대부분 가족이며, 2006년 이후 간병살인 가해자 수는 총 154명, 희생자 수는 213명에 달하는 것으로 밝혀진다(유영규 외 2019).

불균등한 돌봄책임의 문제는 가정에서 행해지는 무급 돌봄에만 해당하지 않는다. 시장의 유급 돌봄노동의 경우에도 돌봄제공자의 비율은 성별로 편중되어서 나타나고 있다. 예컨대, 사회복지사, 보육교사 등 사회복지관련종사자의 경우 여성비율이 89%, 요양보호사, 간병인, 방과후 강사 등 돌봄 및 보건서비스종사자의 경우 여성비율이 93.5%, 가사보조원 및 베이비시터 등 가사 및 육아도우미의 경우 여성비율이 99%에 달하는 것으로 조사된다(김원정·임연규 2020, 2-4).

돌봄제공자의 불리함

'돌봄위기'의 또 다른 일면은 돌봄제공자가 겪는 불리함과 관련된다. 돌봄제공자의 불리함은 주 양육자로서 많은 여성이 겪는 코로나블루와 같은 우울감과 스트레스 및 심리적·정신적 고충으로부터 시장에서의 사회경제적 불안정성까지 다방면을 포함한다.[106] 노동시장에서 이미 취약한 저지대에 있는 대다수의 여성들은 코로나19 사태로 인해 일시휴직, 강제휴직, 권고사직의 주 대상이 되었으며, 이는 여성들의 실직 및 경력단절로 이어졌다(전기택 2020). 한편 가중된 돌봄부담과 다른 한편 실직 및 소득감소의 여파로 인해, 생계와 돌봄을 모두 책임져야 하는 한부모가구의 취약함은 극도에 달하였다. 한부모가구의 코로나19 실태조사에 따르면, 응답자의 절반

이상이 실직으로 생계에 문제가 있다고 답했으며, 경제적 어려움 (47.5%), 아이돌봄문제(26.7%), 생필품부족(23.7%) 순으로 코로나 사태의 고충에 대해 응답했다(연합뉴스TV 2020.03.22.). 특히 방과후강사, 아이돌보미, 가사관리사 등 대면·대인 서비스 중심의 돌봄노동분야에 종사하고 있는 여성노동자들은 코로나19의 감염에 대한 우려로 일자리를 잃게 되어 소득상실의 위기에 놓였다. 정부가 감염에 대한 우려로 집단돌봄을 대폭 축소하면서 실업 또는 무급휴직 상태에 놓인 돌봄노동자들이 많아 졌지만, 특수고용분야 종사자로 분류되는 이들이 신청할 수 있는 지원금은 존재하지 않았다. 지역특별지원금은 고용보험 미가입자를 대상으로 하기 때문에 제외되었고, 고용유지지원금은 회사의 수익 감소를 기준으로 신청자격이 부여되므로 혜택 대상이 아니었기 때문이다(에이블뉴스 2020.10.14.).[107]

하지만 돌봄제공자가 겪는 불리함은 코로나19 이전에도 일관되게 마주했던 현실이었다. 가정일과 돌봄이 시장적·사회적 가치로 인정받지 못하고 젠더적으로 '기울어진' 현실에서, 돌봄제공자(여성)는 생계부양자(남성)에 의존하고 눈치를 봐야 하는 구조에 갇히게 된다. 성별분업과 노동중심의 자본주의 시스템 속에서 제대로 평가받지 못하는 돌봄을 제공하는 사람은 돌봄을 제공하면 할수록 불리함을 겪게 되는 수순에 진입하게 된다. 이는 생계부양자에 종속되는 가정에서의 돌봄제공자 뿐만 아니라 시장에서 유급노동으로 돌봄을 하는 돌봄제공자 모두에게 해당된다. 일례로, 최근 OECD 데이터는 여성의 돌봄시간과 경제활동참가율 간 부(−)의 관계를 경험적으로 밝혀냈다. 즉, 여성의 가정에서 돌봄시간이 증가할수록 여성의 경제활동참여율은 줄어들게 된다는 것이다. 여성이 평균적으로 5시간 돌봄노동을 하는 국가에서 여성경제활동 참가율은 50%

인 반면, 3시간 돌봄노동을 하는 국가에서의 여성경제활동 참여율
은 60%에 이른다고 조사된다(OECD Development Centre 2014, 5; 마경희
2020, 72). 또한 주 돌봄제공자인 여성이 경제활동에 참여하더라도 이
들은 주로 저임금·비정규직·초단시간 근로에 종사하고 있는 실정
이다. 2019년 여성노동자 중 비정규직은 50.8%였으며, 이들의 월평
균 임금은 최저임금보다 낮은 수준으로(최저임금 기준 79.7%) 조사된
다(배진경 2020, 22).

시장에서의 유급 돌봄제공자의 경우도 저임금·비정규직·시
간제 근로자의 경우가 대부분이다. 돌봄노동자의 월평균 임금은
152.8만 원으로 전체 취업자(266.6만 원) 대비 57.3% 수준이며, 주당
노동시간은 30.2시간으로 전체 취업자(39.7시간)대비 76.0%에 그치
고 있다(김원정·임연규 2020, 8-9). 이에 더해 유급 돌봄제공자는 임금
대비 높은 수준의 감정노동에 시달리며 휴게시간보장, 사생활보호,
노동시간 준수와 같은 기본적인 권리도 보장받지 못하고 있다. 일례
로 2018년 전국 보육실태조사에 따르면, 보육교사의 평균 근로시간
은 9시간 17분으로, 그 중 점심시간은 7분, 휴게시간은 37분에 불과
했다(환경일보 2019.07.10.). 장애인활동지원사의 경우도 2017년까지
최저시급을 조금 넘는 수준이었고, 2018년부터 수가가 인상되어
2020년은 13,500원, 2021년은 14,020원으로 책정되었다. 하지만
그 수가는 활동지원기관에서 최대 25% 정도의 수수료를 제하고 임
금으로 지급되기 때문에, 이들에게 실질적으로 돌아가는 금액은 월
100만 원도 되지 않는다(최용길·김유정 2019, 182-183).

돌봄수혜자의 불리함
'돌봄공백'의 제목의 언론기사들은 돌봄수혜자의 불리한 처지

와 이들이 돌봄을 받지 못하고 방치된 현실을 보여준다. 코로나사태의 여파로 공적 돌봄기관 및 사회복지시설이 문을 닫거나 제한적으로 운영됨으로 인해 또한 생계를 위해 밖에서 일을 해야 하는 부모로 인해, 누군가로부터 돌봄을 받아야 하는 아이, 장애인, 노인 등 취약한 돌봄수혜자들은 필요한 돌봄을 받지 못하고 있다. 예컨대, 어른이 없는 집에서 실화로 인명을 잃은 인천 라면형제, 자취방에서 굶주림으로 혼자 지내다 자살을 시도한 13살 중학생, 공적 장애시설을 이용하지 못해서 병세가 악화된 장애아동 등의 이야기는 돌봄공백을 가감 없이 드러냈던 사연들이다. 코로나19 확산 이후 자녀 혼자 집에 있는 시간을 분석한 최근 설문조사에 따르면, 맞벌이 가정의 초등학생자녀 절반(50.5%)이 혼자 집에 있으며 혼자 있는 시간은 하루 평균 4시간 45분으로 조사되었다. 외벌이 가정에서도 초등학생자녀 26.6%이 하루 평균 2시간 23분 동안 혼자 집에 있는 것으로 조사되었다(김영란 2020, 16). 개학연기, 불규칙한 등교, 온라인수업 등으로 집에 홀로 있는 아동들의 문제는 이들의 충분하지 못한 영양섭취, 정서적 방임, 가정폭력과 아동학대 문제 등과 함께 지속적으로 불거져 나오고 있다(경향신문 2020.12.20.; 한겨레 2020.07.30., 2020.09.18.; 국민일보 2021.01.14.).

물론 코로나사태가 발생하지 않았더라면, 그래서 학교 및 공적 돌봄이 유지되었더라면, 앞서 언급된 '돌봄공백'의 문제는 발생하지 않았을 수도 있었을 것이다. 하지만 돌봄을 받는 사람들이 겪는 불리한 처지와 이들에 대한 방치는 우리 사회가 숨기고 싶은 고질적인 문제였다. 영(Iris Marion Young)의 논의를 빌리자면, 아이, 노인, 장애인, 청년이나 복지수급자 등은 자립적이고 생산적인 존재가 되지 못하기 때문에, 시민적 지위로부터 명시적으로 배제되고 유용한 사회생활에서 참여가 배척되며 주변화되게 된다(Young 1990, 131-136). 다른 누군가의 돌봄을 필요로 하는 사람, 즉 의존상태에 있는 사람과 이들에게 돌봄을 제공함으로 인해 자신도 의존을 경험하는 사람, 즉 복지수급을 받는(혹은 남편에게 경제적으로 기대는) 돌봄제공자가 주로 주변화(marginalization)의 대상이다. 영은 이들 대부분이 심각한 물리적 궁핍을 경험할 뿐만 아니라 심지어 사회적 멸종(social extermination)으로 까지 내몰리게 될 가능성이 높기 때문에, 주변화를 "가장 위험한 형태의 억압"이라고 칭하기도 하였다. 이들은 시장과 복지가 칭송하는 소위 자립적이고 생산적이지 못하기 때문에, 부족하고 미흡한 존재, 정상적이지 못한 존재, 쓸모없는 존재, 인간으로서 존중받지 않아도 되는 존재, 사회에 부담이 되는 존재 등으로 여겨지게 된다. 그 결과 이들의 기본권은 보호받지 못하고 대수롭지 않게 제한되거나 정지되며, 이들은 사회적으로 증오, 비하, 혐오, 멸시, 냉대의 대상이 되기 쉽다.

예컨대, 카페와 음식점에서 아이의 출입을 거부하는 노키즈 존(No Kids Zone)의 확산 및 어린이집·노인요양시설·장애인복지시설(장애인학교) 등이 지역주민들에 의해 '혐오시설'로 간주되어 설립이 자초된 사건 등은 우리사회가 이전부터 목도하고 있었던 돌봄공백과 돌봄수혜자에 대한 방치 및 비하를 여실히 보여 준 일면들이다. '노인 거부하는 집주인들'라는 최근의 기획 신문기사는 경제적으로 여유가 있어도 나이가 많다는 이유로 거주지를 임대하지 못하는, 그래서 노인들이 더욱더 낡고 사람들이 찾지 않는 열악한 주거지로 몰리는 사회현상을 보여준다. 고독사, 치매 등의 이유로 집주인들이 노인세입자를 기피하고 거부하는 이러한 현상은 "노인들이 버려지는" 우리사회의 치부를 드러낸다(머니투데이 2020.04.30.). 또한 노동과 훈련을 통한 자립과 자활 및 사회참여 등 생산적 복지에 초점을 맞춘 기존의 복지정책 기조의 입장에서 볼 때, 장애인 돌봄은 비용을 유발하는 사회적 부담이거나 연민과 시혜의 정책으로 인식되고 있는 실정이다(안형진 2020, 40-43).

취약한 돌봄관계

'돌봄위기'의 또 다른 측면은 코로나19 집단감염과 관련된다. 감염병의 확산으로 돌봄에 대한 수요가 증가하는 동시에, 장시간 대면 접촉이 필수적인 돌봄은 돌봄관계가 감염 위험에 쉽게 노출되기 때문이다. 실제로 요양병원, 장애인거주시설, 정신병원 등에서 환자와 간병인 및 요양보호사 등을 중심으로 코로나 집단감염이 나타나고 사망자가 다수 발생하였다. 코로나19 확산초기에 청도 대남병원의 5층 정신병동 입원자 103명 전원이 집단 감염되었고(동아일보 2020.02.24.), 5월 말 이후 노인병원 및 시설 10곳에서 113명이 코로나 확진을 받으면서 이러한 우려는 가중되었다(매일경제 2020.07.22.). 2020년 11월과 12월 코로나 재확산 시기에 울산 양지요양병원과 구로구 미소들요양병원을 포함하여 11곳의 요양병원 및 요양시설에서 총 1,101명의 확진자가 발생하였다. 코로나19 감염으로 인한 전체 사망자 중 50% 이상이 병원 및 시설에서 감염된 것으로 추정된다(연합뉴스 2021.01.05.).

이처럼 고령 환자들이 제때에 치료를 받지 못하는 사례가 반복되자 대책 마련을 촉구하는 여론도 커졌다. 청와대 국민청원 게시판에는 '코호트 격리돼 일본 유람선처럼 갇혀서 죽어가고 있는 요양병원 환자들을 구출해주세요'는 글이 올라왔으며, 2021년 1월 27일 기준 1만 6,000명이 넘는 동의를 얻었다(청와대 국민청원 2021). 동시에 감염 위험에 노출된 돌봄노동자에 대한 부실한 안전대책도 문제로 지적되었다. '서울시 어르신돌봄종사자 종합지원센터'에서 요양보호사들을 대상으로 실시한 설문조사에 따르면, 요양보호사의 31.5%가 마스크나 손소독제 지급을 받지 못했다고 답했으며, 55.2%는 감염우려 때문에 불안하다고 답했다. 감염우려에 대한 불안은 데이케어센터나 요양원에서 일하는 돌봄노동자뿐만 아니라 개별 가정에서 일하는 방문 돌봄노동자도 상당히 느끼고 있는 것(매우 그렇다 55.8%)으로 나타났다(서울시 어르신돌봄종사자 종합지원센터 2020, 13, 15).

코로나 여파의 '돌봄위기'는 감염병 위험의 측면에서 돌봄을 주고받는 관계의 취약성에 주로 주목한다. 하지만 돌봄관계는 코로나 감염우려뿐만 아니라 (그리고 이와 무관하게) 본연의 성격상 취약하다. 커테이(Eva Feder Kittay)는 돌봄관계가 그 자체로 독립적이지도 자족적이지도 않으며, 산모도우미가 산모-아이관계를 지원하듯 돌봄관계 밖으로부터 지원이 필수적이라고 지적한다(Kittay 1999, 72-110). 돌봄관계는 존속을 위해서 누군가의 돌봄에 의존해야 하는 취약한 돌봄수혜자(의존인)와 그러한 돌봄수혜자에게 관심과 유대, 시간과 사랑을 제공하는 돌봄제공자와의 관계이다. 기본적으로 보면, 돌봄을 제공하는 사람이 돌봄을 받는 사람에 비해 권한과 능력의 측면에서 비대칭적으로 우위에 있게 된다. 그렇기 때문에 아이, 노인, 장애인 같은 돌봄수혜자는 돌봄제공자의 학대와 지배에 상시적으로 노출될 수 있다. 예컨대, 최근 기사화된 양부모의 학대로 숨진 정인이 사건이나 인천 국공립 어린이집 장애아동 학대 사건 등을 보아도 알 수 있다(세계일보 2021.02.13.; 한겨레 2021.01.21.). 이것은 가정과 시설에서 아동학대나 장애인학대 등이 끊임없이 불거져 나오는 이유이다.

그러나 동시에 돌봄제공자 역시 누군가를 돌봄으로 인해 심리적·감정적으로 소진되며 돌봄관계 밖 제3자(주로 남편이나 국가)에게 사회경제적으로 의존하지 않을 수 없다. 유급 돌봄제공자의 경우도 자신이 돌보는 대상과 돌봄에 대해 보상을 받는 대상이 다르기 때문에, 다른 노동과 달리 제대로 보상받지 못하거나 다른 누군가의 경제적 처분에 위태롭게 의존하지 않을 수 없다. 돌봄이란 인간적으로 신뢰를 쌓고 관계를 맺어가는 작업이기 때문에, 돌봄제공자가 마주하는 저임금과 불리한 노동환경은 궁극적으로 돌봄수혜자가 제공받는 돌봄의 질에 영향을 미치게 된다. 따라서 돌봄관계는 인간과 사회의 존속과 번성을 구성하는 미분할 수 없는 관계이지만, 그러한 관계의 보호와 유지를 위해서는 국가와 사회의 지원과 지지가 필수적으로 요구된다.

5 돌봄부정의를 교정하는 국가의 비전

돌봄문제가 '위기'가 아닌 이상, 위기 극복과는 다른 차원의 국가의 역할이 요구된다. 만약 위기라는 점이 부각되게 되면, 위험하고 위태로운 위기를 극복하려는 목적에서 사회를 관리와 보호가 필요한 대상으로 보게 된다. 예컨대, 여성주의자들은 위기관리와 위기보호(안전)의 논의 속에는 남성적 보호주의(masculinist protectionism)와 가부장적 온정주의(patriarchal paternalism)가 전제되어 있다고 비판한다(Young 2003). 유사한 맥락에서 이들은 코로나19의 '위기' 담론에 대해서도 비판적이다(김현미 2020, 75-78). 하지만 돌봄문제가 위기가 아니라 부정의로 접근된다면, 위기관리가 아니라 부정의를 교정해야 하는 국가의 역할을 기대할 수 있게 된다. 그렇다면 돌봄부정의를 마주한 국가는 어떤 역할을 해야 하는가? 이러한 국가는 어떤 비전을 보여야 하는가?

실제로 돌봄위기 대응의 일환으로, 최근 정부는 필수노동자 보호·지원 대책을 마련했다. 보건의료 및 돌봄 등을 국민의 생명, 신체의 보호와 사회기능 유지를 위한 필수업무로 분류하고, 간호사를 포함한 의료인력뿐만 아니라 보육교사, 요양보호사, 장애인활동지원사, 아이돌보미, 사회복지시설 종사자 등 돌봄제공자들에 대한 적극적인 보호와 지원을 밝혔다.[108] 이에는 이들에 대한 방역을 강화하고, 고용안정을 보장하며, 임금인상을 포함한 처우개선, 종사자 권리침해 보호, 돌봄필요에 대응하기 위한 인력충원 등의 내용을 포함하고 있다. 더 나아가 정부는 「필수업무 종사자 보호 및 지원에 관한 법률」 제정을 추진할 계획이다(관계부처합동 2020b).

정부의 필수노동자 보호·지원 대책은 분명 기존에 간과되었던 돌봄의 가치를 재평가하고 돌봄제공자의 사회적 기여를 제도화하는데 도움이 될 것으로 보인다. 정부대책은 앞선 설문조사에서 시민들이 지지했던 돌봄제공자의 처우개선의 요구와도 직접적으로 맞닿아 있는 지점이기도 하다. 그러나 필수노동자에 대한 정부정책은 여전히 국가차원의 코로나19 대응과 감염병 방역을 최우선의 목적으로 한 측면에 주로 한정되어 보인다. 이는 기존의 역대 정권들에서 시행되었던 돌봄정책의 한계를 넘지 못한다. 지난 20년간 돌봄정책은 경제정책이나 인구정책의 수단적이고 잔여적인 역할에 제한되었다. 예컨대, 돌봄정책은 2000년대 초반 보육시설확충 및 출산휴가·육아휴직제도 정비를 통해 여성의 경제활동참여를 지원하기 위한 목적으로 시행되었으며, 2000년대 중반 노인장기요양보험제도와 무상보육, 양육수당·아동수당 등을 도입함으로써 저출산·고령화 등 인구학적 위기대응을 위한 수단으로 전환되었고, 2000년대 후반에는 중년의 경력단절여성을 대상으로 한 사회서비스 일자리 창출의 일환인 사회서비스정책으로 발전되었다(마경희 2020, 68).

그러나 이러한 일련의 돌봄정책들은 돌봄이 배제된 사회구조를 교정하고 기존 부정의의 틀을 변혁하기에는 역부족이다.[109] 이 점에서 2020년 7월 대한민국 대전환을 선언한 정부의 '한국판 뉴딜' 국민보고대회는 주목할 만하다. '한국판 뉴딜'은 코로나위기 변화에 단순히 적응하는 것을 넘어 코로나이후 사회는 삶의 방식이 전면적으로 바뀌어야 한다는 사회적 공감대에 대한 정부차원의 대응으로 볼 수 있다(관계부처 합동 2020a).

> 코로나 이전과 이후의 세계가 근본적으로 달라지고 있습니다. 이 거대한 변화에 능동적으로 대처해야 합니다. 변화에 뒤처지면 영원한 2등 국가로 남게 될 것입니다. 정부는 다시 한번 국민의 힘으로, 코로나 위기극복을 넘어 세계사적 변화를 도약의 기회로 삼고자 합니다. 변화를 피할 수 없다면 그 변화를 적극적으로 주도해 나가겠습니다. 세계를 선도하는 새로운 대한민국의 길을 열어나 가겠습니다(한국판 뉴딜 국민보고대회 대통령 기조연설 중).

위의 대통령 기조연설에서 알 수 있듯이, '한국판 뉴딜'은 포스트코로나 시대 새로운 100년의 국가발전 전략으로서 "대한민국의 새로운 사회계약"이라 이름 붙여졌다. 이는 크게 디지털 뉴딜과 그린 뉴딜이라는 두 가지 정책방향 아래, 한편으로 비대면 산업과 디지털 인프라 등 신산업을 육성하여 디지털 경제로 전환시키고, 다른 한편으로 저탄소·친환경 산업에 투자하여 대규모 일자리를 창출하는 그린 경제를 촉진함을 목표로 하고 있다. 이를 위해 정부는 2025년까지 국비 114조 원을 직접 투자할 계획이다. 대통령은 '한국판 뉴딜'이야말로 "우리 경제를 바꾸고, 우리 사회를 바꾸며, 국민의 삶을 바꾸는" 대한민국 대전환의 시작이라고 강조했다(관계부처 합동 2020a, 4-7).

하지만 '한국판 뉴딜' 역시 오래된 경제성장 모델에서 크게 벗어나지 못한 채, 새로운 것(new)이 없다고 비판하는 지적은 설득력이 있다(배진경 2020; 백영경 2020; 장이정수 2020). '한국판 뉴딜'의 문제점은 대한민국 대전환의 전망이 새로운 시대의 원대함 없이 단순한 기술혁신에 머물렀기 때문은 아니다. 기술혁신에 기대어 경기회복 및 부양을 위한 대규모 일자리 창출의 시도가, 1930년대 미국의 뉴딜이 여성을 가족영역에서의 노동자로 못 박은 서글픈 기획의 21세기 '한국판'이기 때문이다. 뉴딜 이후 미국은 경제부흥을 이루었고 노동자를 위한 사회안전망을 포함한 복지제도의 기틀을 다지게 되었지만, 이러한 시장과 복지의 인프라는 가정에서의 돌봄과 돌봄제공자(여성)의 희생에 부당하게 기대어 성취된 것이었다(Costa 2015).[110] '한국판 뉴딜' 역시 경기부양의 명제 아래 신산업을 육성하겠다는 취지로, 돌봄을 간과한 기존제도를 성찰의 흔적도 없이 답습하고 누군가의 돌봄을 착취하고 불평등에 기대어 있는 모양새이다. '한국판 뉴딜'에서 이제껏 간과한 돌봄에 대한 반성과 성찰에 대한 대책은 존재하지 않는다.[111] 대통령은 '한국판 뉴딜'은 누구도 소외시키거나 낙오시키지 않을 것이라 강조하며 이를 통해 "더 보호받고 더 따뜻한 나라"로 변화할 것이라 기대했지만, 실상 '한국판 뉴딜' 자체가 이미 누군가의 소외와 낙오를 당연시 하지는 않은지 깊이 있게 성찰해야 할 지점이다(관계부처 합동 2020b, 15).

따라서 '한국판 뉴딜'이 궁극적으로 제시해야 하는 지점은, 비대면 원격기술을 포함하든 혹은 경제부흥을 통한 일자리 창출을 포함하든 간에, 코로나19를 계기로 가시화된 기존의 부정의에 대한 비판과 반성이어야 하며, 이를 통한 새로운 규범적인 전망과 지향이어야 한다. 그리고 그러한 규범과 방향성은 돌봄을 중심으로 이뤄져야 할 것이다. 우리 삶과 사회의 구성과 '지속가능(sustainable)'은 돌봄 없이는 불가능하며, 그러한 돌봄의 가치를 정당하게 인정하고 돌봄의 책임을 함께 나눌 수 있는 민주적인 제도와 정책이 필요하다. 위기 대응을 위한 전환의 측면에서가 아니라 부정의에 대한 교정의 측면에서 돌봄의 가치가 배합된(inclusion) 성찰적 도전이 필요하다. 그래야 돌봄을 포용하는 '지속가능한' 국가, 즉 돌봄민주국가의 비전이 나온다.

6 '지속가능한' 돌봄민주국가

이 장은 대표적인 코로나 위기로 언급되는 '돌봄위기'의 본질이 무엇인지에 대해 질문에서 시작하였다. 필자는 코로나 팬데믹 여파 속 돌봄위기는 이전부터 지속되어온, 돌봄이 배제된 사회구조의 모순이 반영된 돌봄부정의라는 점을 주장하였다. 실제로 구조의 모순은 사회의 제도와 규범으로 이미 일상화되었기 때문에 일반적으로 눈에 잘 띄지 않는다. 특히 기존 구조의 혜택을 누리는 유리한 입장의 사람들(the privileged)에게는, 예컨대 돌봄의 관점에서 볼 때 합리적·독립적·생산적이라 간주되는 사람들에게는, 구조의 모순을 지적할 이유도 동기도 존재하지 않는다. 시장제도와 복지제도 같은 사회의 주요제도와 성별분업과 가부장제 같은 문화적 관습과 규범은 돌봄과 돌봄관계를 간과하고 배제해 왔지만, 이러한 돌봄배제는 익숙하고 자연스러운 모습으로 은폐되어 왔을 뿐이다. 하지만 코로나19는 이제까지 "잘 감춰져 있었을 뿐"인 돌봄부정의를 "가시화하는 일종의 시약" 역할을 했음을 이 글을 통해 확인할 수 있었다(전희경 2020, 96; 장진범 2020, 241). 그 결과 이 장은 코로나이후 사회에서 국가의 역할은 위기가 아니라 부정의를 밝힐 수 있어야 하며, 위기의 대응이 아니라 부정의의 반성과 교정으로부터 시작해야 한다고 강조하였다. 위기극복의 경제회복이 아니라 돌봄을 통해 사회를 재구성하는 국가를 제작할 수 있는 계기로 삼아야 한다는 점이다.

현재 우리는 돌봄이 중심이 되는 국가를 향한 '모멘트'에 와 있다. 이는 모든 인간의 삶의 부분으로서 돌봄을 보편적으로 받아들이고, 정상적인 돌봄필요를 폄하하거나 낙인하지 않으며, 누군가를 돌봄으로써 사회경제적인 불리함에 처하지 않고, 돌볼 권리와 돌봄받을 권리를 보장하며, 시민적 의무로서 돌봄책임을 상정하고, 민주적 과정과 조건 속에서 돌봄책임의 분배를 논의하는 국가로의 지향이다. 이러한 국가야말로 '지속가능한' 돌봄민주국가라 할 수 있다. 이러한 국가에서 우리는 불평등과 불리함을 겪는 돌봄제공자와 돌봄수혜자 당사자들을 넘어, 돌봄의 가치를 재인식하고 돌봄이 배제된 사회의 부당함을 반성하며 돌봄이 중심이 되는 사회를 전망할 수 있을 것이다.

10장 ——————— 돌봄과 장기요양보험

돌봄 사회화의 첫걸음은 인식과 제도의 패러다임 전환으로부터 시작되어야 한다. 누군가를 보살피고 누군가의 돌봄을 받는다는 사실은 그 누구에게도 예외가 아니다. 공적 영역에서 활동하는 자율적이고 독립적인 성인이라도 이전에는 돌봄을 받았고 앞으로 누군가한테 돌봄을 받을 것이라는 돌봄의존성에는 예외가 없다는 사실을 인정하는 것으로부터 시작되어야 한다. 돌봄에 의존하는 것이 필연적이고 보편적일 뿐만 아니라 정상적이라는 것에서 전제되어야 한다. 그리고 이러한 패러다임의 전환이 실질적인 사회운영 방식으로 제시되었을 때 의미가 있게 된다. 이는 돌봄중심으로 사회가 재편되어야 한다는 것을 의미한다.

1 장기요양보험은 돌봄의 사회화 정책인가?

2008년 한국은 장기요양보험제도를 도입하였다. 장기요양보험이란 사회보험의 형태로 노인에게 보편적인 돌봄을 제공하는 제도로서, "고령이나 노인성 질병 등의 사유로 일상생활을 혼자서 수행하기 어려운 노인"에게 "신체활동 또는 가사활동을 제공"함을 통하여, "노후의 건강증진 및 생활안정을 도모하고 그 가족의 부담을 덜어줌으로써 국민의 삶의 질을 향상하도록 함을 목적"으로 하고 있다(「노인장기요양보험법」 제1조). 이러한 목적 아래 장기요양보험의 도입은 돌봄을 통해 노인에 대한 건강증진 및 생활안정을 도와줌과 동시에, 무엇보다도 이들에 대한 돌봄을 가족의 부담이 아닌 국가와 사회의 책임으로 인정했다는 점에서 의미가 있다.[112]

현재 시행 10년을 넘기면서 장기요양보험에 대한 평가가 다각도에서 이뤄지고 있다. 이들 평가가 대체로 동의하는 점이 있다. 즉, 기존에 가정에 일임되어 있던 돌봄을 가시화하고 이를 공적인 영역으로 옮기려는 목적으로 도입된 장기요양보험의 취지에 비추어 보아, 그 목적이 어느 정도 성공적으로 성취되었다는 점이다(장수정 2009, 217; 최혜지 2009, 4; 이미진 2014, 4). 특히 세 가지 지점에서 성공적이라고 평가한다. 첫째, 장기요양보험은 돌봄책임이 기본적으로 가족에 있다고 보고 가족이 없는 이들의 돌봄만 공공정책의 대상으로 했던 잔여적 복지 차원을 넘어 보편적 복지 차원에서 돌봄에 접근했으며(허라금 2006a, 47), 둘째, 시혜적 모습의 구빈정책을 넘어 사회보험식의 사회보장정책을 펼치고 있고, 셋째, 돌봄을 국가적으로 해결해야 할 정책과제로 새롭게 인식하면서 돌봄의 제도화를 이뤘다는 점이다(조한혜정 2006a, 32; 허라금 2006a, 42). 실제로 장기요양보험 도입 이전 다수의 여성학자들과 사회정책연구자들은 장기요양보험의 도입을 통한 '돌봄의 사회화(socializing care)'의 필요성에 대해 지속적으로 강조해 왔으며, 이러한 관점에서 장기요양보험의 도입과 시행은 이들로부터 고무적인 일로 평가되었다.

이 장의 목적은 한국의 장기요양보험이 돌봄의 사회화를 이루는데 성공적이었는지 평가하는 것이다. 장기요양보험의 도입 취지에 비추어 보아, 이 제도는 돌봄의 사회화에 기여했는가? 장기요양보험은 돌봄의 사회화 정책인가? 이 질문에 답하기 위해 이 장에서는 돌봄의 사회화가 무엇인지에 대한 논의에서부터 시작하려고 한다.[113] 돌봄의 사회화란 공적·사회적 영역에 적용되는 규범적 가치와 원리로서의 돌봄을 뜻한다. 이는 돌봄을 규범적 가치와 원리로 접근하는 돌봄윤리의 공적 적용을 의미하는 것으로 볼 수 있다(Hamington and Miller 2006, xiii-xiv). 해밀턴과 밀러(Maurice Hamington and Dorothy C. Miller)는 그들이 편집한 책인『돌봄을 사회화하기: 여성주의 윤리와 공적 이슈(Socializing Care: Feminist Ethics and Public Issues)』의 서두에서, 대부분의 공공정책이 "돌봄윤리가 부재한 채" 만들어지고 있으며, 심지어 돌봄과 직접적으로 관련된 사회정책마저도 "제한된 의미의 돌봄정책일 뿐"이라고 비판한다. 따라서 그들의 편집 동기는 "돌봄윤리의 관점에서 보는 새로운 정책분석"이라는 점을 분명히 한다(Hamington and Miller 2006, xiv). 이 장의 문제제기도 해밀턴과 밀러의 문제제기와 닮았다.

이러한 목적으로 이 장은 여성주의 논의에서부터 시작된 돌봄윤리에 기초하여 돌봄의 사회화에 대한 다음 세 가지 특징에 주목하고자 한다. 돌봄의 사회화는 (1) 돌봄을 사회의 책임으로 인식함으로써 '돌봄＝여성의 일'이라는 등식에 도전하며, (2) 돌봄을 재평가함으로써 기존에 저평가되었던 돌봄 가치를 제고하고, (3) 돌봄에 기초해서 사회제도가 전면적으로 재편됨으로써 돌봄에 대한 사회적 인정을 이루는 것이다. 이 장은 이러한 돌봄의 사회화의 세 가지 특징에 비추어 보아 장기요양보험을 평가하고, 그 결과 기존 평가와 달리 장기요양보험은 돌봄을 사회화하는 데 성공적이었다고 보기 어렵다는 결론을 내리고자 한다. 그 이유는 장기요양보험의 시행을 통해서 (1) '돌봄＝여성의 일'이라는 등식이 재강화되었으며, (2) 돌봄 가치가 여전히 (그리고 더욱이) 저평가되고 있고, (3) 돌봄의 제도화를 어느 정도 이루었지만 돌봄에 대한 진정한 사회적 인정을 이뤘다고 보기 어렵다고 주장하고자 한다.

돌봄의 사회화 관점에서 한국의 장기요양보험을 분석하는 이 장은 기존 연구와 다음과 같은 차별성을 가진다. 첫째, 앞서도 언급했듯이 장기요양보험의 시행에 관한 많은 평가가 현재 이뤄지고 있다. 그러나 대부분의 기존 평가는 주로 사회서비스의 관점에서 장기요양보험을 평가하는 시도들이다. 이들 연구는 돌봄을 국가가 제공하는 사회서비스의 일종으로 간주함으로써, 서비스 공급자(돌봄제공자)와 서비스 수요자(돌봄수혜자) 간 수요 공급의 시장적 관점에서 장기요양보험을 접근한다. 서비스가 얼마나 많은 수요자를 포괄 (cover)하는지, 서비스의 접근성은 충분한지, 서비스의 품질 수준은 적절한지, 서비스가 효율적으로 이뤄지고 있는지 등 주로 제도운영 및 성과관리의 측면에서 장기요양보험을 평가하고 있다(최혜지 2009; 정경실 2010; 김봉수·홍석자 2011).[114] 반면 돌봄 문제에 주목하여 장기요양보험을 평가한 연구는 많지 않다. 이러한 실정에서 이 장의 논의는 돌봄이라는 사회적 가치에 보다 주목하여 장기요양보험을 평가한다는 점에서 유의미하다.

둘째, 장기요양보험의 제도운영 및 성과관리를 넘어 그것의 사회적·공적 성격에 주목하고 있는 연구들도 있다. 그러나 이러한 연구들도 장기요양보험의 부가적인 성과에 주로 초점을 맞춘다. 예를 들면, 요양보호, 간호 등 사회서비스 분야의 일자리 창출, 장기요양보험을 통한 고용창출, 건강보험의 재정절감, 경제성장 등 경제적·사회적 효과의 측면에서 장기요양보험의 공공성을 이해하고 있다(김원종 2010; 선우덕 2010; 김찬우 외 2011; 박노욱 외 2011).[115] 그러나 이 장은 장기요양보험의 공공성을 돌봄의 사회화에 주목하여 살펴보고자 한다. 이를 통해 장기요양보험이 갖춰야 할 공공성, 즉 공공윤리로서의 돌봄을 중심으로 논의를 풀어가고자 한다(Kittay 2002; Brandsen 2006).[116]

셋째, 이 장은 돌봄의 사회화의 측면에서 장기요양보험을 살펴봄으로써 돌봄이라는 공적 가치에 기초한 복지제도와 사회정책연구에 기여할 수 있으리라고 기대한다. 모든 인간이 얼마나 돌봄 의존적이고 수혜적인지, 돌봄이 인간의 생존과 안녕을 보장하는데 얼마나 필수적인지, 그리고 이러한 돌봄을 제공하는 것이 왜 사회적·

국가적·시민적 책임인지를 강조함으로써, 돌봄이 공공성이라는 가치와 부합한다는 사실뿐만 아니라 돌봄을 기초로 복지제도와 사회정책이 구성되어야 하는지에 대한 당위를 주장하고자 한다(Kittay 2001a).

먼저 돌봄의 사회화에 대해 이론적으로 접근하여 이에 대한 의미와 특징에 대해서 살펴보도록 하겠다. 그다음 장기요양보험에 대해 짧게 소개한 후, 돌봄의 사회화 측면에서 장기요양보험을 평가해보도록 하겠다. 특히 앞서 언급한 돌봄의 사회화의 세 가지 특성을 중심으로 장기요양보험에 대해 분석하도록 하겠다.

2 돌봄의 사회화

돌봄의 사회화란 무엇인가? 왜 돌봄의 사회화에 주목해야 하는가? 이 장에서는 돌봄을 사회화한다는 것은 돌봄을 공적·사회적 영역에 적용되는 규범적 가치와 원리로서 상정함을 의미하는 것으로 이해하고자 한다. 따라서 돌봄의 사회화는 여성주의에서 시작된 돌봄윤리 논의에 기초한다. 돌봄윤리 논의의 시작은 길리건(Carol Gilligan)의 저서 『다른 목소리로(In a Different Voice)』(1982)에서 비롯된다. 길리건에 따르면, 남성 중심의 전통적인 윤리는 권리, 공정, 규율을 강조하는 정의에 주목하지만, 여성 중심의 윤리는 관계, 책임, 응답을 강조하는 돌봄에 주목한다는 것이다. 전자를 정의윤리(ethics of justice)로, 후자를 돌봄윤리(ethics of care)로 불렀다. 길리건에 따르면, 문제는 사회가 남성의 윤리인 정의를 중심으로 구성되어 왔기 때문에 여성의 윤리인 돌봄이 배제되어 왔다는 것이다. 하지만 남성의 윤리인 정의와 여성의 윤리인 돌봄은 서로 다른 종류일 뿐 정의가 더 가치 있거나 지배적이라고 보는 견해는 잘못된 것이며, 돌봄도 정의만큼이나 중요하다고 주장한다. 이러한 길리건의 주장은 이전부터 간과됐던 돌봄을 도덕이론으로 강조하는 점에서 이후 학계의 많은 주목을 받았다.[117]

길리건 이후의 돌봄윤리 논의는 크게 세 가지 지점에서 주제가 확장되고 있다. 첫째, 돌봄윤리가 여성의 윤리 혹은 여성적 윤리에서 벗어나서 모든 인간의 불가피한 의존성에 기초를 둔 윤리로 그 논의가 확장된다. 커테이(Eva Feder Kittay)에 따르면 모든 인간은 삶을 살아가는 데 있어 피할 수 없는 불가피한 의존을 겪으며 이러한 '인간의존의 사실(fact of human dependency)'에 돌봄윤리가 기초한다고 설명한다. 즉, 모든 인간은 삶에 과정에서 다른 사람의 돌봄 없이는 생존하거나 살아갈 수 없는 절대적인 의존을 경험하며, 이러한 절대적인 의존으로부터 보이는 취약성(vulnerability)으로부터 인간을 돌보아야 하는 윤리적 의무가 기반한다는 것이다(Kittay 1999).

둘째, 인간과 사회는 돌봄을 주고받는 돌봄관계 없이는 존재할 수 없으므로, 돌봄이란 사적 가치나 여성의 가치를 넘어 공적 가치, 즉 공적 영역에 적용되는 가치로서(돌봄의 공공윤리로서) 인정되어야 하는 점을 강조한다.[118] 이는 돌봄의 주고받는 관계가 사회적으로 인정되어야 한다는 의미이며, 만약에 돌봄제공자가 돌봄을 제공함으로써 고통이나 부담 혹은 불리함을 겪는다면 사회적으로 교정되어야 하며 정당하게 보상되어야 한다는 의미로도 귀결된다. 따라서 돌봄은 사적인 문제가 아니라 공적인 문제이며 이는 사적 영역에서 주로 행해지는 돌봄관계를 보호하고 지지하는 의무와 책임이 국가와 사회 그리고 그 구성원에 있다는 것이다.

셋째, 인간의존성과 돌봄의 공공윤리에 기초한 시각은 돌봄이 사회정책의 근본 가치로서 존중되어야 한다고 강조한다(Kittay 2001a; Noddings 2002a, 230-247; Sevenhuijsen 2003). 이는 돌봄이 단순히 윤리의 문제를 넘어 정의의 문제라는 점을 확인시킨다(Held 1995a; Engster 2007). 왜냐하면 돌봄은 그 자체로 윤리의 문제일 수 있지만, 돌봄과 돌봄의 요구에 대응하여 사회가 어떻게 조직되고 제도화되어야 하는지에 관한 것은 사회정의의 문제이기 때문이다(Kittay 1999). 따라서 법, 제도, 사회구조와 정책이 어떻게 구성되어야 하는지에 대한 규범적인 근거로 돌봄의 공공윤리가 제기될 수 있다고 본다. 돌봄윤리가 사적 윤리를 넘어 공공윤리로서 작동해야 하며, 더 나아가 정의로운 사회의 규범적 기초가 되어야 한다고 설명한다.

이러한 돌봄윤리 논의를 기초로 했을 때 돌봄 사회화의 의미를 더욱 명확히 할 수 있다. 돌봄윤리를 여성의 윤리와 사적 윤리를 넘어 공적 영역에 적용함으로써 사회정책의 기초가 되는 원리로 보는 것이 돌봄 사회화의 핵심이다(Hamington and Miller 2006, xiii-xiv). 이 장에서는 장기요양보험을 돌봄 사회화의 관점에서 평가하기 위해, 돌봄 사회화의 다음의 세 가지 특징을 추려내어 평가의 잣대로서 삼고자 한다.

첫째, 돌봄 사회화는 돌봄을 여성의 일, 여성의 책임으로 한정 짓지 않는다. 더 중요하게 돌봄 사회화는 모든 인간의 취약성으로부터 기인하는 불가피한 돌봄필요를 상정하기 때문에, 우리 모두는 돌봄의 수혜자이자 돌봄의 제공자가 되어야 한다는 사실을 인정한다. 돌봄책임은 여성에게만 한정되는 것이 아니라 모든 인간에게 해당되는 임무라는 점을 강조한다. 따라서 돌봄 사회화는 "돌봄＝여성의 일"이라는 등식에 도전한다. 더 나아가 이는 여성에게 돌봄을 책임을 지우는 기존 사회제도와 이데올로기에 대한 도전으로까지 확장된다.

둘째, 돌봄 사회화는 돌봄 가치에 대한 재평가를 시도한다. 돌봄은 일반적으로 여성의 일, 가치 없는 일, 경제적 삶을 지원하는 단지 수단적인 일로서 저평가됐다. 그러나 돌봄 사회화는 이러한 기존의 평가에 도전한다. 돌봄 사회화는 돌봄이 얼마나 보편적이며 필수적인 일인지, 인간의 생존과 안녕에 있어 의미 있는 일인지, 돌봄 그 자체로 인간의 평등과 정의에 있어 목적이 되는 일인지에 대한 이해로부터 시작된다. 돌봄 가치를 재평가한다는 것은 돌봄에 대한 정당한 보상, 더 나아가 돌봄을 수행하는 사람의 돌봄책임에 대한 정당한 보상이 이뤄져야 한다는 것을 포함한다. 물론 돌봄을 사회적으로 보상한다는 것이 무엇인지, 어느 정도 보상되어야 하는지는 논란의 여지가 있을 수 있다(Ungerson 2000). 돌봄에 대해 금전적인 가치를 매기는 것도 논쟁이 있을 수 있다. 하지만 이러한 논란의 여지에도 불구하고, 그 핵심은 돌봄에 대해 사회적으로 정당한 보상이 이뤄져야 한다는 것이다. 또한 이는 돌봄제공자에 대한 경제적인 보상과 더불어 이들이 돌봄을 제공하는 안정적인 환경과 조건에 대한 보장을 함께 의미한다.

셋째, 돌봄 사회화는 돌봄에 대한 사회적 인정을 요구한다. 사회적 인정이란 사회의 제도와 정책이 보편적인 가치로서 돌봄에 기초해서 재편되어야 한다는 의미이다. 물론 돌봄에 대한 사회적 인정은 돌봄의 제도화(혹은 공식화)와 직접적으로 연관된다. 그러나 돌봄에 대한 사회적 인정은 단지 돌봄의 제도화에 한정되지 않는다. 돌봄에 대한 사회적 인정은 돌봄이 개인과 사회에 필수적인 가치이며 이러한 가치를 인정하는 것이 국가와 사회 그리고 그 구성원들의 의무와 책임임을 공식화하는 것이다.

요약하건대, 돌봄의 사회화는 (1) '돌봄의 여성화'에 도전하며, (2) 저평가되었던 돌봄의 가치를 제고하고, (3) 국가와 사회 그리고 그 구성원의 책임으로서 돌봄에 대해 사회적 인정을 이루는 것으로 특징지을 수 있다.

3 한국의 장기요양보험: 짧은 소개

2008년 도입된 장기요양보험은 노인성 질환 등 건강상의 이유로 정상적인 생활이 어려운 노인들에게 요양서비스를 제공하는 사회보험방식의 제도이다.[119] 기존의 저소득층 노인을 중심으로 선별적으로 운영되던 장기요양서비스에서 벗어나 사회보험을 통해 장기요양 필요가 인정되는 모든 노인이 소득계층과 관계없이 혜택을 받을 수 있는 보편적 제도라고 평가된다. 장기요양보험은 공적 부조 방식을 가미한 사회보험방식으로 운영된다. 건강보험 가입자는 자동으로 장기요양보험의 가입자가 된다. 장기요양보험은 건강보험제도와 별개의 제도로 운영되지만, 국민건강보험공단이 장기요양보험제도와 건강보험제도의 관리운영의 책임을 함께 맡고 있다. 장기요양보험의 특징을 적용대상, 급여체계, 재원조달방식, 서비스전달체계를 중심으로 살펴보면 다음과 같다.

적용대상

장기요양보험은 장기요양보험 가입자 중 65세 이상의 노인 또는 65세 미만의 노인성 질병(치매, 뇌혈관성 질환 등)을 가진 자를 적용

대상자로 삼는다. 요양급여를 받을 수 있는 자는 장기요양보험 가입자 중 일정한 절차에 따라 국민건강보험공단이 판단하는 장기요양인정을 받아야 한다. 요양급여 신청자는 국민건강보험공단에 장기요양인정 신청 후, 공단 평가방문원의 방문에 의한 인정조사와 이에 기초하여 요양필요 상태에 따라 등급판정위원회에 의한 요양등급 판정을 받는다. 요양등급은 1~4등급(요양필요 전적 - 요양필요 부분)과 치매에 대한 5등급 및 인지지원등급의 6단계로 판정되며, 등급 판정을 받은 신청자에 한해서 장기요양의 수혜를 받게 된다. 2020년 기준 65세 이상 전체 노인 인구(848만 명)의 10.1%(85만 8천 명) 정도가 장기요양보험의 혜택을 받고 있다(국민건강보험공단 2021).

급여체계

급여체계는 재가급여, 시설급여, 특별현금급여로 구분된다. 재가급여는 방문요양, 방문목욕, 방문간호, 주·야간보호, 단기보호 그리고 기타 재가급여로 나누어진다. 시설급여는 장기요양기관이 운영하는 노인의료복지시설(노인전문병원은 제외) 등에 장기간 동안 입소하여 신체활동 지원 및 기능회복훈련 등을 제공하는 급여를 말한다. 장기요양보험은 현물급여(재가급여와 시설급여)를 원칙적으로 제공하지만, 일정한 자격을 갖춘 가족의 간병, 수발, 그리고 서비스 공급자(돌봄제공자)가 없는 지역 등에 한하여 제한적으로 특별현금급여를 제공하고 있다.

재원조달방식

장기요양보험에 소요되는 재원은 장기요양보험료, 장기요양급여 이용자가 부담하는 본인일부부담금, 그리고 국가 및 지방자치단체의 부담으로 운영된다. 장기요양보험료는 건강보험료에 요양보험료율을 곱해서(2021년 기준 보험료율: 11.52%) 부과 징수된다. 본인일부부담금은 시설급여의 경우 20%, 재가급여의 경우 15%의 소요비용에 적용된다. 「국민기초생활보장법」에 의한 수급자는 비용을 면제받을 수 있다. 본인부담 20% 또는 15% 이외에 장기요양보험에 적용되지 않는 개인적 비용은 이용자가 별도로 지급해야 한다. 본인부담금에 해당되는 비급여항목으로는 식사재료비, 상급침실 이용에 따른 추가비용, 이·미용비 등이다.[120]

서비스전달체계

서비스전달체계는 제공기관과 제공인력으로 구분된다. 제공기관은 재가기관과 시설기관을 포함한 장기요양기관이다. 장기요양기관은 시행 첫 해인 2008년도 8,444개소에서, 2011년 14,979개소, 2014년 16,525개소, 2018년 22,290개소, 2020년 25,384개소로 크게 증가하고 있다. 2020년 기준 총 장기요양기관 중 재가기관은 70%, 시설기관은 30%를 차지한다(국민건강보험공단 2021). 제공인력은 요양보호사를 중심으로 간호사, 간호조무사, 치과위생사 등으로 구분된다. 특히 요양보호사는 장기요양보호의 주된 인력으로 치매, 중풍 등 노인성 질환으로 독립적인 일상생활을 수행하기 어려운 노인들을 위해 노인요양 및 재가시설에서 신체 및 가사 지원 서비스를 제공하는 인력이다. 요양보호사는 종전 노인복지법상 인력인 가정봉사원과 생활지도원보다 기능 및 지식수준을 강화하기 위한 목적으로 국가자격제도(시도지사 발급)로 신설하여 양성하고 있다.

4 돌봄 사회화의 관점에서 본 장기요양보험(1)

장기요양보험은 '돌봄의 여성화'에 도전하는가?

돌봄 사회화는 인간의 보편적인 돌봄의존성에 기초하기 때문에 취약한 인간을 돌보아야 하는 윤리적인 의무는 여성적인 것 혹은 여성에게만 해당하는 것이 아니라 모든 인간이 부담해야 하는 책임이라는 점을 강조한다. 그렇다면 장기요양보험을 통해 돌봄의 여성화에서 벗어났는가? 장기요양보험은 '돌봄＝여성의 일'에 도전하는가?

일반적으로 돌봄은 여성이 담당하는 것으로 인식되어왔다. 이는 노인돌봄의 경우도 예외가 아니다. 장기요양보험 도입 이전의 데이터를 보면, 노인돌봄의 경우 며느리, 딸, 배우자를 포함한 주 돌봄제공자의 78.9%가 여성으로 나타났다. 이들 여성 중 상당수는 돌봄으로 인해 가정 밖에서의 경제활동을 포기한 것으로 밝혀진다(윤현숙 2000, 206). 실제로 많은 연구자들은 이러한 데이터에 기초하여 돌봄의 주 담당자가 연령에 상관없이 여성이라는 현실에 비판적이었으며, 이러한 성불평등한 돌봄분담을 타개하고자 그 대안으로 공적돌봄제도의 도입을 적극 지지하였다(성향숙 2001; 최희경 2000). 그 결과 장기요양보험으로 인해 여성에 의해 담당 돼 온 가족 내 노인돌봄에 대한 사회적 지원체계를 갖추게 된 점은 명확해 보인다. 앞서도 언급했듯이, 「노인장기요양보험법」도 가족과 여성에 의해 제공되던 돌봄에 대해 사회와 국가가 제공한다는 점을 도입취지로 밝히고 있다.

그러나 장기요양보험의 도입으로 인해 주로 여성이 담당하던 돌봄이 사회적 제도를 통해 제공되고 있음은 맞지만, 돌봄을 제공하는 주체는 여전히 여성인 점은 변함이 없다. 장기요양보험의 돌봄제공의 주된 인력인 요양보호사의 경우, 2020년 기준으로 근로 중인 전체 요양보호사 45만 명 중에서 90% 이상이 여성이다(국민건강보험공단 2021). 이는 돌봄이 가정을 벗어나 사회적으로 제도화되었지만 정작 돌봄을 수행하는 주체는 여전히 여성임을 의미한다. 혹자가 지적하듯, 이는 돌봄의 사회화라기보다 '공적 영역'에서 여성이 제공하는 돌봄의 측면이 크다고 볼 수 있다(김지영 2010, 106).

따라서 엄격하게 말하면, 장기요양보험의 도입은 '여성의 사적 돌봄'을 '여성의 공적 돌봄'으로 전환시켰다는 사실에 불과하다. 이러한 전환을 이해하기 위해서는 사회적 일자리 창출이라는 장기요양보험의 도입 배경에 주목할 필요가 있다. 2000년대 이후 고용 없는 성장추세가 지속됨에 따라, 정부는 이에 대한 대책으로 여성 비경제활동인구를 노동시장으로 유도하기 위한 정책을 제시하기 시작하였다. 1990년대에는 육아와 가사를 병행하면서 일할 수 있는 단시간 일자리 정책이, 2000년대를 넘어오면서는 사회서비스 일자리 정책이 주로 제시되었다(민현주 외 2008; 오은진 · 노대명 2009; 권혜자 2010). 정부는 여성의 경제활동 증가 및 고령화 진전에 따라 어린이, 노인, 장애인 등을 돌보는 사회서비스의 수요가 크다고 인식하였고, 이를 향후 일자리 창출의 가능성이 큰 분야로 인식하고 육성한 셈이다. 장기요양보험을 통해 생성된 요양보호사제도 역시 여성일자리 창출 정책의 일환으로 여겨졌다(경제사회발전노사정위원회 2012).[121]

이에 정부는 여성 고용 확대방안으로 해마다 증가된 예산을 편성하여 간병, 간호 등 돌봄을 수행하는 사회서비스 일자리를 만들어내고 있다. 2003년은 73억 원에 2천 개 일자리, 2006년은 3천억 원에 13만 일자리, 2009년에는 1조 5천억 원 이상을 투입하여 17만여 개의 사회서비스 일자리 창출을 계획하였으며(김혜원 2009, 21), 실제로 장기요양보험 시행 1년차인 2009년 기준으로 1년 전 대비 약 10만 개 이상의 신규 일자리가 창출되었다고 조사된다(보건복지가족부 2009). 정부의 지원으로 창출된 일자리를 보면, 2008년 복지부 및 노동부가 제공한 산모·신생아 도우미, 아이돌보미, 독거노인생활관리사, 간병인 등 사회서비스 일자리의 83.9%가 여성(참여 여성인원 9만4천 명)으로 채워졌다(권혜자 2010, 15). 정부는 사회서비스 일자리 대상자가 여성에 한정되거나 특정 계층으로 제한되지 않고 오히려 폭넓은 참여를 유도하고 있다고 언급하였으나, 실제로 사회서비스 일자리에 참여한 대상은 대부분 기혼여성(75.7%), 40대 이상(65.9%), 저학력(65.8%)으로 나타나고 있다(김혜원 2009, 24-25). 그 결과 정부가 추진해오고 있는 사회서비스 일자리 확충 전략의 표적 대상은 실질적으로 40대 이상의 재취업을 목적으로 하는 저소득층 주부에 주로 한정되었다.

하지만 문제는 사회서비스 일자리가 단순히 여성으로만 채워진다는 사실을 넘어선다. 다시 말해, 사회서비스 일자리 제도가 단순히 돌봄의 여성화를 야기하고 강화한다는 측면을 넘어선다. 추후 자세히 다루겠지만, 사회서비스 일자리는 대부분 저임금이며 노동조건도 열악하다. 창출된 사회서비스 일자리의 70% 이상을 차지하는 요양보호사의 경우, 저임금, 고용형태의 불안정, 열악한 근로환경, 육체적·정신적으로 과중한 업무강도 속에서 돌봄을 담당하고 있다(한국일보 2021.11.10.). 따라서 요양보호사제도는 "국가가 공인한 파출부" 혹은 "정부주도의 값싸고 불안정한 일자리"라는 평가를 받기도 한다(문설희 2009, 11; 정영애 2013, 53). 사회서비스에 대한 목적이 국가와 사회가 지원해야 하는 사회정책으로서의 정당성보다는 불안정한 여성과 노동자를 대상으로 한 정부 주도의 저임금의 일자리 창출에 보다 중점을 두었기 때문에, 정부는 장기요양보험을 통해 저임금 사회서비스 일자리 공급을 확대했다는 비난을 벗어나기 어려운 실정이다(김찬우 2014, 122).

정리하건대, 정부는 장기요양보험을 통해 사회서비스 일자리를 창출함과 동시에 저출산·고령화로 대두되는 돌봄위기를 함께 해결하고자 하였다. 이는 사회서비스 일자리 창출을 통해 비경제활동 영역에 속한 40대 이상의 여성들을 노동시장으로 재취업시키려는 의도임과 동시에, 이들 여성을 통해 상대적으로 낮은 사회적 비용을 들여 돌봄을 제공하고자 하는 시도였다(김지영 2010, 110-111). 하지만 장기요양보험은 사적 공간에서 진행되어오던 여성의 돌봄제공을 공적 공간으로 이동시켰을 뿐 돌봄의 여성화에 도전하지 못하고 오히려 이를 양산하는 모습을 보이고 있다. 사적 공간에서 진행되던 돌봄의 성별분업이 단지 공적 공간에서 재생산된 모습에 불과한 것이다.[122] 돌봄의 여성화는 돌봄에 대한 진정한 가치 판단이 보류된 채, 돌봄이 여성이나 사회적으로 취약한 사람들이 하는 혹은 전문적인 능력이 필요하지 않은 저임금의 단순노동으로 여기게 만들었다.

5 돌봄 사회화의 관점에서 본 장기요양보험(2)

장기요양보험을 통해서 돌봄의 가치가 재평가되었는가?

돌봄의 사회화는 돌봄이 얼마나 보편적인지, 인간의 생존과 안녕에 있어서 진정으로 필수적인지, 돌봄이 인간의 평등과 정의에 있어서 목적이 되는 가치인지에 대한 이해에 기초한다. 돌봄 가치를 재평가한다는 것은 일면 돌봄에 대한 그리고 돌봄을 수행하는 사람에 대한 정당한 보상이 이뤄져야 한다는 점을 포함한다. 앞서도 언급했듯이 보상의 구체적인 내용과 방법에 대한 것은 다양한 논란이 수반될 수 있겠지만, 논란에도 불구하고 돌봄 사회화의 핵심은 돌봄은 사회적으로 정당한 보상이 이루어져야 한다는 점이며, 이는 돌봄제공자에 대한 보상과 그들의 돌봄제공이 이뤄지는 안정된 조건 및 환경의 보장과도 직접적으로 관련된다. 그렇다면 장기요양보험으로 돌봄의 가치가 재평가되었는가? 장기요양보험은 돌봄의 가치를 재평가하는가? 장기요양보험을 통해 돌봄에 대한 보상이 제대로 이뤄졌는가? 장기요양보험은 돌봄제공자에게 정당한 노동환경을 보장하는가?

장기요양보험의 핵심 인력은 요양보호사이다. 2019년까지 배출된 요양보호사는 약 178만 명이며, 이 중 약 25%(45만 명)만이 현재 현역에서 활동 중이다(노컷뉴스 2021.09.06.). 일반적으로 요양보호사의 업무는 저임금, 상시적인 고용불안정, 열악한 근로환경, 육체적·정신적으로 과중한 업무강도, 높은 이직률 등으로 특징지어진다. 요양보호사 대부분은 노동시간 대비 최저임금에 못 미치는 임금을 받고 일한다. 2008년 장기요양보험이 도입될 때의 수가 표준모형에 제시된 재가요양보호사의 임금은 월 140만 원이었지만, 2012년 장기요양기관 운영 현황자료에 따르면 재가요양보호사의 월 임금은 60만 원도 채 되지 않는다. 시설요양보호사의 경우도 임금은 평균 약 120만 원 정도로 이들의 막대한 노동시간을 고려한다면 최저임금에도 못 미치고 있다(박대진 2014, 16). 요양보호사들은 또한 상시적인 고용불안정에 노출되어 있다. 재가요양보호사의 경우 이용자 서비스가 종료되면, 예를 들어 이용자가 사망하거나 병원, 요양시설로 들어가면 바로 일을 구하기 어렵기 때문에 바로 실직상태에 놓이게 된다. 시설요양보호사의 경우도 장기요양시설에서 퇴직금을 주지 않으려는 목적으로 근로계약 기간을 1년 미만으로 설정하는 경우가 자주 목격된다.

또한 많은 요양보호사들은 열악한 근로환경에 노출되어 있다. 요양보호사들은 거동이 불편한 이용자의 이동, 자세변경 등 근력이 소진되는 일을 지속적으로 행하기 때문에 많은 경우 각종 근골격계 질환에 시달리게 된다. 하지만 이들이 근골격계 질환으로 산업재해 신청을 할 경우 이는 퇴행성 질환이라는 이유로 산재보험 적용이 거부되는 경우가 비재하다. 더불어 이들에게는 과중한 요양업무와 더불어 다른 직종의 업무까지도 요구되는 경우가 많다. 예를 들어, 이들이 다양한 행정업무 이외에도 의료법상 의료인이 아니면 그 행위가 금지되어 있는 관장, 석션, 투약, 좌약 등의 의료행위 및 간호보조까지 하는 경우도 쉽게 발견된다(박대진 2014, 17). 최근 실증 연구에 따르면, 장기요양보험의 도입 이후 요양인력에 대한 노동실태와 조건은 개선되지 않았으며, 오히려 도입 이전에 비해 더 악화되었다는 평가도 존재한다(전병유 2010, 69-73).

그렇다면 무엇이 문제인가? 왜 요양보호사의 처우가 제대로 이뤄지지 않는가? 장기요양보험제도 아래 왜 이들의 노동환경은 나아지지 않는가? 많은 학자들은 그 이유로 돌봄이 지원되는 방식이 문제라고 지적한다(문설희 2009; 제갈현숙 2009; 지은구 2009; 석재은 2010). 현재의 장기요양보험은 지원의 확대와 돌봄대상자(돌봄수혜자)의 선택권을 보호한다는 명목 아래 시장을 통한 돌봄 지원방식을 택하고 있다. 국가가 돌봄제공을 위탁한 기관에게 포괄적인 국고보조금을 지원하는 방식이 아니라, 다양한 주체들이 돌봄제공에 참여할 수 있도록 제공기회가 개방된 상태에서, 서로 경쟁하는 돌봄제공기관 중 돌봄대상자가 제공기관을 선택하고 제공기관은 돌봄제공의 실적에 따라 보상을 받는 방식이다(석재은 2009, 28). 2020년 기준 전체 장기요양시설 25,384개소 중 민간(개인, 법인, 기타)기관이 약 25,140개소(약 99%)를 차지한다. 공공기관이 직접 장기요양을 제공하는 기관은 1% 남짓이다. 특히 대부분을 차지하는 민간기관 중 개인기관은 21,158개소(84.2%)인 반면, 법인기관은 3,896개소(15.5%)에 불과하다(국민건강보험공단 2021). 따라서 장기요양은 공공의 재원을 바탕으로 시장원리를 적용하는 민간복지 전달체계를 채택하고 있는 셈이다. 정확하게 표현한다면, 장기요양보험은 "사회보험방식을 빌린 장기요양서비스제공의 민영화"라고도 할 수 있다(지은구 2009, 119).

혹자는 시장을 통한 돌봄 지원방식의 장점을 지적할 수 있을 것이다. 한국의 장기요양보험은 "국가 주도형 요양서비스 민간시장의 창출"이라는 면에서 가시적인 성과를 내기도 하였다. 도입 1년 만에 요양서비스 공급기관이 평균 81%(재가기관 117.9%, 시설기관 44.5%) 증가하였고 요양보호사는 46배 증가하였다. 다양한 공급기관의 설립으로 돌봄대상자의 선택권이 증가하고 경쟁이 야기되어 결과적으로 이용자들에게 좋은 서비스가 제공될 것이라는 예측을 낳기도 하였다(제갈현숙 2009, 214). 그러나 이러한 예측과는 달리, 시장에 맡겨진 장기요양보험에 대해 다른 심각한 우려와 문제들이 지적되고 있다.[123]

무엇보다도 민간시장에 내맡겨진 장기요양보험은 돌봄의 질 향상을 위한 경쟁이 아닌 돌봄 제공기관의 이윤 추구에 몰두하고 있다. 그 결과 장기요양보험의 최대 '수혜자'는 돈벌이에 치중하는 민간기관이며, 최대 '피해자'는 제대로 된 돌봄을 받지 못하는 노인과 장시간의 돌봄노동에도 열악한 처우로 시달리는 요양보호사라는 평가를 받기도 한다(박대진 2014, 16). 돌봄 가격이 고정된 현행 제도에서 장기요양 제공기관들은 비용절감을 위해 요양인력의 수를 줄이거나 이들의 인건비를 동결 내지는 축소하는 정책을 사용하였고, 이는 결국 요양보호사의 열악한 노동조건과 요양서비스의 질 저하로 직결되고 있다(Peng 2010; 권현정 2014).

이 점에서 근본적인 질문은 시장이 돌봄을 제공하는 것이 바람직한지에 대한 것이다. 시장은 돌볼 수 있는가? 시장은 돌봄과 돌봄책임을 잘 분배할 수 있는가? 핵심적으로, 시장을 통한 돌봄은 돌봄가치를 제대로 평가할 수 있는가? 물론 돌봄의 시장화에 대해 무조건 부정적으로 보거나 아니면 오히려 반대로 무조건 긍정적으로 평가하는 것은 옳지 않다. 시장을 통한 돌봄에는 장단점이 모두 존재한다. 시장을 통한 돌봄의 중요한 장점은 시장경쟁을 통해 자유로운 공급이 가능하게 됨으로써 공급자의 질을 제고하고 수요자의 선택권을 증진할 수 있다는 일반론을 넘어선다. 오히려 중요한 장점은 돌봄에 시장의 가치를 매김으로써 돌봄이 인류의 삶에서 얼마나 광범위하고 중심적인지를 보여줄 수 있다는 데 있다. 그러나 반면에 시장을 통한 돌봄의 중대한 단점은 시장의 가치로 돌봄을 바라봄으로써 돌봄을 심각하게 왜곡할 수 있다는 점이다. 돌봄이 표준화된 시장적인 재화와 동일하지 않은 이상, 즉 가장 좋은 돌봄이 가장 저렴한 것이라고 전제할 수 없는 이상, 시장을 통해서는 돌봄의 가치를 제대로 평가할 수 없을 뿐만 아니라 돌봄책임을 정당하게 분배하기 어렵다는 것이다(Tronto 2013, 223-259). 결국 돌봄의 시장화가 돌봄제공자를 열악한 조건으로 내몰고 돌봄의 본질을 훼손하는 형태로

진행된다면 이는 치명적인 문제임에 분명하다.[124]

결론적으로, 장기요양보험은 사회보험을 통한 노인돌봄의 사회화를 명시하고 있지만, 돌봄제공을 민간기간에 위탁함으로써 시장기제에 의한 돌봄이 제공되는 방식을 채택하고 있다. 그러나 시장을 통한 돌봄은 돌봄의 가치를 제대로 평가하는 데 실패하였을 뿐만 아니라 오히려 돌봄을 저평가를 초래하였다고 필자는 주장한다. 장기요양보험을 통해 돌봄제공자에게는 열악한 임금과 노동조건이, 이용자에게는 열악한 돌봄서비스와 생활조건이 조성되었다면, 결국 돌봄의 시장화는 이용자와 제공자 모두를 장기요양보호로부터 "소외"시키는 결과를 초래하였다고 평가할 수 있다(지은구 2009, 131).

6 돌봄 사회화의 관점에서 본 장기요양보험(3)

장기요양보험을 통해서 돌봄이 사회적으로 인정되고 있는가?

돌봄은 장기요양보험을 통해 사회적 인정을 이루었나? 돌봄의 사회화는 돌봄에 대한 사회적 인정을 주장한다. 돌봄에 대한 사회적 인정이란 돌봄이 개인과 사회에 필수적인 가치라는 점에 대해 사회가 공식적으로 승인하는 것이다. 돌봄에 대한 사회적 인정이라는 맥락에서 트론토는 다음과 같이 언급한다.

만일 우리가 돌봄을 진지하게 공적인 가치로 받아들이는 훌륭한 근거가 존재한다고 믿는다면, 그러한 돌봄을 제공하기 위해 세 가지 전제가 필요할 것이다. 첫째, 우리는 모든 사람이 평생 충분한 돌봄을 받을 자격이 있다는 점을 전제해야 한다. 우리는 심지어 이것을 '돌봄을 받을 권리'로 부를 수 있다. 둘째, '돌볼 권리'가 존재한다. 모든 사람은 그들의 삶에 유의미한 돌봄관계에 참여할 수 있는 자격이 있다. 셋째, 모든 사람은 사회가 이러한 두 가지 전제조건을 얼마나 보장하고 있는지에 대해 판단을 하는 공적인 과정에 참여할 수 있는 자격이 있다(Tronto 2013, 153-154).

트론토에 따르면 돌봄이 사회적으로 인정받는다는 것은 우리가 돌봄을 받을 권리가 있음을, 우리가 다른 사람을 돌볼 권리가 있음을, 그리고 사회는 공적이 과정과 제도를 통해 돌봄을 받을 권리와 돌볼 권리 모두를 보장해야 한다는 점을 포함한다.

　적어도 확실한 것은 장기요양보험을 통해 돌봄의 제도화가 이루어졌다는 사실이다(이숙진 2011). 돌봄을 제공하는 인력에게 공식화된 '자격'을 부여하는 요양보호사제도가 새롭게 마련된 점은 주목할 만하다. 요양보호사란 치매, 중풍 등 노인성 질환으로 독립적인 일상생활을 수행하기 어려운 노인들을 위해 노인요양 및 재가시설에서 신체 및 가사지원서비스를 제공하는 자로서 「노인복지법」에 새롭게 규정된 인력이다. 장기요양보험의 시행에 맞추어 종전 노인복지법상 인정되었던 가정봉사원과 생활지도원과 차별화되는 요양보호사 국가자격제도(시·도지사 발급)가 시행되고 있다. 요양보호사의 자격에 학력, 연령의 제한은 없다. 요양보호사는 「노인복지법」에 따른 요양보호사교육기관에서 요양보호사의 등급별 교육과정을 이수하고 정해진 시험을 통과해야 취득할 수 있다. 장기요양기관은 반드시 요양보호사를 두어야 한다고 규정되어 있다(「노인복지법」제39조의2, 「노인장기요양보험법」제32조).

　따라서 장기요양보험을 통해 요양보호사를 국가자격으로 규정함으로써 돌봄의 제도화가 이루어진 것은 사실이다. 그러나 이러한 돌봄의 제도화가 돌봄에 대한 사회적 인정을 의미하는지에 대해서 쉽게 답하기 어렵다. 현행 돌봄의 제도화는 돌봄의 전문성을 강조하는 방향으로 진행되고 있다. 이전의 돌봄은 전문적 능력이 요구되지 않는 단순노동으로 인식되었던 반면, 요양보호사의 도입으로 자격과 직업으로서의 돌봄이 된 것이다. 국가가 지정한 기관에서 지정된 과목을 이수하고 시험에 통과해야만이 돌봄제공자로서 제도적으로 인정되게 된다. 그러나 이렇듯 돌봄의 전문성에 주목하는 현행 돌봄의 제도화는 몇몇 중요한 한계를 노정한다. 이것이 돌봄의 제도화를 돌봄에 대한 사회적 인정과 등치시킬 수 없는 중요한 이유이다.

첫째, 돌봄의 전문성을 강조함으로써 오히려 돌봄의 본질이 간과되는 경향을 보였다. 돌봄은 특정 취약한 개인이나 집단에게 한정된 요구가 아니라 인간 누구나 생애주기에 걸쳐 경험하는 보편적이고 본질적인 요구이다. 따라서 돌봄은 노인의 돌봄필요에 대한 이해와 성찰, 관심과 배려, 신뢰와 책임 등의 태도가 병행되어야 하는 친밀한 관계적 실천이다. 만약에 돌봄에서 요구되는 '전문성'이 있다면, 이는 현행 제도처럼 특정 지식과 기술을 습득하고 시험에 통과해야 얻어질 수 있는 자격은 아닐 것이다. 오히려 이는 돌봄 대상의 다양한 상황 및 개별적 요구에 대한 대처 등 돌봄대상자의 필요에 대한 민감한 응답력에 가깝다고 할 수 있다. 이는 '주의력,' '공감,' '여유와 너그러움,' '사명감,' '인내,' '대인관계의 원만함' 등과 같은 특성을 포함한다(정영애 2013, 54).

하지만 현행의 돌봄의 제도화는 오히려 돌봄의 본질을 간과하게 만든다. 요양보호사의 근로조건 개선이나 지위향상에 대한 사회적 요구에 힘입어 최근 다양한 정책제안이 제시되고 있다. 그러나 이들 중 상당수는 요양보호사에게 노인에 대한 가사와 신체 수발과 같은 돌봄보다는 '의료,' '재활,' '보건,' '행정' 등 사회적으로 인정되는 전문성을 추가로 확보할 것을 요구한다. 예컨대, 요양보호사의 자격기준 및 교육훈련 프로그램의 강화, 추가 직위의 도입 등을 요구한다.[125] 하지만 전문성에만 매몰된 이들 정책제안은 요양보호사에게 진정으로 어떤 자격과 능력이 요구되는지, 어떤 '전문성'이 필요한지, 돌봄의 본질적인 특징이 무엇인지에 대한 근본적인 질문을 여전히 간과하고 있다(정영애, 2012, 2013, 53).

둘째, 요양보호사의 (그들에 대한 근로조건과 지위가 여전히 열악할지라도) 돌봄은 공식적이고 전문적인 평가를 받지만, 가정에서 제공되는 일반적인 돌봄이나 간병인이 제공하는 돌봄 같은 비공식 돌봄은 '비전문' 혹은 '무자격'으로 간주되는 경향을 보인다. 이는 결국 공식적인 영역에서의 돌봄과 비공식적인 영역에서의 돌봄 간 (그리고 이두 영역에서 종사하는 돌봄제공자 간)의 차등화와 위계화를 초래하게 만들었다. 오은진 · 노은영(2010, 203-204)의 연구는 제도화된 일자리인 '요양보호사'와 비공식적으로 행해지는 돌봄일자리인 '간병인'을 비교한다. 하루 평균 근로시간을 비교하면 요양보호사의 경우 약 9시간 반이지만, 간병인은 20시간으로 간병인의 근로시간이 길다. 시간당 임금의 차이는 요양보호사가 평균 6,000원인데 반해 간병인은 3,200원 수준으로 절반에 불과하다. 무엇보다도 현재 국내에서 간병인은 「근로기준법」 대상에서 제외되어 장시간 노동, 저임금, 불합리한 대우에도 법적 보호를 받지 못하며, 고용보험, 산재보험 등의 혜택도 받지 못하고 있다. 요양보호사와 간병인이 거의 동일한 업무를 하는 것을 고려한다면, 전문성을 강조하는 현행 제도화는 돌봄제공자 간 차이를 확대하고 돌봄일자리의 하향 차별화하는 결과를 야기할 수 있다. 상위 돌봄제공자의 사회적 전문성은 확보할 수 있겠지만, 사회적으로 평가되지 못한 비공식 돌봄은 한층 더 평가절하되고, 비공식 돌봄을 담당하고 있는 다수의 (여성)인력은 '비전문가' 혹은 '무자격자'로 간주되는 현실이 우려되고 있다(오은진·노대명 2009, 289-291; 정영애 2012, 17).

마지막으로, 그 결과 요양보호사제도는 돌봄 자체의 중요성과 가치를 제고시키려는 노력으로까지 이어지지 못하고 있다. (비공식) 돌봄에 대한 사회적 가치평가의 변화는 기대하기 어려운 실정이다. 이 점에서 돌봄의 제도화가 돌봄 가치의 재인식으로 이어지기 위한 보완 대책으로 현재 OECD 다수의 국가에서 제공되는 가족돌봄지원정책에 주목할 필요가 있다. 한국의 장기요양보험은 가족으로부터 제공되는 돌봄을 국가와 사회가 제공하는 돌봄으로 치환하는 데 초점이 맞춰졌다. 이에 종전의 다양한 차원과 종류로 이루어지는 돌봄을 제도적이고 표준적인 공적 사회서비스로 접근하여 공급하고자 하였다. 그러나 여전히 돌봄제공의 많은 부분을 차지하는 가족돌봄의 지원 방안에 대해서 주의 깊게 고려하고 있지 않다.

예컨대, 한국은 다른 나라에서 시행하고 있는 가족돌봄제공자에 대한 돌봄수당제도가 존재하지 않으며, 가족돌봄제공자를 위한 상담이나 건강검진, 휴식서비스 등 직접적인 서비스 지원도 상당히 미비하다.[126] 장기요양보험은 가족의 돌봄부담을 경감하고자 하는 정책목표를 표명하고 있음에도 불구하고, 실질적으로 가족돌봄제공자를 지원하는 정책은 찾아보기 힘들다(최희경 2011; 양난주 2013).[127] 결국 한국의 돌봄지원 정책은 국가가 직접 돌봄을 제공하는 것과 함께 (비공식 영역에서) 돌봄제공자를 지원하는 정책도 함께 필요하다고 본다. 이를 통해서 돌봄의 가치를 제고하고 돌봄과 노동의 양립을 실천할 수 있을 것이다.

결론적으로, 장기요양보험은 돌봄을 성공적으로 제도화하였지만, 돌봄에 대한 사회적 인정에도 성공적이었는지에 대해서 필자는 회의적이다. 돌봄 제도화의 주요한 문제는 돌봄의 전문성을 강조함에 따라 돌봄의 일상적이고 보편적일 뿐만 아니라 관계적이고 감성적인 성격이 간과되고 있다는 점이다. 또한 자격과 직업으로서 돌봄 외에 여전히 가족과 여성이 제공하는 비공식 돌봄에 대한 사회적 인정을 이루지 못했다는 점이다. 돌봄을 제도화함으로써 비공식 돌봄에 대한 배제와 저평가가 야기되었으며, 비공식 돌봄을 공식 돌봄으로 대체될 수 있다는 그릇된 전망을 심어주고 있다.[128] 따라서 허라금(2006, 50)이 주장하듯이, "돌봄의 사회화는 (비공식)가족돌봄과 대체 (혹은 대립)관계에 있는 것이 아니라, 오히려 가족돌봄을 가족의 의무를 넘어 가족의 권리로 만들어 주는 상호보완적 관계"에 있음을 명심해야 한다. 왜냐하면 돌봄의 사회적 인정은 앞선 트론토의 지적처럼, 우리 모두가 돌봄의 수혜자이자 제공자이라는 전제 하에 어떤 형태의 돌봄이라도 공적으로 가치 있고 중요하다는 의미이기 때문이다.

7 돌봄의 사회화와 패러다임 전환

이 장은 장기요양보험이 돌봄의 사회화 정책인지에 관한 질문으로 시작하였다. 현 시점에서 그 답은 다소 회의적이다. 돌봄윤리의 공적 적용이라는 돌봄 사회화의 의미를 고려한다면, 돌봄 사회화는 돌봄의 여성화에 도전하고, 돌봄에 대한 재평가를 시도하며, 돌봄에 대한 사회적 인정을 지지하는 것으로 특징지을 수 있다. 반면에 장기요양보험은 일자리 창출로서의 돌봄에 주목하여 돌봄의 여성화를 공적 영역에서 (재)생산하였고, 시장적 분배방식을 도입함으로써 돌봄의 가치를 저평가하였으며, 돌봄의 제도화를 이뤘음에도 불구하고 돌봄의 본질을 간과한 채 돌봄의 위계화를 야기한 것으로 평가할 수 있다. 그 결과 한국의 장기요양보험은 돌봄 사회화에 실패하였다고 결론내릴 수 있겠다.

그렇다면 종합적으로 볼 때, 한국의 장기요양보험은 왜 돌봄의 사회화에 실패했는가? 그 이유는 무엇보다도 장기요양보험이 돌봄의 사회적(공적) 성격에 기반하여 설계되었다기보다, 여타 사회적·경제적 시급성에 근거해서 만들어지고 진행되었기 때문이라고 볼 수 있다. 한국 사회의 돌봄위기, 저출산위기, 경제위기, 실업의 증가 등이 동반 진행되는 상황에서 이에 대한 현실적인 대응으로 사회적 안전망을 구축하는 정책으로서 장기요양보험이 제시된 것이다.[129] 이는 돌봄의 본질과 가치에 대한 근본적인 이해가 부재한 채, 위기 극복의 논리, 경제성장의 논리, 일자리 창출의 논리 속에서 돌봄이 이를 해결하기 위한 수단으로 활용되고 있음에 불과하다. 왜 돌봄이 모든 인간의 삶과 그 유지에 있어 필수적인지, 왜 모든 인간은 필연적으로 또한 보편적으로 돌봄에 의존적이고 수혜적인지, 그렇다면 누구에게 돌봄책임이 있으며 어떻게 이를 공정하게 분담해야 하는지 등에 대한 논의가 간과되고 있음을 보여준다. 다시 말해, 돌봄 가치가 평가 절하되고 돌봄제공자들이 사회적으로 주변화된 기존 정책 패러다임에서 장기요양보험도 크게 벗어나지 못하고 있다(마경희 2011a, 21).

따라서 돌봄 사회화의 첫걸음은 인식과 제도의 패러다임 전환으로부터 시작되어야 한다. 누군가를 보살피고 누군가의 돌봄을 받는다는 사실은 그 누구에게도 예외가 아니다. 공적 영역에서 활동하는 자율적이고 독립적인 성인이라도 이전에는 돌봄을 받았고 앞으로 누군가한테 돌봄을 받을 것이라는 돌봄의존성에는 예외가 없다는 사실을 인정하는 것으로부터 시작되어야 한다. 돌봄에 의존하는 것이 필연적이고 보편적일 뿐만 아니라 정상적이라는 것에서 전제되어야 한다. 그리고 이러한 패러다임의 전환이 실질적인 사회운영방식으로 제시되었을 때 의미가 있게 된다(허라금 2006a, 52-54). 이는 돌봄중심으로 사회가 재편되어야 한다는 것을 의미한다.

이 장에서는 돌봄 사회화를 규범적인 근거로 하는 사회정책은 어떤 모습이어야 하는지, 장기요양보험은 구체적으로 어떤 모습이어야 하는지에 대한 논의를 제시하지는 못했다. 하지만 대표적인 돌봄정책인 장기요양보험에서 모순적이게도 돌봄이 어떻게 주변화되고 배제되고 있는지를 비판적으로 관찰할 수 있었다. 이러한 비판적인 연구를 토대로 앞으로 장기요양보험이 돌봄 사회화에 입각해서 실제적으로 재편될 수 있기를 기대한다. 이는 조한혜정(2006b, 32)도 적시하듯이, "새로운 철학과 인간관을 바탕으로 새 인프라를 만드는 작업이며, 전체 사회의 제도화 자체에 질문을 던지고 사회를 재편하는 방법"이 될 것이다.

11장 ─────── 돌봄과 기본소득

기본소득은 돌봄적일 수 있다. 돌봄기본소득은 인간의 의존성에 기초한 불가피한 돌봄필요에 충분하고 적절히 응답할 수 있어야 하고, 돌봄의 우선적이고 근본적인 가치를 인정할 수 있으며, 돌봄을 주고받음이 차별이나 배제를 의미해서는 안 되고, 양성이 공정하게 돌봄을 제공할 수 있어야 하며, 돌봄의 불평등에 적극적으로 도전하고 교정할 수 있어야 한다. 이는 기본소득이 돌봄윤리에 기초한 제도 및 정책과 함께 수반되어야 함을 의미한다.

1 기본소득은 '돌봄적'인가?

전 세계적으로 기본소득 논의가 활발하다. 2016년 6월 스위스에서는 기본소득보장을 헌법적 권리로 포함하는 헌법 수정안에 대한 국민투표가 시행되었으며, 핀란드에서는 2017년부터 2년간 무작위로 선정된 실업자에게 매월 560유로를 지급하는 기본소득 실험이 시행되었다(Minder 2016; Nagesh 2019). 또한 기본소득 도입은 많은 나라의 대통령 선거에서 주요한 이슈가 되고 있다. 2017년 프랑스 대선에서 사회당 대통령 후보였던 브누아 아몽(Benoît Hamon)은 2020년부터 모든 국민에게 매달 750유로를 지급하겠다는 공약을 발표했으며(Williamson 2017), 미국 민주당 대선 경선 후보였던 앤드루 양(Andrew Yang)은 국민 1인당 매월 1천 달러씩 지급하는 기본소득을 핵심 공약으로 내걸기도 하였다(Stevens and Paz 2020). 특히 전 세계를 강타한 코로나19로 시장경제가 봉쇄되면서 개별 국가들은 경기부양책으로 유래 없는 현금지원금을 지급하였다. 예컨대, 미국 정부는「코로나바이러스 지원, 구호 및 경제안정법(CARES ACT)」에 근거해 1인당 1,200달러의 재난지원금을 지급하였다. 재난지원금은 일시적이고 갑작스런 감염병 위기에 대한 경제대응책이지만, 수입이 줄어든 개인에게 국가가 현금을 직접 지원함으로써 생계를 보장하고 경제를 지원하는 것을 목적으로 한다. 이는 기본소득의 원리와 크게 다르지 않다는 점에서 기본소득 논의를 보다 본격화하는 데 기여하고 있다.

이 장에서는 돌봄윤리의 관점에서 기본소득제안을 살펴보고자 한다. 이 장에서 주목하는 것은 판 파레이스(Phillipe Van Parijs)가 제시한 보편적 기본소득제안(universal basic income proposal)이다(Van Parijs 1991, 1995, 2001, 2006; Van Parijs and Vanderborght 2017). 판 파레이스는 기본소득을 "자산조사나 근로조건부과 없이" "무조건적"으로 "모든 구성원들이 개인 단위로 국가로부터 지급받는 소득"이라고 정의한다(Van Parijs 1995, 33, 2006, 3-14). 기본소득은 수급 자격을 판단하기 위해 어떠한 심사절차나 어떠한 의무사항 없이, 성인인 사회구성원 모두에게 일정한 소득을 정기적으로 지속해서 지급하는 것이다. 이때 기본소득은 모든 시민이 "빈곤선 이상"의 생활을 유지할 수 있도록 "생계유지를 위해 충분한" 현금급여로 지급되는 것을 원칙으로 한다(Van Parijs 2001, 3, 6).[130]

기본소득은 다양한 이론적 배경 속에서 논의가 진행 중이다. 그중 판 파레이스의 기본소득은 단지 하나의 사회정책을 넘어 그 논의의 배경에는 이상적이고 정의로운 사회에 대한 깊이 있는 철학적·도덕적 원칙을 담고 있다.[131] 판 파레이스의 이론적 작업의 출발점은 기존 자본주의와 기존 사회주의의 한계를 극복하는 새로운 형태의 대안 사회를 제시하는 것이다. 이러한 사회는 개인이 노동시장에 전적으로 의존하지 않고도 또는 타인의 임금소득에 전적으로 의존하지 않고도, 인간적인 삶을 구가할 수 있는 일정한 물적 조건이 제공되는 사회로서, "스스로 좋은 삶이라고 생각하는 것을 실현할 수 있는 진정한 자유의 공평한 분배"가 이뤄지는 정의로운 사회이다(Van Parijs 2006, 15-16). 따라서 판 파레이스는 자신의 기본소득제안이 개인이 삶을 자유의지대로 설계하고 영위해나갈 수 있도록 하는 "모두를 위한 진정한 자유(real freedom for all)"를 위한 수단이라고 주장한다(Van Parijs 2001, 14; Van Parijs and Vanderborght 2017, 104). 판 파레이스는 이러한 자신의 정의관을 "진정한 자유지상주의" 입장이라고 언급한다(Van Parijs 2001, 14).

판 파레이스는 "진정한 자유지상주의"에 기초한 자신의 기본소득 안이 기존 복지제도를 완전히 대체하는 것은 아니지만 이보다 우월하다는 점을 강조한다(Van Parijs 2001, 7-13). 그는 과거의 노동과 임금에 기초하여 복지수혜자를 결정하는 사회보험제도 및 고용을 중심으로 최저임금을 보장하는 최저임금제도에 대해서 모두 비판적이다. 그에 따르면, 기본소득의 핵심은 기존 사회보장제도가 근거한 복지-노동 연계에 도전하는 것이라고 지적한다(Van Parijs 2001, 19). 관련해서 판 파레이스는 기본소득은 사람들을 "강제함으로써 노동하게 만드는 것이 아니라 자유롭게 함으로써 노동하게 만들게 되기 때문에," 기본소득이야말로 "해방적 형태의 적극적 복지국가"의 근간이 된다고 주장한다(Van Parijs and Vanderborght 2017, 26-27).

이 장의 문제의식은 기본소득이 기존 사회보장을 "완전히 대체"하는 것은 아니라는 판 파레이스의 주장으로부터 시작한다(Van Parijs 2001, 8).[132] 이 주장을 살펴보는 것은 중요한데, 왜냐하면 이는 최근 대부분의 기본소득 논쟁이 관심 갖는 기본소득의 당위성이나 실현가능성보다도, 우리가 우선 주목해야 하는 중요한 이슈를 제기하기 때문이다. 즉, 이는 기본소득이 대체하지 못하는 혹은 대체할 수 없는 사회보장의 내용과 범위에 대한 것이다.

필자는 이에 대한 답을 돌봄윤리를 통해 찾고자 한다. 돌봄윤리는 기본소득이 대체하지 못하는 혹은 대체할 수 없는 사회보장의 내용과 범위에 대한 나름의 답을 줄 수 있다. 이 장은 판 파레이스도 인정했듯이, 기본소득이 해결할 수 없는 문제를 오히려 명확히 함으로써, 앞으로 기본소득 논의가 더욱 활발해지고 기본소득이 제도화되어 기대하는 정책효과를 내는 경우일지라도, 돌봄윤리에 기반한 정책 및 제도변화가 기본소득과 함께 수반될 필요가 있음을 주장하고자 한다.

기본소득을 여타의 복지정책과 비교·평가하는 논의는 있지만, 돌봄윤리의 관점에서 기본소득제안을 분석하는 연구는 많지 않다. 예외적으로 잉스터(Daniel Engster)가 돌봄윤리의 관점에서 기본소득에 대해 언급하고 있으나 그의 논의도 기본소득의 일반적인 비판을 주로 다룰 뿐 돌봄윤리를 주축으로 논의가 밀도 있게 전개되고 있지 못하다(Engster 2015, 210-216).[133] 만약 기존 논의에서 기본소득과 돌봄윤리 간의 관련성을 찾을 수 있다면, 이는 기본소득에 대한 여성주의 논쟁을 통해서 간접적으로 읽힐 수 있다. 그러나 기본소득에 대한 여성주의 논쟁은 '기본소득이 성평등을 진작하는 데 도움이 되는지'에 대한 찬반 양분된 의견을 제한적으로 피력하고 있을 뿐이다(Robeyns 2008).[134] 이 장은 돌봄을 둘러싼 기본소득에 대한 여성주의 논쟁을 일면 다룸과 동시에, 보다 궁극적으로 돌봄윤리의 관점에서 기본소득을 평가해 봄으로써, 기본소득의 어떤 점이 부족하고 충분하지 않으며 그래서 어떤 점에서 기본소득이 돌봄윤리에 기초한 정책으로 보완될 수 있는지를 살펴보고자 한다.

이 장은 다음의 세 가지 질문에 답하고자 한다.[135] 첫째, 기본소득은 인간의 의존성과 불가피한 돌봄필요에 적절히 대응할 수 있는가? 둘째, 기본소득은 돌봄을 공적 가치로 인정할 수 있는가? 셋째, 기본소득은 돌봄불평등의 부정의에 도전하고 교정할 수 있는가? 이에 대한 답으로 필자는 기본소득은 인간의 보편적인 의존성과 불가피한 돌봄필요에 적절히 대응할 수 없으며, 돌봄을 공적 가치로 간주하는데 충분하지 못하고, 돌봄의 구조적 부정의를 직시하고 교정하는데 적절하지 못하다고 주장하고자 한다.

이 장에서는 먼저 돌봄윤리와 그것의 정책적 함의에 대해서 살펴본 후, 돌봄윤리의 세 가지 특징을 중심으로 기본소득의 한계에 대해서 분석하고자 한다. 그리고 돌봄윤리의 정책으로 보완된 '돌봄적' 기본소득, 즉 '돌봄기본소득'의 가능성에 대해 탐색해 보고자 한다.

2 돌봄윤리의 정책적 함의

돌봄윤리는 돌봄이라는 부정할 수 없는 인간의 보편적인 경험과 가치에 기초한 대안적 도덕이론이다(Held 2006). 돌봄윤리의 특징을 한마디로 정의하기는 어렵겠지만, 돌봄윤리 학자들에 의해서 돌봄윤리는 일반적으로 다음의 공통적인 속성을 갖는 것으로 정의된다(Held 2006, 29-35; Engster and Hamington 2015, 3-4; Engster 2015, 18-23). 돌봄윤리는 개인의 독립이나 자율의 가치에 중점을 두는 기존 윤리와는 달리 타인의 필요에 응답하는 윤리라는 점, 보편주의와 불편부당성을 원칙의 기준으로 하는 기존 윤리와는 달리 주어진 관계, 구체적인 상황, 맥락에 주목한다는 점, 공사구분의 전형적인 도덕의 경계를 가로지른다는 점, 자립적이고 독립적인 인간을 전제로 한 기존 윤리와 달리 인간의 불가피한 취약성과 의존을 고려한다는 점, 그리고 이성 중심이 아닌 감정이 윤리이론에 기여함을 인정하는 점 등이다.

　　최근의 돌봄윤리 논의는 단지 개인 간의 관계에 적용되는 윤리를 넘어 사회정치적 개념으로 확장하고 있다(Tronto 1993, 2013; Senvenhuisen 1998; Kittay 1999; Held 2006). 돌봄윤리의 사회정치적 함의에 주목하는 연구들은 돌봄윤리가 각종 사회제도와 정책을 평가하고, 이러한 제도와 정책에 더 나은 규범적 방향을 제시하는 이론적 밑거름이 된다는 점을 강조한다(Sevenhuijsen 2003; Hankivsky 2004; Hamington and Miller 2006; Mahon and Robinson 2011; Greenswag 2018). 예컨대, 잉스터는 돌봄윤리를 아동, 노인, 보건, 빈곤 등과 관련된 사회정책을 디자인하고 평가하는 주요한 원칙이 될 수 있다고 주장한다. 기존의 복지정책이 실업, 재해, 퇴직과 같은 전통적인 노동관련 시장의 위험으로부터 노동자와 그 가족을 보호하려는 것을 목적으로 삼고 있는 반면, 돌봄윤리에 기초한 정책은 작금의 후기 산업사회가 직면하고 있는 저출산, 고령화, 돌봄위기 같은 이슈에 더 적극적으로 대처할 수 있다고 보았다. 따라서 돌봄윤리는 기존의 복지국가가 어떻게 변화해야 하고 재구성되어야 하는지에 대한 규범적 정책방향을 제공하는 데 있어서 아주 유용한 도덕적 자원이 된다고 설명한다(Engster 2007, 2015, 18).

　　여기에서는 돌봄윤리의 세 가지 특징에 주목하고 이에 기초한 정책적 함의를 살펴보고자 한다. 첫째, 돌봄윤리는 모든 인간의 삶에서 피할 수 없는 의존이라는 존재론적인 사실, 즉 인간의존의 사실(fact of human dependency)을 전제한다. 취약한 인간의 실상은 보편적인 생물학적 조건이자 동시에 우리 모두는 누군가의 돌봄 없이는 생존하거나 성장할 수 없음도 부인할 수 없는 조건이다(Kittay 1999; Fineman 2001). 모든 인간이 경험하는 의존은 두 차원에서 설명된다. 하나는 인간의 생애주기에 따라 경험하는 불가피한 의존(inevitable dependency)과 불가피한 의존인을 돌보는 돌봄제공자의 파생된 의존(derived dependency)이다(Kittay 1999, 81-110; Fineman 2004, 34-37).

따라서 돌봄윤리의 관점에서 의존이라는 것은 부정적인 것이 아니며 벗어나거나 극복해야 하는 과제도 아니다. 누구에게나 예외 없는 존재론적 사실로서의 의존은 보편적이고 정상적인 것이다(Kittay 1999, 81-110; Fineman 2004, 34-37). 돌봄윤리에서 상정하는 인간은 필연적으로 의존과 돌봄의 망(web) 내에서 존재하는 인간이며, 돌봄윤리는 인간의 보편적이고 정상적인 의존성, 이에 따른 불가피한 돌봄필요, 의존인을 돌보는 돌봄제공자의 돌봄필요를 중요하게 고려한다. 돌봄윤리에 기초한 정책은 시장에서의 생산적인 노동여부를 떠나 모든 인간이 보편적으로 보장받아야 하는 좋은 돌봄(good care)에 주목한다. 예컨대, 돌봄윤리는 저렴하고 질 좋은 아이돌봄, 노인돌봄, 장애인돌봄, 건강의료(보건) 등을 국가가 제공해야 하는 규범적 논거를 제공한다(Engster 2015, chaps. 2-6; Noddings 2002a). 또한 기존에 가정이나 여성에게 사적 분담되었던 돌봄을 공적으로 지원하고 규제하는 정책(예를 들어, 장기요양, 공공보육, 양육수당 등)을 뒷받침한다.

둘째, 돌봄윤리는 돌봄을 공적 가치로 다룬다. 이는 다음을 의미한다. 첫째, 돌봄은 개인과 사회의 필수적인 가치라는 점이다. 돌봄을 주고받는 관계인 돌봄관계 없이는 어떤 개인도 어떤 사회도 존속하고 성장할 수 없으므로, 돌봄의 가치와 돌봄관계는 인간과 사회관계의 근본이 되며 우선시되는 점을 인정한다(Fineman 2004, 47-48).

둘째, 모든 사람은 의존의 시기를 겪었으며 예외 없이 누군가로부터 돌봄을 받았기 때문에, 이러한 사실은 우리가 모두 돌봄이 필요한 타인을 돌볼 도덕적 의무가 있음을 담보한다(Kittay 1999, 111-148). 셋째, 돌봄필요를 제공하는 윤리적인 의무는 사적 영역이나 개인 간의 관계에 국한되지 않고 공적 영역으로 확장된다. 정치사회와 그 구성원들은 이러한 돌봄관계를 보호하고 보존해야 할 책임을 갖는다.

관련하여 최근 일련의 돌봄연구자들은 시민이 공유하는 돌봄책임에 대해 논의한다. 커테이(Eva Feder Kittay)는 돌봄관계에 기초한 둘리아(doulia) 개념을 통해서 '공유된 사회적 책임' 원칙을 논한다. "마치 우리가 생존과 성장을 위해 돌봄이 필요했던 것처럼, 우리는 다른 사람이 ─ 돌봄노동을 하는 사람을 포함해서 ─ 생존과 성장에 필요한 돌봄을 받을 수 있는 조건을 제공할 필요가 있다"(Kittay 1999, 200). 다시 말해, 이는 사람들이 돌봄관계에 참여하고 그 관계가 지속되는 조건을 지원하는 것이 정치공동체에 속한 우리 모두의 책임이라는 것이다. 이는 돌봄수혜자와 돌봄제공자를 함께 만족시키는 돌봄관계를 유지하고 지속하기 위한 책임이며, 이들이 돌봄관계에 속함으로 인해서 사회적으로 불리함을 겪거나 차별과 배제를 겪지 않는 조건을 마련하는 책임이다. 또한 이는 돌봄태도를 권장하고 돌봄을 존중하는 사회제도 마련을 위한 책임이라고 설명한다(Kittay 1999, 201-202). 트론토(Joan C. Tronto)도 돌봄의 사회적 책임을 언급하며 '함께 돌봄(caring with)' 개념을 제시한다(2013, 94). '함께 돌봄'이란 궁극적으로 사회구성원 모두가 돌봄에 대한 책임을 같이하는 것을 의미하며, 이는 사적 영역에 집중되어 있거나 젠더화·인종화·계급화된 돌봄책임의 분배에 도전하고, 누가 얼마나 돌봐야 하는지를 다루는 돌봄책임의 분배를 다루는 정치과정에 보다 많은 사람들이 참여함으로써 달성할 수 있다고 설명한다.

따라서 돌봄이란 사적 영역에서 누군가에 의해서 당연히 혹은 자연스럽게 제공되는 것으로 치부되는 것이 아니라, 개인·사회·정치공동체를 유지시키는 핵심적인 공적 가치이자 우리 모두가 갖는 공유된 사회적 책임이라는 점을 명심하는 것이 중요하다. 돌봄을 공적 가치로 다룬다는 것은 돌봄관계가 개인적 수준에서 적용되거나 혹은 시장에 의해 운영되더라도, 궁극적으로 정부가 제도적인 조건을 통해 이를 뒷받침해줘야 한다는 입장과 일맥상통한다(Tronto 2010). 이러한 맥락에서 돌봄윤리에 기초한 정책은 돌봄을 주고받는 일이 차별이나 불리함이 되지 않도록 금지하는 정책을 지지한다(예를 들어, 가족돌봄에 대한 차별금지법). 또한 돌봄과 노동이 양립할 수 있도록 하는 정책, 예를 들면 실질적인 출산휴가 및 육아휴직을 포함한 적극적이고 포괄적인 일·가정양립정책, 노동시간단축, 유연근무제 등의 정책을 지지한다. 더 나아가, 돌봄을 일·가정 양립정책이나 가족정책으로 접근하는 것을 넘어, 돌봄과 돌봄의 관계망이 국가와 사회가 보존하고 진흥해야 할 공적 가치이자 시민(남녀) 모두의 책임이라는 점을 직접적으로 제도화하는 것도 가능하다. 예를 들면, 남성의 돌봄참여를 제도화하는 '육아휴직 아버지 할당제'는 일·가정양립지원 정책이기도 하지만 동시에 이는 시민이 공유하는 돌봄책임을 제도화하는 정책이기도 하다.

셋째, 돌봄윤리는 돌봄의 불평등으로 인한 구조화된 부정의를 직시하며 이에 도전하고자 한다. 구조화된 부정의한 돌봄이란 특정집단은 시장에서 일한다는 혹은 사회의 안전과 국방을 담당한다는 명분으로 돌봄의 책임으로부터 면제받지만, 다른 집단은 돌봄의 책임을 오롯이 감당하는 경우에 해당한다. 다시 말해, 돌봄책임의 불평등한 분배가 문제가 되는 이유는, 돌봄책임으로부터 면책되는 경우 돌봄의 혜택을 받지만, 오히려 돌봄책임을 담당하는 경우 오히려 돌봄의 부담을 떠안게 되는 구조 때문이다. 돌봄의 책임을 다하지 않는 사람이 돌봄의 혜택을 보게 되는 시스템, 즉 '돌봄의 무임승차'가 가능한 사회구조가 부정의한 돌봄의 주요한 일면이 되는 것이다. 이러한 불평등한 돌봄분배가 사회경제적 불평등으로 이어지며, 사회경제적 불평등은 다시 불평등한 돌봄분배로 이어지면서 부정의가 공고화된다(Tronto 2013, 192-222).

돌봄불평등과 사회경제적 불평등 간 악순환 고리는 돌봄수혜와 돌봄제공 모두에서 포착된다. 경험적인 연구결과에 따르면, 다른 모든 관찰 가능한 변수를 통제하고도, 일반적으로 돌봄을 덜 받는 아이들은 돌봄을 충분히 받는 아이들에 비해 교육, 건강 및 보건의료의 수준에서 뒤처진다고 보고된다. 또한 돌봄을 덜 받은 아이들은 후에 성장하였을 때 돌봄을 충분히 받은 아이들에 비해 낮은 사회경제적 지위를 갖는다고 조사된다(Neckerman 2004; Blossfeld et al. 2017). 돌봄을 덜 받는 아이들은 대부분 사회경제적으로 열악한 가정의 출신이며, 이들의 부모들은 시간 및 재원의 부족으로 인해 아이들에게 충분한 돌봄을 제공할 수 없는 경우이다. 돌봄제공의 경우도 마찬가지이다. 가정에서 돌봄을 담당하는 사람은 시장에서 기대하는 능력있고 생산적인 노동자가 되지 못하기 때문에, 시장에서 배제되거나 시장의 경쟁에서 뒤처지게 되어 결과적으로 낮은 사회경제적인 지위에 자리한다. 또한 대부분의 돌봄제공은 소외된 사회집단이 맡고 있다. 대다수의 돌봄제공자는 여성, 유색인종 혹은 이민자집단 출신이다(Duffy 2007). 이들은 돌봄에 부과된 낮은 가치로 인해 다른 노동에 비해 낮은 사회경제적 보상을 받게 된다. 사회경제적으로 열악한 집단이 주로 돌봄제공의 역할을 수행하며, 이들은 돌봄제공의 역할을 수행함에 따라 역시 사회경제적으로 열악한 지위에 처하게 된다(England et al. 2002; Pietrykowski 2017). 더 나아가 불평등한 돌봄분배로 인한 사회경제적 불평등은 정치적 불평등으로까지 이어진다. 성, 인종, 계급 또는 경제적 여건에 근거하여 돌봄의 책임을 떠맡은 사람들은 사회경제적으로 열악한 지위를 차지할 수밖에 없을 뿐만 아니라 공적 의사결정의 장에서 정치적으로 배제되고 소외되게 된다(Tronto 2013).

따라서 돌봄윤리에 근거한 정책은 돌봄의 불평등과 이로 인해 야기된 구조적 부정의를 직시하고 교정하고자 하는 목적을 갖는다. 앞서 언급한 돌봄윤리에 기초한 정책들이 궁극적으로 이러한 목적에 기여하게 된다. 더불어 이러한 목적은 돌봄의 가치를 높이는 작업으로도 시작할 수 있다. 예컨대, 시장에서 돌봄노동자가 겪는 임금불이익을 방지하기 위한 돌봄노동 분야의 '동일가치노동 동일임금' 정책이 그중 하나다. 가정에서의 돌봄경력을 공적으로 인정하는 돌봄경력인정제 및 돌봄연금, 시장에서 돌봄노동자의 지위향상을 위한 각종 제도적 장치도 여기에 포함될 수 있다.

3 돌봄의 관점에서 본 기본소득(1)

기본소득은 인간의 보편적인 의존성과 불가피한 돌봄필요에 대응할 수 있는가?

돌봄윤리는 모든 인간은 생존과 성장을 위해 예외 없이 누군가의 돌봄이 필요한 기간을 겪는다는 인간의존의 사실과 이에 따른 불가피한 돌봄필요를 상정한다. 그렇다면 기본소득은 인간의존의 사실과 이에 따른 불가피한 돌봄필요에 대응할 수 있는가?

이에 대한 답은 기본소득이 기초한 판 파레이스의 정의관인 "진정한 자유지상주의"를 통해 알 수 있다. 판 파레이스에 따르면, "사회정의란 스스로 좋은 삶이라고 생각하는 것을 실현할 수 있는 진정한 자유의 공평한 분배"이다(Van Parijs 2006, 15-16). 따라서 '진정한 자유'란 자신이 추구하는 바를 시행할 수 있는 "추상적인 권리뿐만 아니라 그 실질적이고 물질적인 조건"까지 포함하는 개념이라고 설명한다(Van Parijs 2006, 16). 이때 기본소득제도는 "개인들이 자신이 하고 싶은 바를 할 수 있는 물적 자원"을 제공함으로써, 이를 통해 모든 사람의 진정한 자유가 증진될 수 있다고 설명한다(Van Parijs 2001, 3). 기본소득의 가장 근본적인 목적은 모든 사람의 진정한 자유의 함양이며, 기본소득을 통해 모든 사람이 빈곤선 이상의 생계유지를 위해 충분한 소득을 주기적으로 받는다면, 자신이 원하는 삶을 추구할 수 있는 진정한 자유를 누릴 수 있게 된다는 것이다. 이 점에서 판 파레이스에게 기본소득은 정의를 위한 강력한 수단이다.[136]

이러한 정의관을 통해 본 판 파레이스의 인간관은 전형적인 자유주의적 인간관이다. 판 파레이스의 기본소득은 자율적이고 비의존적인(독립적인) 인간을 상정한다. 이는 자신이 진정으로 원하는 것을 선택할 수 있고 이러한 선택을 통해 개인의 자유가 증진되는 인간이다. 기본소득을 통해 물적 자원을 제공받는 사람들은 시장의 고용관계에 예속되지 않고 혹은 빈곤의 굴레에 속박되지 않으며, 자신이 원하는 삶을 살 수 있는 진정한 자유를 누리게 된다고 설명한다. 이를 통해 개인은 빈곤하지 않은 상태에서 노동을 하지 않을 수 있는 자유는 물론이고, 착취에 기반한 임금노동에서 벗어나서 자유의지로 노동할 수 있는 자유를 함께 향유할 수 있게 된다고 보았다.

판 파레이스는 기본소득과 돌봄제공자의 자유를 관련시켜 언급한다. 판 파레이스에 따르면, 기본소득은 돌봄제공자에게 더 많은 자유를 선사할 수 있다. 돌봄제공자인 여성은 아마도 자신의 기본소득을 "생애 특정 시기 동안의 '이중부담'을 덜기 위해" 사용할 것이라고 언급한다(Van Parijs 2001, 7, 20). 예컨대, 충분한 기본소득의 보장으로 인해 여성들은 노동시장에서 일하지 않고도 가정에서 자신의 아이를 돌볼 수 있게 되거나 혹은 자신의 아이를 돌볼 다른 사람을 고용하고 자신은 원하는 노동시장의 활동을 할 수 있게 된다고 설명한다. 결국 기본소득 덕분에 여성들은 가정 내에서 "자신들의 업무"를 좀 더 쉽게 수행하리라는 것이다.[137] 이는 종국에는 여성들의 선택권을 넓히는 것이며, 동시에 기본소득을 통한 경제적 지위의 향상은 여성의 가정 내 협상력을 높임으로써 남성 가장에 대한 종속에서 벗어나는 데에도 기여하게 된다고 보았다(Pateman 2006). 어머니에게 정기적으로 소득이 지급된다면, 가정 내 그녀의 통제력은 더 커질 것이며, 그래서 만족스럽지 못한 결혼과 가정을 끝내는 선택도 그렇게 두려운 것이 되지 않을 것이라는 설명이다(Van Parijs and Vanderborght 2017, 14).[138]

하지만 판 파레이스의 정의관에 전제된 자유주의적 인간관은 모든 인간이 경험하는 보편적 의존성과 이에 따른 불가피한 돌봄필요에 충분히 응답하지 못한다. 이는 크게 두 가지 지점에서 그러하다. 첫째, 기본소득은 절대적인 의존이 야기하는 불가피한 돌봄필요에 충분히 대응하지 못한다. 물론 기본소득의 수혜대상에는 아동, 장애가 있는 사람, 아픈 사람, 노쇠한 노인도 포함된다.[139] 모든 사람은 예외 없이 시민(영주권자를 포함해서)이라면 기본소득의 수혜대상이 된다. 그러나 어린아이, 장애인, 노쇠한 노인에게 우선적으로 필요한 것은 기본소득 같은 물적 제공이라기보다 돌봄제공자에 의해 면대면으로 이뤄지는 직접적인 돌봄이다. 돌봄제공자가 제공하는 돌봄은 의존인의 돌봄필요를 민감하게 예의 주시하고, 적극적으로 응답하며, 평등하게 존중하는 사랑의 태도이자 노동이다. 돌봄은 "우리 입장에서 생각한 그들이 필요한 것에 따라 그들에게 재화를 던져주는 것이 아니라, 그들을 존중하면서 그들의 필요에 맞게 예의 주시하고 응답함"을 의미하기 때문이다(Engster 2007, 65-67).

따라서 불가피한 의존인에게 단지 기본소득만이 제공된다면, 이는 이들을 방치하는 것이며 또 다시 시장의 논리로 내모는 것이다. 취약한 노인에게 필요한 것은 마음을 나누고 자신의 요구에 응답하며 자신을 보살펴주는 돌봄제공자, 가족과 친구들의 관심과 사랑, 자신이 맺고 있는 이러한 관계에 대한 다층적인 공동체의 지원일 것이다. 이 노인이 맺고 있는 이러한 돌봄관계는 쉽게 돈으로 대체되거나 시장에서 구입될 수 없는 것임에 분명하다. 더 나아가 취약한 의존인은 같은 정도의 자유를 누리기 위해 소위 비의존적인 개인보다 더 많은 자원이 필요하다. 이는 아이를 돌보는 돌봄제공자도 마찬가지이다. 이들이 돌봄의 책임을 수행하지 않는 개인과 같은 정도의 자유를 누리기 위해서는 더 많은 자원이 필요하다.[140] 취약한 의존인의 경우, 자원의 평등한 분배가 곧 평등한 자유를 보장하는 것은 아니다.[141]

둘째, 기본소득은 돌봄을 개인의 자율적인 활동(autonomous activities)으로, 또한 돌봄제공자를 그러한 자율적인 활동을 선택하는 자율적인 선택자(autonomous decision makers)로 상정한다(Van Parijs 2001, 21). 판 파레이스는 지금까지 유급노동에 포함되지 않았던 다양한 형태의 무급노동을 국가나 시장의 영역이 아닌 자율적 영역에 속하는 것으로 간주하고, 기본소득을 통해 이러한 자율적 영역이 육성된다고 주장한다(Van Parijs 2009). 그는 자율적 영역을 시장에서 판매되거나 거래되지 않는 생산활동으로 정의하는데, 노인이나 아동에 대한 보호활동, 문화활등, 정치활동, 기타 자원봉사활동, 거리에서 하는 파티 혹은 위키피디아를 수정하는 활동도 자율적 영역의 활동으로 보았다. 이에 비추어 볼 때, 판 파레이스에게 돌봄은 국가와 시장의 영향력이 통제되어야 하는 대표적인 자율적 영역의 활동이다. 앞서도 언급했듯이 판 파레이스는 기본소득으로 인해 여성에게 '선택의 자유'가 부여된다는 점을 강조한다. 기본소득은 유급노동의 종사여부나 어떠한 의무조건 없이 주어지기 때문에, 여성들은 현금을 어떻게 사용할지 선택할 수 있다는 것이다. 아이돌봄을 선택하는 여성의 경우, 기본소득으로 인해 일과 돌봄 사이에서 다양한 선택권을 가질 수 있으며, 그 결과 기본소득은 돌봄제공자인 여성 선택의 폭을 넓혀주고 자율성을 높여준다는 것이다(Van Parijs and Vanderborght 2017, 14).

그러나 돌봄윤리의 관점에서 볼 때, 원칙상 돌봄은 자율적 영역의 활동이 아니며, 돌봄제공자의 돌봄 선택도 자율적인 선택이 되지 못한다. 먼저 실천적 측면에서 보면, 돌봄은 그 자체로 자율적인 활동이 되지 못한다. 커테이가 지적했듯이, 돌봄을 주고받는 돌봄관계는 그 관계 밖에 있는 제3자와 필연적으로 매개된 관계이다 (1999, 101-110). 커테이는 이러한 제3자를 조달자라고 지칭하였다. 제3자의 역할은 돌봄제공자를 사회경제적으로 지원함으로써 돌봄제공자가 의존인을 잘 돌볼 수 있도록 지원하는 것이다. 조달자는 개인 혹은 조직이나 국가도 될 수 있다. 조달자의 역할은 돌봄제공자를 지원함에 있어 이들을 착취하거나 지배하지 않는 것이 중요하다.

다시 말해, 돌봄활동은 자체로 자율적이지 않으며 돌봄관계 및 그 관계를 착취나 지배 없이 지원하는 제3자와의 관계 속에 필연적으로 위치 지어진다.

관련하여 아이를 돌보고 보호하는 모성적 실천(maternal practice)에 대해서 언급한 러딕(Sara Ruddick)의 지적도 유용하다(Ruddick 1989, 126-149). 러딕에 따르면, 모성적 실천을 실행하는 데 어머니는 아이에 대해 보살핌을 완벽히 통제할 수 없다고 설명한다. 내가 아이를 아무리 잘 보살핀다고 할지라도, 예측할 수 없는 질병, 화재, 폭풍 등 우연적인 사건에 노출되기 마련이며, 또한 아이의 돌봄은 교통시스템, 상하수도시스템, 공동체의 치안 및 안보 등에 영향 받을 수밖에 없다는 것이다. 따라서 판 파레이스의 지적과 달리, 돌봄은 외부의 간섭을 받지 않고 존재하는 독립적이고 자율적인 영역의 활동이 그 자체로 될 수 없다.

더불어 의존인과 돌봄제공자의 관계도 자율적인 선택으로 성립되는 쌍무적 계약관계로 보기 어렵다. 돌봄제공자의 돌봄 선택은 취약한 의존인을 돌봐야 한다는 취약성에 응답하는 의무감에서 비롯된다(Kittay 1999, 111-141). 이는 자발적인 선택도 그렇다고 해서 강제적인 선택도 아니다. '자발' 대 '강제'라는 이분법적 프레임으로 설명할 수 없는 비강제적이지만 비자발적인 선택이다. 돌봄은 인간과 사회의 존속과 번영을 위해 누군가는 필연적으로 담당해야 하는 일이며, 돌봄 선택은 의존적인 인간을 돌봐야 한다는 도덕적인 의무와 책임이다. 이는 시장에서 고용되어 임금을 받는 돌봄제공자의 선택에 대해서도 어느 정도 해당된다. 이들은 자신이 선택하여 돌봄제공자가 되었을지라도, 일단 돌봄관계에 발을 들여놓게 되면, 많은 경우 스스로의 권한을 갖지 못하는 위치에 놓이게 된다. 자신이 돌보는 돌봄수혜자와의 돌봄관계는 상호성에 바탕을 둔 계약관계가 아니라 책임과 유대의 관계이기 때문에, 일단 돌보는 관계에 들어가면 돌봄제공자는 개인의 이익과 입장을 쉽게 드러내기 어렵다. 이들은 자신의 이해관계와 보수 등의 명분으로 돌봄관계를 쉽게 끊어버릴 수 없다. 폴브레(Nancy Folbre)의 표현에 따르면, 이들 역시 "사랑의 포로"가 된다(Folbre 2001, 76). 그 결과 판 파레이스가 지적하듯 기본소득으로 인해 돌봄제공자 선택의 폭이 넓어질 수 있다고 쳐도, 돌봄은 일—돌봄의 양자 사이에서 선택할 수 있는 자율적인 활동이 아니며, 돌봄제공자의 선택도 자발—강제 프레임으로 설명되기 어려운 윤리적인 의무에 가깝다(O'Reilly 2008, 2-3).

4 돌봄의 관점에서 본 기본소득(2)

기본소득은 돌봄을 공적 가치로 인정할 수 있는가?

돌봄윤리는 돌봄을 개인적 가치나 가족적 가치가 아닌 공적 가치로 인정한다. 돌봄을 공적 가치로 인정함은 돌봄이 개인과 사회의 필수적인 가치이며, 돌봄관계를 보장하는 것이 공동체 전체와 그 구성원들이 공유하는 사회적 책임이라는 점을 인정하는 것이다. 그렇다면 기본소득은 돌봄을 공적 가치로 고양할 수 있는가?

판 파레이스는 기본소득의 지급을 통해, 돌봄이나 봉사활동 같은 "사회적으로 유용"하지만 이제까지 대가를 받지 못했던 무급노동이 물질적인 지원을 받게 된다고 설명한다(Van Parijs 2001, 25). 이를 통해 돌봄이 사회적으로 승인되고 촉진될 수 있으며, 돌봄제공자인 여성의 삶도 변화시킬 수 있으리라 기대한다. 기본소득의 무조건성과 보편성은 "현재 상태에서 가장 선택지가 적은 사람들에게 더 많은 선택지가 주어진다"고 보았다(Van Parijs and Vanderborght 2017, 22). 이 점에서 그는 기본소득은 사회적으로 취약한 계층인 여성에게 안정된 물질적 기반을 제공함으로써 여성의 "역량을 강화(empowering)" 하고 그래서 '여성주의' '이상(ideal)'의 실현에 기여할 것으로 전망한다 (Van Parijs 2001, 3, 20).

일부 여성주의자들도 판 파레이스의 의견에 동의하며 기본소득이 돌봄의 가치를 사회적으로 인정하는 효과를 낳는다고 주장한다. 기본소득은 주로 여성들이 하는 무급 돌봄노동에 대한 보상을 제공함으로써 돌봄노동을 사회적으로 재인식하는 계기가 될 것이라는 것이다. 여성이 해오던 무급 돌봄노동이 시장에서의 유급노동과 마찬가지로 가치 있고 생산적인 활동이라는 인식을 줄 수 있으며, 돌봄에 대한 이러한 재평가를 통해 여성이 경제적 보상을 받을 뿐만 아니라 돌봄노동에 존중감을 느끼게 될 것이라는 설명이다 (Mcfate 2001; Baker 2008; Elgarte 2008; Zelleke, 2008).[142]

하지만 기본소득을 통해 돌봄의 중요성과 가치를 사회적으로 인정하게 된다는 판 파레이스의 주장은 돌봄을 공적 가치로 인정하는 돌봄윤리의 입장과 다음의 차이가 있다. 첫째, 판 파레이스의 입장은 돌봄의 우선성과 근본성에 대해 충분히 인정하지 못한다. 돌봄과 돌봄관계는 인간과 사회의 존속과 번영을 위한 근본 가치이다. 어떤 개인도 돌봄을 받지 않고는 생존할 수 없으며, 어떤 사회도 돌봄관계 없이는 존재할 수 없다. 따라서 돌봄은 어떤 가치보다, 돌봄관계는 어떤 시장적·정치적 관계보다 우선하며 근본이 된다. 하지만 판 파레이스에게 돌봄제공자의 돌봄(돌봄활동)은 말리부 해변가에서 한가롭게 휴가를 보내는 사람의 파도타기와 동급을 가치를 갖는다. 무조건적 속성의 기본소득은 어떤 개인이 아침에 배우자와 쓸데없는 논쟁을 하건, 오후에 말리부 해안에서 파도타기를 하건, 저녁 내내 줄담배를 피건 간에, 모든 국민에게 제공된다(Van Parijs 2001, 25). 이를 달리 표현하면, 개인이 어떤 활동을 하던 간에 모두 사회적으로 가치를 인정받게 되는 셈이며, 이는 모든 활동에 대한 보편적인 지지(universal support)가 되게 된다(Baker 2008).

그래서 판 파레이스의 입장에서 본다면, 앤더슨(Elizabeth Anderson)이 옳게 지적했듯이, 모든 자유는 단지 자유로 다뤄질 뿐이다(Anderson 2001, 70-71). 예를 들어, 질병으로부터의 자유와 게으르고자 하는 자유가 모두 같은 가치로 다뤄진다. 판 파레이스에게 국가와 사회가 우선해서 보호하고 보장해야 하는 공공재나 공적 가치는 존재하지 않으며, 돌봄을 그러한 가치로서 고려하고 있지도 않다. 기본소득은 '어떠한 활동'이든 보편적으로 지지함으로써 모두를 위한 실질적 자유를 보장하기 위한 것이기 때문에, 인류의 생존과 존속을 위한 돌봄과 그 밖의 활동을 구분하지 않으며, 구분할 필요가 애초에 존재하지도 않는다. 혹자는 이러한 판 파레이스의 지점을 비판하며, 스스로 노동의 책임을 준수할 수 있고 또는 돌봄책임을 수행할 수 있는 사람에게 노동 또는 돌봄을 하지 않아도 이를 보상해주는 기본소득은 도덕적으로 문제가 있는 제도라고 주장하기도 한다.[143]

둘째, 돌봄이 물질적으로 지원받게 됨으로써 돌봄을 사회적으로 인정한다는 것(판 파레이스 및 일부 여성주의자의 입장)은 돌봄을 공적 가치로 인정한다는 것(돌봄윤리의 입장)과는 서로 다른 것이다. 돌봄을 공적 가치로 인정함은 돌봄과 돌봄관계를 보호하고 증진해야 함이 공동체 구성원 모두의 책임, 즉 사회적 책임으로 인정한다는 의미이다. 사회적 책임이란 돌봄은 사적으로 가족을 통해 혹은 시장을 통해 제공받을 수 있겠지만, 다양한 수준에서 나타나는 돌봄과 돌봄 관계를 보호하고 증진하며, 돌봄을 받거나 돌봄을 주는 것이 사회적 배제나 불평등으로 귀결되지 않는 조건을 보장해야 함을 포함한다. 그러나 기본소득제도는 그러한 사회적 책임을 시행하기에 충분하지 못한다.[144]

판 파레이스의 관심사는 기본소득을 제공받음으로써 개인이 누리게 될 선택의 자유에 초점이 맞춰진다. 우리는 기본소득을 통해 돌봄을 선택할 자유 및 선택하지 않을 자유, 원하지 않는 유급노동을 선택하지 않을 자유, 원하는 유급노동을 선택할 자유 등을 보장받게 된다. 이러한 자유의 보장은 유급 시장노동과 무급 돌봄노동 간의 배타적인 경계를 무너뜨림으로써, 이들 간 활동을 쉽게 이동할 수 있는 자유를 진작시키게 된다고 설명한다(Van Parijs and Vanderborght 2017, 26). 이를 통해 궁극적으로 여성뿐만 아니라 남성도 돌봄노동을 선택할 수 있게 촉진한다고 설명한다. 남성 역시도 생계 문제로부터 해방되어 돌봄노동을 선택할 가능성이 커지게 된다는 것이다. 하지만 판 파레이스의 논의는 사회적으로 가치 있는 일을 시장노동에 한정하지 않음으로써 돌봄을 자유롭게 선택할 수 있도록 촉진할 수 있겠지만, 그렇다고 해서 돌봄을 (또한 돌봄관계를 보호하고 보장하는 것을) 우리 모두, 즉 양성이 공정하게 함께 수행할 책임으로까지 인정하지도 강제하지도 못한다.[145]

이 지점에서 기본소득이 돌봄의 사회적 가치를 인정할 수 있을 뿐만 아니라 돌봄의 보편적 책임을 지지할 수 있다고 주장하는 젤레크(Almaz Zelleke)의 논의를 살펴보는 것은 유용하다(Zelleke 2008, 2011). 젤레크에 따르면, 기본소득의 장점은 '노동자'와 '돌봄제공자' 모두에게 물질적인 지원을 제공함으로써, 궁극적으로 남녀 모두가 노동자 혹은 돌봄제공자의 역할을 동시에 혹은 교차적으로 할 수 있도록 장려하는 효과를 가질 수 있다고 보았다. 즉, 기본소득제 아래에서는 기본소득 수급과 함께 노동소득 수급도 가능하게 됨에 따라 남성과 여성 모두가 유급 시장노동과 무급 돌봄노동을 조화롭게 선택하여 운영할 능력이 촉진된다는 것이다(Zelleke 2008, 7). 기본소득이 모든 시민이 공식적 노동과 돌봄노동을 함께 할 수 있다는 전제를 담고 있다고 본 것이다. 젤레크는 기본소득제의 도입으로 프레이저(Nancy Fraser)가 언급한 '보편적 돌봄제공자' 모델이 가장 잘 실현될 수 있으며, 따라서 기본소득을 통해 돌봄노동을 (공식적 노동과 마찬가지로) 남성과 여성 모두가 평등하게 분담하고 책임지는 사회경제제도로의 근본적인 재편을 이끌 수 있다고 보았다.

젤레크 논의의 핵심은 기본소득제를 통해 돌봄노동이 '개인적 책임'의 영역을 넘어 우리 모두가 적극적으로 지원해야 할 '보편적 책임'으로 인정될 수 있다는 것이다(Zelleke 2008, 6). 다시 말해, 기본소득은 시장노동만을 시민의 책임으로 인정하지 않고 돌봄노동도 시민적 책임으로 위치시키는 데 기여하게 되리라는 것이다. 이는 '보편적 돌봄제공자' 모델을 제도화시키는 것을 넘어 종국에는 성평등에도 기여할 수 있다고 보았다. 그러나 젤레크의 주장을 일면 인정한다고 하더라도,[146] 그녀의 논의를 자세히 읽어보면 기본소득이 '보편적 돌봄제공자' 모델로의 근본적인 재편을 성공적으로 이끌기 위해서는 다른 제도적 기반이 함께 마련되어야 함을 언급하고 있음을 알 수 있다. 젤레크는 다음과 같이 설명한다.

기본소득은 그 자체로 진정한 성평등을 달성하기 위해 충분하지 않다. 하지만 기본소득에 대한 여성주의적 정당성은 … 돌봄제공의 책임이 여성과 남성 모두에게 손쉽고 매력적이기 위해서 다른 제도적·정책적 변화가 함께 필요하다고 시사한다(Zelleke 2008, 6, 2011, 3).

그리고 "다른 제도적·정책적 변화"에는 폭 넓은 시간제 노동과 일자리 공유, 주기적인 육아휴직제도, 고용상태와 상관없는 건강보험 및 연금 혜택, 아이·노인·장애인을 위한 공공 및 사설 돌봄시설의 확대, 노동자의 스케줄을 고려한 학교 스케줄 등이 포함된다고 설명한다(Zelleke 2008, 6). 결국 기본소득은 그 자체로 성평등을 성취하기 위해 충분하지 않으며, 돌봄의 사회적 책임이 보편적으로 될 수 있도록 조장하는 다른 제도적 장치와 정책 변화가 병행되어야 함을 젤레크도 인정하는 것이다. 따라서 돌봄을 공적 가치로 다루기 위해 중요한 것은 기본소득의 제도화만으로는 충분하지 않으며, 여타 제도가 돌봄과 돌봄관계를 보호하고 존중하고 있는지에 더욱 초점 맞춰야 한다.

5 돌봄의 관점에서 본 기본소득(3)

기본소득은 돌봄불평등의 구조적 부정의에 도전하고 교정할 수 있는가?

돌봄윤리에 기초한 정책과 제도는 돌봄불평등의 구조적 부정의를 직시하고 교정하기 위한 제도적 장치로서 작동한다. 앞서 언급했듯이, 돌봄의 구조적 부정의란 불평등한 돌봄분배가 사회경제적·정치적 불평등으로 이어지며, 사회경제적·정치적 불평등이 다시 불평등한 돌봄분배로 이어지는 체계적인 악순환의 측면을 포함한다(Tronto 2013, 192-222). 그렇다면 기본소득은 돌봄불평등의 부정의를 직시하고 교정할 수 있는가?

판 파레이스가 설명하는 기본소득은 기본적인 권리로서 그 누구도 빈곤한 삶을 살아서는 안 되며, 모든 사람이 최소한의 기회에 있어서 평등한 자유를 누리도록 보장하는 분배시스템이다. 실제로 그는 기본소득의 기금조성이 반드시 재분배적 과세를 통해 마련될 필요가 없으며, 이는 누진적 소득세의 형태가 아니라 정률세나 심지어 역진적 소비세의 조세체계 아래에서도 가능하다고 지적한다(Van Parijs 2006, 5-6; Van Parijs and Vanderborght 2017, 107). 왜냐하면 기본소득이 가난한 사람들에게 재정적으로 유리하게 작동하기 위해서는, 상대적으로 부유한 사람들이 상대적으로 가난한 사람들보다 기본소득 재정에 더 기여하도록 해야 하기 때문이다. 따라서 기본소득이 현재의 조세체계에 추가된 모습일지라도, 부유한 사람은 자신의 기본소득과 가난한 사람의 기본소득까지 지불하게 된다고 설명한다. 그 결과 기본소득의 수준이 높을수록 평균 소득세율은 높아지고, 상대적으로 부유한 계층에서 상대적으로 빈곤한 계층으로의 재분배는 더 많이 발생한다고 보았다. 판 파레이스는 기본소득 재정을 위해 적극적인 누진세가 필요하다고 언급하지는 않았지만, 어떤 조세체계를 갖추든 간에 기본소득은 재분배의 효과가 있다는 점을 강조하고 있다.

실제로 판 파레이스가 제시한 기본소득의 재분배 효과는 일부 사회주의자들과 일부 여성주의자들에 의해 지지를 받고 있다. 예를 들면, 사회주의자인 라이트(Eric C. Wright)는 기본소득을 "분배제도의 급진적인 재설계를 위한 제안"이라고 표현하면서, 기본소득이 자본주의 경제 계급관계의 성격에 심대한 영향을 미칠 것이라고 기대한다(Wright 2006b, xi, 2006c, 93). 왜냐하면 기본소득은 생존수단을 만드는 데 필요한 생산수단을 통해서가 아니라 생존수단 자체를 통해 사람들이 관계 짓게 함으로써 계급관계 내의 권력 불균형에 도전할 수 있다는 것이다(Wright 2006b, 93). 기본소득은 사람들이 시장에서 상품화되지 않는 모습의 생산적인 일에 자유롭게 참여하도록 촉진할 것이며, 또한 자본주의 고용관계에 진입할 때에도 노동과 자본 간의 권력균형에 기여할 것이라고 예상한다. 기본소득으로 인해 저임금 노동자들은 현실적인 탈출구가 생기게 됨으로써 이들의 고용주와의 교섭력은 향상될 것이며, 더 나아가 이는 자본주의 권력관계를 재구성하는 사회제도적 변화도 일으킬 수 있다고 지적한다. 그리고 기본소득은 고용관계에서 개별 개인의 교섭력만을 높이는 것뿐만 아니라 다양한 방법으로 노동자의 집합적 힘을 키우는데 기여할 수 있을 것으로 기대한다(Wright 2006c, 95-96). 그 결과 기본소득은 불평등을 최소화하는 재분배의 매커니즘으로서 "기회평등의 실패를 교정하는 중요한 도약"으로 작동할 수 있다고 강조한다(Wright 2006c, 97). 판 파레이스는 기본소득이 야기하는 이러한 변화는 단지 빈곤에 대한 대증요법이 아니라, "우리 모두를 해방시키는 우리 모두가 동경할 만한 세상을 야기할 수 있다고 강조한다"(Van Parijs and Vanderborght 2017, 12).

일부 여성주의자들도 기본소득의 재분배 효과에 대해 긍정적으로 평가한다. 심지어 기본소득에 반대하는 여성주의자들도 기본소득이 여성에게 즉각적인 소득향상의 효과가 있다는 점은 대체로 인정한다. 왜냐하면 기본소득은 무급 돌봄노동이나 가사노동에 종사하는 여성들에게 조건 없이 급여를 제공함으로써 여성의 소득수준을 높이는 직접적인 효과가 있기 때문이다. 알스톳(Ann Alstott)은 기본소득이 최저생계비 미만으로 지급되더라도 여성 삶의 변화를 가져올 수 있을 정도로 파급력이 있다고 보았다. 1999년 미국의 빈곤선이 약 8,500달러였는데 기본소득이 빈곤선의 1/2 수준인 4,000달러 정도가 지급된다고 하더라도, 싱글맘의 소득 중위값이 18% 증가하는 것으로 나타났다고 지적한다(Alstott 2001, 77). 또한 여성은 현재 남성에 비해 노동시장의 참여율이 낮으며 이들의 평균 노동시간당 임금도 남성보다 낮으므로, 원칙적으로 소득세를 재정으로 삼는 기본소득을 제도화한다면, 유급노동에 종사는 남성들로부터 무급노동에 종사하는 여성들로 소득이 재분배되는 효과를 기대할 수 있다고 보았다(Van Parijs and Vanderborght 2017, 185).

기본소득을 사회경제적 불평등을 줄이는 재분배의 동학으로 간주하는 이러한 일부 사회주의자들과 여성주의자들의 견해는 일면 일리 있다. 하지만 기본소득의 이러한 재분배적 효과가 돌봄불평등의 문제까지 상쇄시킬 수 있는가? 기본소득은 돌봄불평등 악순환을 지적하고 그 고리를 끊는 데 기여할 수 있는가? 이에 대한 필자의 대답은 회의적이다. 그 이유는 다음과 같다.

첫째, 돌봄불평등 부정의의 핵심은 돌봄을 외면하는 왜곡된 제도에 있다. 작금의 사회경제제도는 누군가가 돌봄을 제공하고 있다는 사실을 간과하는 '특권적 무책임'을 허용하고 있다(Tronto 1993, 146-147; 2013, 206-210). 이러한 사회구조에서 돌봄을 제공하는 사람은 사회경제적인 차별과 불리함을 경험하는 반면, 반대로 돌봄을 제공하지 않는 사람이 오히려 사회경제적인 특혜와 유리함을 누리게 된다. 모든 사람은 돌봄을 받았음에도 불구하고, 역설적으로 돌봄책임을 회피하는 사람, 즉 돌봄책임의 '무임승차자'가 특권을 누리게 되는 왜곡된 사회구조이다. 하지만 기본소득은 이러한 사회구조의 왜곡을 직시하지 못한다.

일례로, 여성주의 경제학자인 베르그만(Barbara Bergmann)은 기본소득제 아래서도 돌봄제공자는 여전히 부정당하게 차별받고 배제된다는 점을 싱글맘의 사례를 들어 설명한다(Bergmann 2008, 4-5). 기본소득은 싱글맘에게 일정한 소득을 보전해 줄 수 있겠지만, 일과 양육을 함께 해야 하는 싱글맘에게 기본소득은 추가적인 소득이 되는 일반노동자와 비교할 때 차별적인 제도라는 것이다. 노동시장에 일하는 싱글맘의 경우, 기본소득은 사적으로 돌봄제공자를 고용할 때의 비싼 고용비를 감당하기에는 턱없이 부족할 것이며, 또한 노동하지 않고 기본소득을 받는 싱글맘의 경우, 그 기본소득으로 자녀의 양육비, 건강보험료, 교육비 등을 감당하기에도 부족할 것이라고 지적한다.[147] 앞서 일부 사회주의자들과 여성주의자들이 언급한 대로, 기본소득을 통한 물질적 보상은 사회경제적 불평등을 다소 완화시킬 수 있겠지만, 돌봄에 배타적이고 차별적인 제도의 문제점을 지적하는 데에는 근본적인 한계가 있다.

둘째, 이러한 기본소득의 한계는 더 근본적으로 분배 패러다임(distributive paradigm)의 한계이기도 하다. 영(Iris Marion Young)이 이미 설득력 있게 지적했듯이, 롤즈 류의 분배적 정의론은 사회구조에 대한 근본적인 고려가 부족하다(Young 1990, 51-100). 분배적 정의론의 관심은 무엇을 얼마만큼 분배하는지에 제한된다. 예를 들어, 롤즈(John Rawls)는 사회적 재화를 차등의 원칙으로 분배해야 한다고 제안하고, 드워킨(Ronald Dworkin)은 자원을 개인 자신이 '선택한 포부에는 민감하게 타고난 자질에는 민감하지 않게'의 원칙에 근거해 분배해야 한다고 설정한다(Rawls 1971; Dworkin 2000). 판 파레이스의 기본소득도 이러한 분배적 정의의 연장선에 있다. 판 파레이스에게 정의란 기본소득이라는 재화를 모든 사람에게 동등하게 분배하는 것이다.

하지만 영의 평가를 빌리자면, 정의와 분배를 "동연(coextensive)" 개념으로 간주하는 오류를 갖는 이러한 관점은 분배의 패턴을 근본적으로 구성하는 맥락인 사회제도 및 구조의 모순을 간과하고 있다고 비판한다(Young 1990, 53). 예컨대, 분배 패러다임은 여성의 사회경제적 낮은 지위에 대한 보상을 이유로 재분배를 논의할 수 있겠지만, 왜 지속적이고 고질적으로 여성은 남성에 비해 낮은 사회경제적 지위에 자리하게 되는지에 대한 원인과 과정에 대한 근본적인 문제를 제기할 수 없다고 지적한다. 따라서 분배 패러다임의 한계는 제도를 정의의 대상으로 간주하지 않고 오히려 기존 제도를 당연시함으로써, 결과적으로 부정의가 생겨나는 원인과 과정을 방관·묵인하게 될 뿐만 아니라 부정의를 강화·두둔하게 만든다는 것이다.[148]

셋째, 돌봄불평등의 부정의는 사회경제적 영역뿐만 아니라 정치적 영역까지 아우른다. 이는 다양한 영역에서 복합적이면서도 체계적으로 나타나는, 즉 한 영역의 불평등이 다른 영역의 불평등으로 이어지고 이를 강화하는 지위의 불평등(status of inequality)이다(Walzer 1984, 3-30; Miller 1995). 기본소득을 지지하는 여성주의자인 페이트먼(Carole Pateman)은 기본소득이 여성의 사회경제적 지위에 관련될 뿐만 아니라 여성의 정치적 참여와 민주주의까지 촉진할 수 있다고 주장한다(Pateman 2004, 2006). 페이트먼은 모든 개인에게 조건 없이 주어지는 기본소득이 고용관계 및 결혼관계의 "예속"을 끊어냄으로써, 특히 여성이 남성 및 자본과의 관계에서 이전과는 다른 협상력을 발휘할 수 있게 하고 그 결과 여성의 자유가 증대된다고 보았다. 즉, 기본소득은 자본주의적 고용 및 가부장적 결혼 사이의 오래된 연결고리를 끊어내는 제도가 될 수 있으므로, 여성의 불평등한 지위를 변화시키는 매우 실질적이고 효과적인 변화의 도구가 될 것이라는 것이다(Pateman 2004, 90).

더욱 중요하게, 기본소득은 이러한 변화가 여성이 실질적으로 시민권을 향유할 수 있게 하는 제도적 조건을 마련해줄 것이라고 기대한다. 기본소득에 관한 기존 논의는 고용 및 빈곤완화 같은 경제적 측면만을 부각하였지만, 기본소득은 여성이 온전한 시민으로서 살아갈 수 있는 실질적인 조건을 보장해주는 제도라는 측면에서 강조되어야 한다는 것이다. 따라서 페이트먼은 기본소득을 참정권 같은 민주주의의 기본권이나 천부적인 정치적 권리로 간주하여야 한다고 주장한다. 이를 통해 여성은 이제까지 시민권과 무관했던 무급의 돌봄제공자가 아니라 경제적 자립을 이루고 정치, 경제, 사회, 문화 등 다방면에 적극적으로 참여하는 진정한 '시민'으로서 인정받을 수 있다고 주장한다. 결국, 기본소득은 고용, 결혼, 시민권 사이의 상호 강제구조를 비판적으로 재평가할 수 있는 제도적 장치가 될 수 있다는 것이다(Pateman 2006, 107).

여성의 지위가 가정, 시장, 공적(정치적) 영역에 함께 연계되어 있고 이러한 고리를 끊는 것인 진정한 여성의 자유와 평등을 의미한다는 페이트먼의 지적은 유의미하다. 그러나 기본소득이 이러한 구조적 악순환의 고리를 끊는 충분한 제도적 장치가 될 수 있는지에 대해서 필자는 회의적이다. 기본소득이 사회경제적 및 정치적 영역을 아우르는 구조적 부정의를 온전히 해결할 수 없다면, 돌봄윤리를 중심으로 사회경제제도가 함께 재구조화되는 것이 요구된다. 그것이 바로 여성의 정치적 평등 및 정치참여와 민주주의를 이끄는 보다 효과적이고 직접적인 수단이 될 수 있을 것이다(Tronto 2013).

6 돌봄기본소득

이 장에서는 돌봄의 관점에서 기본소득을 살펴보았다. 이를 위해 먼저 돌봄윤리의 특징과 정책적 함의를 구체화하였고, 이를 중심으로 기본소득이 이러한 특징에 대응할 수 있는지 살펴보았다. 결론적으로 기본소득은 인간의 보편적인 의존성과 불가피한 돌봄필요에 충분히 응답하지 못하며, 돌봄을 공적 가치로 인정하는데 충분하지 못하고, 돌봄의 구조적 부정의를 직시하고 교정하는 데 충분하지 못하다고 주장하였다.

혹자는 기본소득이 추구하는 가치와 논리에는 그 나름의 이유가 있기 때문에, 그 밖의 다른 이유나 관점에서 기본소득을 비판하는 것은 적절히 못하다고 지적할 수 있다. 기본소득이 해결한다고 한 주제도 아닌 사회문제(예를 들면, 돌봄)를 언급하면서 기본소득에 비판하는 것은 문제라는 것이다(Raventós 2007, 90). 기본소득이 모든 사회문제를 해결할 수 있는 만병통치약으로 제시되지 않은 이상, 이 지적은 일리 있다. 그러나 서두에서 언급했듯이, 이 장의 목적은 단지 기본소득을 비판하고자 함이 아니다. 오히려 기본소득이 할 수 있는 것과 할 수 없는 것을 분명히 밝힘으로써, 판 파레이스의 기본소득이 제도화되어 기대했던 정책적 성과를 얻는다고 할지라도, 돌봄의 이슈를 포괄적으로 다루기 위해서는 돌봄윤리에 기초한 정책 및 제도변화가 기본소득과 함께 수반되어야 함을 증명해 보이고자 하였다.

베르그만은 모든 시민이 접근할 수 있는 공익성을 띤 '가치재'의 목록(이에는 교육, 아동보육, 보건의료, 아동수당과 실업보험, 노인과 장애인을 위한 최소수준 이상의 연금 등이 포함된다)을 나열하고, 이러한 가치재에 기본소득보다 우선적으로 국가적 지원이 투입되어야 한다고 주장한다(Bergmann 2006). 왜냐하면 베르그만에 따르면, 기본소득이 모든 시민이 제공받아야 하는 이러한 가치재의 제공을 보장하지도 또한 대체하지도 못하기 때문이다(Bergmann 2006, 135). 이러한 베르그만의 주장은 기본소득이 보완해야 하는 사회보장의 내용과 범위를 함의한다는 점에서 주목을 요한다.

　기본소득은 돌봄적일 수 있다. 돌봄기본소득은 인간의 의존성에 기초한 불가피한 돌봄필요에 충분하고 적절히 응답할 수 있어야 하고, 돌봄의 우선적이고 근본적인 가치를 인정할 수 있으며, 돌봄을 주고받음이 차별이나 배제를 의미해서는 안 되고, 양성이 공정하게 돌봄을 제공할 수 있어야 하며, 돌봄의 불평등에 적극적으로 도전하고 교정할 수 있어야 한다. 이는 기본소득이 돌봄윤리에 기초한 제도 및 정책과 함께 수반되어야 함을 의미한다. 즉, 기본소득이 제도화되는 경우에도 공공보육·공공요양·공공장애인돌봄·공공의료를 포함하는 공공돌봄서비스의 강화, 돌봄수당의 제공, 적극적이고 포괄적인 일·가정양립정책, 전일제노동자의 노동시간 단축, 유연한 노동시간제 구축, 돌봄노동 분야의 동일가치노동의 동일임금 제도화, 시장에서의 돌봄노동의 가치재고, 강력하고 실질적인 남성육아휴직제, 돌봄경력인정제, 돌봄노동자의 지위향상 등의 장치가 더불어 제도화되어야 함을 의미한다. 더 나아가 다음 장에서 언급하는, 돌봄정책의 울타리를 뛰어 넘어 '함께돌봄책임' 제도로의 변혁적인 전환이 기본소득과 함께 이루어져야 할 것이다.

12장 ─────── 돌봄민주국가의 제도 디자인:
다섯 안

돌봄국가책임제는 돌봄이라는 것이 단지 국가의 임무로 치환될 수 있기에, 다시 말해 돌봄이란 내가 하지 않아도 누군가가 대신해서 해주는 것으로 이해된다면, 그 주체가 국가라 할지라도 돌봄에 대한 가치를 제대로 인정하고 있다고 볼 수 없다. 더 나아가 돌봄국가책임제 아래 공공이 제공하는 '서비스'로 이해되는 돌봄은, 이 역시 다수의 여성주의자들이 염려하듯, 여전히 특정 집단(여성, 하층민, 이민자)이 담당하는 저임금의 일자리로 각인될 우려가 있다.

1 기존 돌봄정책의 한계

이 장에서는 돌봄민주국가의 제도안(案)을 제시하고자 한다. 돌봄민주국가의 핵심은 돌봄의 가치와 태도를 공적으로 인정·증진하며, 돌봄을 주고받는 관계에 속해있음으로 인해 누구도 차별받거나 불리함을 겪지 아니하고, 만약 누군가 돌봄으로 인해 차별이나 불리함을 겪는다면 그것이 잘못임(부정의)을 반성적으로 지적하고 교정하며, 또한 돌봄이 필요한 취약한 다른 이들을 돌보는 소임을 시민 모두의 공유된 책임으로 인정하고 누구도 그 책임에 무임승차하지 않고 이를 공정하게 분담하는 국가라고 할 수 있다.

이 장에서는 돌봄민주국가의 제도 일반을 '함께돌봄책임'제도라고 칭한다. 이에 '함께돌봄책임'제도가 기존 돌봄정책과 무엇이 다르며 정당성의 논거는 무엇이고, 제도의 세부안(돌봄헌법, 돌봄부, 돌봄책임복무제, 돌봄교육, 돌봄연금)은 무엇이고 어떻게 구현될 수 있는지 살펴보고자 한다.

먼저 기존 돌봄정책에 대해서 살펴보자. 많은 정부는 복지정책의 일환으로 돌봄정책을 제도화한다. 물론 개별국가의 돌봄정책은 근본철학, 수혜대상, 제공주체, 제공방식 등에 따라 모습이 다양하다. 예컨대, 스웨덴이나 덴마크와 같이 공적 돌봄에 주목하거나 혹은 오스트리아나 독일과 같이 돌봄이 여전히 가족과 개인의 몫으로 남아있어 가족중심형 돌봄제도를 채택하는 경우도 있다(Kremer 2007, 15-25; 윤홍식 외 2000, 173-309). 그럼에도 돌봄을 공적 가치로서 재평가하며, 돌봄을 제공함에 있어 차별받고 불이익당함을 금지·교정하고, 모두가 돌봄인이자 노동자일 수 있는 근본적인 제도적 변화(프레이저(Nancy Fraser)의 보편적 돌봄제공자 모델)를 추구하고자 하는 일반적인 맥락에서, 돌봄정책과 관련 논의들이 진행되고 있다. 이들 정책은 크게 세 가지 모습으로 구분된다.[149]

첫째, 돌봄(돌봄제공자)에 대한 직접 지원을 제도화하는 정책이다. 대표적으로 가정이나 시장에서 돌봄을 담당하는 사람에게 금전적인 보상을 하는 정책이 있다. 알스톳(Anne L. Alstott)이 언급하듯, 가정에서 부모가 아이를 돌보는 경우 이에 대해 직접적인 재정지원을 해주는 정책이 여기에 해당한다(Alostott 2004). 예컨대, 정부의 양육비 지원(양육수당) 등을 들 수 있다. 직접적인 금전지원의 형태가 아니더라도 양육(돌봄)에 따르는 감세 정책도 큰 범위에서 여기에 속한다. 더불어 시장에서 고용된 돌봄종사자의 처우개선 및 임금인상 조치도 돌봄의 직접 지원을 제도화하는 측면이 있다. 일례로, 최근 서울시는 지역아동센터 종사자가 서울시 사회복지사 단일호봉제(단일임금체계)와 같은 수준으로 대우받을 수 있도록 처우하였으며, 2018년 뉴질랜드에서는 돌봄종사자에 대하여 동일노동 동일임금제 법안(Care and Support Workers(Pay Equity) Settlement Act)이 통과·시행됨에 따라 돌봄종사자의 임금수준이 전반적으로 크게 향상되었다.

둘째, 돌봄의 사회화(공공성)의 틀에서 돌봄제공에 있어 국가의 책임을 제도화하는 정책이다. 이는 소위 돌봄국가책임제라고 불리기도 한다. 시민에게 돌봄을 제공함에 있어 요구되는 국가의 역할 및 역량을 강화하는 제도화이다. 이들 정책은 누구나 이용가능한 양질의 공공보육, 공공요양, 공공재활, 공공보건의 보장에 주목한다. 아동·노인·장애인 대상의 공공돌봄시설의 제도화가 대표적인 예이다. 더불어 포괄성을 높인 장기요양보험제도, 치매국가책임제, 발달장애인국가책임제, 초등돌봄교실을 포함한 온종일돌봄체계, 지방자치단체의 사회서비스원 등이 이러한 맥락에서 논의되는 정책들이다.

셋째, 시민이 가정이나 시장에서 돌봄을 제공함으로써 차별받거나 불이익 받지 않으며, 궁극적으로 돌봄과 시장노동이 조화롭게 공존할 수 있도록 지원을 제도화하는 정책이다. 프레이저의 보편적 돌봄제공자 모델을 반영하는 일·가정양립지원 정책이 대표적인 사례이다. 예컨대, 실질적인 육아휴직정책, 가족돌봄휴가(휴직)정책, 가족돌봄에 대한 차별(Family Responsibility Discrimination)금지정책 등이 있으며, 거시적으로는 유연노동시간, 노동시간축소, 최저임금인상 등이 이러한 정책과 맞닿아 있다(Williams 2000; Gornik and Meyers 2003; Schouten 2019). 이는 모두가 돌봄인이자 노동자일 수 있는 경제사회제도의 근본적인 변혁을 요구하는 작업이다.

위의 내용은 복지국가에서 일반적으로 논의되는 돌봄정책의 내용과 방향성이다. 현재 이들 정책은 개별 정책수준에서 또한 정책의 거시적인 방향성 수준에서 지속적으로 논의되고 있으며 실질적인 효과를 높이기 위한 개선의 여지를 찾고 있다. 예컨대, 육아휴직정책의 경우, 휴직급여를 현실적인 수준으로 높이고, 정책대상을 확대하며, 재원충원의 안정성을 담보하고, 제도이용 후 고용보장의 안정을 강화하는 방향으로 논의가 진행된다. 물론 개별 정책 역시 그 자체로 논쟁적일 수 있으며 정책의 방향성이 서로 상충된다고 평가되기도 한다. 일례로, 양육수당은 돌봄의 가족화를 야기한다고 이해되어 공공보육에 주목하는 돌봄의 탈가족화와 서로 긴장관계에 있는 것으로 평가된다(윤홍식 외 2000, 173-259). 다른 예로, 돌봄을 직접 지원하는 정책들(예, 양육수당)은 여성의 경제활동 참여를 저하시키며 따라서 궁극적으로 여성이 높은 사회적 지위로 진출하는 데 있어 도움이 되지 못한다고 평가되어 여성주의자들의 비판의 대상이 되기도 한다(cf. Gheaus 2020).[150]

　　따라서 이들 정책에 대한 개선의 요구가 있고 또한 이들 간 상충의 여지가 있음에도 불구하고, 돌봄민주국가는 앞서 언급한 일련의 돌봄정책의 실현과 제도화를 적극적으로 지지한다. 첫 번째 방향인 돌봄에 대한 직접지원 정책은 이제껏 간과되었던 돌봄의 가치를 제고하고 비공식 그림자 노동이었던 돌봄을 시장과 임금의 가시적 영역으로 이끌어 낸다는 점에서 긍정적이다. 두 번째 방향인 돌봄국가책임제는 돌봄이 여성과 가정에 한정된 것이 아니라 국가와 정책의 이슈라는 점을 각인시킨다는 점에서 고무적이다. 특히 돌봄의 사회화가 시장이 아니라 공적 영역에 의해서 주도된다는 점에서 의미를 가지며, 더 나아가 돌봄의 국가책임을 통해 공공의 주도로 질 좋은 돌봄노동 일자리를 만듦으로써 돌봄과 생산의 선순환을 이끌어 낼 수 있다. 세 번째 방향인 보편적 돌봄제공자 모델의 제도화는 생산중심·노동중심의 사회경제제도의 근본적인 변혁을 시도한다는 점에서 의미 있다. 따라서 이들 기존 돌봄정책 역시 서두에서 언급한 돌봄민주국가의 기조와 근본적으로 맞닿아 있다.

하지만 여기서 필자가 강조하고 싶은 것은 기존 돌봄정책의 내용과 방향성에서 놓치고 있는 중요한 한계이다. 이는 곧 돌봄민주국가의 제도가 필수적으로 다뤄야 하는 지점이기도 하다. 기존 돌봄정책은 돌봄을 누가 담임해야 하는지에 대한, 다시 말해 돌봄책임에 대한 논의를 포함하고 있지 못하다. 기존 돌봄정책은 사적 돌봄을 직접 지원하는 방향으로 혹은 돌봄의 공공성을 강화하는 방향으로 주로 디자인되었다. 하지만 이 경우 돌봄에 대한 책임, 즉 시민적 돌봄책임을 이야기하지 못한다면, 돌봄이 나·(연계된)우리·사회에 얼마나 중요하고 의미 있는 공적 가치인지에 대한 이해로까지 확장되지 못한다.

첫 번째 방향인 돌봄에 대한 직접지원 정책은, 다수의 여성주의자들이 염려하듯, 특정 집단(젠더, 계급, 인종)이 대부분의 돌봄을 담임하고 있는 현실에서 돌봄이 이들과 연계된 가치라는 점을 편향되게 강화시킬 우려가 있다. 두 번째 방향인 돌봄국가책임제는 돌봄이라는 것이 단지 국가의 임무로 치환될 수 있기에, 다시 말해 돌봄이란 내가 하지 않아도 누군가가 대신해서 해주는 것으로 이해된다면, 그 주체가 국가라 할지라도 돌봄에 대한 가치를 제대로 인정하고 있다고 볼 수 없다. 더 나아가 돌봄국가책임제 아래 공공이 제공하는 '서비스'로 이해되는 돌봄은, 이 역시 다수의 여성주의자들이 염려하듯, 여전히 특정 집단(여성, 하층민, 이민자)이 담당하는 저임금의 일자리로 각인될 우려가 있다(송다영 2014c; 안숙영 2018). 반면 앞선 두 방향과는 달리, 세 번째 방향인 보편적 돌봄제공자 모델의 제도화는 시민의 돌봄책임을 다루는 정책적 시도로 볼 수 있지만, 해당 제도화가 사회경제적 근본적인 변화를 추구하는 목적에 비추어 볼 때, 그 논의의 대상이 일·가정양립이라는 제한된 범위에 머물러 있다는 한계가 있다.

이내 비에 표 비민주국가의 핵심은 '민주적 돌봄'이다. '민주적' 이라는 것이 함께 책임진다는 뜻임을 상기할 때, 돌봄민주국가는 돌봄을 함께 책임지는 국가라고 정의할 수 있다. 돌봄이 시민 모두가 함께 책임지는 대상이 될 때, 우리는 진정으로 돌봄을 공적 가치로서 장려할 수 있으며, 돌봄을 주고받음으로써 누구도 차별받거나 불이익을 받지 않게 되고, 누군가가 차별받고 불이익 받는 돌봄부정의에 대해 시민 모두가 집단적으로 지적하고 교정해야 할 정당한 책임을 갖게 된다. 결국 돌봄은 우리 모두의 책임이기에, 이를 어떻게 공정하게 나눌 수 있을지도 공공의 장에서 함께 논의해야 하는 중요한 정책과제이게 된다. 결과적으로, 돌봄민주국가의 역할은 사적 돌봄을 보상하고 지원하는 것을 넘어 또한 국가가 돌봄에 대한 직접적인 제공자가 되는 것을 넘어, 함께 돌보는 시민적 책임을 제도화하는 것에 더 주력해야 한다. 이를 통해 진정으로 '돌봄이 당당한 사회'를 만들 수 있을 것이다.

2 시민의 '함께돌봄책임'

돌봄이 시민의 책임이라는 것은 시민 모두가 의존과 돌봄의 망에 불가피하게 속해있다는 사실에 근거한다. 우리 모두는 생존하고 성장하기 위해 누군가의 돌봄에 의존하였고, 동시에 우리를 돌보는 누군가는 그들에게 편의를 제공하거나 뒷받침하는 다른 모든 사람에게 의존하였다. 결국, 우리의 생존과 성장은 궁극적으로 돌봄을 가능하게 만드는 광범위하고 연쇄적인 사회적 관계망에 의존하고 있다(Kittay 1999, 66-70; Engster 2005, 61). 커테이(Eva Feder Kittay)가 지적하듯이, 시민이 공유하는 돌봄책임은 이렇듯 우리 모두가 인생의 어느 구간에 '불가피한 의존(inevitable dependency)'을 겪는 취약한 인간이자, 그래서 연계되고 배태된 돌봄의 사회적 관계망에 속한 '불가분의 상호의존(inextricable interdependency)'을 경험하는 시민임을 인정하는 것으로부터 시작한다(Kittay 2015).

따라서 우리 모두는 생존과 성장 및 사회의 존속과 번영을 궁극적으로 가능하게 만드는 돌봄의 관계망을 보호하고 증진해야 하는 시민으로서의 책임을 공유하고 있다. 이것이 바로 시민의 '함께돌봄책임'이다. '함께돌봄책임'은 돌봄이 필요한 사람을 돌봐야 하는 우리 모두의 책임이다. 이는 돌봄이 필요한 사람이 적정한 돌봄을 받을 수 있도록 사회의 기본구조와 제도를 조직해야 하는 우리 모두의 책임이다. 또한 이는 누군가가 그 책임을 오롯이 감당하거나 혹은 그 책임으로부터 '무임승차'하지 않도록 책임의 공정한 분배를 단행해야 하는 우리 모두의 책임이다. 이는 누군가가 돌봄책임을 담임함으로 인해 차별받거나 불이익 받지 않도록 하며, 또한 돌봄책임을 수행하는 사람을 위한 돌봄을 지원해야 하는 우리 모두의 책임이다. 역시 이는 돌봄의 가치와 태도를 진흥하고 증진해야 하는 우리 모두의 책임이며, 더불어 돌봄의 가치가 폄하되고 멸시된다면 혹은 돌봄수혜자나 돌봄제공자가 차별받고 불이익 받는다면, 이것이 잘못임(부정의)을 공식적으로 알리고 이를 교정해야 하는 우리 모두의 책임이다.

시민의 '함께돌봄책임'은 다음의 중요한 함의를 갖는다. 첫째, 이는 저평가된 돌봄의 가치를 제고하는 데 기여한다. 앞서 언급한 기존 돌봄정책 역시, 예컨대 무급인 사적 돌봄에 대해 수당을 제공한다든가 혹은 돌봄제공자의 임금 수준을 높인다든가 하는 것은 돌봄을 재평가하려는 취지를 갖는다. 그러나 거듭 언급하지만, 돌봄의 가치를 재평가하여 높이려 함은 이에 대한 보상의 수준을 높이는 것만으로는 해결할 수 없다. 로베인스(Ingrid Robeyns)가 지적한 대로, 돌봄의 가치를 공적으로 보상하는 노력은 필연적으로 딜레마에 빠지게 되는데, 왜냐하면 돌봄을 보상하는 것은 특정 젠더, 계층 혹은 인종에게 돌봄을 지속적으로 전담하게 하는 효과를 낳음으로써 돌봄이 (이제껏 돌봄을 담당해왔던) 특정 젠더, 계층 혹은 인종과 연관된 가치로 연동되어 오히려 평가절하될 수 있기 때문이다. 이는 돌봄의 여성화·하층민화·이주민화를 강화하게 된다는 것이다. 결국 사회가 돌봄의 가치를 제고하는 방식은 이에 대한 보상수준을 높이는 것만으로는 결코 충분할 수 없다. 오히려 그 방식은 돌봄의 책임분배를 공론화함으로써, 보다 구체적으로 돌봄이 우리 모두의 책임이라는 점을 인정함으로써 완성될 수 있다(Robeyns 2013).

둘째, 이는 시민자격(citizenship)에 대한 근본적인 재고(再考)를 요구한다. '누가 시민인가'에 대해 답하는 것은 규범적이지만 동시에 매우 정치적인 것이다. 형식상 모든 국민은 법 앞에 평등하다지만, 2등 시민은 엄연히 존재했고 이들은 차별받는 배제의 대상이었다. 역사상 여성, 아이, 노인, 유색인, 하층민 등은 시민의 범주에서 주로 벗어나 있었다. 작금의 시장경제 및 복지체제 아래에서 시민의 전형(典型)은 노동자이다. 노동을 통해 시민으로서 의무와 권리를 부여받게 된다. 이러한 시장경제 및 복지체제 아래에서 돌봄을 주고받는 사람들은 노동능력이 없는 사람으로 평가되어 시민자격에 부합되지 않는다고 간주되고 그 결과 2등 시민으로 자리매김하게 된다. 하지만 '함께돌봄책임'은 시민자격의 기준으로서 돌봄을 포용한다. 우리 모두의 생존과 성장 및 사회의 존속과 번영의 핵심 가치이자 실천인 돌봄을 수행할 의무와 권리를 갖는다는 것이 바로 시민자격의 중요한 조건이 되는 것이다.

셋째, 이는 나와 이웃을 포함한 현재 세대를 위한 책임이자 앞으로 존재할 미래 세대를 위한 책임으로서 함의를 갖는다. 돌봄의 관계망을 통해서 모든 인간이 존재하고 성장할 수 있으며 사회가 존속하고 유지될 수 있다는 사실은, 이 망을 보호하고 지키는 것이 단지 현재 존재하는 우리뿐만 아니라 태어나지 않은 미래세대에 대한 우리의 책임임을 의미한다(Groves 2014; Gheaus 2016; Makoff and Read 2017; Randall 2019). 이는 돌봄(돌봄관계)이라는 것이 양자 간의 계약, 상호적 혜택 혹은 쌍무적 협력의 관점으로는 설명할 수 없으며, 배태된 의존과 돌봄의 관계망에 필연적으로 위치하게 되는 인간의 불가피한 취약성과 이에 따른 불가분의 상호의존성의 관점으로 이해되어야 함을 의미한다. 저출산과 고령화를 마주하는 작금의 현실에서, 누군가를 돌본다는 것과 누군가로부터 돌봄을 받는다는 것이 더 이상 부담이나 차별, 무시, 경멸이 되지 않는 사회를 물려줘야 하는 것은 미래 세대에 대한 현재 세대의 막중한 책임이 되게 된다.

정리하건대, 돌봄민주국가의 본분은 시민의 함께돌봄책임을 제도화하는 것이다(김희강 2020a, 83-86). 이를 통해 돌봄이 공적 가치로 재정립될 수 있으며, 시민의 자격기준이 새롭게 정의될 수 있고, 더 나아가 돌봄이 당당한 사회를 우리의 미래 세대에게 물려줄 수 있게 된다. 기존에도 시민의 돌봄책임을 확대하려는 정책적 시도가 있었다. 앞서 언급한 기존 돌봄정책의 세 번째 방향인 보편적 돌봄 제공자 모델의 제도화가 그 예이다. 예컨대, 한국에서는 1995년 육아휴직의 대상에 남성이 포함되면서 육아휴직제도가 성중립적으로 바뀌었고, 2005년 여성부가 여성가족부로 확대·개편되면서 가족정책의 원칙 중 하나로 '남성의 부모역할 지원' 과제가 포함되기 노 하였다. 이후 현재에 이르기까지 이를 시도는 넘싱이 사용하는 실효성 있는 육아휴직제도의 개선방안을 제시하거나 스웨덴의 경우처럼 육아휴직제도 내 아버지 할당제를 도입하는 것을 중심으로 전개되고 있다(윤홍식 외 2010, 313-333). 하지만 이러한 정책적 노력은 주로 출산력을 높이거나 여성의 경제참여를 독려하기 위한 목적의 일환으로서 제한적으로 전개되었고, 내용도 주로 가정 내 남성의 양육참여를 독려하기 위한 정책적 노력으로 한정되고 있기 때문에, 보다 근본적인 변화를 추구하는 시도가 필요한 시점이다(cf. 송다영·백경흔 2018).[151]

이하 논의에서는 돌봄민주국가에서 시민의 '함께돌봄책임'을 제도화하는 다섯 방안을 제시해 보도록 하겠다.

3 함께돌봄책임의 제도화(1): 돌봄헌법

돌봄이 명문화된 헌법

시민의 '함께돌봄책임'을 제도화하는 첫 번째 방안은 돌봄을 「대한민국 헌법」에 명문화하는 것이다. 헌법이란 규범적이자 정치적이며 실천적인 산물이다. 규범적으로, 헌법은 정치공동체의 구성과 운영의 기초를 다지는 근본 원칙이자 함께 사는 시민의 생활을 기율하는, 즉 국정운영과 시민생활의 기본이 되는 근본규범이다. 정치적으로, 자유민주진영의 헌법은 제2차 세계대전의 참상과 인종학살 같은 두 번 다시 정치공동체에서 반복되어서는 안 될 과오에 대한 반성이라는 성찰적 가치를 담은 미래의 이정표이다. 실천적으로, 헌법은 그것의 규범적 토대 위에 개별 시민의 일상생활을 조정하는 구체적인 하위 법령을 산출하도록 한다.

따라서 돌봄을 헌법에 명문화한다는 것은 첫째, 규범적으로 우리의 삶과 사회를 지탱하고 견인하는 가치로 돌봄을 인정하는 것이다. 돌봄과 돌봄관계 없이는 우리와 우리사회는 지탱되고 유지될 수 없으며, 돌봄이야말로 우리와 우리사회가 책임지고 지켜 나가야하는 중요한 사회적·공적 가치임을 공식적으로 천명하는 것이다. 둘째, 정치적으로 이제껏 우리가 돌봄을 무시하고 배제해왔던 관행과 제도에 대한 반성과 성찰을 담는 것이다. 이는 돌봄을 받거나 돌봄을 주는 사람이 구조적으로 감당하게 되는 돌봄부정의를 개인의 책임으로 탓하지 않으며, 이에 대해 우리 모두와 사회의 연대 책임으로 함께 시정해 나가겠다는 정치적 결단의 표시이다. 특히 돌봄을 받거나 돌봄을 주는 사람들이 겪었던 차별과 배제에 대해 적극적으로 구제하고 교정하는 정치적 책임에 대한 표명이다. 셋째, 돌봄에 대한 헌법적 정당성 아래 시민의 일상에 직접적으로 영향을 미치는 실천적인 하위 법령이 제시되어야 하는 당위이다. 예컨대, 그동안 충분한 법적 근거 없이 시행해온 여타 돌봄정책(초등돌봄교실, 지역아동센터 등)이 근본적으로 기댈 수 있는 헌법적 토대를 제시할 수 있으며, 관련 법제를 조속히 만들어야 하는 정당한 명분을 갖게 된다.

현재의 헌법에는 돌봄이 명시적으로 언급되고 있지 않다. 관련하여 헌법은 국가가 국민의 사회보장·사회복지의 증진에 노력할 의무(제34조 제2항), 여자의 복지와 권익의 향상을 위하여 노력할 의무(제34조 제3항), 노인과 청소년의 복지향상을 위한 정책을 실시할 의무(제34조 제4항), 신체장애자 및 질병·노령 기타의 사유로 생활능력이 없는 국민을 보호해야 할 의무(제34조 제5항)를 명시하고 있다. 또한 국가는 모성의 보호를 위하여 노력하여야 한다고 적시한다(제

36조 제2항). 그러나 국민의 사회보장 및 사회복지 증진이나 여성·노인·청소년·장애인의 복지 증진에 관한 이러한 조항들은 수로 사회적 약자나 개인의 사회경제적 생존을 지원하는 의미에 한정되어 해석된다. 보육(육아)·교육(사회화)·간호(간병)·건강(의료) 등을 포함하는 포괄적 의미에서 돌봄을 지원하는 조항이라 보기에 무리가 있다. 모성의 보호에 관한 조항도 모성을 출산 중심으로 이해함으로써, 모성의 보호와 지원을 가임이 가능한 여성에 대한 지원으로 한정시킨다. 이는 자칫 돌봄을 여성의 몫으로 당연시 여기고 고착화시킴이 헌법적으로 정당화될 수 있는 우를 범할 수 있다.

돌봄을 명문화하는 헌법의 개정안은 다음과 같이 제시될 수 있겠다.

첫째, 시민과 사회, 국가가 책임지고 수호해야 할 가치로 '돌봄'을 천명하는 것이다. 예컨대, 헌법 '전문'에는 대한민국이 추구하는 가치와 지향을 분명히 하는 바, 돌봄을 중요한 사회적 가치로 명시할 수 있을 것이다.

둘째, '제1장 총강'에서는 대한민국의 국가운영을 기본방향을 담는 바, 예컨대, '국가와 국민은 돌봄의 가치를 수호하기 노력한다'라는 조항을 신설할 수 있을 것이다.

셋째, '제2장 국민의 권리와 의무'에서는 기본권의 주체 및 권리와 의무를 적시하는 바, 기본권의 주체를 '돌봄에 힘입은 사람'으로 수정하여 명시할 수 있으며, 또한 돌봄의무 및 돌봄권에 관한 개별 조항을 신설할 수 있을 것이다. 예컨대, 신설 조항에는 다음과 같은 내용이 담길 수 있을

것이다: ① 모든 국민은 돌봄이 필요한 이들에게 돌봄을 제공해야할 의무를 갖는다. ② 돌봄이 필요한 국민은 양질의 돌봄을 받을 권리를 가진다. ③ 모든 국민은 사회경제적으로 안정적인 환경 속에서 돌봄을 제공할 권리를 가진다. ④ 국가와 국민은 돌봄을 주고받는 관계를 보호하고 진작하기 위해 노력한다. ⑤ 누구도 돌봄을 받거나 돌봄을 제공함으로써 불이익한 처우를 받지 않는다.

2018년 개헌 논의가 무르익었을 때, 개헌안에 돌봄을 고려하자는 제안들이 있었다. 일례로, 문재인 대통령 발의 헌법개정안은 돌봄을 명시하지는 않았다. 하지만 관련하여 '모든 국민의 인간다운 생활을 할 권리' 조항에 '장애, 질병, 노령, 실업, 빈곤 등으로 초래되는 사회적 위험으로부터 벗어나 적정한 삶의 질을 유지할 수 있는 사회보장을 받을 권리' 및 '임신, 출산, 양육과 관련하여 국가의 지원을 받을 권리'를 추가했다. 또한 '어린이와 청소년은 독립된 인격주체로서 존중과 보호를 받을 권리,' '노인은 존엄한 삶을 누리고 정치적·경제적·사회적·문화적 생활에 참여할 권리,' '장애인은 존엄하고 자립적인 삶을 누리며, 모든 영역에서 동등한 기회를 가지고 참여할 권리'에 대한 조항을 신설하여 제시하였다(청와대 2018). 다른 예로 여성계 발의 헌법개정안은 돌봄이 명시된 경우이다. 여성계의 개헌안은 개인의 사회권을 강화하고 '돌봄이 필요한 이들이 돌봄을 받을 권리(돌봄권)와 국가가 이를 보장해야 하는 의무'를 돌봄권 조항으로 신설할 필요가 있음을 적시하였다(한국여성단체연합 홈페이지).

대통령발 개헌안과 여성계 개헌안 모두 돌봄을 받을 권리로서 돌봄권을 제안하거나 혹은 돌봄을 포함한 사회권의 범위를 확장할 것을 제안한다. 하지만 이들 개헌안과 돌봄민주국가의 개헌안이 보이는 가장 큰 차이점으, 돌봄민주국가의 개헌안은 확장된 사회권의 일환으로서 돌봄이 상정됨을 넘어선다는 점이다. 돌봄민주국가의 개헌안은 보다 근본적으로 개인, 사회, 국가가 수호하고 추구해야 하는 가치로서 돌봄을 명문화하자는 것이며, 이는 자유와 평등의 가치에 버금가는 가치로 돌봄을 정립하자는 것이다. 이는 '전문'과 '제1장 총강'에 돌봄을 명문화함으로써, 대한민국이 추구하는 사회적 가치와 국가운영의 기본방향으로서 돌봄을 자리매김시킬 수 있을 것이다. 더불어 이는 돌봄받을 권리로서 돌봄권에 접근하는 것을 넘어 돌볼 권리로까지 돌봄권을 확장하고, 더 나아가 돌봄권과 함께 (그리고 그 이전에) 돌봄이 필요한 모두에 대한 시민적 돌봄의무(책임)를 적시함으로써, 시민의 권리와 의무로서 돌봄의 위상을 정립할 수 있을 것이다(김희강 2018b; 구은정 2020).

[표 3] 돌봄헌법안

	안
전문	• 국가가 추구하는 사회적 가치로 '돌봄' 명시
제1장 총강	• '국가와 국민은 돌봄의 가치를 수호하기 위해 노력한다'라는 조항 신설
제2장 국민의 권리와 의무	• 기본권의 주체를 '돌봄에 힘입은 사람'으로 수정 • 국민의 돌봄의무와 돌봄권에 대한 조항 신설 예시) ① 모든 국민은 돌봄이 필요한 이들에게 돌봄을 제공해야 할 의무를 갖는다. ② 돌봄이 필요한 국민은 양질의 돌봄을 받을 권리를 가진다. ③ 모든 국민은 사회경제적인 안정 속에서 돌봄을 제공할 권리를 가진다. ④ 국가와 국민은 돌봄을 주고받는 관계를 보호하고 진작하기 위해 노력한다. ⑤ 누구도 돌봄을 받거나 돌봄을 제공함으로써 불이익한 처우를 받지 않는다.

* 출처: 저자 작성

코로나19 이후 '뉴노멀'에 대한 논의가 본격적으로 대두되고 있다. 기존의 '노멀'로 표명되는 성장주의, 신자유주의, 생산 및 노동중심의 복지주의의 한계가 자명하게 드러난 가운데, 새로운 대안 가치로 우리 사회의 '뉴노멀'을 재정립해야 한다는 요구가 한창이다. 이러한 배경에서 바로 '돌봄'이 그러한 '뉴노멀'의 핵심에 있어야 한다고 본다(배진경 2020; 백영경 2020; 김희강 2021; 김희강·박선경 2021). '뉴노멀'의 재정립은 인간, 사회, 국가를 유지·지탱시킨 근본 가치이자 이제껏 무시되고 배제되며 방관된 가치인 돌봄을 공적으로 인정하고 보상하는 것으로부터 시작해야 할 것이며, 이는 헌법에 돌봄을 명문화함을 통해 공식화할 수 있을 것이다.

4 함께돌봄책임의 제도화(2): 돌봄부

돌봄을 주재하는 중앙부처

시민의 '함께돌봄책임'을 제도화하는 두 번째 방안은 돌봄을 주재하는 정부의 중앙부처를 설립하는 것이다. 헌법에서 국가와 국민이 지향하고 보호해야 하는 중요한 사회적 가치로 돌봄이 명문화되고 또한 국민의 돌봄의무와 돌봄권이 적시되어 이에 대한 국가의 보장의무가 명확해진다면, 이를 적극적으로 추진하고 지원하는 정부의 중앙부처가 존재해야 한다. 돌봄부(Department of Care)의 설립은 돌봄정책 및 제도를 입안, 시행, 운영할 뿐만 아니라 돌봄의 가치와 태도, 시민의 돌봄책임을 고양하고 제도화를 추진하는 정부의 궁극적인 책임 주체를 수립하는 작업이다. 돌봄부의 설립은 단지 하나의 새로운 관료조직을 만드는 것 이상의 의미를 지니며, 돌봄에 대한

ㄱㄱ기저, 시미절 책임을 구현하고 지원하는 주체로서의 역할을 의미한다.

학문적·이론적으로도 돌봄부의 설립에 관한 연구들이 활발히 진행 중이다. 예를 들어, 피즈제랄드(Maggie FizGerald)에 따르면 돌봄부는 돌봄의 공적 제공뿐만 아니라 돌봄의 가치를 진작하고 돌봄책임을 보다 공정하게 분배하는 데 기여할 것이라고 언급한다. 돌봄부의 설립은 궁극적으로 정부제도와 정책의 근본적인 규범에 돌봄 가치를 대입시킴으로써 보다 근본적인 정부의 가치변화를 이끌어 낼 수 있는 변혁적·비판적 시각을 제공한다고 보았다(FizGerald 2020).

돌봄부의 설립 당위는 다음과 같다. 첫째, 현재 한국에서는 돌봄에 대한 정부(공공)의 역할이 점점 커지고 있다. 그러나 돌봄의 공공성을 제도화하고 집행, 운영, 지원하는 책임 있는 중앙부처가 존재하지 않는다. 예컨대, 문재인 정부는 국정운영 초기부터 돌봄에 대한 국가책임을 강조하였다. 치매노인에 대한 돌봄을 국가가 책임지는 치매국가책임제, 공공의 사회서비스제공 책임을 상기시키고 돌봄노동자를 공정하게 처우하는 사회서비스공단(현재는 사회서비스원이라는 이름으로 진행되고 있다)의 설립, 돌봄이 필요한 사람들이 시설에서 벗어나서 지역사회에서 돌봄을 받을 수 있는 커뮤니티케어 정책, 학교를 마친 아동도 양질의 돌봄을 받을 수 있는 온종일돌봄체계 등을 주요한 정책과제로 상정하여 시행하고 있다. 이들 정책은 이제껏 개인과 가정의 책임으로 넘겨진 아이돌봄(보육) 및 노인돌봄(요양) 등을 국가의 책임 영역으로 인정하고 있다는 점에서 돌봄의 공공성 맥락에서 긍정적으로 평가된다.

하지만 이들 정책의 한계는 이러한 정부 주도적인 사업에 대한 책임 있는 중앙부처가 존재하지 않는다는 점이다. 혹자는 돌봄이라는 것이 그 자체의 성격상 중앙정부보다 지역사회(지방정부)의 역할이 더 요구되는 분야라고 주장할 수 있다. 실제로 해외사례를 보더라도 사회적 돌봄(사회서비스)은 지역사회의 책임 아래 운영되는 경우가 많다. 예컨대, 지역사회는 사회적 돌봄에 소요되는 주된 비용을 담당하며 실제 서비스를 제공하는 반면, 중앙정부는 지역사회의 사업을 총괄적으로 관리하며 지역사회의 규모에 맞는 포괄적인 보조금을 지급하자는 제안이 있다. 즉, 사회적 돌봄에 있어 지역사회가 핵심적인 역할을 하고 중앙정부는 이를 지원하는 이차적인 역할을 하는 것이다(김보영 2021). 사회적 돌봄에 대한 중앙정부와 지역사회 간의 이러한 역할 구분은 충분히 일리 있다. 돌봄이라는 것이 중앙에서 일괄적으로 제공하는 현금지급이나 복지수당과는 달리(Kim 2021b), 개별 개인에 따라 돌봄필요가 다양하고 다층적이며 또한 복잡하기 때문에, 이들의 필요에 대해 직접적이고 신속하게 응답하며 필요충족을 근거리에서 지원하고 돌봄관계를 연결하는 지역사회의 역할과 책임이 요구되는 것은 어찌보면 당연하다. 왜냐하면 또한 돌봄이라는 것이 추상적인 원리·원칙이라기보다 인간과 인간이 교감하고 살을 맞닿으며 교류하는 것이기에, 현재 나의 위치와 내가 속한 지역에서 돌봄을 주고받는 것은 오히려 바람직하기 때문이다.

그러나 아이러니하게도, 적어도 한국의 경우, 지역사회의 책임이 요구되는 돌봄정책의 성공 여부는 궁극적으로 중앙정부가 이에 대해 얼마나 주도적인 책임을 담당하는지에 달려있다고 필자는 판단한다. 현재 대부분 지방자치단체의 역량 및 재정자립도가 상대적으로 낮은 상황(평균 50% 이하)에서 통합적이고 체계적인 지역단위의 돌봄시스템이 구축될 수 있는지에 대해서 회의적이다(e-나라지표). 실제로 현재 진행되는 돌봄정책에 관한 첨예한 갈등의 요체는 그것이 공공 주도의 정책으로 포장됨에도 불구하고, 누가 궁극적으로 책임을 담당하는지에 대한 것이며 이는 책임 있는 중앙정부의 부재에 기인한 경우가 많기 때문이다. 특히 '돌봄국가책임제'가 국가정책의 핵심 화두로 떠오르고 있는 현실에서 돌봄정책을 주재하는 책임 있는 공적 주체로서 중앙부처의 존재는 그 필요 이상의 의미를 갖는다.

예를 들어, 이는 「온종일돌봄특별법(온종일 돌봄체계 운영·지원에 관한 특별법안)」 발의로 불거진 최근 논쟁을 살펴보아도 알 수 있다. 「온종일돌봄특별법」 발의안의 요지는 현재 학교에서 전담하는 돌봄교실의 운영 및 관리주체를 지방자치단체로 이관하여 통합적인 돌봄체계를 구축한다는 것이다. 중앙정부가 돌봄체계를 구축·관리하는 반면 지방자치단체가 주체가 되어 여건에 맞는 돌봄을 제공하도록 한다는 의미였다. 하지만 발의 이후, 교원단체는 학교는 교육부가 주관하는 교육기관이라는 명목 아래 발의를 찬성한 반면, 돌봄전담사와 학부모들은 지방자치단체가 운영하는 방식은 결국 민간으로 위탁되어 활용될 것이며 그 결과 돌봄의 질과 돌봄제공자의 처우가 낮아질 것이라는 우려 속에 발의를 반대하였다. 이에 대해 돌봄전담사들은 파업을 강행하기도 하였다. 결국 「온종일돌봄특별법」으로 불거진 논쟁은 학교돌봄의 운영주체가 교육부인지 지방자치단체인지에 대한 이분법적 논리 속에 교육과 돌봄 간의 갈등으로 대표되었다(베이비뉴스 2020.09.25.; 이데일리 2020.11.01.). 하지만 필자가 보기에 이 논쟁의 핵심은, 지방자치단체가 책임있는 학교돌봄의 운영 주체가 되지 못할 것이라는 염려에서 비롯된 것이라고 본다. 즉, 학교돌봄에 대해 교육부가 책임있는 정부부처의 역할에서 빠져버린 상황에서, 지방자치단체(혹은 제안된 국무총리실 산하 전담기구)가

책임 있는 학교돌봄의 공적 운영주체가 되기 어렵다는 판단에서 나온 것이다.[152]

유사한 맥락에서 다른 예로 커뮤니티케어 정책을 들 수 있다. '지역사회 통합돌봄'이라고 불리는 커뮤니티케어는 노인·장애인 등 돌봄이 필요한 이들이 시설에 격리되지 않고 주거하는 지역사회에서 돌봄을 받을 수 있도록 하는 정책이다. 앞서도 언급했지만, 커뮤니티케어의 정책 목표와 취지에 충분히 동의한다. 하지만 개별 지방자치단체의 역량이 상대적으로 매우 미약한 한국의 현실에서, 이 정책의 성공여부는 이를 적극적으로 지원하고 책임지는 중앙부처의 역할에 달려있다고 필자는 평가한다. 정책을 실질적으로 운영하는 지역사회의 역할이 필수적임을 부정하는 것은 결코 아님에도, 지역사회가 그러한 역할을 제대로 수행하기 위해서는 이를 적극적으로 지원하고 관할하는 책임있는 중앙부처의 존립은 또한 필수적이라는 것이다. 결국 커뮤니티케어 정책의 성공여부는 이를 담당하는 보건복지부가 이 정책에 대해 어떤 역할을 하며 얼마나 책임있는 공적 책임의 주체가 될 수 있는지에 달려있다고 볼 수 있다. 왜냐하면 윤홍식 외(2010, 383)의 지적처럼, "지방정부의 역할을 확대하기 위한 중요한 전제는 중앙정부의 적극적 지원이 결합될 때 가능"하기 때문이다.

둘째, 기존의 개별 돌봄정책은 교육, 복지, 노동 및 젠더의 명목으로 진행되었다. 다시 말해, 교육부, 보건복지부, 고용노동부 및 여성가족부의 소관으로 일임되었다. 그 결과 정책의 운영과 지원이 분절적이고 파편화되어 수행되는 한계를 보이고 있다. 예컨대, '온종일돌봄체계'의 구축의 경우를 살펴보자. '온종일돌봄체계'에서 초등돌봄교실은 교육부가, 지역아동센터와 다함께돌봄은 보건복지부가, 청소년 방과후 아카데미는 여성가족부가 주관하고 있다. 돌봄의 특성상 수혜대상은 다양하며 돌봄의 성격도 교육·보육·보건·요양·간호·상담 등의 측면을 포괄하는 복합적인 특성을 보인다. 따라서 현재의 시스템처럼 수혜대상과 특성에 따라 세분화된 관할 부처를 규정하는 것은 그 자체로 어려운 작업일 뿐만 아니라 돌봄이 통합적으로 진행되지 못하고 분절화되고 파편화되는데 기여하고 있는 셈이다. 더불어 정책집행이 개별 부처의 이해관계에 따르기 때문에 돌봄의 의제화가 일관된 채널로 집중되기 어려운 한계에도 직면한다(윤홍식 외 2010, 316-317). 그 결과 김보영(2021)이 지적한 대로, 한국사회에서는 "사회서비스(돌봄)가 확대될수록 종합적인 책임있는 서비스가 발달하는 것이 아니라 그 정반대로 더 분절적이고 파편적이 되어서 더 공적 책임성에 취약해지는 악순환의 과정"이 되게 된다. 따라서 이러한 악순환의 과정을 극복하기 위한 통합적이고 체계적인 추진 주체로서 돌봄부의 설립은 불가피하다고 본다.

더 나아가, 돌봄부의 설립이 필요한 중요한 이유는 돌봄정책이 설령 교육, 복지, 노동 및 젠더의 이름으로 진행된다고 하더라도 돌봄이 그 속에서 또다시 배제되는 양상을 보여왔기 때문이다. 예컨대, 초등돌봄교실 사안에 대해 학교는 교육기관이지 돌봄기관이 아니라는 명분으로 교육부가 초등돌봄의 책임운영 주체가 되기를 거부하고 있으며, 교육과 돌봄 간 상정된 위계 속에서 돌봄은 비(非)교육적인 것으로 이해되고 있는 실정이다.

실제로 현재 많은 돌봄정책들은 보건복지부의 소관으로 이행되어 오고 있다. 하지만 복지 논의에서 돌봄이란 국가가 제공하는 사회서비스의 일종으로 규정됨으로써 돌봄이라는 공적 가치에 기초한 제도화가 제한적으로 이뤄지고 있다. 복지분야에서 돌봄은 노인돌봄이나 아이돌봄 같이 국가나 지방자치단체가 지원 혹은 제공해야 하는 사회서비스의 일환으로 간주되어 소득보장에 주목하는 복지의 하위 부류 정도로 해석되고 있다(김희강 2021). 그렇기 때문에 모든 인간이 얼마나 돌봄의존적이고 돌봄수혜적인지, 돌봄이 인간의 생존과 안녕을 보장하는 데 얼마나 필수적인지, 돌봄을 보장하는 것이 시민과 국가의 책임인지에 대한 근본적인 제도화를 진행하는 데 한계가 있다. 예컨대, 2008년에 도입된 노인장기요양보험제도 같은 경우에도 사업의 서비스적 성격에 주목한 나머지 명목상으로는 돌봄의 국가책임을 주장했지만, 기존의 민간 돌봄시장을 활용하여 서비스를 확대함으로써 실제적으로는 시장화되는 경향을 보였다(Kim 2016). 이에 대한 성과평가도 장기요양보험서비스의 공급자(돌봄제공자)와 서비스 수요자(돌봄대상자) 간 수요 공급의 시장적 관점에서 주로 분석되고 있다(이기주·석재은 2019). 2021년 8월 국회를 통과한 「사회서비스원법(사회서비스원 설립·운영 및 지원에 관한 법률)」의 경우도 유사한 한계를 노정한다. 사회서비스원법은 국가가 책임지는 돌봄이라는 정책 목표 아래 국가가 사회서비스원을 직영하여 공공성을 높이자는 사회적 공감대 속에서 진행되었음에도 불구하고, 실제로는 사회서비스의 담당을 민간(시장)부문에 위탁하는 것을 허용하는 내용으로 채워졌다(베이비뉴스 2021.06.16.; 참여와혁신 2021.09.07.).

노동 분야에서의 돌봄은 돌봄노동자의 사회안전망 보장이나 노동권 보장보다는 경제논리에 의한 '일자리 기회 및 확충'이라는 타이틀 아래 사회적 담론이 이뤄지고 있다. 따라서 돌봄은 경제정책 혹은 일자리 창출의 수단적이고 잔여적인 역할에 제한되는 경향을 보인다. 예컨대, 돌봄정책은 2000년대 초반 보육시설확충 및 출산휴가·육아휴직제도 정비를 통해 여성의 경제활동참여를 지원하기 위한 목적으로 시행되었으며, 2000년대 후반에는 중년의 경력단절 여성을 대상으로 한 사회서비스 일자리 창출의 일환인 사회서비스 정책으로 발전되었다(마경희 2020). 다시 말해, 노동 분야에서 돌봄은 '여성의 경제활동참여' 및 '사회적 일자리 창출'이라는 경제적 부가 이익에 초점을 맞춰왔다.

젠더 영역에서도 돌봄정책은 주요한 아젠다가 되지 못하고 있다. 특히 젠더화된 돌봄을 비판하고 돌봄책임의 성평등한 분담을 제도화하는 것은 성평등을 달성하기 위한 주요한 프로젝트임에도 불구하고, 이에 대한 충분한 정책적 노력이 이뤄지고 있지 않았다. 젠더 영역에서 돌봄이 배제된 가장 큰 이유는 돌봄정책이 여성주의 정책이라는 인식이 부족한 점을 들 수 있다. 일반적으로 젠더 영역에서의 돌봄은 일·가정양립정책의 일환으로 논의되며, 이 경우 정책대상은 주로 여성에게 국한된다(신영민·김희강 2019). 즉, 어떻게 여성이 일과 가족을 양립할 수 있는지에 주목하는 것이다. 성평등한 돌봄책임의 분배를 다루기 위해서는 돌봄책임을 회피하는 남성을 대상으로 한 정책설계가 이뤄져야 하지만, 여성가족부의 정책설계는 주로 여성과 가족을 대상으로 하고 있다. 이는 모순되게도 여성가족부의 돌봄정책이 돌봄의 여성화(젠더화)를 전제하는 논의 속에서 진행되고 있는 셈이다(머니투데이 2021.08.31.).

정리하건대, 돌봄이라는 것은 기본소득이나 복지의 소득보장처럼 재화를 분배함으로써 성취되는 것이 아니며 혹은 서비스로 이해되어서 민간시장을 활용하여 효율적으로 교환하거나 또는 서비스 수혜자의 만족도로 그 성과를 평가할 수 있는 것도 아니다. 돌봄은 궁극적으로 사람들 간의 의미 있는 관계 맺기이며 이것은 태어나서부터 죽을 때까지 모든 인간의 생애 전 주기에 걸쳐서 지속적으로 나타나는 것으로, 따라서 인간의 인생 전반을 아우르는 예컨대 유아, 아동, 청소년, 청년, 성인, 노인, 장애인 등 모든 세대를 아울러 복합적이고 통합적인 정책을 추진하고 시행하는 중앙부처의 존재가 요구된다. 하지만 현재의 부처 구분으로는 이러한 복합적이고 통합적인 역할을 기대할 수가 없다.

더불어 돌봄부 설립은 현실적이다. 해외사례를 보더라도 돌봄의 영역이 커지면서 이를 소득보장에 주목하는 복지와 구분하는 경향이 두드러진다. 실제 해외 여러 나라의 경우 돌봄부에 상응하는 부처가 존재하는 것을 알 수 있다. 영국의 경우, 장관급 부처로서 '보건사회돌봄부(Department of Health and Social Care)'가 존재한다(일반적으로 이를 보건복지부라고 칭하는데 이는 돌봄의 중요성을 강조하는 맥락을 무시한 번역이다). 이는 '보건부(Department of Health)'를 2018년에 '보건사회돌봄부'로 재명명한 것이다. 보건부에서는 보건, 의료 및 건강보험이 주요 사업이었으나, 사회적 돌봄 영역을 강화하고자 하는 취지에서 부처 명을 '보건사회돌봄부'로 변경하였다. 영국에서는 '보건사회돌봄부'와 별개로 '노동연금부(Department for Work and Pensions)'가 존재한다. 전자가 사회적 돌봄, 의료, 보건 등을 다룬다면, 후자는 노동과 연금, 즉 고용 및 노동권보장, 실업·퇴직·재해 등 사회적 위험에 대처하는 사회보험 및 소득보장, 아동·장애인 등을 포함한 각종 사회수당 등에 관한 기존의 복지를 다룬다. 현재 한국에서 돌봄이 보건 및 복지분야의 하위 부류로 간주되어 보건복지부의 소관으로 일임되었다면, 영국에서는 돌봄이 보건 및 복지와 대등한 위상의 수준에서 독립적인 부처를 구성하고 있는 셈이다.

물론 나라마다 정부 조직의 구성 및 원칙, 역사, 사회문화적 배경이 다양하기 때문에, 현재 한국의 정부조직과 일대일로 상응시켜

이를 비교하는 것은 오해를 낳을 수 있다. 하지만 그럼에도 분명한 것은 일반적으로 알려진 '사회복지(social welfare)'의 영역에서 돌봄(care, social care, social services 등으로 호칭되는)을 분리하여 독립적인 부처로 다루거나 정부부처를 구성하는 핵심 정책분야(portfolio)로 다루는 경향이 보이기 시작한다는 점이다. 다시 말해, 전형적인 복지인 사회보험, 공공부조, 사회수당과 구분되는 돌봄을 독립된 분야로 분리하는 경향이 나타나는 것이다. 덴마크의 경우, '보건부(Ministry of Health)'와 '복지부(Ministry of Social Affairs)'가 분리된 상태에서, 이전에는 '복지부'가 돌봄(아이돌봄·장애인돌봄·노인돌봄)과 관련된 업무를 모두 담당하였다면, 현재는 '복지부'가 아이돌봄 및 장애인돌봄 분야를 '보건부'가 노인돌봄의 분야를 나눠서 맡고 있다. 호주의 경우도 '보건부(Department of Health)'와 '사회서비스부(Department of Social Services)'가 각각 존재하고, 전자가 보건을 담당한다면 후자는 가족, 장애인돌봄, 커뮤니티케어에 관련된 돌봄을 지원한다. 물론 돌봄, 복지, 보건은 서로 밀접한 관계를 가지며 이들 간 협력체계를 구축하는 것은 매우 중요하다. 따라서 필자의 의도가 부처 간 칸막이를 강조하는 시도는 아님을 밝혀둔다. 그럼에도 앞선 논의에서 살펴보았듯이, 현재 한국의 부처 프레임으로는 돌봄을 제대로 다룰 수 없다.

설립된 돌봄부는 다음의 역할을 담당하게 될 것이다. 첫째, 돌봄부의 설립 자체가 돌봄이 국가적 논의의 주제라는 점을 명시적으로 보여주게 된다. 이는 헌법에서 언급한 대한민국이 지향하는 사회적 가치에 대한 책임 있는 실천 주체가 존재한다는 의미이다. 많은 돌봄정책들이 책임 있는 공적 주체를 찾지 못하고 있는 실정에서, 통합적이고 포괄적인 돌봄에 관한 궁극의 책임 주체가 될 것으로 기대한다. 돌봄제도를 직접 운영하고 돌봄을 제공하는 지역사회의 역할은 불가피하며 앞으로 더 강화되어야 할 것이다. 그러나 동시에 돌봄의 책임 주체를 단지 지역사회로 떠넘겨서는 안 된다. 성공적인 돌봄제도의 운영을 위해서는 지역사회의 돌봄을 적극적으로 지원하고 책임지는 중앙정부의 역할이 필수적이다. 돌봄부는 돌봄의 국가책임을 명확히 하는 부처로서 그러한 역할을 하게 될 것이다.

둘째, 돌봄부는 통합적인 돌봄체계를 구축하고, 돌봄제도의 예산을 관리하며, 법제도를 마련하고, 정책을 기획·집행하며 관리·감독하는 중추적인 역할을 할 것이다. 보다 구체적으로 돌봄을 재평가하고 돌봄의 공공성을 강화하는 역할을 할 것이다. 돌봄수혜자가 양질의 돌봄을 받을 수 있도록 지원하며, 돌봄제공자가 사회경제적으로 불이익을 받지 않고 돌봄을 제공할 수 있는 조건과 환경을 만드는 역할을 할 것이다. 또한 돌봄노동자들의 지위와 처우 개선을 보장하는 역할을 할 것이다. 후에 언급하게 될, 돌봄의 시민적 책임을 입안하고 제도화하는 역할을 할 것이다. 결국 이는 단지 국가가 돌봄을 제공한다는 것을 넘어선다. 돌봄부는 사회서비스로서의 돌봄을 제공하는 주체를 넘어, 돌봄의 가치를 높이고 돌봄관계를 증진하며 관리하는 역할을 담당하게 될 것이다. 이러한 목적으로 돌봄부가 관할하는 제도의 다음 사례를 제안해 볼 수 있겠다.

안 1

돌봄 규제기구의 제도화이다. 정부가 돌봄의 목표를 달성하도록 보장하고 지원하는 책임 주체라면 이에 대한 관리규제 역시 필요하다고 본다. 돌봄의 규제기구는 돌봄부 산하가 아니더라도 정부위원회 같은 독립기관의 형태일 수 있다. 돌봄의 규제기구는 돌봄수혜자, 돌봄제공자, 지역사회 등 이해관계자들이 참여하는 독립적이고 민주적인 거버넌스 체계를 갖춰야 할 것이다. 즉, 돌봄부는 돌봄에 대한 규제 자체를 긍정한다기보다 돌봄에 대해 규제가 어떠한 방식으로 만들어지고 이뤄져야 하는지를 고민하는 부처가 되어야 할 것이다. 왜냐하면 돌봄은 성과 중심의 시장적 사고나 행정 중심의 관리적 사고가 적합한 영역이 아니기 때문에(최근 커뮤니티케어의 성과평가 및 관리 영역에서 이러한 문제가 두드러지게 나타난다), 돌봄부는 돌봄의 성과와 질을 어떻게 평가하고 관리·감독하며 규제할 수 있는지에 대한 고민과 제안을 주도하는 부처가 되어야 한다.

안 2

돌봄권의 보호 및 돌봄의무의 보장을 위한 위원회, 소위 일명 '돌봄권보호위원회' 같은 기관의 제도화이다. 이 기관에 대해서는 미국의 연방 노동부 산하 '평등고용위원회(Equal Employment Opportunity Commission)'와 같은 역할을 부여할 수 있겠다. '평등고용위원회'는 직장 내 차별을 금지하는 민권법을 관리·집행하는 기관이다. 비록 이는 사법기관은 아니지만 고용차별에 대한 고발을 접수·조사·조정할 권한을 가지며 연방법원에서 피해자를 대리해 소송을 진행하기도 한다. '돌봄권보호위원회'는 공공기관 및 민간시장에서 개인의 돌봄권 및 돌봄의무가 잘 보장되고 있는지, 관련 돌봄법이 잘 준수되고 있는지를 관리·집행하는 역할을 담당하게 될 것이다. 최근 대기업에서 직원이 육아휴직 후 귀사했으나 기존 업무가 아닌 한직으로 발령을 받았다는 신문 기사가 시민들의 공분을 사고 있다(세계일보 2021.09.07.). 이 같은 경우, '돌봄권보호위원회'는 고발 접수된 사안에 대해 조사할 수 있으며, 더 나아가 피해자를 대리해서 대기업과의 소송을 진행할 수도 있을 것이다. 다시 말해, 국가가 나서서 개인의 돌봄권과 돌봄의무의 보장을 위해 적극적으로 보호하고 지원하는 역할을 맡게 되는 것이다.

안 3

'소셜 페다고지(social pedagogy)'라는 영역을 제도화한 덴마크의 사례를 본받을 만하다(백경흔 2015, 101; 송다영·백경흔 2018). 덴마크에서는 다양한 돌봄대상자(영유아, 아동)에 상관없이 사회적 돌봄 부문에 일하는 돌봄제공자를 사회구성원을 키워나가는 중요한 역할을 담당하는 직업군으로 상정하고, 이들을 '페다고그'로 통칭하는 '소셜 페다고지'라는 통합된 영역을 제도화하였다. '소셜 페다고지'의 핵심은 돌봄의 가치와 중요성을 공적으로 재정립하여 돌봄 영역에서 종사하는 '페다고그'가 저임금의 노동력으로 간주되어서는 안 된다는 원칙에 기반한다. 따라서 '소셜 페다고지'의 의미는 사회적 돌봄에 대한 가치를 공식적으로 인정하고 보육·교육 등 사회적 돌봄 분야의 칸막이를 허물고 통합된 영역으로 정책화하였다는 점이며, 그 결과 돌봄이 단지 여성에게 한정된 저평가된 일자리가 아니라 남성의 참여를 독려해야 하는 사회적 가치를 지닌 직업이라는 점을 강조한 데 있다. 이러한 덴마크의 사례는 한국에도 중요한 함의를 줄 수 있다. 현재 보육·교육·요양·간병·수발·활동보조·상담지원·의료지원 등 세분화된 분야에서 갈등과 이해관계를 달리하는 소위 '사회서비스' 영역을 '돌봄'이라는 우산 아래 조화롭게 재정립하는 노력을 꾀할 수 있을 것이며, 이를 통해 이들 직업의 가치를 공식적으로 높이는 통합적인 제도화를 시행할 수 있을 것이다. 예컨대, 보육교사, 돌봄전담사, 간병인, 요양보호사, 장애인활동지원사, 사회복지사 등 다양하게 호칭되는 돌봄을 담당하는 직업군을 덴마크의 '페다고지'처럼, 일명 '돌봄공무사'로 통칭하여 통합된 영역으로 제도화하고 '돌봄공무사'라는 위상에 걸맞은 대우와 보상, 교육 및 관리체계를 근본적으로 고민할 수 있을 것이다.

셋째, 거듭 강조했듯이 돌봄의 이슈는 개인과 사회의 존속 및 유지와 더불어 우리가 어떻게 함께 더불어 살아가는지와 관련된다. 이 점에서 돌봄부는 저출산·고령화를 비롯한 소위 인구관리를 관할하는 공적 책임주체가 될 수 있을 것이다. 저출산은 현재 한국의 생존과 관련된 절체절명의 문제이다. 한국의 합계출산율은 2021년 3분기 0.84명에 불과하며, 이는 정부가 2006년부터 2020년까지 저출산 문제해결을 위해 200조 원 가까운 예산을 투입했으나 그 효과에 의문을 제기하기에 충분한 결과이다(연합뉴스 2021.01.04.). 현재 '저출산고령사회위원회'가 이에 관한 기본 기획을 수립하고 있다. 위원회에 따르면 저출산은 복합적 원인에 따른 총제적인 결과에 따른 것이기 때문에 이제까지의 현금지원은 충분한 해결책이 될 수 없다고 판단한다(저출산고령사회위원회 2020). 이런 배경에서 돌봄부가 저출산·고령화에 대한 기본계획을 담당하는 총괄부처로서 돌봄의 관점에서 이에 대한 근본적인 원인과 해결책을 입안하는 역할을 할 수 있을 것이다. 예컨대, 일본에서는 인구문제를 관리하고 더 나아가 개인의 출생에서부터 노후까지 책임지는 전담기구로 인구부총리 제도가 제안되기도 하였다. 이러한 맥락에서 돌봄부는 개인과 사회의 지속가능성에 대한 근본적인 계획을 세우고 정책을 입안하며 시행하는 책임 있는 부처가 될 수 있을 것이다.

더 나아가, 돌봄부는 시민들의 의미 있는 관계 맺기를 적극적으로 지원하는 부처가 될 수 있을 것이다. 최근 1인 가구의 증가와 더불어 코로나19의 여파로 인간이 인간을 만나서 관계를 맺는 기회들이 소진되고 있다. 한국의 자살률은 전 세계 최고이며 고독사 문제역시 심각하게 떠오르고 있다. 관련해서 일본에서는 코로나19로 심해지는 고립 문제를 방지하기 위해 정부가 '고립·고독 대책 담당실'을 만들었고, 영국에서도 시민의 사회적 관계의 단절 문제를 해결하기 위해 고독담당장관직(Minister of Loneliness)을 만들어서 국가 차원에서 적극적으로 대처하고 있다(중앙일보 2018.01.18.). 이러한 연장선 상에서 돌봄부도 보육과 요양, 아동과 노인을 넘어 인간의 삶 전반에걸쳐 돌봄을 주고받는 관계를 관할하는, 즉 대한민국의 생존과 번영을 책임지는 중추적인 역할을 할 수 있을 것이다.

넷째, 마지막으로 돌봄부는 범정부적으로 돌봄의 가치를 고양하고 돌봄이 공적·정치적으로 대표될 수 있도록 지원하는 역할을할 수 있을 것이다. 그래서 범부처적으로 다른 부처들의 정책을 견제하고 조정하는 역할을 수행할 수 있을 것이다. 예컨대, 기획재정부가 경제의 논리, 즉 생산성 및 효율성 측면에서 예산을 배분하고다른 부처의 예산 사용을 관리·감독하는 것과 마찬가지로, 돌봄부는 돌봄의 관점에서 돌봄을 분배하고 다른 부처의 정책과 사업이 돌봄양립적인지를 관리·감독할 수 있을 것이다. 경제적 효율성도 정부가 지향하는 의미있는 가치이지만 동시에 돌봄도 역시 정부가 지향하는 필수적인 공적 가치이기에, 돌봄의 시각에서 다른 정책들을평가하고 양립가능성을 모색하며 이들 간을 조정하는 것은 중요하다. 특히 돌봄은 그 성격이 복합적이므로 교육, 의료, 주택, 환경, 노동 등 여타 분야에 걸쳐 함께 논의되어 질 수밖에 없다. 최근 신문에 연재된 조한진희의 '잘 아플 권리' 기사는 돌봄의 담론이 몸, 건강, 의료, 노동 등뿐만 아니라 아동, 청년, 여성, 성인, 노인 등 모든 세대에 걸친 이슈로 확장될 수 있는 가능성을 보여준다(한겨레21 2021. 06.19.). 사회는 다양한 가치로 구성되지만, 돌봄의 가치가 성장의 가치만큼 또한 분배의 가치만큼 중요하다는 점을, 그리고 다양한 가치 간의 긴장되는 관계 속에서 돌봄의 목소리를 책임지고 대변하는 역할을 돌봄부가 담당하게 될 것이다.

5 함께돌봄책임의 제도화(3): 돌봄책임복무제

시민적 책임으로서 돌봄복무

시민의 '함께돌봄책임'을 제도화하는 세 번째 방안은 시민의 돌봄책임복무를 제도화하는 것이다. 모든 시민이 성인이 되는 나이에 이르렀을 때, 일정 기간 동안 돌봄이 필요한 다른 시민인 아동, 장애인, 어르신 등을 돌보도록 함으로써 이들이 시민으로서 돌봄이 필요한 타인을 돌보는 도덕적·정치적 의무를 수행하도록 제도화 하는 것이다. 이를 '돌봄책임복무제'라 칭하기로 하겠다.

돌봄책임복무제는 모든 시민이 실제로 돌봄을 실천하도록 함으로써 개인의 도덕적·정치적 의무를 수행하는 제도화된 공식적 기회를 갖는 것이다. 제안은 성인으로서 삶의 살아가는 초기의 일정 기간(예컨대, 6개월~2년) 동안 우리 사회의 돌봄이 필요한 다른 시민을 돌보는 의무를 제도화하자는 것이다. 이는 학자들에 의해서 이미 제안되기도 하였다. 문화인류학자인 조한혜정(2018, 58)은 이를 '청년사회복무제도'라고 칭하며 청년의 나이에 "영유아부터 노인까지 돌봄의 영역에서 헌신하며 돌봄능력을 키워가는"제도로 설명한다. 정치철학자인 로베이슨은 이를 시민의 '보편적 돌봄의무(universal duty to care)'라 칭하며 모든 (남·여) 시민이 실제로 돌봄을 제공해야 하는 시민적 의무를 수행하는 기회를 갖는 것이라고 언급한다(Robeyns 2013). 그녀에 따르면 돌봄의무는 여타의 시민적 의무와 마찬가지로 보편적이 되어야 한다고 강조한다.

이 장에서 시민의 '함께돌봄책임'을 제도화하는 여타 정책들을 제안하고 있음에도 불구하고, 돌봄책임복무제가 요구되는 이유는 다음과 같이 들 수 있다.

첫째, 돌봄책임복무제가 요구되는 이유는 돌봄의 가치를 고양하고 재정립하기 위함이다. 거듭 언급했지만, 최근 정부는 돌봄이 공적 이슈이자 국가책임임을 강조하고 있다. 문재인 정부에서 진행된 치매국가책임제, 사회서비스원의 설립, 온종일돌봄체계 등이 아이돌봄 및 노인돌봄 등을 개인과 가정의 책임을 넘어 국가의 책임 영역으로 규정하고 있는 정책들이다. 나아가, 2022년 제20대 대통령 선거를 앞두고 대통령 후보 경선에 뛰어든 다수의 여야 후보자들도 돌봄국가책임제를 자신의 주요 선거공약으로 내세우고 있다. 말뜻 그대로라면 돌봄국가책임제란 국가가 돌봄을 책임진다는 의미로 돌봄이 필요한 취약한 사람을 국가가 나서서 돌봐준다는 의미이다. 이전에는 개인과 가정의 몫으로 돌렸던 돌봄을 이제는 국가가 책임져야 하는 대상으로 보는 것이다. 『아이는 국가가 키워라』라는 책 제목처럼 돌봄을 국가의 몫으로 보는 입장이다(후루이치 노리토시 2015).

돌봄국가책임제는 돌봄의 공공성 맥락에서 고무적인 정책방향임에 틀림없다. 그러나 돌봄국가책임제가 갖는 중요한 정책적 한계

역시 주지해야 한다. 필자가 주장하는 돌봄민주국가는 단지 국가가 알아서 돌봄을 책임져주는 국가가 아니다. 돌봄을 단지 공공의 몫으로 상정하는 국가도 아니다. 대신에 돌봄민주국가는 돌봄의 가치를 제대로 인정하는 국가이다. 돌봄이 개인과 사회에 필수적인 가치로서 공적으로 인정하고 그 가치에 걸맞은 대우를 해주는 국가이다. 즉, 돌봄의 가치증진을 위해서는 단지 국가가 돌봄을 책임진다는 이해를 넘어, 이것이 우리 모두의 책임이라는 이해가 필수적이다. 돌봄은 나와 우리, 사회를 위해 필수적인 가치임으로 이를 보호하고 보존하는 것은 우리 모두의 책임이고, 따라서 우리 모두는 돌봄을 수행해야 할 책임이 있음을 제도화하는 것도 불가피하다. 누구도 이러한 책임에서 면제되지 않으며 누구도 이러한 책임에 무임승차할 수 없다는 전제가 돌봄이 당당한 사회를 조성하는 데 기여할 수 있다. 이러한 시민적 책임을 제도화한 것이 바로 돌봄책임복무제이다.

둘째, 돌봄책임복무제가 요구되는 이유는 돌봄은 실천이기 때문이다. 돌봄이라는 것은 분배되는 재화와 달리 시민 간 관계이자 관계 속의 실천이다. 돌봄은 누군가를 돌보는 실천과 행위 그리고 실천과 행위로 비롯된 소통과 감정을 통해서만이 돌봄의 가치와 의미를 제대로 알 수 있다. 따라서 돌봄이란 자신의 이해를 내세우지 않고 취약한 사람의 처지에서 그들에게 관심과 주의를 기울임으로써 그들의 필요를 파악하고, 그들의 필요를 충족시키려는 책임을 가지며, 행위를 통해 이들의 필요를 충족시키고, 돌봄이 수행된 이후에 충족된 돌봄에 대한 반응을 살피는 일련의 과정으로 이해될 수 있다(Tronto 2013, 93). 이러한 과정과 경험을 통해 돌봄제공자는 취약한 타인에 대해 어떤 태도를 취해야 하는지, 어떻게 공감해야 하는지, 어떤 반응을 보여야 하는지, 어떻게 행동해야 하는지에 대한 돌봄의 태도와 규범을 체득할 수 있게 된다. 돌봄은 해 봐야지, 즉 해 본 사람만이 그 가치와 의미를 알게 되는 것이다.

이 점에서 러딕(Sara Ruddick)은 어머니역할(mothering)이란 성별을 전제하지 않으며 따라서 누구나, 즉 여성, 남성 모두 어머니(maternal person)가 될 수 있고 그래서 어머니역할을 할 수 있다고 보았다. 누구든 어머니역할을 통해 돌봄실천을 경험함으로써 돌봄에 대한 도덕적 사유가 가능하다고 본 것이다(Ruddick 1989, 93-95). 돌봄이란 추상적 원칙이나 두뇌속 사고가 아닌 구체적인 타인과의 직접적인 관계와 소통을 통한 행위와 감정을 수반하며, 이를 통해 돌봄의 태도와 가치를 기르고 타인과의 유대를 양성하는 일련의 과정이다.

예컨대, 김양지영(2016)의 연구는 남성도 돌봄경험을 통해 돌봄의 가치를 알 수 있으며 어머니 같은 돌봄을 할 수 있음을 경험적 연구를 통해서 보여주고 있다. 직접 아이돌봄을 하는 남성과 그렇지 않은 남성의 돌봄경험을 비교하였는데, "돌보는 남성들은 이러한 일련의 과정을 경험하면서 돌봄은 직접 해 봐야 하는 것으로, 돌봄이 특정인(여성/엄마)만이 아니라 누구나 할 수 있다는 인식을 가짐으로써 돌봄에 대한 기존의 통념을 깰 수 있었"던 반면, "돌보지 않는 남성들은 아이에게 집중하지 못하고 자기중심적인 일상을 구성하며 돌봄을 최소화하거나 회피하며 돌봄통념을 그대로 고수했다"고 밝힌다. 결과적으로 이 두 남성 집단 간의 "명시적인 차이는 바로 돌봄과정에 직접 결합해 실천을 했느냐의 여부"였다고 지적한다(김양지영 2016, 35). 돌봄실천이 돌봄의 태도와 가치를 키운다는 점은 거의 모든 남성들이 육아휴직의 경험이 있는 스웨덴의 경우를 보아도 알 수 있다. 스웨덴의 경우, 아빠육아휴직을 도입하고 난 뒤에야, 아빠들이 자신도 아이의 주 양육자임을 인식하게 되었고 육아참여를 자연스러운 일로 받아들였으며, 남녀 간의 성역할에 얽매이지 않는 입장을 가지고 가족 내 평등에 대해 좀 더 긍정적인 태도를 보였다고 보고된다(김건 2019, 207-208).

관련해서 보다 현실적으로 가능한 최선의 제도를 착상해보면 일명 '(남녀돌봄병역)보편복무제'를 착안해 볼 수 있겠다.

첫째, '보편복무제'란 돌봄책임복무를 병역복무와 연계하는 것이다. 「대한민국 헌법」(제39조 제1항)에 따라 국방의 의무는 국민의 의무로 명시되고 있지만, 「병역법」(제3조 제1항)에 근거하여 현재 남자만이 병역의 의무에 복무하도록 되어 있다. 하지만 남자만 복무하도록 하는 국방의 의무를 헌법에 명시된 대로 모든 시민에게 확대하여 남녀병역복무를 시행하고, 이와 동시에 돌봄책임의 의무도 보편적으로 모든 시민에게 부과하는 남녀돌봄책임복무를 제도화하는 것이다. 쉽게 말해, 특정 성을 특정 영역에 우선 배속시키지 않고 남녀 모두 병역과 돌봄에 보편적으로 복무하는 시스템(보편복무제)을 제안한다. 성인이 된 남녀의 모든 시민이 병역과 동시에 돌봄의 의무를 다할 수 있도록 일정 기간을 제도화하는 것이다. 예컨대, 남녀 모두에게 각각 1년의 병역과 1년의 돌봄 복무기간이 주어지도록 할 수 있다.

이에 대해 두 가지 지점에서 부연이 필요하겠다. 하나는 현재 남성징병제를 여성까지 확대하는 보편징병제로 확대하는 이슈이다. 남자만 복무하도록 하는 병역법이 평등권을 침해한다는 논리 속에 위헌법률심판 요청이 지속적으로 있었으며, 이에 가장 최근 2014년 헌법재판소가 병역법의 위헌여부에 대해 합헌 결정을 내렸다. 그 결과 헌법재판소의 새로운 심판을 받기 전까지 이에 대한 법률적 논쟁은 불가피하다고 본다. 한국의 이러한 법률적 논쟁을 차치한다면,

남녀병역복무는 해외의 다른 국가들에서 실제로 시행되는 제도이기도 하다. 최근 북구 유럽국가들에서 남성징병제를 여성으로까지 확대하여 여성징병제를 (재)도입하는 경향이 눈에 띤다. 2016년 스웨덴과 노르웨이가 남성징병제를 확대하여 여성징병제를 도입하였고 현재 스위스, 오스트리아, 덴마크 등의 국가들이 여성징병제를 논의 중에 있는 것으로 알려진다(박진수 2018). 다른 하나는 돌봄책임복무제의 모습에 대한 이슈이다. 이 경우 현재의 사회복무제를 활용할 수 있을 것이다. 사회복무제는 병역 의무자가 군복무 대신 공공기관이나 공공시설에서 복무하는 제도인 대체복무제의 일종으로서 사회복지시설의 입소 노인·장애인 등에 대한 돌봄활동을 하는 것이다. 대체복무가 실제 돌봄의 현장에서 벌어지고 있는 셈이다. 여기서 필자가 언급하고 싶은 것은 돌봄책임복무제가 낯설고 생경한 제도라기보다 현재의 시스템 속에서 충분히 병합될 수 있는 제도라는 점이다.

둘째, 보편복무제를 '기본자산제'와 연계하는 것이다. 현재 군복무에 대한 경제적 보상은 매우 낮게 책정되어 있다. 병장의 임금은 월 60만9,000원이며 이를 월 67만 원으로 인상하는 임금인상 안이 최근 발표되기도 하였지만, 여전히 군복무에 대한 보상이 낮다는 평가가 주를 이룬다(뉴스1 2021.08.24.). 예컨대, 남녀군복무제를 시행하고 있는 노르웨이의 경우, 군에서의 근무 및 복무여건은 매우 좋은 것으로 평가되며 군에 복무한 인원 중 여성 90%, 남성 83%가 군 생활에 만족하는 것으로 조사된다(박진수 2018, 127). 따라서 보편복무제에 대한 경제적 보상 및 복무여건 등은 훨씬 더 민주적으로 나아져야 할 것이다. 이 점에서 보편복무제를 기본자산제와 연계시키는 것을 제안한다.

기본자산제는 기본소득제와 유사하지만 동시에 다른 맥락에서 전통적인 복지에 대한 진보적 대안으로 논의되고 있는 제도이다. 기본소득이 모든 시민이 개인 단위로 평생에 걸쳐 정기적으로 국가로부터 제공받는 소득에 해당한다면, 기본자산은 성인기를 시작하는 모든 청년 시민이 국가로부터 제공받는 일정 정도의 자산이다. 기본자산제는 국내외 학계에서 '사회적 지분(stakeholder grant)' 혹은 '보편적 자본급여(universal capital endowment)'로 호칭되며 활발히 연구되고 있으며(Ackerman et al. 2006, 79-110; Piketty 2020; 김종철 2020), 정치권에서도 '청년기초자산제'라는 이름으로 대안의 정책으로 소개되고 있다. 예컨대, 정의당은 2020년 총선 공약 1호로 '청년기초자산제'를 제시하기도 하였으며, 그 외 여러 정치인이 다양한 모습의 기본자산제를 제안하고 있기도 하다. 이제껏 제안된 기본자산제는 기본자산의 지급 규모, 지급형태, 재원마련 방법, 활용조건 등이 다양하지만, 그 공통된 핵심은 성인기를 시작하는 사회초년생들에게 가능한 평등한 출발선이라는 공정한 조건을 제공하려는 목적을 갖는다. 청년들이 기본자산을 통해 사회생활을 시작하는 시작점에서 충분한 경제적 기회를 가질 수 있도록 하는 것이다.

따라서 보편복무제를 기본자산제와 연계시킨다면, 돌봄의무와 병역의무를 이행한 모든 청년에게 일정 금액의 자산(6천만 원~1억 원)을 제공하는 제도화를 생각해 볼 수 있겠다. 앞서 언급한 최근 정부의 병장 임금인상 안도 '청년종합대책'의 일환으로서 제시된 점을 고려한다면, 보편복무제 역시 돌봄정책의 일환이자 청년정책의 일환으로서 의미를 갖는다고 볼 수 있다.

결론적으로, 돌봄책임복무제(보편복무제)는 시민의 돌봄책임을 제도화하는 것이다. 이를 통해 시민은 시민적 돌봄의무를 수행할 공식적인 기회를 갖게 되며, 돌보는 시민으로서 시민적 자질을 제고할 수 있고, 돌봄의 태도를 체득하고 돌봄을 존중하며 돌봄이 당당한 사회를 만드는 데 기여할 수 있을 것이다. 더불어 다음의 부가 효과를 함께 기대할 수 있을 것이다.

첫째, 성불평등 구조에 도전하며 또한 소모적인 젠더갈등의 해소를 기대할 만하다. 성불평등 구조의 기저에는 '남성성＝군대＝공적＝주류시민' 대 '여성성＝돌봄＝사적＝이등시민'의 프레임이 깔려있다. '보편복무제'는 전형적인 남성 계통의 세계와 전형적인 여성 계통의 세계를 교차·병합시켜서 구조적인 틀이 된 젠더적 프레임을 희석(완화)시킬 수 있을 것으로 기대한다. 동시에 최근에 대두된 젠더갈등은 소위 '이대남'이 제기하는 청년남성의 불평등 및 역차별과 직접적으로 관련된다. '이대남'이 호소하는 불평등 및 역차별의 피해의식과 사회가 공정하지 못하다는 인식은 남성징병제에 기인하는 경우가 많다고 조사된다(박진수 2018, 15; 마경희 2019). 따라서 모든 시민의 의무로서 규정된 '보편복무제'가 시행된다면, 그래서 남녀 모두 돌봄과 병역을 보편적으로 복무하게 된다면, 이러한 소모적인 성 대결적 갈등해소의 기폭제가 되리라 기대한다.

둘째, 청년불평등 문제의 해소를 기대할 만하다. '88만 원 세대,' '흙수저,' '헬조선' 등의 담론은 더 이상 공정한 경쟁과 계층상승의 기회를 박탈당한 청년들의 이야기를 대변한다. 이러한 상황에서 '기본자산제'와 연계된 '보편복무제'는 경제사회적 불평등이 공고화된 한국사회에서 사회생활의 출발점에 선 청년들에게 기울어진 출발선을 평평하게 맞추는 최소한의 재분배 정책으로 이해될 수 있을 것이다. 미래를 이끌 청년세대를 위해 청년불평등을 바로잡는 정책제안이 될 수 있다.

셋째, 세대갈등 문제의 해소를 기대할 만하다. 세대갈등의 핵심은 소득 및 자산의 세대 간 불평등의 심화가 가속화되고 있는 실정에서, 저성장과 산업구조의 변화로 청년실업이 지속적으로 늘어나고 있으며, 더 나아가 청년들이 계층이동의 유의미한 기회를 더 이상 갖지 못한다는 데 있다. 최근 청년을 대상으로 한 조사에 따르면, 약 63%의 청년이 향후 청년일자리 상황이 악화될 것으로 예상했으며, 10명 중 7명이 열심히 일해도 부자가 될 가능성이 없다고 응답하였다(이데일리 2021.09.12.). 더 나아가 세대갈등 문제는 고령인구가 많아지고 있고, 이에 대해 국민연금 재정이 고갈되는 등 청년세대의 부담이 더욱 가중되고 있는 점에도 기인한다. 따라서 보편복무제를 통해 청년불평등 문제가 완화되고 더 나아가 더 정의롭고 괜찮은(decent) 청년일자리가 창출된다면 경제선순환을 이끌며 세대 간 갈등을 최소화하는 데 도움될 수 있을 것이다.

마지막으로, 안보능력 강화를 기대할 만하다. 스웨덴의 경우, 군복무제를 여성으로까지 확대한 이유 중 하나는 국가의 안보능력을 강화하기 위해서였다. 여성으로 확대된 징병제를 군대의 인재영입의 기회로 삼고자 한 것이다(박진수 2018, 122-124). 한국도 인구감소가 현실로 다가오고 있는 가운데 군병력의 유지에 대한 문제도 함께 불거지고 있다. 이에 국방부도 2018년 '국방개혁 2.0'을 추진하며 인구감소의 대비방안을 제시하고 있으나, 결과적으로 2033년에는 연간 필요병력인 30만 명 수준 이하로 떨어지면서 기존의 방식으로는 군대의 유지가 어렵다는 전망이 나온다(중앙일보 2021.02.12.). 이러한 현실에서 보편복무제를 시행한다면 여성군인으로 병력보충이 가능해질 뿐만 아니라, 보다 근본적으로 돌봄이 당당한 사회를 조성함으로써 최근 심각한 수준으로까지 떨어진 출생률을 높이고 병력 및 안보능력을 강화하는 데 기여할 수 있을 것이다.

6 함께돌봄책임의 제도화(4): 돌봄교육

의무교육과정에 포함된 돌봄

시민의 '함께돌봄책임'을 제도화하는 네 번째 방안은 돌봄교육을 교과에 포함시키는 것이다. 교육이란 시대사조를 반영하는 윤리적 인간상을 빚어내는 것이라 할 때, 교육의 내용에는 현재 사회가 무엇을 중요하게 생각해야 하는지, 과거를 성찰하고 미래를 예측했을 때 미래 시민은 어떤 지식과 가치관을 권장하고 독려해야 하는지 등의 선별된 주제들이 담겨 있어야 한다. 따라서 교육과정에는 과거에 대한 반성과 현재에 대한 평가 그리고 더 나은 미래에 대한 비전이 투영되어야 한다. 필자는 돌봄교육이야말로 이러한 반성과 비전을 담은 민주사회에 필수적이지만 지금껏 평가하지 않았던 중요한 교육적 과제라고 판단한다.

사회에 돌봄의 공공인프라가 아무리 촘촘하게 짜여졌다 해도 돌봄은 반드시 인간이 인간을 몸소 시간과 공간을 함께하며 에너지를 들이고 부딪치고 상대해야 하는 것이다. 그렇기에 돌봄은 필연적으로 윤리의 범위이며 같은 이유로 매우 사적인 공간까지 그 범위에 포함된다. 다시 말해, 돌봄은 '스스로를 돌볼 힘이 없는' 아이, 노인, 장애인 혹은 환자 등을 상대하는 태도와 심성, 사회적 관습과 풍토와 관련되기 때문에, 법과 제도의 정비뿐만 아니라 서로를 어떻게 대해야 하는지에 대한 (도덕)교육과 필연적으로 관련된다.

예컨대, 육아나 가족간병의 부담을 분담함에 있어 직접적으로 필요한 것은 비용분담(육아수당)이나 간병휴가(육아휴직) 같은 공적 제도지원일 수 있다. 하지만, 더불어 육아나 가족간병에서 필요한 것은 돌봄(육아·간병·요양보호 같은)을 긍정의 유의미한 공로로 보는 우리의 태도와 사회적 시선이다. 돌봄은 취약한 타인의 신변처리나 신체수발 등 집안에서 혼자 하는 반복적인 일이 대부분일 수 있지만, 그것의 윤리적 의미를 되새기고 돌봄제공자에 대한 든든한 지지를 체감할 수 있도록 보여주는 '우호적인 사회적 시선과 풍토'가 조성되어야 한다. 따라서 돌봄교육은 돌봄이 당당한 사회가 될 수 있도록 시민의 심성과 태도를 다듬고 민주적 기풍을 살아 숨 쉬게 한다는 점에서 중요하다.

돌봄교육의 필요성은 다음의 두 가지 측면에서 지적할 수 있다. 첫째, 돌봄은 시민교육 측면에서 필요하다. 교육의 목적은 미래의 시민을 육성하는 것이며 미래의 시민상은 우리가 어떤 교육을 그 내용으로 할지 결정하는 이정표다. 기존의 교육은 개인의 자유와 권리를 우선시하는 자유주의 사상의 영향을 많이 받았다. 개인의 자유를 권리로서 보장받고 타인의 권리를 부당하게 침해하지 않는 자유인이자, 동시에 노동을 통해 사회경제적인 자립을 성취하고 사회에 생산적인 기여를 할 수 있는 생산력 중심의 노동자를 시민의 이념형으로 삼아왔다. 이러한 자유주의 사상의 시각에서 본다면, 타인의 권리를 부당하게 침해하지 않으면서 자신의 권리를 극대화하는 것은 정당한 도덕적 행동으로 인식된다. 하지만 이 경우 타인의 삶에 '반드시 있어야 하는 개입'인 돌봄의 경우, 도덕적 책임 영역 밖의 문제일 뿐만 아니라 비합리적인 것으로 평가되게 된다(박병춘 2002, 4).

반면 돌봄민주국가의 시민은 자유와 권리의 가치만을 고양하는 것이 아닌 취약한 인간을 돌보고 또한 돌봄을 받는 인간이다. 인간은 합리적이고 이성적이며 생산적이지만은 않으며 오히려 인간 모두는 취약하고 의존적이며 돌봄을 받거나 주는 존재이기 때문에, 이러한 돌봄인으로 시민의 상을 재정립할 필요가 있다. 돌봄인으로서 시민적 자질과 덕성을 키우기 위해서 그리고 그러한 시민으로 구성된 사회문화와 풍조를 도모하기 위해서 돌봄교육이 있어야 한다.

2019년부터 코딩교육이 의무교육과정에 포함되었다. 교육부에 따르면 코딩교육은 4차 산업혁명을 앞두고 학생들의 문제해결 능력, 창의력, 융합력, 협력 등 다양한 능력을 종합적으로 기를 수 있기에 필수 교육과정으로 포함시켰다는 것이다(매일경제 2020.12.02.). AI와 4차 산업혁명 시대에 코딩능력과 컴퓨터 기술은 중요한 시민적 자질일 수 있다. 하지만 돌봄인의 관점에서 본다면, 국가에서 강제하는 의무교육의 내용으로 '취약한 인간을 직접 상대하고 돌볼 수 있는 능력'이 '로봇과 컴퓨터를 대하는 능력'보다 못할 이유는 전혀 없어 보인다.

그간 인간의 관계능력이 독립적이고 노동생산력이 있는 자유주의적 성인 남성의 전제로 교육되고 있음을 감안한다면, 또한 아이·환자·장애인·고령자 같은 취약한 인간을 상대하고 관계할 줄 아는 능력이 교육적으로 고려되지 않았음을 혹은 특정 성에게 편중되어 교육되었음을 성찰적으로 상기한다면, 취약한 인간을 상대하고 돌볼 수 있는 능력이야말로 시류와 시의성을 넘어 인간보편의 능력으로 이해되고 교육·함양되어야 함은 당연하다. 다시 말해, 보편적인 인간의존성이 요구하는 돌봄능력은 4차 산업혁명이라는 시의성 이상의 (도덕)교육적 가치를 지님은 분명하다. 그렇기 때문에 미래세대에게 꼭 필요한 시민적 자질과 능력은 컴퓨터 코딩능력 못지않게 누구에게나 불가피한 약자의 시간을 지나는, 취약인과 더불어 살아갈 수 있는 돌봄능력이라고 할 수 있다.

둘째, 돌봄교육은 시민교육 중에서도 민주시민교육에 필수적이다. 우리 교육의 목표가 더불어 살아가는 민주시민의 육성이라 할 때, 민주시민이란 약자의 고통을 외면하지 않으면서 약자에게 자신의 힘을 남용하지 않는 태도를 지닌, 루소(J. J. Rousseau)가 자유시민의 자질로 부른 시민으로 이해될 수 있다. 이 점에서 돌봄의 특성이 민주적 시민성에 부합한다는 프라이스타트(Shawn Friastat)의 연구는 돌봄교육의 필요성에 있어 많은 함의를 준다(Friastat 2016). 그는 돌봄의 민주 시민성을 주장하며 루소의 교육론을 차용한다. 프라이스타트에 따르면, 루소는 생명체를 기르고 구성원을 발전시키는 돌봄을 도덕교육과 등치시켰을 뿐만 아니라 루소가 자유로운 시민이 함양해야 한다고 강조한 민주시민의 덕목이 바로 현대 돌봄윤리가들이 강조하는 "좋은 돌봄(good care)"임을 밝히고 있다(Fraistat 2016, 890-892).[153] 나아가 프라이스타트는 루소 역시 도덕교육의 방식으로서 "돌봄실천(돌봄제공)"이 민주시민의 자질을 함양하고 육성함에 있어 "반드시 있어야 하는 교육"이라고 보았다고 역설한다(Fraistat 2016, 891).

프라이스타트에 따르면, 돌봄을 받는 사람은 물론 돌봄을 제공(실천)하는 사람도 돌봄의 민주시민 교육효과가 나타난다고 루소는 강조했다는 것이다. 돌봄을 받는 사람에게 돌봄은 그것이 없었으면 이질적인 타인으로 남았을 남(돌봄제공자)을 긍정함으로써 자기애를 남에게 확장할 수 있게 해주며, 그 결과 돌봄받음은 사회적 관계로 확장될 수 있는 인간애를 뇌리에 심는 것이라고 설명한다(Fraistat 2016, 894-896). 또한 돌봄을 제공하는 사람에게 돌봄은 민주적 에토스를 체득하게 해준다는 것이다. 돌봄이란 두뇌나 말로 끝나는 지시가 아니라, 이웃과 사람들 속에서 부딪치고 자극받으며 힘겹게 사는 약자들을 접하고 공감하며 그들이 우리 자신과 같은 사람들이라는 점을 체득하는 것이기 때문에, 돌봄제공자는 우월의식으로 자의식을 형성하지 않으면서 타인과 동등한 선상에서 자신의 위신을 찾게 된다고 보았다. 따라서 "돌봄실천"은 평등지향의 민주적 에토스의 관점에서, 돌봄제공자를 약자를 돌보는 강자의 능력과 힘을 남용하고자 하는 욕구 사이에 균형을 잡는 진정한 자유인으로 만든다고 보았다(Fraistat 2016, 897-899).

저명한 교육학자이자 돌봄이론가인 나딩스(Nel Noddings)의 교육론 역시 돌봄을 민주시민의 도덕교육으로 등치시켰다는 점에서 강조할 필요가 있다(Noddings 1992, 2002b). 나딩스는 모든 교육의 목적은 "역량 있고 돌보며 다정하고 사랑스러운 사람의 성장을 촉진"하는 데 있다고 보았다. 즉 교육은 돌보는 사람을 양성하는 도덕적 목적을 갖는다고 강조한다(Noddings 1992, 2002b, 163). 교육의 학문적 기능은 인격발달을 위한 매개역할에 제한되지만, 결국 교육이란 학생들의 돌봄능력을 발달시키고 윤리적 이상을 고양시키는 것이며, 그러기 위해서는 교육 자체가 '돌봄적'이 되어야 한다고 지적한다. 그렇다고 나딩스의 교육론이 지적 발달이나 학업적 성취에 반대하는 것은 아니다. 나딩스는 기초지식만을 주목한 채 이를 전달하는 교양교육을 비판하면서 도덕교육에 비중을 두고 있으며, 시민으로서 돌봄을 실천하는 도덕적인 사람을 기르는 것이 교육의 목표라고 주장한다.

따라서 나딩스에게 학교란 단지 정보나 학문적 자원을 제공하는 기관이 아니다. 그녀는 학교의 목적은 학생들이 타인을 돌보는 능력과 자질을 배우고 동시에 타인을 통해 돌봄을 받는 자세와 태도를 배우는 곳이라고 주장한다. 학교는 선생님과 학생 간의 일상생활, 교과활동, 학생 간의 교우생활 등을 통해 전적으로 돌봄을 함양할 수 있는 장소로서의 의미를 지닌다고 설명한다. 그래서 "학교의 첫 번째 의무는 학교의 구조, 관계, 교육과정에서 돌봄을 분명히 나타내는 것"이라고 단언한다(Noddings 2002b, 73). 선생님은 돌봄제공자로서 학생들과 돌봄관계를 형성하고 이를 통해 학생들이 돌보는 능력을 계발하도록 지원하고 도와줘야하는 책임이 있다고 보았다(Noddings 1992, 47). 따라서 나딩스에게 학교란 궁극적으로 돌봄기관이다. 이러한 나딩스의 입장에서 본다면, 최근 한국사회에서 '초등돌봄교실'의 책임주체가 누구인지에 대한 논쟁으로 불거진 이분화된 교육과 돌봄 간의 갈등은 돌봄에 대한 공교육계의 협소한 시각을 드러낸 부끄러운 단면이라 할 수 있다. 학교는 교육기관이지 돌봄기관이 아니라는 선긋기로 학교가 학교돌봄의 주체가 되기를 거부한 교육계 측의 입장은 나딩스의 논지를 무색하게 만든 셈이다.

그렇다면 돌봄교육에는 어떤 내용을 담아야 하는가? 예컨대, 나딩스는 돌봄교육을 강조하며 특정 교과를 염두에 두고 있지 않는다(Noddings 1992). 돌봄은 인간활동의 일부로서 이를 중심으로 기존의 교육 시스템을 재조직해야 한다고 나딩스는 주장한다. 다시 말해, 모든 학생들이 돌봄을 배울 수 있도록, 즉 자기 자신에 대한 돌봄, 친밀한 타인에 대한 돌봄, 지구상의 타인에 대한 돌봄, 식물·동물·환경에 대한 돌봄, 사물과 도구에 대한 돌봄, 사상(ideas)에 대한 돌봄 등을 중심으로 전통적인 교과교육을 재구성해야 한다고 언급한다. 반면 잉스터(Daniel Engster)는 나딩스와 다소 다른 입장을 보인다. 나딩스와 같이 그는 돌봄이 교육체계가 육성해야 할 중요한 가치라는 점에는 동의하지만, 돌봄이라는 가치가 학교교육의 다른 가치들(예컨대 수리 및 언어능력 등)을 대체하는 최상위 가치로 대체되어서는 안 된다는 입장이다(Engster 2007, 355-360). 잉스터가 보는 돌봄교육의 핵심은 사람 간 관계에 필수적인 감정학습이나 감정이입 훈련이 포함된다. 이 점에서 역사수업이나 사회수업도 돌봄의 방식으로, 즉 공감적인 방식으로 교육할 수 있다고 보았다.

따라서 돌봄교육의 당위에 동의한다 해도 돌봄교육의 형식, 목적, 방법 등에 대한 논의는 치열한 논쟁과 고민, 이를 통한 사회적 공감대가 함께 필요한 부분이다. 돌봄교육이란 나딩스처럼 돌봄 중심의 전면적인 교육의 재구성을 의미할 수 있지만, 필자는 이를 제한적으로 돌봄교과에 한정하기로 한다. 필자가 제안하는 돌봄교과의 세 가지 방향성을 언급하고자 한다.

첫째, 인간상과 돌봄에 대한 이해가 교과내용에 포함되어야 한다. 인간은 자유주의에서 상정하는 자율적인 자유인이자 생산적인 노동자일 수 있지만, 보다 근본적으로 취약한 인간, 의존적인 인간, 누군가의 돌봄을 받는 인간이라는 점이다. 생로병사라는 인생 전반의 경로를 감안한다면 인간의 의존성과 돌봄의 필요성은 인간상에서 분리될 수 없다. 자유주의가 상정하는 독립적이고 노동생산력 있는 개인은 돌봄이 필요 없는 존재로 그려지며, 결과적으로 의존과 취약성을 비정상적인 것으로 나아가 낙인과 편견의 딱지로 비하하는 위험을 안겼다. 이러한 이데올로기적 인간상에서는 돌봄을 주고받는 모습이 드러내서는 안 되고 감춰야 하는 무엇이 되게 된다. 이러한 편협한 인간상을 바로잡아줄 수 있는 교육, 즉 인간의 의존성과 취약성 그리고 돌봄의 노고와 공로에 대한 교육이 있어야 한다. 더 나아가, 경제발전이라는 과거 사례와 신자유주의적 시장경제가 이러한 경향을 더욱 강화하고 있는 기제에 대해, 다시 말해 돌봄이 체계적으로 공적 영역에서 배제되어 돌봄을 담당해온 사람들이 그 노고에 비해 자유롭고 평등한 존재로 살기 어려웠는지에 대한 반성적 교육이 미래지향적 차원에서 있어야 할 것이다.

둘째, 취약한 타인에 대한 윤리성, 공감성, 책임성 및 의무감이 교과내용에 포함되어야 한다. 취약한 타인의 고통을 외면하지 않는 윤리성에 대한 교육이 필요하다. 고통 받는 취약한 타인을 계약관계나 불간섭의 차원에서 외면하고 방임하는 것이 '자유'와 '권리'의 수사로 정당화되지 않기 위해, 약자에 대해 우리가 해야 할 무엇에 대한 교육이 있어야 할 것이다. 이것에는 돌봄윤리학자들이 강조해온 감지력(예의주시), 공감력, 책임성, 의무감 등이 포함되어야 한다. 이러한 능력은 타인이 처한 곤경과 필요를 감지할 수 있는 능력이며 이는 비언어적인 소통을 함께 포함한다. 또한 약자가 말하기 어려운 고충을 자신의 일부로 인식하는 공감성과 그에 대한 부담을 어떻게든 담당해보려는 책임성, '돌봄의 부담을 함께 하겠다'는 의무감 등에 대한 교육이 있어야 할 것이다.

추가로 많은 돌봄 논의는 힘을 남용하지 않아야 하는 돌봄제공자의 태도를 강조하지만, 동시에 또한 중요한 것은 돌봄받는 사람의 태도이다. 돌봄을 받는다는 것은 자유주의적 시각에서 보면 자립적이지 못한 능력 부족의 연장선이겠지만, 돌봄에 힘입는다는 것은 돌봄의 시민상에서는 누구에게나 있을 수 있는 보편적인 일이다. 그래서 커테이는 "고마움으로(graciously) 돌봄을 받을 의무"를 이야기한다 (Kittay 2014). 돌봄을 받는다는 것은 수치스럽거나 혐오받을 일이 아님을 우리 모두가 함께 숙지해야만이 '독립적 인간을 전제하는 부조리한 사회적 시선과 풍조'를 방조하지 않는 정의로운 돌봄민주사회의 우군이 될 수 있을 것이다.

셋째, 돌봄의 교과과정에는 '실천으로서 돌봄'이 포함되어야 한다. 거듭 언급하지만 돌봄은 실천이며, 실천을 통해 인간의존성에 대한 이해와 동류 인간에 대한 인간애를 싹틔우고 다지며 체득할 수 있는 윤리적이자 정의의 기초이다. 따라서 돌봄을 익히고 실천할 수 있는 기회가 교육과정에 있어야 한다. 학습 연령대에 따라 강도와 빈도가 다양하게 설계되어야겠지만, 예컨대 매 학기마다 최소한 일정시간 이상 반드시 익히고 해야 하는 그리고 갖춰야 하는 능력의 하나로 인식될 수 있도록 설계될 필요가 있다. 영유아, 환자, 장애인, 노인 등 이들에게 돌봄을 제공하는 이른바 육아, 간병, 장애활동보조, 요양보호 등은 중장년층 여성을 위한 사회서비스 일자리 창출영역이라기보다, 인간의 있는 그대로의 모습을 서로 교감하며 인간에 대한 동류의식을 공감할 수 있는, 그리고 나아가 약자의 심정을 자신에게 이입하며 군림하지 않고 함께 살아가는 내성을 키우는 도덕교육의 과목이 될 수 있을 것이다.

나딩스도 돌봄의 윤리적 이상을 발달시키기 위한 도덕교육의 방법으로서 학생들에게 돌봄을 실천해 볼 수 있는 기회를 제공해 줄 것을 제안한다. 돌봄의 능력과 성향은 돌봄의 실천경험을 통해 발달된다고 믿었기 때문이다. 이런 돌봄의 실천방법으로서 학교에서 정규교과목 이외에 공동체를 위한 봉사활동 과정을 채택할 것을 제언하였다(Noddings 1992, 56-58). 이러한 돌봄경험을 통해, 타인의 고통을 외면하지 않는 심성과 힘을 남용하는 태도에 대한 비판적 반감을 내장함으로써, 학생들은 장차 겪게 될 다종다양한 사회적 힘의 관계에서 당당하게 살아갈 수 있는 시민의 근성을 키워갈 수 있을 것이다.

결론적으로 나딩스는 교육의 목표를 다음과 같이 적는다.

우리가 우리의 아이들에게 원하는 것은 무엇인가? 우리 대부분이 바라는 것은 우리의 아이들이 사랑할 누군가를 찾고, 즐거워하거나 적어도 싫어하지 않는 유용한 일자리를 찾으며, 가족을 꾸리고, 친구 및 친척과 유대감을 유지하는 것이다. 이러한 희망이 마음에 싹트는 아동을 육성하는 것이 우리의 관심사가 된다. 우리 아이들이 어떤 종류의 배우자, 부모, 친구 그리고 이웃이 될 것인가?(Noddings 2002b, 164)

결국 돌봄교육은 배우자로서, 부모로서, 자녀로서, 친구로서, 이웃으로서 서로 관계하고 같이 사는 민주적 시민을 기르는 것이다. 이들은 엄격한 경계 나누기와 치열한 경쟁을 통한 승리자와 패배자를 넘어 함께 사는 사람들, 즉 서로 돌보며 "긍정적인 관계를 만들고 유지하며 고양하는" 사람들이다(Noddings 1992, 52).

7 함께돌봄책임의 제도화(5): 돌봄연금

연금제도를 통한 공무로서 돌봄 인정

시민의 '함께돌봄책임'을 제도화하는 다섯 번째 방안은 돌봄에 대한 공적 연금을 제도화하는 것이다. 공적 연금이란 시민의 노후 빈곤을 해결하기 위한 소득보장제도의 일환으로 개인이 받은 임금의 일부를 보험료로 납부하고 이에 기초한 경제적인 기여로 말미암아 은퇴 이후의 생활을 보장받는 것이다. 특히 사적 연금과는 달리 공적 연금은 정부가 시민에게 의무화한 "강제 저축"의 형태를 보임으로써 국가가 시민의 은퇴 이후의 생활에 대해서 적극적으로 개입하여 보장하는 행위로 이해된다(양재진 2020, 133). 공적 연금은 세대 간 전이도 가능하기 때문에 이 경우 근로세대가 지불하는 보험료는 은퇴자의 연금이 된다.

이제껏 돌봄은 공적 연금제도에서 배제되어 왔다. 기본적으로 연금은 노동시장에서의 근로소득에 기초하기 때문에 가정과 같은 사적 영역에서 무보수로 진행된 돌봄은 차후 연금으로 대체되지 못했다. 쉽게 말해, 가정에서 아이나 노부모 혹은 아픈 가족을 돌보는 사람들은 연금수급권을 보장받지 못해왔다. 가족 중 취약한 누군가를 책임지고 돌봐야하는 사람들은 노동시장에서 전일제 노동자로 일하기란 거의 불가능하다. 노동시장에서 일하던 사람들도 누군가를 돌보기 위해 자신의 일을 그만두지 않을 수 없게 되거나 돌봄과 최소한 양립가능한, 예컨대 시간제 일자리 같은 제한적인 일에만 종사할 수 있을 뿐이다. 돌봄이란 인간의 삶과 사회를 지탱하는 근본가치이며 이를 수행하고 제공함은 시민적 책임임에도 불구하고, 그 책임을 다하는 사람들은 오히려 사회에서 제대로 인정받지 못하고 이렇듯 기존제도와 시스템 속에서 주변화되고 불이익을 받게 된다(윤자영 2018a, 41-48).

사회에서 개념화한 소위 '경력단절여성'도 이 경우에 해당한다. '경력단절여성'이란 돌봄의 사유로 노동시장에서 이탈한 여성을 일컫는다. 15세부터 54세 이하의 기혼여성 중 현재 비취업인 여성으로서 결혼, 임신 및 출산, 육아, 자녀교육, 가족돌봄의 사유로 직장을 그만둔 여성이라 정의 내려진다. 최근 조사에 따르면, 2020년 4월 기준으로 노동시장에서 고용경력의 단절을 경험한 여성은 15~54세 기혼여성 대비 17.6%를 차지하며, 이들이 일을 그만둔 사유는 육아(42.5%), 결혼(27.5%), 임신·출산(21.3%), 가족돌봄(4.6%), 자녀교육(4.1%) 순으로 나타난다(통계청 2020d). 이들은 돌봄의 사유로 노동시장에서 이탈되어 근로소득을 얻지 못함과 동시에 경력단절의 기간 동안 노동숙련을 못하게 되어 잠재적 소득상실을 감당하게 되고, 더 나아가 근로소득의 상실은 이와 연동된 연금수급의 상실로 이어져 연금수급에 필요한 최소한의 기여기간과 수급요건을 채우지 못하는 경우를 겪게 된다.

여기에서 중요한 것은 돌봄의 불리함이 단지 여성과 육아(양육)에 국한되지 않는다는 점이다. 최근 한 신문에 연재되고 있는 청년 케어러, 이른바 영 케어러(Young Carer)의 이야기(조기현의 '몫')는 또 다른 묵직한 울림을 준다. 저출산과 고령화, 늦은 결혼과 비혼화 등의 인구변화로 말미암아 "우리 삶이 일찍 돌봄을 마주할 조건"이 야기되고 있다(한겨레 2021.09.21.). 그 결과 연로한 부모나 조부모를 홀로 부양하거나 아픈 형제자매를 돌보는 청년들이 점차 많아지고 있는 추세이다(한겨레 2020.11.08.). 이들은 학업을 지속하거나 전일제 양질의 일자리에 취업하는 데 있어 상당한 어려움을 겪으며 결혼을 포기하기도 한다. 최근 출판된 간병 가족들의 이야기를 담은 책『간병살인, 154인의 고백』을 보더라도 치매 남편이나 장애인 자녀 등 아픈 가족을 돌보는 일이 얼마나 우리 사회에 만연한 일이며 또한 만연할 만큼의 안타까운 비극의 결과를 낳는지 알 수 있다. 조사에 따르면 현재 가정에서 돌봄을 받는 환자가 100만 명 정도이며, 이는 20가구 중 한 가구에서는 누군가가 집에서 아픈 가족을 돌보고 있다는 의미이다(유영규 외 2019). 간병급여나 가족요양보호사가 가족일 경우 타인에 비해 단가가 낮게 측정되는 등 돌봄에 있어 사회는 가족의 기능을 여전히 당연시하며, 돌봄의 불리함과 고통을 개인과 가족이 오롯이 떠안는 경우가 많다. 그리고 가정에서 가족을 돌보는 당사자들은 주로 남성보다는 여성이, 안정된 직장의 정규직보다는 시간제의 불안한 비정규직이, 기혼 형제자녀보다는 비혼 형제자녀가 많다.

따라서 필자는 공적 연금제도에서 돌봄을 포용할 것을 제안한다. 돌봄의 가치가 인정되는 돌봄연금제도이다. 이를 위해 현재 연금제도 내에 존재하는 '크레딧제도'를 활용할 수 있을 것이다. 크레딧제도란 사회적으로 가치 있는 일을 하거나 혹은 불가피한 사유로 인하여 보험료를 납부하지 못하는 기간이 발생하였을 때 그 기간(혹은 일정 기간) 동안 국가가 대신해서 보험료를 납부해 주는 제도이다. 이를 통해 차후 보험급여액이 현저히 낮아지는 것을 보완함으로써 노후 빈곤문제를 대처하기 위한 정책방안으로 제안된다. 연금체계를 운영하는 국가들은 다양한 형태와 목적을 갖는 크레딧제도를 활용하고 있으며, 예컨대 OECD는 실업, 아동양육, 노인부양, 질병·장애, 교육의 다섯 사유에 기초한 연금제도 크레딧을 인정하고 있다(유호선 2010, 181).

　　한국은 국민연금제도에서 출산이라는 행위에 대하여 가입기간을 추가적으로 산입하는 크레딧제도를 2008년 1월부터 도입·운영하고 있다. 출산크레딧은 둘째 자녀 이상을 대상으로 아동 수에 따라 12개월부터 최장 50개월까지 국민연금 가입기간으로 인정한다. 한국을 포함해 다른 나라들에서도 출산과 육아 등으로 근로소득을 상실하고 근로경력이 불리한 여성들이 노후보장에 어려움을 겪지 않도록 하기 위해 공적 연금제도를 재설계하는 추세이며, 이런 추세 속에서 출산, 양육 및 돌봄에 대한 크레딧을 확대하고 있다. 한국 또한 현재 운영되는 출산크레딧 제도를 건설적으로 재평가하고 여성의 연금수급권 강화를 위한 개선방안에 대한 논의들이 활발하다(유호선 2010; 김진·이정우 2014; 이윤진 2017). 이들은 적용대상의 범위, 연금가입 인정방식과 인정수준, 연금가입 인정기간, 소요재원의 조달방법 등 다양한 이슈를 다룬다. 그중 설득력 있게 언급되는 두 지점이 있다.

하나는 한국의 출산크레딧은 자녀의 '출산'으로 인한 크레딧이기 때문에 궁극적으로는 양육(육아)에 대한 지원이나 양육기간을 보상하기 위한 차원에서 설계되지 않았다는 점이다. 즉 양육에 초점을 두기보다는 저출산 해소라는 수단적 목적 및 근로경력 단절로 인한 여성의 연금수급권 확보 차원에서 제한되게 논의되어 왔다고 보았다. 이러한 비판에서 현재의 출산크레딧을 양육크레딧으로 확대할 것이 제의된다. 이러한 맥락에서 '한국형 육아크레딧 제도'가 논의 중인데, 한국형 육아크레딧은 "육아활동에 대한 가치보상적 목적"에 주안점을 두며, 양육비용의 보상 및 양육의 노동에 대한 가치환원을 추구하는 동기를 갖는다(이윤진 2017, 111). 이때 양육크레딧의 대상은 출산을 한 여성이라기보다 "실질적 양육자," 즉 가정에서의 양육으로 인해 노동시장에서 이탈되거나 노동시장으로의 진입이 지연된 사람 및 양육을 실제로 행하고 있는 저소득층 근로자가 해당된다(이윤진 2017, 111).

다른 하나는 한국의 출산크레딧은 비용부담을 연금기금과 국가가 공동으로 부담하도록 되어 있다는 점이다(김진·이정우 2014, 11-12). 하지만 출산크레딧의 근본적인 취지(출산장려가 목적이든, 양육보상이 목적이든 혹은 여성수급권 보장의 목적이든)를 고려할 때 해당 비용은 국가의 재정에서 충당되어야 한다고 제안한다. 그렇지 않고 비용부담의 상당 부문이 현재처럼 연금기금에 의존하는 것이라면, 이는 후세대가 크레딧의 비용부담을 감당하는 구조가 되기 때문이다.

이러한 두 가지 정책제안에 필자도 전적으로 동의한다. 출산크레딧(혹은 양육크레딧)은 출산 행위에 주목하기보다 "실질적 양육자"를 대상으로 해야 한다는 점, 그리고 출산크레딧의 비용은 국가차원에서 부담해야 한다는 점이다. 구체적인 제도설계에 대해서는 치열한 논쟁과 많은 논의가 선행되어야겠지만, 이러한 정책제안에 기초하여 돌봄연금제도의 기본 방향을 세 지점에서 구체화해보도록 하겠다.

첫째, 돌봄연금(실제 형태에 있어 '돌봄크레딧'의 형식을 보인다고 하더라도)의 근본적인 취지는 공무(公務)로서의 돌봄을 연금제도를 통해서 공식적으로 인정하는 것이다. 이 점에서 돌봄연금은 돌봄수당과 유사하지만 다소 다르다. 돌봄연금과 돌봄수당은 돌봄을 수행한 자가 국가로부터 급여를 제공받는다는 측면에서 유사할 수 있다. 특정 인구집단을 대상으로 보편적으로 실시하는 사회수당은, 예컨대 아동수당, 노인수당, 장애수당 등은 낙인효과 없이 급여가 보장되는 사회구성원의 당연한 권리로서 접근된다(정원오 2010, 80-83). 따라서 돌봄수당도(현재 한국에는 양육수당이 존재한다) 돌봄제공자의 불리함을 직접 보상(compensate)하거나 돌봄제공자가 수행하는 돌봄을 보상(reward)하는 맥락에서 돌봄제공자의 권리로서 이해될 수 있다. 하지만 돌봄연금은 돌봄수당과는 달리 돌봄에 대한 공적 가치를 제도화한 것에 보다 가깝다. 그래서 돌봄연금의 목적은 돌봄제공자가 감당하는 불리함을 보상하거나 돌봄제공자의 노후생활을 국가가 책임진다는 것을 넘어선다. 돌봄연금의 목적은 시민적 돌봄책임 수행에 따른 공로(功勞)를 공적 연금으로 제도화하여 인정해주는 것이다. 즉 공적 연금을 통해 국가가 돌봄책임 수행에 따른 경력을 인정해주는 것이다.

따라서 엄격히 말하면 사회에서 담론화된 '경력단절여성'이라는 표현은 매우 잘못된 것이다. 노동을 가능하게 하는 돌봄이야말로 중요한 공헌이자 경력이라는 점을 상기한다면 돌봄으로 인해 여성의 경력은 지속되고 있는 셈이며, 더 나아가 이들은 시민적 돌봄책임을 수행하는 사람들이다. 오히려 돌봄의 단절을 경험하는 사람들('경력단절여성'과 대비시킨다면 이를 '돌봄단절남성'이라 부를 수 있겠다), 그래서 시민적 돌봄책임을 수행하지 않는 사람들의 이슈야말로 우리 사회가 해결해야 하는 주요한 사회문제인 것이다. 돌봄이 시민의 책임이라는 측면에서 본다면 돌봄연금은 국가보전금 명목으로 재정이 투입되는 공무원연금이나 군인연금에 해당하는 위상을 가질 수 있어야 한다. 결국 돌봄이란 공적 가치를 갖는 일이며『당신이 집에서 논다는 거짓말』이라는 책 제목처럼 이들이 집에서 결코 노는 것이 아님을(정아은 2020), 더 중요하게 '엄마는 집에서 공무(公務) 중'이라는 실제를 돌봄연금을 통해 제도화할 수 있을 것이다.

둘째, 돌봄연금은 결과적으로 출산율을 높이는 데 있어 그리고 여성의 연금수급권을 강화하는 데 있어 의미 있는 기여를 할 수 있다고 본다. 그러나 돌봄연금은 그 근본 취지에 있어서 출산 중심적이거나 젠더(여성) 중심적일 필요는 없다. 여기에서 출산과 돌봄의 구분하는 러딕(Sara Ruddick)의 논의는 유의미하다(Ruddick 1989, 107-108). 물론 출산과 돌봄은 불가피하게 연결된다. 돌봄은 출산을 통해 생성된 인간이라는 생명체에 대한 행위이기 때문에 돌봄은 출산을 통해서만 가능하게 된다. 하지만 이 둘은 구분 가능하며 자체로 별개의 행위이다. 생물학적 여성을 필요로 하는 출산과는 달리, 돌봄은 누구나 할 수 있고 누구나 해야 하는 것이다. 출산한 자만이 누군가를 돌볼 수 있거나 출산가능한 성별만이 누군가를 돌보는 데 더 당연하거나 유리한 것은 결코 아니다. 하지만 기존의 출산크레딧은 저출산 정책의 일환이거나 여성의 연금수급권을 보장하기 위한 목적이었다. 저출산 대책으로서 또한 여성 연금수급권 보장으로서 출산크레덧이 얼마나 실효적이었는지에 대해서는 향후 논의가 필요하겠지만 이를 차치한다면, 돌봄연금은 사회적 함께돌봄책임을 다한 시민에 대한 국가적 공로 인정이며 이는 돌봄이 당당한 사회를 만들기위한 돌봄민주국가의 제도적 기반임을 주지해야 할 필요가 있다.

셋째, 돌봄연금은 부모의 자녀에 대한 양육(육아)에 국한되어서는 안 된다. 앞서도 언급했듯이 돌봄을 수행하는 주체와 돌봄 대상은 다양하다. 청년 손자녀가 조부모를 돌보는 경우, 비혼 형제가 다른 장애인 형제를 돌보는 경우, 자녀를 부양하는 한부모가 동시에 노부모를 돌보는 경우 등은 모두 돌봄을 수행하는 경우이다. 따라서 돌봄연금은 자녀를 포함해 노부모 및 다른 가족이나 친지를 돌보는 모든 경우에 해당되어야 한다. 이 점에서 독일의 가족돌봄 크레딧제도는 본받을 만하다(김경아 2014). 독일은 공적 연금제도에서 아프거나 장애가 있는 노인이나 다른 가족을 돌보는 사람이 이로 인해 근로활동을 할 수 없는 경우 가족돌봄 크레딧제도를 1999년부터 운영하고 있다. 최소한 주당 14시간 이상의 가족돌봄으로 인해 근로활동을 할 수 없는 사람은 공적 연금에 의무적으로 가입해야 하며 이들에 대해 가족돌봄 크레딧이 인정된다. 크레딧의 인정기간은 노인이나 장애인을 돌보는 전 기간으로 기간의 제한은 없다. 따라서 노인이나 장애인을 장기간에 걸쳐 지속적으로 돌보는 경우 크레딧만으로도 돌봄제공자는 연금을 수급할 수 있게 된다(김경아 2014, 21-22). 독일의 가족돌봄 크레딧제도는 가족돌봄으로 인해 근로활동을 할 수 없는 경우에 제한되지만, 한국사회에 적용되는 돌봄연금은 가족돌봄과 근로활동을 병행하는 경우 혹은 가족돌봄을 수행하는 저임금 근로자의 경우 등 대안의 제도방안을 고민해 볼 수 있겠다.

8 정리하며

이 장에서는 돌봄민주국가의 핵심 제도인 '함께돌봄책임'의 제도화가 어떤 모습으로 실제화될 수 있는지에 대해 다섯 가지 — 돌봄헌법, 돌봄부, 돌봄책임복무제, 돌봄교육, 돌봄연금 — 측면에서 짚어 보았다. 위의 논의가 상기하는 주요한 지점은 기존 돌봄정책의 접근으로는, 즉 돌봄을 대상별로 예컨대 아동정책, 가족정책, 노인정책 등으로 분류하거나 혹에서 기성 영역구분 속에서 예컨대 노동, 젠더, 복지 등의 분절화되고 주변화된 분야로 다루는 것으로는 '함께돌봄책임'의 제도화를 이루기 어렵다는 것이다. '함께돌봄책임'의 제도화를 위해서는 기존의 틀을 깨는 과감한 환골탈태의 변혁적인 대전환이 필요하다는 것을 알 수 있다.

위에 언급한 제도 안은 단지 제도개혁의 물꼬일 뿐이다. 돌봄의 가치와 태도를 공적으로 긍정하는 국가, 돌봄을 주고받음이 차별이나 불리함이 되지 않는 국가, 돌봄부정의를 성찰적으로 지적하고 교정할 수 있는 국가, 돌봄이 필요한 취약한 다른 이들을 돌보는 것을 시민 모두의 공유된 책임으로 인정하고 공정하게 나누는 국가가 갖춰야 하는 개별 제도와 정책은 발상의 전환과 과감한 도전으로 추후 더 많은 논의와 논쟁을 통해 가다듬어져야 할 것이다.

주(註)

1 프레이저는 돌봄을 사회적 생산으로 접근하고, 사회적 생산을 "사회적 유
   대(social bonds)의 생산과 유지"에 관한 것으로 개념화했다. 이때 사회적 생
   산은 아이돌봄·노인돌봄 같은 세대 간 유대와 가족·친구·이웃·공동체를
   지탱하는 수평적 유대를 포함한다. 역사상 여성은 사회적 생산의 대부분을
   담당하였으며, 자본주의는 시장적 생산과 사회적 생산 간의 성별분업을 더
   욱 강화하였다고 프레이저는 평가한다(Fraser 2016a, 2016b).

2 이에 대해 한키브스키(Olena Hankivsky)는 돌봄윤리가 제1세대를 넘어 제2
   세대로 들어섰다고 표현한다. 돌봄윤리 제1세대와 제2세대의 특징에 대해
   서는 Hankivsky(2004, 11-40) 참조.

3 이 장에서 언급하는 돌봄윤리는 리쾨르(Paul Ricoeur), 레비나스(Edward Levinas)
   등이 주장하는 타자에 대한 공감 및 상호배려(관심)에 기초한 윤리와 일면
   다르다. 취약한 타자에 대한 도덕적 책임과 공감적 이해를 강조하고 있다
   는 점에서는 유사하나, 돌봄윤리는 타자윤리에 비해 개인적 수준을 넘는 사
   회적 함의를 강조하며, 모든 인간이 경험하는 불가피한 생물학적 의존과 돌
   봄제공자의 사회경제적 의존, 이에 따른 돌봄필요 및 이에 대한 사회적 책
   임을 강조한다. 돌봄윤리와 타자윤리의 유사점을 설명한 논의는 공병혜
   (2017, 4장과 5장) 참조.

4 『돌봄윤리와 정치이론(*Care Ethics and Political Theory*)』은 돌봄을 기존 정치

이론에 대한 이론적·실천적 도전으로 위치시키고, 작금의 사회에서 돌봄 위기처럼 새롭고 긴급한 이슈를 설명할 수 있는 미래의 규범적 대안으로 제시하는 논의를 담고 있다(Maurice and Hamington 2015, 6-7).

5 예를 들어, 페미니즘 논의는 자유주의의 원자론적 인간상과 계약주의적 사회상을 비판하는 논의(Pateman 1985; Hartsock 1983; Jaggar 1983)로부터, 공동체주의와의 유사점에도 불구하고 궁극적으로 공동체주의는 페미니즘에게 "위험한 동맹"이라는 점을 강조하는 논의까지 찾을 수 있다(Friedman 1995, 188; Weiss 1995; Young 1995; Kittay 2001a).

6 커테이(Eva Feder Kittay)는 의존인의 생물학적 의존을 '불가피한 의존'으로, 돌봄제공자의 사회경제적 의존을 '파생된 의존'으로 설명한다(Kittay 1999, 81, 101).

7 이 점에서 커테이는 인간됨을 비의존적이고 자율적이며 이성적 사고능력의 가치에서 찾는 자유주의를 비판한다. 오히려 인간을 가장 인간답게 만드는 것은 바로 돌봄을 주고받는 돌봄관계라고 보았다. 자유주의적 사고방식에 근거한다면, 인간이 태생적으로 갖게 되는 의존은 쉽게 무시와 경멸의 대상으로 치부된다고 비판한다(Kittay 1999, 264).

8 헬드와 러딕(Sara Ruddick) 등은 돌봄관계를 설명하며 전형적인 어머니-자녀 관계를 염두에 둔다. 그럼에도 이들은 어머니를 mother라기보다 mothering person으로 표현하며, mothering person은 성중립적인 개념으로 여성도 남성도 모두 가능하다고 강조한다. 여성 어머니와 남성 어머니가 모두 가능하다는 이야기이다(Held 1995b, 212; Ruddick 1989, 93). 커테이는 돌봄관계를 의존노동자와 의존인의 관계라는 의미에서 의존관계라고 표현한다(Kittay 1999, 83).

9 러딕은 이것을 모성적 실천으로 설명한다. 모성적 실천의 내용은 크게 세 단계로 나뉜다. 아이를 보호하는 보전의 단계, 아이를 양육하는 성장의 단계, 아이를 훈육하는 사회적 적응의 단계이다. 모성적 실천의 특징은 맥락적이고 상황적이며 이성적이면서도 감정적이다. 이는 치열한 투쟁과 힘의 불균등이 존재하는 관계이지만, 동시에 어머니와 자녀 모두 함께 상생하는 길을 찾는 공존과 공생의 관계이다(Ruddick 1989, 59-67).

10 그렇다고 해서 돌봄의 관점에서 볼 때, 개인이 자율적일 수 없다고 말하는 것은 아니다. 돌봄이론가들은 자유주의의 개인주의적 자율성의 대안 개념으로 관계적 자율성을 언급한다. 관계적 자율성이란 인간은 본래 사회적으

로 내장(socially embedded)되었으며, 사회적 관계를 통해 개인의 정체성과 자율성이 구성된다는 개념이다. 따라서 자율성과 사회적 관계는 불가분의 관계이다(Held 2006, 101-102).

11 의존과 돌봄의 측면에서 롤즈를 비판한 대표적인 학자는 커테이(Eva Feder Kittay)와 아이너(Maxine Eichner)이다. 이 장이 주목하는 롤즈의 자유주의 인간상에 대한 비판도 커테이와 아이너의 주장을 주로 참고하였다(Kittay 1999, 152-209; Eichner 2010, 18-26). 여성주의 입장에서, 특히 가족과 성별분업의 관점에서 롤즈 이론에 대한 비판은 Okin(1989, 89-109)과 Nussbaum(2002, 2003) 참조. 너스바움도 커테이의 논의를 활용하여 인간의 의존과 돌봄필요의 관점에서 롤즈를 비판한다(Nussbaum 2002, 188-197; 2003, 511-514).

12 커테이의 롤즈 비판은 크게 다섯 가지 ─ 불가피한 의존이 고려되지 않는 정의의 여건, 의존의 시기를 간과한 '인생 전반에 걸쳐서 사회의 온전히 협력적인 구성원'이라는 시민 개념, 의존과 돌봄이 없는 자유 개념, 돌봄이 빠진 기본적 가치 목록, 돌봄관계를 배제한 사회적 협력 개념 ─ 이다(Kittay 1999, 152-162).

13 커테이에 따르면, 결과적으로 돌봄필요에 응답하지 못하는 정의는 불완전하며 돌봄을 배제한 사회질서는 정의롭지 못하다. 의존과 돌봄의 이슈에 대한 배제는 롤즈 이론만 해당하는 것은 아니지만, 이는 결코 사소한 것이 아니라고 강조한다(Kittay 1999, 155).

14 관련하여 여성학자인 페이트먼(Carole Pateman)은 자유주의의 핵심은 사회계약이며, 이러한 사회계약이 불평등한 젠더관계를 전제하거나 간과하고 있는 점에서 이를 비판한다. 이때 페이트먼이 보는 "계약이란 전형적으로 두 명의 자유롭고 평등한 개인들 간 행동이 사회적 유대를 만들어내는 것이며, 개인들의 그러한 행동이 집단화되어 국가를 만들어 낸다"(Pateman 1985, 180).

15 1989년 오킨의 비판 이후 가족에 대한 롤즈의 입장 변화에 대해서는 Nussbaum (2003, 501-503) 참조.

16 공동체주의 인간상의 이러한 특징은 마이클 샌델의 다음 인용구에도 드러난다. "우리 자신은 충성과 확신에 대한 큰 대가를 치르지 않고는 독립적이라 간주될 수 없다. 충성과 확신의 도덕적인 힘은 부분적으로 다음과 같은 사실에 있다. 충성과 확신으로 산다는 것은 구체적인 인간으로서 우리를 이해하는 것 ─ 즉, 가족, 공동체, 국가 혹은 민족의 구성원으로서, 역사의

담지자로서, 특정 혁명의 아들과 딸로서, 특정 공화국의 시민으로서 — 과 동떨어질 수 없다는 것이다"(Sandel 1982, 179).

17 맥킨타이어는 아리스토텔레스의 미덕을 주로 언급한다. 아리스토텔리안 미덕은 "자신에게 주어진 의무를 수행하도록 해주며 그가 그런 의무를 완수할 때 그의 행위에서 드러나는 품성의 탁월함"으로 이해할 수 있다 (Mulhall and Swift 1996, 121).

18 돌봄윤리가 미덕윤리의 한 종류로 간주될 수 있는지에 대해서는 다양한 논쟁이 존재한다. 이에 대해서는 Sander-Staudt(2006), Slote(2007), Howard (2007) 참조.

19 공동체주의자들이 언급하는 '공동체'는 '사회(정치공동체)'만을 의미하는 것이 아니다. 샌델(Sandel 1982, 179)은 가족, 공동체, 국가, 민족 등을, 맥킨타이어(MacIntyre 1981, 204-205)는 가족, 이웃, 도시, 동업조합, 직업집단, 씨족, 부족, 민족 등을, 왈쩌(Walzer 1984, 35-41)는 이웃, 클럽, 가족 등을 언급한다.

20 이 지점은 여성주의 논의와 맥을 같이한다. 여성주의는 대부분의 공동체주의 이론이 여성의 억압과 착취, 불평등에 초점을 맞추지 못하고 있다고 비판한다(Weiss 1995, 173-181; Friedman 1995, 191-199; Young 1995, 237-240).

21 슈클라(Judith Shklar)도 주요 정의 논의가 부정의를 단지 "예외적인 비정상"으로 치부할 뿐 이를 설명하는 규범적인 논의의 틀이 되지 못하고 있다고 비판한다. 다시 말해, 현 정의론으로는 부정의의 문제에 민감할 수 없다는 것이다(Shklar 1990, 17).

22 돌봄윤리를 소개하고 현재까지의 흐름을 정리하는 논의로는 Petterson(2008), Collins(2015), Barnes et al.(2015), Sander-Staudt(2018), Koggel and Orme(2019) 참조.

23 국내학계에서 정치이론으로서 돌봄윤리에 접근하는 연구는 현재 시작 단계이다. 이에 대해서 김희강(2018a) 참조.

24 이 장에서는 잉스터가 제시하는 돌봄이론과 필자가 제시하는 케어리즘의 비교 및 차이에 대해서 구체적으로 분석하지는 않겠다. 잉스터와 필자가 동의하는 지점은 돌봄의 가치를 인정하고 반영하는 정치이론의 필요성 및 당위성이다. 하지만 잉스터와 필자의 가장 큰 차이점은, 잉스터의 경우 돌봄정치이론의 핵심은 모든 인간에게 최소한의 돌봄필요를 충족시키는 것으로 보는 반면, 필자의 경우 돌봄의 지위에 따른 부정당한 불평등을 지적

하고 교정하는 것으로 본다. 다시 말해, 잉스터의 돌봄이론은 개개인의 돌봄필요의 충족과 이를 위한 돌봄의무를 강조하는 반면, 필자의 케어리즘은 모든 인간이 필연적으로 속하는 돌봄관계에 대한 규범적 평가와 교정을 위한 돌봄의 시민적 연대책임에 중점을 둔다.

25 이와 유사하게 트론토(Joan C. Tronto)는 돌봄관계의 시작점은 양자적인 관점을 틀을 깨는 것이라고 설명한다. 돌봄은 두 사람 사이에서만 나타나지 않으며, 돌봄을 '삼각화'하는 것이 중요하다고 지적한다(Tronto 2013, 286).

26 이러한 범주화는 영(Iris Marion Young)이 논의한 억압의 다섯 가지 양상에서 아이디어를 얻었다. 영은 사회에서 다양한 소수 사회집단(예를 들어, 여성, 흑인, 노인, 장애인, 성적소수자 등)이 겪게 되는 부정당한 억압을 착취, 주변화, 무력함, 문화제국주의, 폭력이라는 다섯 가지 범주로 나누어 설명하고(Young 1990, 103-156), 이를 본인이 제시한 '구조적 부정의' 개념적 기초를 삼았다(Young 2013, 93-138). 이 장은 구조적 부정의의 특징을 살펴보려고 한 점에서 영의 의도를 공유한다. 하지만 영은 억압받는 다양한 사회집단을 대상으로 한 반면, 이 장은 모든 인간이 필연적으로 속하게 되는 돌봄의 지위에 따른 사회집단이 경험하는 부정의에 초점을 맞춘다.

27 실제로 돌봄부정의는 왈쩌가 비판하는 지배의 전형, 즉 특정 영역의 가치가 다른 영역의 분배를 결정하는 것이다(Walzer 1984). 돌봄부정의의 경우, 돌봄의 지위로 인해 다른 영역의 지위가 결정되게 된다.

28 "선택으로 자유를 정의하는 것은 불충분하다. 왜냐하면 그러한 선택은 선택을 하는 맥락과 그런 선택을 가능하게 하는 사회구조를 간과하기 때문이다"(Tronto 2013, 186).

29 이 점에서 트론토는 돌봄의 민주화를 이야기한다(Tronto 2013). 민주적 절차를 통해 돌봄 친화적인 사회구조의 기반을 마련하고, 돌봄에 관여한 모든 사람들이 민주주의의 협상 테이블에 앉아 돌봄의 책임소재에 대해서 논의할 수 있어야 한다고 주장한다. 따라서 돌봄에 관여한 모든 사람들의 목소리가 경청된다는 의미로 민주주의를 재정의해야 하며, 이렇듯 민주주의를 실현하는 과정을 통해 더 질 높은 돌봄을 추구할 수 있다고 보았다.

30 영은 이를 '정치적 책임'이라 표현한다(Young 2011).

31 롤즈는 정치적 자유가 공정한 가치를 갖기 위한 조건으로 구체적인 제도 안을 제시하기도 한다. 예를 들면, 선거에 있어서 공적자금을 지원해주는 정책, 선거 때 후보자를 대상으로 하는 기부금의 상한선을 두는 정책, 공공미

디어의 경우 사회경제적 위치에 관계없이 평등한 접근성을 보장하는 정책 등이다. 이들 제안은 모두 사회경제적 불평등을 조정하여 정치적 자유의 공정한 가치를 보장하고자 하는 목적을 지닌다(Rawls 2001, 149-150).

32 자유민주주의 혁명은 명목상 "민주적 혁명"일 수 있겠으나, 실제로는 재산 소유, 인종, 성, 교육을 근거로 하여 비유산계급, 여성 및 유색인종에게 정치적 권리를 제한한 차별적이고 제한된 혁명이었다(강정인 1997, 114-115). 형식적으로나마 정치권력이 일반시민 모두에게 확장되기까지 그 후 200년이라는 오랜 시간이 걸렸다. 강정인이 지적하듯, 오히려 "서구 민주화의 역사는 재산, 인종, 성 및 교육을 근거로 한 참정권의 제한을 폐지하기 위한 투쟁의 역사"로 이해하는 것이 더 적절할 듯하다(강정인 1997, 162).

33 실제로 트론토(Tronto 2015a, 28)는 "돌봄혁명(caring revolution)"이라는 표현을 사용한다.

34 헌법에 대한 국내 헌법학자들의 정의는 일반적으로 다음의 특징을 포함한다 ― (1) 국가의 성립·유지를 가능케 하는 실질적 측면에서 정치적 힘, (2) 통일체적 단위로서 법질서, (3) 정치공동체 구성원이 지키고 추구해야 할 가치규범적 요소.

35 예외적으로 Engster(2015)는 돌봄윤리에 기초한 복지국가의 모습을 구체적으로 설명한다.

36 허영(2017, 338)에 따르면, "우리 헌법 질서는 … 국민의 자유와 권리를 헌법적 가치로 보호하고 있다. … 좀 더 구체적으로 말하면, 우리 헌법은 기본권의 이념적 기초를 '인간의 존엄성'에 두고, 기본권 실현의 방법적 기초를 '평등권'에서 찾으면서, 모든 국민에게 사생활과 정신생활, 그리고 정치·경제·사회·문화생활에서 필요로 하는 자유와 권리를 보장하고 있다."

37 김철수(2013, 418-425)는 헌법 제10조 제1문 전단의 "인간으로서의 존엄과 가치"와 후단의 "행복추구권"을 함께 묶어 하나의 기본권으로 해석하기도 한다.

38 "이성적 존재자들은 **인격들**(persons)이라 불린다. 왜냐하면 그들의 본성이 그들을 이미 목적 그 자체로, 다시 말해 한낱 수단으로 사용되어서는 안 되는 어떤 것을 표시하고, 그러므로 그런 한에서 모든 자의를 제한하기 (그리고 존경의 대상이기) 때문이다. 그러므로 인격들은 한낱 그들의 실존이 우리 행위의 결과로서 **우리에 대해서** 가치를 갖는 주관적 목적들이 아니라, 오히려 **객관적인 목적**들이다. 다시 말해, 그들은 현재 그 자체가 목적인, 그

것에 대신에 다른 어떤 목적도 두어질 수 없는 그런 것들로, 다른 것들은 **한 낱** 수단으로서 이에 봉사해야 할 것이다. 왜냐하면 이렇지 않다면, 도무지 어디서도 **절대적 가치**를 가진 것을 만나지 못할 터이니 말이다"(Kant 1996[1785], 79, 원문강조).

39 다른 예로 인격권(성명권, 초상권, 명예권 등)을 들 수 있다. 예컨대, 헌법재판소는 '헌법 제10조는 모든 기본권 보장의 종국적 목적(기본이념)이라 할 수 있는 인간의 본질과 고유한 가치인 개인의 인격권을 보장하고 있다'고 결정함으로써, '인간의 존엄성에서 유래하는 개인의 일반적 인격권'을 확인하고 있다(헌재 1990. 9. 10. 89헌마82 결정; 헌재 1991. 9. 16. 89헌마165 결정).

40 대법원의 유사한 판시 참조. '생명은 한 번 잃으면 영원히 회복할 수 없고, 이 세상 무엇과도 바꿀 수 없는 절대적 존재이며, 한 사람의 생명은 고귀하고 전 지구보다 무겁고 또 귀중하고 엄숙한 것이며, 존엄한 인간 존재의 근원이다'(대법원 1967. 9. 19. 선고 67도988 판결).

41 생명권의 헌법적 근거에 대해서는 헌법학자들마다 이견이 존재한다. 대표적으로 홍성방(2010, 20)과 김철수(2013, 431)는 그 근거를 헌법 제10조의 인간존엄조항에서 찾는다.

42 실제로 어떠한 의도로 행복추구조항이 헌법에 명문화되었는지에 대해서는 분명히 밝혀지지 않고 있다. 조항에 대한 충분한 숙고 없이 무비판적으로 모방한 나머지 헌법의 구성체계상 혼란을 초래하고 있다는 비판도 있다(권영성 1981, 37). 그러나 도입 동기나 과정의 모호성에도 불구하고 행복추구권이 현재 헌법조항으로 규정되어 있는 이상, "현재의 우리의 안목을 가지고서 이 조항이 헌법체계 속에서 차지하는 위치를 파악해 내야 하는 한편, 그의 뜻을 체계적으로 풀이해내야 하고 또한 이를 이론적으로 새로이 구성해야 할 부담을 안고 있"다고 김운용(1988, 58-59)은 주장한다.

43 헌법재판소는 개성의 자유로운 발현권, 자기결정권 및 계약의 자유도 헌법상 행복추구권에 포함된 일반적 행동자유권에서 파생된 것으로 규정한다.

44 헬드(Virginia Held)는 이를 선구질(precursor)로 표현한다(Held 2006, 190).

45 노동의 가치를 넘어 돌봄의 윤리적·사회문화적 가치를 강조한 논의로는 허라금(2018) 참조.

46 뒤늦게 암 진단을 받은 산모는 치료를 미루면 생명이 위험할 수 있다는 의사의 경고에도 불구하고, 태아의 안전을 위해 출산까지 항암치료를 받지 않

왔으며, 건강한 신생아 출산 3개월 후 상태가 악화되어 눈을 감았다(서울신문 2018.04.15.).

47 국가의 운영원리를 논하는 헌법학계에서 negative를 개인에 대한 국가의 간섭이 없어야 한다는 의미에서 소극적으로 번역하고 있으나, 국가와 개인(개별 국민) 뿐만 아니라 개인과 개인의 관계에서 무엇이 없는 것(부재(不在)하는 것)을 자유로 볼 수 있느냐는 자유론의 본질적인 질문을 감안하면, negative를 (있으면 안 되는 것이라는 의미의) 부재적이라 보는 것이 더 타당하다고 생각한다.

48 혹자는 이를 "복지위기"로 표현하기도 한다(Castles 2004).

49 잉스터(Daniel Engster)는 최근 저서 『정의, 돌봄, 복지국가(*Justice, Care, and the Welfare State*)』(2015)에서 필자와 유사한 질문을 던진다. 잉스터의 저서는 필자가 이 장을 작성하는 데 의미 있는 영향을 끼쳤다. 문제제기의 유사점에도 불구하고, 잉스터와 필자의 차이는 잉스트는 돌봄과 관련된 구체적인 정책을 중심으로 복지국가를 디자인하고자 시도한 반면, 필자는 보다 이론적으로 접근하여 돌봄민주국가와 복지국가 간의 비교를 중심으로 논의를 전개한 점이다. 돌봄(민주)국가를 복지국가보다 발전된 형태, 즉 복지국가보다 정의롭고 더 나은 국가형태로 언급하고 있는 연구로는 Engster(2015), Tronto(2001, 74-82), Kittay(2001a, 48-59) 참조. 잉스터는 돌봄(민주)국가를 돌봄복지국가(caring welfare state), 새로운 비전의 복지국가(new vision of welfare state), 정의로운 복지국가(just welfare state) 등으로 다양하게 칭한다.

50 다음 장에서 서구 학계의 돌봄윤리 논의의 시작과 흐름에 대해서는 자세히 다루겠지만, 한국 학계에서 관찰되는 돌봄윤리 논의는 현재 본격적으로 진행되지 않고 있다. 주로 여성학 분야와 사회복지 분야에서 언급되고 있지만(조한혜정 2006a; 허라금 2006b; 김희강·강문선 2010; 마경희 2011b; 남찬섭 2012), 그마저도 서구 학계 논의의 소개나 시론적인 설명이 대부분이다. 이 장의 목적에 부합하듯 돌봄윤리가 정책이나 국가운영의 원리로서 언급되는 연구는 많지 않다.

51 돌봄윤리의 역사, 흐름, 이론에 대한 자세한 정리는 Collins(2015) 참조.

52 박애(benevolene), 자선(beneficence), 동감(empathy) 같은 주제는 윤리학에서 줄곧 다뤄온 연구 분야이다. 그러나 돌봄을 주제로 한 논의는 상대적으로 최근이라고 할 수 있다. 동감과 돌봄윤리 간의 상보성에 관한 연구는 Slote(2007) 참조.

53 돌봄윤리와 기존 정치이론과의 비교(기존 정치이론이 얼마나 돌봄 배제적인지에 대한)는 본서 1장에서 다루고 있다. 그러한 비교는 개별 이론이 전제하는 인간관, 사회관, 정부관 등의 차이에 기초하게 된다.

54 돌봄윤리 학자들이 공통적으로 지적하는 돌봄윤리의 특징은 다음과 같다. (1) 인간은 근본적으로 관계적이고 상호적이기 때문에 인간윤리도 관계적이라는 점, (2) 돌봄은 다른 사람의 필요에 대한 대응이라는 점, (3) 돌봄윤리는 추상적이고 보편적인 윤리이론과는 달리 구체적이고 맥락적이라는 점, (4) 공사구분 같은 전형적인 도덕의 경계를 가로지른다는 점, (5) 인간 감정이 윤리이론에 기여한다는 점 등이다. 돌봄윤리의 공통된 특징에 대한 보다 자세한 논의는 Held(2006, 28-38), Engster and Hamington(2015, 3-4), Engster(2015, 18-23) 참조.

55 너스바움(Martha C. Nussbaum)에 따르면, 그녀의 가능성 접근(capabilities approach)은 자유주의 이론임에도 불구하고, 돌봄윤리를 설명할 수 있을 뿐만 아니라 특정 이슈의 경우 돌봄윤리보다 더 나은 이론적 논거를 제시할 수 있다고 본다(Nussbaum 2006, 168-171).

56 정의와 돌봄의 관계에 대해서 학자들마다 미묘한 입장 차이를 보인다. 돌봄과 정의는 별개일 수 있으며 돌봄이 정의보다 우선한다는 입장(Held 2015), 돌봄과 정의는 밀접하게 관련되며 돌봄에 기초한 정의를 주장하는 입장(Engster 2007; Kittay 2015), 자유주의적 정의도 돌봄을 수용하여 개선될 수 있다는 입장(Nussbaum 2006; Eichner 2010) 등이 있다.

57 실제 한국사회에서 돌봄의 제도화가 이뤄지고 있으나, 이러한 제도화가 돌봄의 가치를 얼마나 인정하고 있는지는 별개로 논의해야 할 질문이다. 현재 한국의 돌봄정책이 돌봄 가치를 충분히 반영하고 있지 않다는 지적에 대해서는 김지영(2010), 석재은(2011), 정영애(2013), Kim(2016) 참조.

58 이 지점에서 페미니스트들은 가족(여성)이 복지를 대신해왔다고 주장한다.

59 또 다른 지점에서 마샬의 사회권이 비판받은 이유는, 사회권의 내용 중 돌봄의 권리가 생략되었기 때문이다. 마샬의 사회권은 가족(여성)이 담당하는 돌봄책임을 당연하게 전제하고 있다(Knijn and Kremer 1997, 331)

60 여기에서 '도시가 시장을 감싸고(contain) 있다'고 지적한 폴라니(Karl Polany)의 언급은 의미 있다(Polany 2001). 이는 시장의 가치보다 사회의 가치가 우선함을 의미한다. 시장적 관계는 사회적 관계(도시)의 하부에 있을 뿐이다. 반면 사회적 관계는 돌봄도시(caring city)를 지향하는 근거로 해석될 수

있다.

61 이들은 주로 젠더관계에 초점을 맞췄지만, 이 장에서 필자는 돌봄제공자를 둘러싼 돌봄관계에 주목한다. 대부분의 돌봄제공자는 여성이다.

62 송다영(2014b, 423)은 돌봄관계라는 표현 대신 "돌봄노동, 가족, 여성을 둘러싼 젠더화된 사회적 관계"라고 언급한다.

63 더불어 많은 연구들이 자본주의의 성장과 이를 견제하는 민주주의의 요구 간의 동학으로 서구 복지국가의 기원과 탄생을 실증적으로 증명한다.

64 한부모가족의 빈곤 비율은 다른 가족에 비해서 상당히 높다. 또한 모자 한부모가족의 임금 수준은 다른 가족보다 가장 낮게 나타난다(서울신문 2016.03.23.).

65 '복지영역(sphere of welfare)'이라는 표현은 왈쩌(Michael Walzer)의 논의에서 차용했다. 왈쩌는 사회를 여러 영역으로 나누고 각 영역에서 적용되는 규범적 사회운영의 원리를 언급한다(Walzer 1984). 이 연구는 사민주의 복지원리와 돌봄윤리의 돌봄원리가 적용되는 범위를 소위 '복지의 영역'에 한정하여 논의를 풀어가고자 한다.

66 코로나19 이후 사회를 전망하며 돌봄에 주목하는 최근 여성주의 논의는 다음을 참조(Kittay 2020; 김현미 2020; 백영경 2020; 오하나 2020; 장이정수 2020; 전희경 2020; 홍찬숙 2020a). 이러한 맥락에서 돌봄을 중심으로 하는 사회대전환으로 '돌봄뉴딜' 및 '돌봄포용국가' 등이 제안된다(배진경 2020; 백영경 2020; 김희강·박선경 2021).

67 하인즈의 딜레마란 도덕심리학자 콜버그(Lawrence Kohlberg)가 아동의 도덕성 발달단계를 평가하는 데 사용했던, 도덕규범이 충돌하는 상황에서 어떻게 대처하는 것이 옳은지를 묻는 질문이다(Gilligan 1982, 77). 죽어가는 아내를 살리기 위해 가난한 하인즈는 비싼 약값을 요구하는 약사의 가게에 침입하여 약을 훔쳤다는 가정 아래, 하인즈의 행동이 옳은 행동인지를 묻는다.

68 이러한 맥락에서 자유주의의 권리-의무 프레임은 돌봄을 설명하는 데 적절하지 않다. 이것이 바로 하인즈의 딜레마에서 남아들이 보인 권리-의무 프레임으로는 여아들이 보인 돌봄윤리 프레임을 설명할 수 없는 이유이다. 그래서 기존 자유주의 윤리학의 입장에서 볼 때, 여아들의 도덕성은 남아들에 비해 떨어지는 것으로 평가된다. 이 장에서는 '책임'과 '의무'를 혼용하여 사용하지만, 맥락상 이 두 개념 사이에 차이가 있을 때에는 이 둘 간의 차이를 구분하였다.

69 그로브스(Christopher Groves)도 유사한 맥락에서 사회적 공감력을 일컫는 말
   로 'care imaginary'라는 표현을 사용한다(Groves 2014).

70 현재 한국이 복지국가로 불릴 수 있는지 혹은 복지국가로 불리기에 충분한
   지에 대한 다양한 논쟁이 존재한다. 한국은 여전히 복지국가의 미성숙으로
   평가받는 반면, 최근 복지국가 발전의 예외성이 주목받기도 한다(김태성·
   성경륭 2014, 655-694).

71 최근의 많은 연구들은 한국을 비롯한 동아시아 복지체제의 유형을 파악하
   려 시도한다(김연명 2002; 정무권 2009). 이 장은 한국적 복지국가 유형을
   규정하고자 하는 시도가 아님을 명확히 하고자 한다. 다만 구체적인 한국적
   맥락의 특징을 밝히고 그러한 맥락에서 발전한 한국적 복지국가의 주요 성
   격을 골라내고자 하였다.

72 돌봄윤리에 대한 다양한 정의가 존재할 수 있듯이, 돌봄민주국가의 주요한
   원리들도 다양하게 제시될 수 있을 것이다. 잉스터가 제시한 "새로운 모습
   의 복지국가"의 원리에 대해서는 Engster(2007, 133-140) 참조.

73 돌봄관계의 필연적인 다자성 및 복잡성에 대해서는 Collins(2015, 124-125)
   참조.

74 커테이는 둘리아 원칙을 다음과 같이 정의한다. "마치 우리가 생존과 성장
   을 위해 돌봄이 필요했던 것처럼, 우리는 타인에게 ― 돌봄노동을 하는 사
   람을 포함해서 ― 생존과 성장에 필요한 돌봄을 받을 수 있는 조건을 제공
   할 필요가 있다"(Kittay 1999, 200).

75 헬드(Held 2006, 79)에 따르면, "돌봄은 좋은 돌봄관계를 추구한다."

76 유교주의와 돌봄윤리 간 철학적으로 유사점 및 차이점을 비교한 연구들이
   있다(Li 1994, 2002; Star 2002; Yuan 2002; Herr 2003; Luo 2007). 이 장에서는 이
   둘 간의 이론적 유사점 및 차이점에 초점을 맞추기보다, 실제 한국의 복지
   제도에 투영된 유교주의 특성과 앞서 언급한 돌봄민주국가의 특성을 비교
   하는데 논의를 제한한다.

77 비교문화학자인 홉스테드(Greet Hofstede)는 개인주의 문화와 공동체주의
   문화의 특징을 구분짓는데, 이 기준에 따르면 한국은 공동체주의 문화의 특징
   을 가진 국가(개인주의 지수가 낮은 국가)로 평가된다(홍경준 1999, 320-321).

78 최근 통계에 따르면, 분가가 자녀가구가 부모가구에 용돈의 명목으로 생활
   비에 기여하는 비율은 전체의 약 50%에 해당한다. 자녀가구가 부모가구에
   드리는 평균용돈은 월 16만 원 정도이다(한겨레 2016.04.11.).

79 권혁주(Kwon 2005)는 이를 발전주의 복지국가로, Holliday(2000)는 이를 생산주의적 복지자본주의로 칭한다.

80 이 입장의 대표적 이론가인 권혁주(Kwon 2005)에 따르면, 한국은 민주화 이후 선별적 발전주의 복지국가에서 포괄적 발전주의 복지국가로 전환되었다고 주장한다. 민주화 이후 한국의 복지국가는 발전주의적 성격이 여전히 지속되었지만, 동시에 복지제도에서 보편성이 확대되고 민주적으로 관리된다는 점에서 변화도 있었다.

81 이러한 평가에 따르면,「국민기초생활보장법」제정으로 대표되는 김대중 정부의 빈곤정책조차도, "저소득층의 생활보장이라는 사회복지적인 의미보다는 노동의 재숙련화와 유연성 확보를 통한 경제효율성 증대라는 경제적인 의미가 더 큰 정책"이라고 본다(조영훈 2002, 93).

82 초기 문재인 정부는 부양의무자제도의 완전 폐지를 약속했고, 2021년 10월 제도시행 60여 년 만에 부양의무자 기준이 폐지되었다(한겨레 2017.09.05., 2021.10.01.).

83 돌봄민주국가는 활성적이고 예방적 정책에 보다 집중함으로써 전통적인 복지정책이 덜 필요한 상황을 만든다. 이러한 맥락에서 가디너(Jean Gardiner)는 돌봄에 초점을 두는 국가는 분배에 초점을 두는 복지국가보다 적극적인 사회경제구조의 재구축을 추구하는 발전국가로 이해하는 것이 낫다고 제안한다(Gardiner 1997, 231-232).

84 민주적 조건이 부재한 한국적 복지국가의 이러한 경향과는 예외적으로 진보정권인 노무현 정부의 복지정책에 대한 민주적 평가가 대두되기도 한다. 기본적으로 노무현 정부도 대통령과 정부가 국가의 복지계획을 주도적으로 수립하고 재정배분을 이끄는 등 전형적인 강한 국가의 모습을 보였다. 그러나 이러한 과정에서 다양한 정치행위자들을 민주적 의사결정의 과정에 포섭시키고자 노력한 지점이 눈에 띈다. 예를 들면, 연금개혁의 사례에서 알 수 있듯이, 정부가 연금개혁을 주도하였지만, 동시에 이전까지 복지정책의 수립과 집행에서 다소 수동적 태도를 보이던 정당들을 복지 논의의 중심에 서도록 하였고 이와 함께 노조, 경영자 단체, 다양한 이익단체와 시민단체도 정책대안을 제시하거나 정책연합을 형성하도록 유도하였다(이덕로 2012). 따라서 노무현 정부 시기에는 대통령과 정부로부터 시작한 '위로부터의 복지' 이외에도 시민사회가 중심이 된 '아래로부터의 복지' 과정이 다양하게 전개되었다고 평가받는다(김태성·성경륭 2014, 596-597).

85 한키브스키(Olena Hankivsky)는 돌봄윤리 논의의 흐름을 제1세대와 제2세대로 구별한다(Hankivsky 2004). 돌봄윤리의 세대 간 구분과 그 특징에 대한 추가 설명은 Williams(2001, 475-478), Cloyes(2002, 208-210), Mahon and Robinson(2011, 3-7) 참조.

86 이러한 재거의 비판은 돌봄윤리를 노예윤리라고 지적하는 비판과 유사하다. 다시 말해, 이 비판에 따르면, 돌봄윤리는 개개인 돌봄필요의 만족에 초점을 두기 때문에, 개인의 돌봄필요가 위치한 구조의 모순을 보지 못할 뿐만 아니라, 기존의 억압적 구조를 그대로 인정하고 이에 대해 저항하는 여성의 능력을 해친다는 주장이다.

87 영의 사회집단 개념과 구조적 부정의에 대한 보다 자세한 설명은 김희강(2010, 2020b) 참조.

88 그 예로서, 커테이는 미국 장애인법의 첫 번째 조항의 마지막 문장("불공정하고 불필요한 차별과 편견의 지속적인 존속은 … 의존과 비생산성으로 인한 불필요한 비용으로 미화 수십억 달러의 손실을 야기하고 있다")을 제시한다. 즉 장애인법의 목적 중 하나는 장애인을 독립적·생산적인 시민으로 만듦으로써 공공재정의 비용을 절약하는 것이라는 것이다(Kittay 2011, 57).

89 버틀러(Samuel Butler)는 돌봄을 4자 관계로 설명하는데, 이러한 관점이 돌봄제공자가 무력함을 벗어날 수 있는 단초를 제공할 수 있다고 필자는 주장한다(Butler 2012). 버틀러의 논의는 커테이가 언급한 돌봄의 3자 관계(돌봄수혜자-돌봄제공자-조달자)에 새로운 돌봄 역할로서 돌봄청구자를 추가한 것이다. 돌봄수혜자와 돌봄제공자 간의 돌봄을 주고받는 관계에 경제적 지원을 하는 것이 조달자라면, 이러한 돌봄관계를 정치적으로 대표하는 역할을 하는 것이 돌봄청구자이다. 물론 돌봄청구자의 역할과 범위에 대해서 더 많은 논의가 필요하다. 하지만 현재 시스템에서 무력한 이들이 되어버린 돌봄제공자가 정치적 공간에 대표되기 위해서는 돌봄청구자 같은 어떤 제도적 장치가 필요하다는 버틀러의 주장은 설득력이 있다. 이는 정치적 공간에서 돌봄이 얼마나 대표되고 포용되는가가 민주주의의 핵심 과제라고 주장한 트론토(Tronto 2013)의 주장과도 맥을 같이한다.

90 많은 페미니스트들은 모성애 이데올로기가 지배집단에 의해서 만들어진 사회적 산물이라는 점을 설득력 있게 지적한다. 일례로 프랑스 철학자 바댕테르(Elisabeth Badintare)는 17~20세기에 걸친 프랑스 여성들의 모성적 행동에 관한 연구를 통해 모성애 이데올로기가 그렇게 절대적이지 않았다는 점

을 역사적으로 추론해 낸다. 지난 4세기 동안 모성의 행태와 질은 매우 다양했을 뿐만 아니라 모성의 내정함이나 유아방기 경향은 17~18세기 프랑스에서 어렵지 않게 발견되었다고 지적한다. 결국 일반적인 상식과 달리 모성애는 여성의 본성에 깊이 새겨진 것이 아님을 바댕테르는 역설한다(Badintare 1980).

91 이러한 논리는 페미니스트 경제학자들에 의해서 비판받는데, 개인이 어떤 선택을 결정하는데 있어 영향을 미치는 요소로, 사랑–돈 혹은 자기이익–이타주의는 서로 배타적인 것이 아니라 상호교차하고 때로는 그 관계가 모호할 수 있음을 지적한다(Folbre and Nelson 2000).

92 어머니의 자녀에 대한 폭력 및 아내의 남편에 대한 폭력도 존재한다. 그러나 가정폭력의 대다수는 남편의 아내에 대한 폭력 및 아버지의 자녀에 대한 폭력에 해당한다. 일반적으로 가정폭력은 가족구성원에 대한 학대를 포함하여 영아살해, 친족 폭력, 데이트 폭력 등을 포함한다. 여기에서는 남편과 아버지에 의한 아내와 자녀에 대한 폭력에 주목한다.

93 이는 아리스토텔레스로부터 이어진 서구 철학에서 아버지와 남편으로 이해되는 남성은 자유로운 시민이자 도덕적인 행위자로 간주되는 반면, 여성 및 타인을 돌보는 사람은 노예와 마찬가지로 영혼이 결여된 사람으로 지배의 대상으로 간주되었다. 이러한 서구 철학의 흐름에 관해서는 Ruddick(1989, 39-73) 참조.

94 관련하여 여성주의자들은 '가족 자율성(autonomy of family)' 신화를 역시 비판적으로 바라보며, 가족과 국가의 관계를 재성립해야 한다고 주장한다. 가족의 자율성에 대한 비판적인 논의는 Fineman(2004), Eichner(2010) 참조.

95 코로나19와 돌봄 관련 언론보도의 현황 및 내용에 대해서는 김영란(2020, 33-36)과 한국여성민우회가 조사·분석한 정슬아(2020) 참조.

96 예를 들어, "한계에 다다른 전업주부들 … 24시간 '독박양육'에 코로나 블루"(연합뉴스 2020.08.28.), "종일 자폐 딸 향해 '안돼' … 코로나가 만든 돌봄감옥"(SBS 2020.07.24.), "내팽개쳐진 '돌봄' … 굶주린 소년은 그렇게 떠나려 했다"(서울신문 2020.07.16.), "라면화재 형제는 돌봄공백 문제 … 교육복지사 늘여야"(연합뉴스 2020.10.15.) 등의 기사를 찾아볼 수 있다.

97 홍찬숙(2020a)은 '코로나19 이전과 이후'로 나누는 세계적 차원의 '임계점'으로서 코로나19를 평가하며, 코로나19 이후의 새로운 사회계약의 전망을 제시한다. 홍찬숙과 비교할 때, 이하 논의는 '돌봄위기'로 포장된 돌봄부정

의의 현실과 부정의의 교정으로서의 국가역할에 초점을 둔다. 돌봄의 관점을 중심에 두고 서술한 것은 아니지만, 이원재·최영준 외(2020)도 코로나19를 계기로 질적으로 차별화된 사회로 변화·도약해야 하는 필요성 및 그러한 사회에 대한 밑그림을 제시한다. 이원재·최영준은 이를 과거로의 회복을 넘어선다는 의미에서 '초회복'이라 표현한다.

98 이 조사는 전국 만 18세 이상 85세 미만 성인 남녀 총 1,507명을 대상으로 2020년 8월 19일부터 24일까지 휴대전화 문자와 이메일을 통한 웹조사방식으로, 고려대학교 거버넌스 다양성 SSK 사업단이 의뢰하여 한국리서치가 진행한 설문조사이다.

99 설문문항의 정확한 표현은 "코로나19를 계기로, 누군가를 돌보거나 누군가에게 돌봄을 받고 있다는 것에 대한 생각이 바뀌었나요"이고, 답변은 "매우 중요하다고 생각하게 되었다(375명으로 24.88%)," "다소 중요하다고 생각하게 되었다(627명으로 41.61%)," "생각이 바뀌지 않았다(478명으로 31.72%)," "중요하지 않다고 생각하게 되었다(21명으로 1.39%)," "매우 중요하지 않다고 생각하게 되었다(6명으로 0.40%)"이다.

100 성별과 세대별로 돌봄 중요성에 대한 인식을 구분해 보았을 때, 돌봄의 중요성에 대한 인식 차이가 거의 없었다. 코로나19로 인해 돌봄이 매우 중요하다고 생각되었다고 응답한 사람은 여성(229명, 15.2%)이 남성(146명, 9.7%)보다 조금 더 많았지만, 코로나19로 인해 돌봄이 다소 중요하다고 생각되었다고 응답한 사람은 오히려 여성(305명, 20.2%)보다 남성(322명, 21.4%)이 더 많았다. 전체적으로 40~50대 중년세대가 돌봄의 중요성을 가장 많이 이해하고 있지만, 20~30대 청년세대와 60대 이상 노년세대 중에서 돌봄중요성을 인식하고 있는 비율이 크게 차이나지 않았다.

101 이 질문을 성별과 세대로 나눠서 보았을 때, 돌봄노동자에 대한 처우개선에 대해서도 인식 차이가 거의 없었다. 40~50대 중년층에서 돌봄노동자 처우개선에 '다소 찬성'한다는 의견이 가장 컸지만, 나머지 의견에서는 세대별로 유사했으며, 이는 성별이나 세대에 따른 차이 없이 모든 집단에서 골고루 돌봄노동자 임금인상과 처우개선에 동의하고 있음을 보여준다.

102 추지현(2020, 20-21)은 코로나19가 돌봄의 가치를 재인식하는 데 기여하였지만 그 가치를 재평가하는 작업으로까지 나아가지 못했다고 논평한다. 왜냐하면 의사와 간호사 등 의료진들은 '덕분에' 캠페인을 통한 감사과 보상으로 인정을 받았지만, 간병인과 가사노동자 등을 특별히 대상으로

하는 감사와 보상은 없었기 때문이다.

103 돌봄불평등과 다른 불평등 간의 교차성(intersectionality) 동학을 보여주는 연구로는 Hankivsky(2014), 억압의 관점에서 돌봄부정의에 대한 개념화를 시도한 연구로는 Kim(2021a)을 참고하라.

104 따라서 이 장의 논의는 돌봄을 정치, 파워, 불평등의 이슈로 상정하는 최근 돌봄연구의 연장선상에 있다(Hirschmann 2018; Tronto 2013, 2018; Robinson 2018; Bourgault and Robinson 2020).

105 다른 설문조사에 따르더라도, 이전과 비교하여 자녀돌봄을 더 많이 했다고 답한 여성의 비율(40.7%)이 남성의 비율에 비해 1.7배 높게 나타났다. 특히 이러한 결과는 맞벌이 여성과 외벌이 여성 모두 유사한 점에서, 여성은 경제활동 여부와 무관하게 주 돌봄제공자임을 증명한다(김영란 2020, 18).

106 최근 설문조사에 따르면, 여성(66%)이 남성(49.3%)에 비해 우울감이나 스트레스가 코로나19 이전보다 커진 것으로 조사되었다(김영란 2020, 27). 최근 경기연구원의 설문조사를 보더라도, 직업별로 살펴보았을 때 코로나19로 인한 우울감을 느끼는 비율이 전업주부(59.9%)가 가장 크다(연합뉴스 2020.08.28.).

107 '서울시 어르신돌봄종사자 지원센터'가 요양보호사들을 대상으로 한 설문조사를 보면, 응답자의 57.5%는 코로나19로 인한 일자리 중단과 소득감소에 대한 불안을 느낀다고 답했으며, 47.7%는 무급휴직자에 대한 지원금 등 정부지원금이 필요하다고 답했다(서울시 어르신돌봄종사자종합지원센터 2020, 16-19). 이에 정부는 요양보호사 등을 포함한 돌봄노동자에게 한시적으로 1인당 50만 원의 생계지원금을 지원하는 필수노동자 보호·지원대책을 발표했다(관계부처합동 2020b).

108 필수노동자에는 보건의료 및 돌봄종사자뿐만 아니라 운수서비스 종사자, 환경미화원, 콜센터 상담원 등이 포함된다. 정부지침에 따르면 코로나19 상황에서의 필수노동(업무)은 보건·의료, 돌봄서비스 등 국민의 생명, 신체의 보호와 직결되는 업무, 사회적 거리두리 등 비대면 사회의 안정적인 유지를 위한 택배·배송, 환경미화, 콜센터 업무, 산업전반에 영향을 미치는 대중교통 등 여객운송 업무 등이다(관계부처합동 2020b).

109 이와 관련되어서 마경희(2020, 69)는 기존의 돌봄정책을 비판하며 인간 존재의 보편적 욕구인 돌봄을 사회적으로 조직화하는 방식의 근본적인 전

환이 필요하다고 지적한다. 이에 현재의 사회서비스 수준의 돌봄정책을 넘어 보다 변혁적인(transformative) 돌봄정책의 필요성을 제안한다.

110 최근 복지국가의 한계가 논의되기 시작되면서 미국에서 시작된 뉴딜정책(정치)의 재평가 역시 이뤄지고 있다. 코스타(Mariarosa Dalla Costa)는 뉴딜의 성공 역시 '집안의 노동자'인 여성 노동 덕분에 존재할 수 있었다고 비판한다(Costa 2015).

111 이러한 맥락에서 일련의 연구들은 돌봄뉴딜을 제안한다(배진경 2020; 백영경 2020). 서두에서 언급했지만, 이 장은 돌봄뉴딜의 제안에 전적으로 동의한다. 하지만 이들 연구와 비교했을 때 이 장의 논의는 돌봄부정의를 교정해야 하는 국가역할의 당위성에 주목하였다. 돌봄을 포용하는 돌봄 민주국가의 구체적인 정책제안에 대해서는 본서 12장을 참조.

112 한국의 장기요양보험을 소개하는 인터넷 홈페이지에서도 이 제도의 도입 취지에 대해 다음과 같이 설명한다. "특히 고령화의 진전과 함께 핵가족화, 여성의 경제활동참여가 증가하면서 종래 가족의 부담으로 인식되던 장기요양문제가 이제 더 이상 개인이나 가계의 부담으로 머물지 않고 이에 대한 사회적·국가적 책무가 강조되고 있습니다(노인장기요양보험 홈페이지)."

113 이 장에서는 언급하는 돌봄 사회화(socializing care)는 사회적 돌봄(social care)과 구별된다. 돌봄 사회화란 공적 영역에 적용되는 규범적 가치와 원리로서의 돌봄윤리를 강조한다. 반면에 사회적 돌봄이란 돌봄이 사회에서 전달되는 방식, 형태, 내용, 전달의 주체 등을 모두 포함하는 의미를 지닌다. 예를 들어, 달리와 루이스(Mary Daly and Jane Lewis)는 돌봄을 복지국가의 주요한 분석틀 중 하나로 여기고, 이러한 분석 양식이 사용되는 모습을 사회적 돌봄이라는 용어로 표현한다. "돌봄은 공적-사적, 공식-비공식, 유급-무급 등의 이원론적 경계를 해체하면서 사회적으로 조직화되고 있고 돌봄을 필요로 하는 사람들의 신체적, 정서적 욕구를 충족시키기 위한 활동과 관계, 그리고 돌봄이 배분되고 수행되는 규범적, 경제적, 사회적 준거틀"이라고 설명한다(Daly and Lewis 2000). 엄격하게 말하면, 이 장의 목적은 장기요양보험은 사회적 돌봄일 수 있겠으나 돌봄의 사회화는 아니라는 점을 주장하기 위함이다.

114 국내연구 중에 돌봄 문제에 천착하여 장기요양보험에 대한 논평을 제시하는 연구로는 정영애(2012, 2013)가 있다.

115 돌봄의 공공윤리에 관한 연구를 진행한 국내연구는 주로 여성주의 분야에서 존재한다(조한혜정 2006b; 허라금 2006b; 마경희 2011a). 하지만, 본격적으로 '돌봄의 공공윤리'의 관점을 정책에 적용한 경우는 많지 않다. 예외적으로 김지영(2010), 김희강·강문선(2010), 석재은(2011)을 들 수 있다.

116 돌봄의 공공윤리 측면에서 장기요양정책을 분석한 연구로는 Kittay(2002) 와 Brandsen(2006)이 있다. 특히 브렌드센(Cheryl Brandsen)은 돌봄의 공공윤리의 네 가지 관점에서(필요에 대한 공적 토론, 돌봄을 주고받는 맥락적 접근, 사회적 자아 개념, 자유적·민주적·다원적 사회)에서 미국의 장기요양정책을 분석한다.

117 그럼에도 불구하고 길리건 논의는 돌봄을 단지 여성의 윤리로 한정지으려 한다는 점에서 이후의 학자들로부터 비판을 받기도 하였다. 돌봄의 가치가 기존의 윤리체계에서 간과되어온 것은 사실이지만, 길리건처럼 돌봄윤리를 단지 여성의 윤리로 제한하는 입장에 대해서는 비판적이다.

118 콜버그-길리건 논쟁 이후 많은 여성주의자들은 돌봄을 공공윤리, 즉 공적 가치로서 인식한다. 예를 들어, Ruddick(1989), Robinson(1999), Held(2006), Tronto(2013) 등을 들 수 있다.

119 이 장에서 다루는 장기요양보험에 대한 짧은 개요는 「노인장기요양보험법」과 국민건강보험공단의 노인장기요양보험 홈페이지 내용을 주로 참조하였다.

120 한국의 장기요양보험은 보편적 제도의 모습을 갖추고 있지만 실제로 지원을 받는 수급자는 제한되어 있다. 그 이유로는 수급자의 범위가 중증으로 한정된 점, 본인 부담금액(재가급여 15% 시설급여 20%)으로 인해 등급을 부여받더라도 본인부담능력이 갖춰지지 않는 노인은 수급을 포기하는 점이 지적된다(석재은 2011, 70).

121 사회서비스는 정부가 제공하는 교육, 문화, 환경 등을 포함하여 광의적으로 쓰일 수 있으나, 한국에서는 주로 돌봄서비스를 중심으로 한 협의의 개념으로 사용된다(오은진·노대명 2009, 17-19). 돌봄서비스 시장은 2011년 현재 공공부문과 민간부문을 통해 제공되는 노인요양서비스, 환자간병서비스, 아동방문보육서비스, 장애인활동보조서비스 산후조리서비스, 가사서비스 전체를 포함한다(경제사회발전노사정연구회 2012, 20).

122 이러한 비판은 복지국가를 공적 가부장제로 보는 여성주의 입장과 매우 흡사하다. 복지국가에서는 복지서비스의 확충으로 일자리가 늘어남에 따

라 여성들이 경제활동에 참여할 수 있는 기회가 증가하였다. 그러나 이들 여성들이 취업하는 분야는 주로 돌봄과 같은 사회서비스 영역에 한정되기 때문에, 사적 가부장제가 공적 가부장제로 표현되는 모습에 불과하다고 볼 수 있다(Siim 1987; Walby 1991, 173-204).

123 이러한 우려들로 인해 혹자는 "장밋빛" 기대를 가졌던 장기요양보험이 "잿빛"이 되어가고 있다고 개탄하기에 이른다(박대진 2014, 16).

124 트론토에 따르면 결론적으로 '자유시장'과 돌봄은 양립 불가능하다고 본다. 시장적 사고는 돌봄의 가치를 제대로 인정하고 있지 않을 뿐만 아니라 돌봄의 사회적 책임에 대해서도 본질을 천착하지 못하고 있다고 보았다. 그 이유로 시장적 사고는 자유롭고 독립적인 인간을 기본으로 상정하고 있는 점, 돌봄을 자유롭고 독립적인 개인들 간의 거래 대상이 될 수 있다고 본 점, 돌봄에 대한 공정한 분배를 어렵게 하는 구조적 불평등을 시장이 간과하고 있다는 점을 지적한다(Tronto 2013, 223-259).

125 예를 들면, 돌봄노동의 전문성을 키워나가기 위해서 의료, 보건, 행정을 추가로 훈련받아야 한다거나, '케어매니저,' '전문요양관리사' 등 새로운 자격의 신설을 제안하기도 한다. 혹은 역으로 요양보호사의 하위직급(요양보조원, care assistance)을 신설하여 단순, 비숙련 돌봄 업무를 담당하는 방식을 제안하기도 한다(이근홍 2008; 전병유 2010).

126 독일은 돌봄제공을 하면 사회보험급여를 수급할 수 있게 되어 있다. 가족이나 친척이 집에서 환자나 중증장애인, 치매노인을 돌보면서 수발보험(Pflegeversicherung)의 혜택을 받을 수 있다. 영국 역시 비공식 수발자의 중요성을 인정하고 지난 1995년 「수발자인정과 서비스법(Carers Recognition and Service Act)」이나 2007년 「신수발자협약(New Deal for Carers)」 등 지속적으로 비공식 수발자를 지지하는 법까지 제정하여 왔다. 영국은 현금급여 제도가 비공식 수발자를 위한 급여로서 법률에 근거하여 명시적으로 규정하고 있다. OECD 국가들의 비공식(가족) 돌봄제공에 대한 현황분석과 비교연구는 Weiner(2003), OECD(2011, chap. 3) 참조.

127 다만 특별현금요양급여에 가족요양급여라는 항목이 존재하는데, 이는 요양급여 인정자가 부득이 가족 등으로부터 돌봄을 받을 때(도서, 벽지 등 요양시설 이용이 현저히 곤란한 지역에 거주하는 경우 등) 예외적으로 가족에게 현금 급여를 지급하도록 되어있는 것으로, 실질적으로 가족 지원이라기보다는 급여 대상 노인을 지원하기 위하여 가족에게 요양서비스

비용을 지급하는 방식이다(최희경 2011, 277).

128 장기요양보험 시행 초기에서는 공식 영역에서 돌봄의 제도화가 확대되고 발달된다면 비공식 영역의 역할은 축소될 것이라는 전망이 있었다. 하지만 제도가 본격적으로 시행된 이후 비공식 영역의 역할이 예측했던 것보다 축소되지 않고 오히려 확대된 것으로 나타난다. 일례로서 2010년 수급자와 가족관계에 있는 요양보호사는 전체 방문요양 요양보호사 중 49%를 차지하였고, 동거 중인 가족요양보호사도 43,749명으로 전체 요양보호사 중 32.8%에 달하는데, 이는 2009년 19.7%보다 오히려 증가한 것이다. 이처럼 장기요양보험의 시행으로 인해 비공식 영역은 축소되지 않고 오히려 역할과 책임이 유지되거나 확대되는 결과를 보이고 있다(김근홍 2013, 194).

129 한국 사회에서 돌봄 논의는 "고령화＝의존인구의 증가＝부담의 증가＝위기" 담론과 함께 이슈화되고 있다. 이러한 배경에서 혹자는 장기요양보험을 돌봄위기라는 사회적 위험에 대한 공적 사회보험제도를 통한 집합적인 대응방식이라고 지적한다(이미진 2009, 21).

130 기본소득은 적용대상과 현금급여의 수준에 따라 논의의 폭이 매우 다양하다. 판 파레이스 역시도 기본소득의 수준을 논의하며 연령별 차등적인 기본소득을 제안하기도 하였다. 기본소득제를 시행하는 초기에는 노인이나 청년 등과 같은 특정 연령을 대상으로 "부분적으로" 시행될 수 있다고 보았으며, 급여의 수준도 "품위가 있음(괜찮은 수준)"의 유지 수준보다 낮을 수도 혹은 높을 수도 있다고 보았다(Van Parijs 2001, 9, 6).

131 개별 국가에서 다양한 수준으로 제기되는 기본소득은 그것의 정치경제적 의미가 매우 상이하다. 이러한 다층적인 논쟁에 대해서는 Fitzpatrick(1999) 과 Van der Veen and Groot(2000) 참조. 판 파레이스의 기본소득제안에 대한 찬반의 논쟁을 다룬 연구로는 Van Parijs(1992), Cohen and Rogers(2001), Wright(2006a), Gosseries and Vanderborght(2011) 참조.

132 이 주장은 그의 최근 저작에서도 강조된다. "정의상 기본소득은 기존의 모든 이전소득을 완전히 대체하는 것으로 이해해서는 안 되며, 질 좋은 교육과 의료서비스, 기타 사회서비스 등에 대한 공공자원을 대체하는 것으로 보아서는 더더욱 안 된다"(Van Parijs and Vanderborght 2017, 12-13).

133 잉스터는 다음의 네 가지 이유로 보편적 기본소득이 돌봄윤리의 입장에서 부합하지 않는다고 주장한다. 첫째, 보편적 기본소득은 많은 비용을 수

반한다. 둘째, 기본소득은 노동의욕을 제한한다. 셋째, 기본소득은 여성의 공식적 시장경제활동과 성평등에 부정적인 영향을 미친다. 넷째, 기본소득은 자기 자만에 가득차고 사회적으로 책임감 없는 삶을 진작시킬 수 있어 도덕적으로 옳지 않다(Engster 2015, 210-216). 그러나 기본소득에 대한 잉스터의 이러한 비판은 특별히 돌봄 중심적이라고 보기 어렵다. 첫 번째와 두 번째 비판은 기본소득에 대한 일반적인 비판이며, 세 번째 비판은 여성주의 관점에서 비판이다. 이 중 네 번째 비판이 돌봄에 가치를 부여하고 있는 비판에 속한다.

134 일부 여성주의자들은 기본소득이 여성의 무급 돌봄(가사)노동에 대한 보상을 제공함으로써 돌봄노동을 사회적으로 재인식하게 하는 계기가 될 것이라고 주장한다. 그 결과 여성의 사회경제적인 지위가 상승하고 여성 선택권의 폭이 넓어짐으로써, 궁극적으로 기본소득의 도입은 성평등에 기여할 것으로 기대한다(Mcfate 2001; Baker 2008; Elgarte 2008; Zelleke, 2008), 반면에 다른 여성주의자들은 기본소득으로 인해 여성들이 주된 돌봄제공자로 여전히 남을 것이고, 이는 기존의 성별분업체계를 지속시키는 결과를 야기할 것이라고 주장한다. 그 결과 기본소득은 여성을 노동시장에서 영구히 배제시킴으로써 여성의 남성가장에 대한 종속을 심화시키고, 궁극적으로 오히려 여성들에게 족쇄로 작동할 수 있다고 본다(Robeyns 2001; Bergmann 2006; Gheaus 2008; O'Reilly 2008).

135 이러한 세 가지 질문이 나오게 된 배경에 대해서는 다음 절에서 자세히 설명하도록 하겠다.

136 판 파레이스는 개인의 배타적인 사적 소유가 인정되는 소득은 엄밀히 말해서 노력에 의해서 벌어들인 '응분의 대가(desert)'로서의 소득뿐이라고 설명한다. 그 외 개인이 향유하는 대부분의 부와 소득은 노력과는 아무 관련 없는 외부효과, 즉 자연, 기술진보, 자본축적, 사회조직, 시민의식의 규칙에 의해서 얻는 것이다. 판 파레이스는 이러한 외부효과를 모두에게 공유되어야 하는 '선물(gifts)'이라고 표현한다. 문제는 이러한 선물이 현실에서는 시장이라는 분배제도에 의해 불평등하게 분배되었다는 점이며, 기본소득은 사유재산 중에서 노고의 산물이 아닌 부분을 최대로 환수해 지급함을 통하여 '선물'의 불평등한 분배를 공정하게 바로잡는 작업이라고 보았다(Van Parijs and Vanderborght 2017, 105-106). 이 점에서 판 파레이스는 자신의 기본소득의 입장(진정한 자유지상주의)이 자유지상주의가 아니

라 롤즈류의 분배적 정의인 자유주의적 평등주의의 계보에 속하는 것으로 판단한다(Van Parijs and Vanderborght 2017, 122).

137 판 파레이스는 무급 돌봄노동과 가사노동을 전형적인 여성의 일로 상정하는 듯하다. 그의 글에서 돌봄(가사)노동을 수행하는 주체를 언급할 경우, 언제나 여성을 지칭한다.

138 이러한 맥락에서 판 파레이스는 기본소득이 여성을 포함한 불안정 노동자의 선택권을 높여주는 데 기여한다고 주장한다. 판 파레이스에 따르면, 기존의 복지시스템은 고용과 연계되어 운영되기 때문에, 안정된 고용지위를 누리지 못하는 사람들은 공공부조와 같은 잔여적인 시스템에 의해서만 제한적으로 보호받았다고 지적한다. 자본주의 경제로 인해 노동시장이 유연화 되면서 불안정 노동이 일상화됨에 따라, 여성, 노인, 청년, 장애인 등 노동시장에서 취약한 집단이 불안정 노동자 집단을 형성하게 되었으며, 기본소득이야 말로 이러한 불안정 노동자 집단이 경험하는 일상의 위험인 빈곤에 가장 효율적이고 효과적으로 대응할 수 있는 사회보장제도라고 설명한다(Van Parijs and Vanderborght 2017, 22). 그래서 기본소득은 '프리케리아트 계급'의 빈곤 탈출에 도움이 될 수 있다고 강조한다. 프리케이아 계급의 다수가 여성임을 고려할 때, 프리케리아와 여성이 기본소득으로 가장 이득을 볼 사람이라고 판 파레이스는 판단한다(Van Parijs and Vanderborght 2017, 183-189).

139 판 파레이스는 능력(재능)이 적거나 장애가 있는 사람도 모두 기본소득의 대상이 된다고 밝힌다. 그럼으로써 기본소득은 타고난 능력의 여부가 열등이나 차별의 표상이 되지 않도록 작동한다고 주장한다(Van Parijs 1997, chap. 3).

140 자원의 평등한 분배가 실질적인 자유의 평등한 분배가 아니라는 점은 센(Amartya Sen)과 너스바움(Martha C. Nussbaum) 등이 주장한 가능성 접근(capabilities approach)의 핵심 논지이기도 하다.

141 판 파레이스는 교육, 보육, 사회기반시설, 주택 등 국가가 집합적인 전달체계를 통해 제공할 책임이 있는 공공재는 현물급여 형태의 기본소득으로 제공할 수 있다고 설명한다(Van Parijs 1995, 41-45). 현금급여를 원칙으로 삼고 있는 그의 기본소득 논의에서 현물급여에 대한 논의는 아주 적은 부분을 차지한다.

142 판 파레이스는 돌봄노동과 가사노동 간의 차이를 언급하지 않은 채, 용어

를 혼용하여 사용한다. 그러나 돌봄윤리의 관점에서 볼 때, 돌봄노동과 가
사노동 간 차이를 찾을 수 있다. 물론 취약한 의존인을 돌보는 일은 집안
청소, 음식준비, 빨래 등과 같은 가사노동이 필수적으로 포함되게 된다. 그
러나 예를 들어 성인 배우자에게 제공되는 가사노동은 돌봄이라기보다
개인서비스에 가깝다.

143 이것이 앞서 언급한 잉스터가 돌봄윤리의 입장에서 기본소득을 비판한
네 번째 입장이다.

144 이 지점에서 앤더슨도 판 파레이스의 기본소득은 개인의 권리와 자유를
다룰 뿐, 개인에게 부과된 의무과 책임에 대해서는 간과하고 있다고 지적
한다(Anderson 2001, 72).

145 판 파레이스는 최근 글에서 이러한 비판을 인식하고 있는 듯하다. 기본소득
제가 시행된 이후에도 돌봄을 선택하게 되는 것은 주로 여성일 가능성이 높
기 때문에, 남성에게 돌봄'책임'을 함께 나누기 위해서는 기본소득 이외에
부수적인 다른 조치들이 필요하다고 언급한다(Van Parijs and Vanderborght
2017, 188). 바로 이 지점을 돌봄윤리에 기초한 정책이 기여할 수 있을 것이
다. 돌봄민주국가의 정책제안에 대해서는 본서 12장 참조.

146 앞선 각주에서 언급했듯이, 다른 여성주의자들은 기본소득이 오히려 성
별역할분담을 강화시켜서 성평등에 부정적인 결과를 낳을 것이라고 주장
한다(Robeyns 2001; Bergmann 2006; Gheaus 2008; O'Reilly 2008).

147 베르그만의 이러한 입장은 기본소득 급여의 수준과 재정지원 형식에 대
한 이슈로까지 논의를 확대할 수 있다. 일례로, 포르겟(Evelyn L. Forget)은
재정적 필요에 기초한 기본소득제를 제안함으로써, 재정적으로 감당할
수 있는 기본소득제라면 다른 사회보장 정책들과 함께 양립될 수 있다고
주장한다(Forget 2020).

148 예를 들면, 핀란드에서는 기본소득이 핀란드 복지국가를 사회서비스 중
심 복지체제에서 재분배의 현금급여 중심의 복지체제로 전환시킬 것이라
는 우려가 제기되고 있다(Andersson 2000, 232).

149 돌봄정책 일반에 대해서는 Folbre(2014, 23-29), 윤홍식 외(2010), 박태영 외
(2015) 참조.

150 이러한 맥락에서 기우스(Anca Gheaus)는 여성주의자들이 돌봄을 직접 지
원하는 정책에 대해서 반대한다고 언급한다(Gheaus 2020, 88). 반면 기우스
는 이러한 반대에도 불구하고 돌봄지원 정책은 배제된 여성의 지위를 높

이는 데 기여한다고 주장한다.

151 송다영·백경흔(2018)은 가정 내 돌봄으로의 남성 참여를 넘어서서 사회적 돌봄 분야로의 남성 참여의 당위를 논의하며 덴마크 사례를 소개한다. 이하 논의에서 자세히 언급하겠지만, 덴마크에서는 돌봄 분야에 남성의 고용을 촉진하며 돌봄의 사회적 가치를 정당하게 인정하려는 목적으로 '소셜 페다고지(social pedagogy)'라는 영역이 탄생하였다.

152 지방자치단체가 사회적 돌봄을 직접 제공·운영하여 성공적이라 평가받는 경우를 찾아볼 수는 있다. 예를 들어, 기초자치단체 수준에서 볼 때, 서울 중구에서는 초등돌봄교실을 자치구가 직영하고 있으며 동작구에서는 보육청을 설립하여 구립어린이집을 직접 운영하고 있다(오마이뉴스 2021.01.25.; 서울신문 2021.03.17.). 광주 광산구에서는 자활센터와 노인·장애인·종합복지관 등을 직영하고 있다(광남일보 2017.12.12.).

153 프라이스타트에 따르면, 돌봄윤리가들이 언급하는 좋은 돌봄이란 약자의 필요를 감지할 수 있는 예의주시(attentiveness), 돌봄의 부담을 분담하려는 책임성(responsibility), 돌봄의 효과를 가늠할 수 있는 대응력(response), 과도함을 판단할 수 있는 지적·도덕적 능력(competence)으로 구성된다고 보았다(Fraistat 2016, 892-893).

참고문헌

강묘정. 2018. 돌봄운동에 대한 이론적 연구. 고려대학교 대학원 행정학과 석사
    학위 논문.

강수돌. 2012.『노동을 보는 눈』. 서울: 개마고원.

강정인. 1997.『민주주의의 이해』. 서울: 문학과 지성사.

경제사회발전노사정위원회. 2012. 돌봄서비스 노동시장 활성화 연구작업반 활
    동보고서. 대통령소속 경제사회발전 노사정 위원회.

고세훈. 1992. "사회민주주의."『사회비평』8: 140-186.

_____. 2005. "노동 없는 민주주의? 서유럽의 경우."『아세아연구』28(2): 183-
    208.

고용노동부. 2020. "가족돌봄비용, 13만 2천 명에 474억 지원!" 보도자료. 2020.
    11.19.

공병혜. 2017.『돌봄의 철학과 미학적 실천』. 서울: 서울대학교출판문화원.

관계부처 합동. 2020a. "한국판 뉴딜 종합계획: 선도국가로 도약하는 대한민국으
    로 대전환." 2020.07.14.

_____. 2020b. "코로나19 대응을 위한 필수노동자 보호·지원 대책."
    2020.12.14.

구은정. 2020. "돌봄 가치를 반영하는 개헌을 위하여: 개인의 권리와 의무로서의
    돌봄."『경제와사회』127(가을): 134-169.

국민건강보험공단. 2021. 노인장기요양보험통계.

권영성. 1981. "인간의 존엄성과 행복추구권."『고시계』26(2): 28-44.

_____. 2007.『헌법학원론』. 서울: 법문사.

권인숙. 2008. "징병제의 여성 참여."『여성연구』74: 171-212.

권현정. 2014. "서비스 질의 측면에서 고찰한 노인장기요양서비스 공급구조에 대한 시장화분석."『사회복지정책』41(1): 289-313.

권혜자. 2010. "여성 일자리 창출의 장애요인과 법제도적 정책과제."『법제연구』. 38: 7-33.

김건. 2019.『스웨덴 라떠파파: 아빠가 육아하는 진짜 이유』. 서울: 꾸리에북스.

김경아. 2014. "독일의 크레딧 제도에 대한 고찰과 시사점."『연금포럼』53: 17-23.

김교성. 2013. "한국의 복지국가, 새로운 좌표가 필요한가?"『사회복지정책』40(1): 31-59.

김근홍. 2013. "수발정책의 비공식적 영역지원에 대한 주요 국가별 비교연구."『한국사회복지교육』21: 192-224.

김명순. 2020. "코로나19가 여성의 임금노동과 가족 내 돌봄노동에 미친 영향." 코로나19 위기를 넘어 성평등 노동으로 — 여성노동 현실 진단과 대안마련을 위한 토론회 자료집. 한국여성노동자회·전국여성노동조합. 2020. 09.16.

김명식. 2017. "행복추구권에 대한 헌법개정 논의."『홍익법학』18(1): 197-222.

김병섭 외. 2015.『우리 복지국가의 역사적 변화와 전망』. 서울: 서울대학교출판문화원.

김보영. 2020. "사람을 떠넘기지 않는 돌봄 시스템 만들기." 이원재·최영준 외.『코로나 0년 초회복의 시작』. 서울: 어크로스.

_____. 2021. "진단도 전략도 아쉬웠던 사회서비원(공단)에서 얻어야 할 교훈." 복지국가연구센터. 이슈 특집: 사회서비스원의 과제. 2021.08.17.

김봉수·홍석자. 2011. "노인장기요양보험제도의 운영실태 및 개선방안에 관한 연구."『21세기사회복지연구』8(1): 131-155.

김선택. 1993. "행복추구권."『고시연구』20(10): 351-362.

김수정. 2003. "한국의 빈곤정책에서 '부양의무자 기준'의 변화와 쟁점: 가족부양 '범위' 및 '부양비'를 중심으로."『경제와 사회』59: 193-223.

김양지영. 2016. "남성의 돌봄 실천과 성별분업 해체 가능성."『여성학논집』.

33(1): 35-67.

김연명 (편). 2002. 『한국복지국가의 성격논쟁 I』. 서울: 인간과 복지.

김영란. 2008. "한국사회에서 새로운 사회적 위험과 위험관리전략: 복지국가의 재설계." 『사회보장연구』 24(1): 1-26.

_____. 2020. "코로나19 시기 가족생활과 가족정책 의제." 코로나19로 인한 가족의 변화과 정책과제 토론회 자료집. 여성가족부·한국여성정책연구원. 2020.07.10.

김운용. 1988. "행복추구권의 해석." 『고시연구』 12월호: 58-67.

김원섭. 2011. "한국 복지국가 연구에 대한 이론적 고찰." 『아세아 연구』 146: 186-215,

김원정·임연규. 2020. 코로나19를 계기로 돌아본 돌봄노동의 현주소: 2008-2019 돌봄노동자 규모와 임금변화를 중심으로. *KWDI Brief* 58: 1-11.

김원종. 2010. "노인장기요양보험, 고령사회의 근간이 되는 제도로 발전시켜 나가야…" 『보건복지보험』 10월호: 2-3.

김윤태. 2016. 『복지와 사상』. 서울: 한울아카데미.

김은실. 2020. "들어가며: 팬데믹과 신자유주의를 넘어서는 페미니즘을 모색하며." 김은실 편. 『코로나 시대의 페미니즘』. 서울: 휴머니스트.

김은지. 2013. "한부모가족의 돌봄공백과 대응방안." 『젠더리뷰』 29: 42-28.

김은희. 2015. "콜버그의 정의 윤리와 길리건의 돌봄 윤리 논쟁에 대한 한 해석: 성차 논쟁을 넘어서." 『철학연구』 109: 51-85.

김일환. 2003. "행복추구권의 기본권 체계적 해석에 관한 고찰." 『고시연구』 30(3): 35-47.

_____. 2014. "자기결정권의 도출근거에 관한 헌법재판소 결정의 비판적 검토." 『미국헌법연구』 25(2): 65-96.

김종철. 2004. "헌법은 우리에게 무엇인가: 헌법의 의의, 헌법의 정신." 『황해문화』 45: 13-30.

김종철. 2020. 『기본소득은 틀렸다: 대안은 기본자산제다』. 서울: 개마고원.

김지영. 2010. "이상한 나라의 공공서비스: 사회서비스 확장과 돌봄의 제도화." 사회적재생산연구회 편. 『여/성 노동, 가치를 말하다』. 광주: 전남대학교 출판부.

김진·이정우. 2014. "국민연금 출산크레딧제도의 개선방안." 『연금포럼』 53: 4-12.

김찬우. 2014. "노인장기요양보험제도의 사각지대 규명과 해소 방안에 대한 고찰."『한국정책학회보』 23(2): 121-144.

김찬우 외. 2011. "장기요양보험제도의 사회적 성과." 노인장기요양보험제도 운영에 따른 성과분석. 한국조세연구원.

김철수. 2013.『헌법학신론』서울: 박영사.

김태성·성경륭. 2014.『복지국가론』. 개정2판. 파주: 나남.

김현미. 2020. "코로나19와 재난의 불평등." 김은실 편.『코로나 시대의 페미니즘』. 서울: 휴머니스트.

김혜원. 2009. "사회서비스 일자리 사업 평가."『월간노동리뷰』. 10·11·12월호: 20-36.

김희강. 2006. "미국 독립선언문의 사상적 기원과 제퍼슨 공화주의."『국제정치논총』 46(2): 121-144.

_____. 2010. "공공성, 사회집단, 그리고 심의민주주의."『한국정치학회보』 44(2): 5-27.

_____. 2016. "돌봄국가: 복지국가의 새로운 지평."『정부학연구』 22(1): 5-30.

_____. 2018a. "돌봄과 돌봄 없는 정치이론."『한국정치학회보』 52(1): 203-224.

_____. 2018b. "돌봄: 헌법적 가치."『한국사회정책』 25(2): 3-29.

_____. 2018c. "케어리즘: 정치이론으로서 돌봄." 김희강·임현 편.『돌봄과 공정』. 서울: 박영사.

_____. 2020a. "돌봄민주주의: 자유민주주의와 사회민주주의를 넘어."『한국여성학』 36(1): 59-63.

_____. 2020b. "아이리스 영: 구조적 부정의와 포용적 민주주의." 김비환 외.『현대정치의 위기와 비전』. 서울: 아카넷.

_____. 2021. "돌봄과 복지."『정부학연구』 27(2): 35-62.

김희강·강문선. 2010. "돌봄의 공공윤리: 에바 키테이(Eva F. Kittay)이론과 '장애아가족 양육지원사업.'"『한국정치학회보』 44(4): 45-72.

김희강·박선경. 2021. "코로나19, 돌봄부정의, 돌봄포용국가."『한국행정학보』 55(2): 55-80.

남찬섭. 2012. "공공성과 인정의 정치, 그리고 돌봄윤리."『한국사회』 13(1): 87-122.

대한민국 청와대 홈페이지. http://www1.president.go.kr/Amendment

레빈, 마이클. 1994. "마르크스주의와 민주주의 이론." 강정인·김세걸 편역. 조지 세바인 외. 『현대 민주주의론의 경향과 쟁점』. 서울: 한길사.

류승연. 2018. 『사양합니다, 동네 바보 형이라는 말』. 파주: 푸른숲.

류연규. 2012. "가족의 돌봄 공백에 대응하는 돌봄의 사회화 정책의 성격 규명." 『비판사회정책』 37: 113-153.

마경희. 2010. "돌봄의 정치적 윤리: 돌봄과 정의의 이원론을 넘어." 『한국사회정책』 17(3): 319-348.

_____. 2011a. "돌봄의 윤리: 돌봄과 정의의 이원론 비판." 김혜경 편. 『노인돌봄』. 파주: 양서원.

_____. 2011b. "보편주의 복지국가와 돌봄." 『페미니즘 연구』 11(2): 85-116.

_____. 2019. "변화하는 남성성과 성차별." 2019 변화하는 남성성을 분석한다: 성평등 정책의 확장을 위해. 개원 36주년 기념 세미나 자료집. 한국여성정책연구원. 2019.04.18.

_____. 2020. "포스트-코로나 시대, 사회적 돌봄의 재조직화를 위한 정책방안과 과제." 코로나19 위기를 넘어 성평등 노동으로. 여성노동현실 진단과 대안마련을 위한 토론회 자료집. 한국여성노동자회 · 전국여성노동조합, 2020.09.16.

마이크 데이비스 외. 2020. 『코로나19, 자본주의의 모순이 낳은 재난』. 정호종 편. 서울: 책갈피.

문설희. 2009. "요양보호사가 바라본 노인장기요양보험 1년." 『복지동향』 8월. 9-14.

민현주 외. 2008. 사회서비스 분야 여성일자리 창출을 위한 정책과제 II: 여성인력공급 활성화를 중심으로. 한국여성정책연구원.

박노욱 외. 2011. "장기요양보험제도의 경제 · 재정적 효과." 노인장기요양보험제도 운영에 따른 성과분석. 한국조세연구원.

박대진. 2014. "요양보호사의 노동실태와 개선방안." 『복지동향』 7월: 16-20.

박병춘. 2013. "정의윤리와 배려윤리의 상호관련성 연구." 『한국윤리학회』 90: 161-187.

_____. 2002. 『배려 윤리와 도덕 교육』. 서울: 울력.

박복순. 2018. "가정폭력처벌법 시행 20주년의 평가 및 향후 과제." 『여성연구』 99(4): 181-218.

박선경 · 김희강. 2021. "코로나19 위기 속 돌봄의 공공성과 국가역할에 대한 인식." 『한국과 국제정치』 37(1): 117-152.

박일경. 1990.『신헌법』. 서울: 일명사.

박진수. 2018. "여성 징병제 도입을 둘러싼 사회적 갈등과 여성 참여 확대를 위한 국방 개혁: 한국·노르웨이·스웨덴 사례를 중심으로."『미래정치연구』 8(3): 109-134.

박태영 외. 2015.『한국·일본·스웨덴의 돌봄정책』. 파주: 양서원.

배이연. 2013. "사회민주주의 복지정책의 원리."『사회법연구』 20: 1-30.

배진경. 2020. "성평등 노동과 '돌봄 뉴딜'을 위한 제언." 코로나19 관련 여성·가족 분야별 릴레이 토론회 자료집. 여성가족부·전국여성노동조합. 2020. 09.16.

백경흔. 2015. 아동돌봄제도의 젠더효과와 성평등 전략: 중산층 중심 분석. 이화여자대학교 대학원 여성학과 박사학위 논문.

백경흔·송다영·장수정. 2017. "돌봄민주주의 관점에서 본 보육정책." 2017 한국가족사회복지학회 포럼 발표문. 2017.06.16.

백영경. 2017. "커먼즈와 복지."『환경사회학연구ECO』 21(1): 111-143.

_____. 2020. "탈성장 전환의 요구와 돌봄이라는 화두."『창작과비평』 189(가을): 36-48.

보건복지가족부. 2009. 노인장기요양보험 시행 1년의 성과와 향후 과제. 보건복지가족부 보도자료. 6월.

서울시 어르신돌봄종사자 종합지원센터. 2020.『코로나바이러스감염증-19 관련 요양보호사 실태조사』.

석재은. 2009. "돌봄서비스의 사회화와 공공성 확보를 위한 정책과제."『복지동향』 1월: 28-32.

_____. 2010. "공급자 관점에서의 노인장기요양보험제도의 개선방안."『보건복지포럼』 10월: 34-44.

_____. 2011. "좋은 돌봄의 정책 원리: 돌봄의 상품화를 넘어서." 김혜경 편.『노인돌봄』. 파주: 양서원.

_____. 2018. "돌봄정의(Caring Justice) 개념구성과 한국 장기요양정책의 평가." 김희강·임현 편.『돌봄과 공정』. 서울: 박영사.

선우덕. 2010. "정부 정책의 방향 설정을 위한 노인장기요양보험제도의 개선방안."『보건복지포럼』 10월: 16-24.

성낙인. 2016.『헌법학』. 서울: 법문사.

성향숙. 2001. "여성의 노인보호에 관한 페미니즘적 비판."『여성연구논집』. 12:

77-105.

손호철. 2005. "김대중정부의 복지개혁의 성격: 신자유주의로의 전진?"『한국정치학회보』39(1): 213-231.

송다영. 2009. "가족정책 내 자유선택 쟁점에 대한 고찰." 페미니즘 연구 9(2): 83-117.

_____. 2013. "여성주의 관점에서 본 생애주기별 복지와 돌봄 패러다임."『페미니즘연구』13(1): 93-129.

_____. 2014b. "돌봄은 누구의 책임인가." 한국여성연구소 편.『젠더와 사회』. 파주: 동녘.

_____. 2014a. "돌봄의 사회화와 복지국가의 지연(遲延)."『한국여성학』30(4): 119-152.

_____. 2014c. "사회복지부문 돌봄 관련 일자리의 질 저하에 관한 연구."『젠더와 문화』7(1): 7-42.

_____. 2016. "페미니즘과 복지." 김윤태 편.『복지와 사상』. 서울: 한울아카데미.

송다영·백경흔. 2018. "사회적 돌봄 부문으로의 남성참여 확대를 위한 시론적 연구: 유럽 국가들의 경험을 중심으로."『한국여성학』34(4): 207-238.

송다영·장수정·백경흔. 2017. "'민주적 돌봄' 관점에서 본 지방자치단체의 가족정책에 대한 고찰."『젠더와 문화』10(1): 121-152.

신광영. 2002. "사회민주주의 '시장' 개념."『문화과학』32: 70-86.

_____. 2011. "어떤 복지국가로 갈 것인가." 김연명 외.『대한민국 복지』. 서울: 두리미디어.

_____. 2012. "사회민주주의 복지사상."『스칸디나비아 연구』17: 249-274.

신영민·김희강. 2019. "돌봄 관점에서 본 이중빈곤연구의 의의와 한계."『한국사회정책』26(1): 35-59.

신정완. 2016. "롤스의 정의론과 복지국가." 김윤태 편.『복지와 사상』. 서울: 한울아카데미.

안숙영. 2012. "젠더의 렌즈로 본 복지공간."『한국여성학』28(1): 113-146.

_____. 2018. "돌봄 노동의 여성화에 대한 비판적 고찰."『한국여성학』34(2): 1-32.

안형진. 2020. 능동적 시민성의 입장에서 장애인활동지원제도에 대한 비판적 고찰. 삼육대학교 대학원 사회복지학과 박사학위 논문.

양난주. 2013. "가족요양보호사의 발생에 대한 탐색적 연구: 한국의 노인장기요양보험제도에서 가족은 왜 요양보호사가 되었나?" 『한국사회정책』 20(2): 97-129.

_____. 2015. "사회서비스 바우처 쟁책평가." 『한국사회정책』 22(4): 189-223.

양재진. 2020. 『복지의 원리』. 서울: 한겨레출판.

한국여성단체연합 홈페이지. 성평등 개헌 10대 과제 ⑨사회권과 돌봄권 편. http://women21.or.kr/policy/11138

여유진 외. 2014. 『한국형 복지모형 구축: 한국의 특수성과 한국형 복지국가』. 한국보건사회연구원 연구보고서. 2014-28.

여유진·남찬섭·조한나. 2018. 『한국형 복지모형 구축』. 서울: 보건사회연구원.

오은진·노대명. 2009. 사회서비스 분야 여성일자리 창출을 위한 정책과제 III: 일자리 제도화. 한국여성정책연구원.

오은진·노은영. 2010. "돌봄서비스의 제도화가 여성일자리에 미치는 영향: 요양보호사와 간병인의 비교를 중심으로." 『아시아여성연구』 49(2): 185-216.

오하나. 2020. "돌봄: 인류살리기로서의 돌봄에 대한 상상." 추지현 편. 『마스크가 말해주는 것들: 코로나19와 일상의 사회학』. 파주: 돌베개.

유영규 외. 2019. 『간병살인, 154인의 고백』. 김포: 루아크.

유은정. 2016. "미국 헌법문서의 행복 및 안전에 관한 권리의 검토: 우리 헌법상 행복추구권의 새로운 해석 가능성." 『법학논총』 35: 183-216.

유호선. 2010. "국민연금의 양육 크레딧 제도 개선방안 연구." 『사회보장연구』 26(1): 179-208.

육아정책연구. 2016. 육아교육·보육 주요 통계.

윤도현. 2017. 『복지국가론』. 서울: 정민사.

윤자영. 2018a. "돌봄불이익과 기본소득." 『한국사회정책』 25(2): 31-55.

_____. 2018b. "돌봄노동시간 개념과 측정: 자녀 돌봄노동을 중심으로." 『여성학 논집』 35(2): 171-200.

윤현숙. 2000. "노인봉양: 가족의 책임인가, 사회의 책임인가." 『가족법연구』 14: 201-226.

윤홍식. 2011. "가족정책, 복지국가의 새로운 역할: 보편성과 다양성에 대한 요구." 『한국가족복지학』 33: 5-35.

_____. 2012. "가족주의와 가족정책 재유형화를 위한 이론적 논의." 『한국사회복지학』 64(4): 261-284.

_____. 2020. 『우리는 복지국가로 간다』. 서울: 사회평론아카데미.

윤홍식·송다영·김인숙. 2010.『가족정책: 복지국가의 새로운 전망』. 고양: 공동체.

이근홍. 2008.『케어매니지먼트(Care Management)』. 서울: 공동체.

이기주·석재은. 2019. "노인장기요양보험 공급의 시장화에 대한 연구: 서비스
　　　지로가 비용에 미치는 영향을 중심으로."『사회보장연구』35(1): 103-128.

이덕로. 2012. "기초노령연금정책결정에 관한 사회연결망 분석."『한국정책과학
　　　학회보』16(3): 109-135.

이미진. 2009. "노인장기요양보험의 공공성 확보방안."『복지동향』8: 21-25.

_____. 2014. "노인장기요양보험제도의 실태와 공공성 증진을 위한 정책과제."
　　　『복지동향』7월: 4-11.

이선형·손정연·임승연. 2019.『돌봄위기가구 실태조사 및 지원방안 연구』. 서
　　　울시 여성가족재단 연구사업보고서.

이숙진. 2011. "돌봄노동의 제도화와 여성들의 차이."『페미니즘연구』11(2):
　　　49-83.

이승현. 2019. "가정폭력처벌법을 통해 본 입법쟁점과 개선방안."『이화젠더법
　　　학』11(2): 91-120.

이영효. 2017. "미국독립선언서와 행복추구권."『미국사연구』46: 75-114.

이원재·최영준 외. 2020.『코로나 0년, 초회복의 시작: 파국을 뛰어넘는 새로운
　　　시대의 상상력』. 서울: 어크로스.

이윤진. 2017. "저출산고령화 시대의 국민연금 내실화 방안: 한국형 육아크레딧
　　　도입을 중심으로."『연금연구』7(2): 83-119.

이재승. 2008. "행복추구권의 기원과 본질."『민주법학』38: 99-136.

이정우. 2016. "케인즈주의와 복지." 김윤태 편.『복지와 사상』. 서울: 한울아카데미.

임미원. 2001. "칸트의 정언명령과 인간존엄사상: 근대 보편적 인권관념의 기
　　　초."『법사학연구』24: 161-177.

임혁백. 2014.『비동시성의 동시성: 한국 근대정치의 다중적 시간』. 서울: 고려대
　　　학교 출판부.

장수정. 2009. "노인장기요양보험제도와 노인일자리 사업에 대한 담론 분석: 시
　　　민권과 성인지적 접근을 중심으로."『노인복지연구』44: 209-226.

장이정수. 2020. "한국판 뉴딜을 넘어 페미니스트 그린 뉴딜." 김은실 편.『코로
　　　나 시대의 페미니즘』. 서울: 휴머니스트.

장진범. 2020. "민주주의자로서 비상사태를 상대하기." 추지현 편.『마스크가 말
　　　해주는 것들: 코로나19와 일상의 사회학』. 파주: 돌베개.

저출산고령사회위원회. 2020. 제4차 저출산고령사회 기본계획. 보도자료. 2020. 12.15.

전기택. 2020. "코로나 이후 여성 일자리 변화와 정책 전망." 코로나19 관련 여성·가족 분야별 릴레이 토론회 발표문. 여성가족부·여성정책연구원. 2020. 06.11.

전병유. 2010. "우리나라 노인요양사 인력 문제와 대안적인 요양인력모델의 모색."『한국사회정책』 17(3): 67-91.

전희경. 2020. "감염병과 약한 자들의 페미니즘." 김은실 편.『코로나 시대의 페미니즘』. 서울: 휴머니스트.

정경실. 2010. "노인장기요양보험제도의 성과와 향후 추진계획."『보건복지포럼』 10월: 5-9.

정무권. 1999. "'국민의 정부'의 사회정책: 신자유주의로의 확대? 사회통합으로의 전환?." 안병영·임혁백 편.『세계화와 신자유주의』. 서울: 나남

_____ (편). 2009.『한국복지국가의 성격논쟁 II』. 서울: 인간과 복지.

_____. 2017. "행정학에서의 공공성 연구: 과거, 현재 그리고 미래." 2017 한국행정이론학회 하계학술대회 발표문. 2017.08.17.

정슬아. 2020. "1,253건(2020.2~8월)의 언론보도를 통해 본 코로나19와 돌봄위기." '돌봄분담이요? 없어요, 그런거': 89명의 여성 인터뷰와 1,253건의 언론보도를 통해 본 코로나19와 돌봄위기 토론회 자료집. 여성민우회. 2020.10.28.

정아은. 2020.『당신이 집에서 논다는 거짓말』. 서울: 천년의 상상.

정영애. 2012. "돌봄노동 가치 재평가에 관한 연구: 노인장기요양보호사 업무를 중심으로." 사회정책학회 춘계학술대회 자료집. 2012. 6

_____. 2013. "노인장기요양정책과 돌봄노동."『젠더리뷰』 30(가을호): 52-58.

정원오. 2010.『복지국가』. 서울: 책세상.

정재요·채장수. 2018. "사회민주주의 노동전략의 공공성."『21세기정치학회보』 28(3): 165-185.

정치하는엄마들. 2018.『정치하는 엄마가 이긴다: 모성 신화를 거부한 엄마들, 반격을 시작하다』. 파주: 생각의 힘.

제갈현숙. 2009. "노인장기요양 서비스 공급구조의 왜곡된 시장화."『진보평론』 41(가을호): 211-233.

조기현. 2019.『아빠의 아빠가 됐다』. 서울: 이매진.

조영훈. 2002. "'생산적 복지론'과 한국 복지국가의 미래." 김연명 (편). 『한국복
　　지국가의 성격논쟁 I』. 서울: 인간과 복지.

조원희·정승일. 2012. 『사회민주주의 선언』. 서울: 홍진북스.

조주영. 2008. "새로운 도덕 패러다임으로서의 보살핌의 윤리: 헤크만의 길리건
　　해석을 중심으로." 『한국여성철학』 9: 103-125.

조한혜정. 2006a. "토건국가에서 돌봄 사회로: 여성 네트워크에 의한 새로운 인
　　프라 만들기." 조한혜정 외. 『가족에서 학교로 학교에서 마을로: 돌봄과
　　배움의 공동체』. 서울: 또하나의 문화.

_____. 2006b. "후기 근대적 위기와 '돌봄 국가'적 패러다임 전환을 위한 시
　　론." 『사회과학논집』 37(1): 71-97.

_____. 2018. 『선망국의 시간』. 파주: 사이행성.

지은구. 2009. "사회복지민영화와 노인장기요양보험제도." 『한국사회정책』 15
　　(2): 99-143.

차수봉. 2016. "인간존엄의 법사상사적 고찰." 『법학연구』 16(2): 1-22.

청와대 국민청원. 2020. "코호트 격리되어 일본 유람선처럼 갇혀서 죽어가고 있
　　는 요양병원 환자들을 구출해주세요." https://www1.president.go.kr/petitions/
　　595108

_____. 2021. "저희 아파트 경비원 아저씨의 억울함을 풀어주세요."
　　https://www1.president.go.kr/petitions/588752

청와대. 2018. 『문재인대통령 헌법개정안』. 서울: 더휴먼.

최영준. 2018. "한국복지국가의 새로운 DNA." 『한국사회정책』 25(4): 39-67.

최용길·김유정. 2019. "우리나라 장애인활동지원제도의 개선방안에 관한 연
　　구." 『법과정책』 25(2): 173-193.

최이숙. 2020. "모성에 대한 전유와 돌봄의 의제화." 『석당논총』 77: 39-66.

최장집. 2013. 『노동 없는 민주주의의 인간적 상처들』. 서울: 후마니타스.

최혜지. 2009. "노인장기요양보험 1년 성과와 한계." 『복지동향』. 8월: 4-8.

최희경. 2011. "노인 돌봄과 노동의 양립을 위한 가족 지원 정책 연구." 『한국사
　　회정책』 18(4): 271-298.

추지현. 2020. "비대면: 시공간에 대한 상이한 감각." 추지현 편. 『마스크가 말해
　　주는 것들: 코로나19와 일상의 사회학』. 파주: 돌베개.

코로나19 실시간 상황판. https://coronaboard.kr/

통계청. 2016. 여성의 경제활동 비율 지표.

_____. 2020a. 3월 고용동향.

_____. 2020b. 2019년 생활시간조사결과 보도자료, 2020/07/30.

_____. 2020c. 7월 고용동향.

_____. 2020d. 2020년 상반기 지역별고용조사 경력단절여성 현황. 보도자료. 2020.11.24.

한수웅. 2016.『헌법학』. 서울: 법문사.

허라금. 2006a. "돌봄의 사회화." 조한혜정 외.『가족에서 학교로 학교에서 마을로: 돌봄과 배움의 공동체』. 서울: 또하나의 문화.

_____. 2006b. "보살핌의 사회화를 위한 여성주의의 사유."『한국여성학』22(1): 115-145.

_____. 2018. "관계적 돌봄의 철학: '필요의 노동'을 넘어 '정치적 행위'로." 김희강 · 임현 편.『돌봄과 공정』. 서울: 박영사.

허영. 2017.『한국헌법론』. 서울: 박영사.

홍경준. 1999. "복지국가의 유형에 관한 질적 비교분석 : 개입주의, 자유주의 그리고 유교주의 복지국가."『한국사회복지학』38: 309-335.

홍기빈. 2011.『비그포르스, 복지 국가와 잠정적 유토피아』. 서울: 책세상.

홍성방. 1999. "인간으로서의 존엄과 가치: 인간의 존엄에 대한 헌법적 고찰."『가톨릭사회과학연구』11: 61-84.

_____. 2010.『헌법학(중)』. 서울: 박영사.

홍찬숙. 2020a. "코로나 이후의 '뉴노멀: 새로운 사회계약의 필요성.'" 다른백년. 2020.06.02.

_____. 2020b. "개인화와 복지체계 변화의 필요성." 다른백년. 2020.07.06.

황보람. 2012. "사회적 돌봄정책의 윤리적 패러다임으로서 정의와 중용의 타당성에 관한 탐색적 연구."『비판사회정책』37: 401-433.

황정미. 2007. "여성 사회권의 담론적 구성과 아내 · 어머니 · 노동자 지위."『페미니즘 연구』7(1): 13-54.

후루이치 노리토시. 2015.『아이는 국가가 키워라』. 한연 역. 서울: 민음사.

헌재 1989. 10. 27. 89헌마56 결정.

헌재 1990. 9. 10. 89헌마82 결정.

헌재 1991. 9. 16. 89헌마165 결정.

헌재 1995. 7. 21. 93헌가14 결정.

헌재 1996. 11. 28. 95헌바1 결정.

헌재 1998. 5. 28. 96헌가5 결정.

헌재 2000. 6. 1. 98헌마216 결정.

헌재 2008. 10. 30. 2006헌마35 결정.

e-나라지표. 2021. 지방자치단체 재정자립도.

경남신문. 2015.12.03. "'효 나누미'를 아시나요?"

경향신문. 2017.07.12. "내년부터 '보육·요양 서비스' 정부가 직접 제공."

_____. 2020.01.19. "잠들어 있는 국가에 돌을 던진 '배드 파더스.'"

_____. 2020.06.13. "엄마와 아들의 죽음 뒤엔 국가의 '책임방기' 있다."

_____. 2020.12.20. "거리두기로 아동학대 사각지대 더 커져...'긴급돌봄' 늘려야."

광남일보. 2017.12.12. "광산구 복지정책 '상복 터졌네.'"

국민일보. 2021.01.14. "'혼자 뒹굴뒹굴...게임만 늘어요' 11살 영준이 '망가진 일상.'"

노컷뉴스. 2015.07.17. "황 부총리 '3세대 동거는 저출산·고령화 해결 실마리.'"

_____. 2021.09.06. "'요양보호사' 자격증은 불티, 현역은 부족..."

뉴스1. 2021.08.24. "당정 '내년 병장 월급 67만원'...文대통령 공약 이행."

뉴시스. 2016.12.07. "아이 출산 후 방치해 숨지게 한 20대母 2심서 '집유.'"

동아사이언스. 2020.09.28. "전세계 코로나 사망자 100만명 넘었다...WHO '200만 명 갈 수도.'"

동아일보. 2020.02.24. "5층 정신병동환자 103명 전원 확진...청도대남병원 '코호트 격리.'"

매일경제. 2020.07.22. "요양병원·노인시설까지 침범한 코로나19...잇단 감염에 '비상.'"

_____. 2020.12.02. "AI 인재 토대는 코딩교육...학교 현장선 '수업시간 더 늘려야.'"

머니투데이. 2020.04.30. "'돌아가실까봐...' 그래서 할아버지는 달동네로 내몰렸다."

_____. 2021.08.31. "시험대 오른 여가부...비정규직·젠더갈등 앞 2030에 통하려면."

베이비뉴스. 2020.09.25. "'뜨거운 감자' 온종일돌봄특별법...쟁점은 이렇습니다."

_____. 2021.06.16. "핵심 조항 빠진 사회서비스원법 통과 유감이다."

서울신문. 2016.03.23. "한부모가족 중 1곳 차상위·저소득층."

_____. 2018.04.15. "배 속 아기 위해...출산 후 세상 떠난 말기암 엄마."

_____. 2020.07.16. "내팽개쳐진 '돌봄'...굶주린 소년은 그렇게 떠나려 했다."

_____. 2021.02.24. "15년간 225조 '백약이 무효'...'난임육아 등 직관적 지원, 청년일자리 만들라.'"

_____. 2021.03.17. "'아이·학부모 맞춤 보육환경 개선'...동작 '보육청 시즌2' 사업 본격화.

세계일보. 2021.02.13. "'정인이 사건'은 끝나지 않았다...17일 본격 재판 돌입."

_____. 2021.09.07. "남양유업 최연소 女팀장, 육아휴직 후 돌아왔더니 물류창고로 발령."

에이블뉴스. 2020.10.14. "코로나19 장애인활동지원사 '살얼음판.'"

연합뉴스. 2020.05.19. "코로나19여파...20~40대 직장맘 52% 스트레스 고위험군."

_____. 2020.08.28. "한계 다다른 전업주부들...24시간 '독박양육'에 코로나 블루."

_____. 2021.01.04. "인구재앙 고속도로에 올라탄 대한민국...백약이 무효인가."

_____. 2021.01.05. "당국 '코로나19 사망자 증가원인은 요양병원-요양시설 감염.'"

연합뉴스TV. 2020.03.22. "한부모가족 절반이 생계문제...코로나19 직격탄."

오마이뉴스. 2019.12.10. "'민식이법 악법 아닙니다' 민식이 아빠의 마지막 당부."

_____. 2019.12.26. "[2019 올해의 인물] 세상을 바꾸는 엄마들−선한 사람들의 연결."

_____. 2020.04.10. "노인시설 반대하는 아파트 주민들...이건 아니지 않나: 우리는 모두 노인이 됩니다."

_____. 2021.01.25. "'돌봄 만족도 99%' 서울 중구의 비밀...'지자체 직영.'"

이데일리. 2020.11.01. "'돌봄'은 학교 책임인가 지역사회 몫인가."

_____. 2021.09.12. "청년 10명 중 7명 '열심히 일해도 부자 가능성 없어.'"

중앙일보. 2018.01.18. "영국 '외로움 담당 장관' 생겼다."

_____. 2021.02.12. "'군대 테니스병 자취 감췄다' 입대 가능한 남성 절반이 증발."

참여와혁신. 2021.06.16. "'취지 훼손된' 사회서비스원법 보건복지위원회 통과."

한겨레. 2016.04.11. "양가 부모님 용돈 월 16만원."

_____. 2017.08.10. "문 대통령 '복지는 성장 전략의 하나.'"

_____. 2017.09.05. "1842일만에 '부양의무제 폐지' 농성 끝…'새벽 맞은 느낌.'"

_____. 2020.07.30. "좁고 습한 집 아이들, 코로나 자가격리 속 '우울감' 등 심해져."

_____. 2020.09.18. "혼자 있는 우리…끼니 해결 어려워요."

_____. 2020.11.08. "조기현의 '몫' – '늦'맘과 '영'케어러의 돌봄."

_____. 2021.01.21. "장애아동에 물 뿌리고, 밀치고…보육교사 6명, 학대 의혹으로 입건."

_____. 2021.01.21. "장애아동에 물 뿌리고, 밀치고…보육교사 6명, 학대 의혹으로 입건."

_____. 2021.09.12. "조기현의 '몫' – 인구변화 속 '영 케어러'의 의미.

_____. 2021.10.01. "'부양의무자 기준' 60년만에 폐지…가족 소득 있어도 생계급여 지급."

한겨레21. 2021.06.19. "조한진희의 잘 아플 권리."

한국경제. 2021.03.15. "한국경제, 코로나 국면서 세계 10위 탈환…첫 9위도 가능?"

한국일보. 2021.11.10. "'돌봄=여자 일' 규정하고 임금 후려치기 팽배."

환경일보. 2019.07.10. "노동기본권 없는 보육현장, 보육사의 현실."

KBS. 2021.03.28. "'한없이 긴 소송 절차'…양육비 미지급 처벌 실효성 높이려면?"

MBC. 2020.06.04. "발달장애 가족의 잇단 비극…대책은?"

SBS. 2020.07.24. "종일 자폐 딸 향해 '안돼'…코로나가 만든 돌봄감옥."

YTN. 2015.03.24. "부모님 용돈 소득공제 추진한다!"

Ackerman, Bruce, Anne Alstott and Philippe Van Parijs. 2006. 『분배의 재구성: 기본소득과 사회적 지분 급여』. 너른복지연구모임 역. 서울: 나눔의 집.

Addati, Laura, Umberto Cattaneo, Valeria Esquivel and Isabel Valarino. 2018. *Care Work and Care Jobs*. ILO Report.

Alstott, Anne L. 2001. "Good for Women." In Joshua Cohen and Joel Rogers (eds.), *What's Wrong with a Free Lunch?* Boston: Beacon Press.

_____. 2004. *No Exit: What Parents Owe Their Children and What Society Owes Parents*. Oxford: Oxford University Press.

Anderson, Elizabeth. 1999. "What Is the Point of Equality?" *Ethics* 109(2): 287-337.

_____. 2001. "Optional Freedoms." In Joshua Cohen and Joel Rogers (eds.),

What's Wrong with a Free Lunch? Boston: Beacon Press.

Andersson, Jan Otto. 2000. "The History of an Idea." In Robbert-Jan van der Veen and Loek Groot (eds), *Basic Income on the Agenda*. Amsterdam: Amsterdam University.

Badintare, Elisabeth. 1980. *L'amour en Plus*. Flammarion, Paris.

Baker, John. 2008. "All Things Considered, Should Feminists Embrace Basic Income?" *Basic Income Studies* 3(3): 1-8.

Barnes, Marian. 2012. *Care in Everyday Life: An Ethic of Care in Practice*. Bristole: Policy Press.

Barnes, Marian et al. (eds.). 2015. *Ethics of Care: Critical Advances in International Perspective*. Bristol: Policy Press.

Beck-Gernsheim, Elisabeth. 2006. *Dei Kinderfrage heute*. München: C. H. Beck.

Benton, Sarah. 2018. "Dependence." *Soundings* 70(Winter): 58-66.

Bergmann, Barbara R. 2006. "A Swedish-Style Welfare State or Basic Income: Which Should Have Priority?" In Erik Olin Wright (ed.), *Redesigning Distribution*. London: Verso.

_____. 2008. "Basic Income Grants or the Welfare State: Which Better Promotes Gender Equality?" *Basic Income Studies* 3(3): 1-7.

Berman, Sheri. 2006. 『정치가 우선한다』. 김유진 역. 서울: 후마니타스.

Beveridge, William Henry. 1942. *Social Insurance and Allied Services*. HMSO.

Blossfeld, Hans-Peter et al. (eds.). 2017. *Childcare, Early Education and Social Inequality: An International Perspective*. Cheltenham, UK and Northampton, MA: Edward Elgar Publishing.

Bonoli, Giuliano and David Natali. 2012. *The Politics of the New Welfare State*. Oxford: Oxford University Press.

Bourgault, Sophie and Fiona Robinson. 2020. "Special Issue: Care Ethics Thinks and Political." *International Journal of Care and Caring* 4(1): 3-9.

Brandsen, Cheryl. 2006. "A Public Ethic of Care: Implications for Long-Term Care." In Maurice Hamington and Dorothy C. Miller (eds.), *Socializing Care: Feminist Ethics and Public Issues*. Oxford: Rowman & Littlefield Publishers.

Brown, Wendy. 2005. *Edgework*. Princeton, NJ: Princeton University Press.

Bubeck, Diemut Grace. 2002. "Justice and the Labor of Care." In Eva Feder Kittay and Ellen K. Feder (eds.), *The Subject of Care: Feminist Perspectives on Dependency*. Lanham:

Rowman & Littlefield Publishers, Inc.

Butler, Samuel. 2012. "A Fourth Subject Position of Care." *Hypatia* 27(2): 390-406.

Castles, Francis G. 2004. *The Future of the Welfare State: Crisis Myths and Crisis Realities*. Oxford: Oxford University Press.

Clement, Grace. 1996. *Care, Autonomy, and Justice: Feminism and the Ethics of Care*. Boulder: Westview Press.

Cloyes, Kristin G. 2002. "Agonizing Care: Care Ethics, Agonistic Feminism and a Political Theory of Care." *Nursing Inquiry* 9(3): 203-214.

Cohen, Joshua and Joel Rogers (eds.). 2001. *What's Wrong with a Free Lunch?* Boston: Beacon Press.

Collins, Stephanie. 2015. *The Core of Care Ethics*. New York: Palgrave Macmillan.

Costa, Mariarosa Dalla. 2015. 『집안의 노동자: 뉴딜이 기획한 가족과 여성』. 김현지·이영주 역. 서울: 갈무리.

Cottam, Hilary. 2020. 『래디컬 헬프: 돌봄과 복지제도의 근본적 전환』. 박경현·이태인 역. 서울: 착한책가게.

Cox, Rosie. 2010. "Some Problems and Possibilities of Caring." *Ethics Place and Environment* 13(2): 113-130.

Daly, Mary and Jane Lewis. 2000. "The Concept of Social Care and the Analysis of Contemporary Welfare States." *British Journal of Sociology* 51(2): 281-298.

Du Bois, W. E. B. 1969[1903]. *The Souls of Black Folk*. New York: New American Library.

Duffy, Mignon. 2007. "Doing the Dirty Work: Gender, Race, and Reproductive Labor in Historical Perspective." *Gender & Society* 21(3): 313-336.

Dworkin, Ronald, 2000, *Sovereign Virtue: The Theory and Practice of Equality*. Cambridge: Harvard University Press.

Eichner, Maxine. 2010. *The Supportive State: Families, Government, and America's Political Ideals*. Oxford: Oxford University Press.

Elgarte, Julieta M. 2008 "Basic Income and the Gendered Division of Labour." *Basic Income Studies* 3(3): 1-7.

England, Paula and Nancy Folbre. 2003. "Contracting for Care." In Marianne A. Ferber and Julie A. Nelson (eds.), *Feminist Economics Today*. Chicago: University of Chicago Press.

England, Paula, Michelle Budig and Nancy Folbre. 2002. "Wages of Virtue: The Relative Pay of Care Work." *Social Problems*. 49(4): 455-473.

Engster, Daniel. 2005. "Rethinking Care Theory: The Practice of Caring and the Obligation to Care." *Hypatia* 20(3): 50-74.

_____. 2007. 『돌봄: 정의의 심장』. 김희강·나상원 역. 서울 박영사.

_____. 2010. "Strategies for Building and Sustaining a New Care Movement." *Journal of Women, Politics and Policy* 31(4): 289-312.

_____. 2015. *Justice, Care, and the Welfare State*. Oxford: Oxford University Press.

_____. 2020. "A Public Ethics of Care for Policy Implementation." *American Journal of Political Science* 64(3): 621-633.

Engster, Daniel and Maurice Hamington (eds.). 2015. *Care Ethics and Political Theory*. Oxford: Oxford University Press.

Esping-Andersen, Gøsta. 1990. 『복지 자본주의의 세 가지 세계』. 박시종 역. 서울: 성균관대학교 출판부.

_____. 2009. *The Incomplete Revolution: Adapting to Women's New Roles*. Cambridge: Polity.

Esping-Andersen, Gøsta et al. 2002. *Why We Need a New Welfare State*. Oxford: Oxford University Press.

Fineman, Martha Albertson. 1995. *The Neutered Mother: The Sexual Family and Other Twentieth Century Tragedies*. London: Routledge.

_____. 2001. "Dependencies." In Nancy J. Hirschmann and Ulrike Liebert (eds.), *Women and Welfare: Theory and Practice in the United States and Europe*. New Jersey: Rutgers University Press.

_____. 2004. *The Autonomy Myth: A Theory of Dependency*. New York and London: New Press.

FitzGerald, Maggie. 2020. "Reimagining Government with the Ethics of Care: A Department of Care." *Ethics and Social Welfare* 14(3): 248-265.

Fitzpatrick, Tony. 1999. *Freedom and Security: An Introduction to the Basic Income Debate*. London: Macmillan Press Ltd.

Folbre, Nancy. 2001. 『보이지 않는 가슴: 돌봄경제학』. 윤자영 역. 서울: 또하나의 문화.

_____. 2014. *Who Cares? A Feminist Critique of the Care Economy*. Rosa Luxembrug Stiftung New York Office.

_____. 2018. "The Care Penalty and Gender Inequality." In Susan L. Averett, Laura M. Argys, and Saul D. Hoffman (eds.), *The Oxford Handbook of Women and the Economy*. Oxford: Oxford University Press.

Folbre, Nancy and Julie A. Nelson. 2000. "For Love or Money – Or Both?" *Journal of Economic Perspectives* 14(4): 123-140.

Forget, Evelyn L. 2020. *A Basic Income for Canadians*. Tronto: James Lorimer.

Fraistat, Shawn. 2016. "Domination and Care in Rousseau's Emile." *American Political Science Review* 110(4): 889-900.

Fraser, Nancy. 1997. "After the Family Wage: A Postindustrial Thought Experiment." In her *Justice Interruptus*. New York and London: Routledge.

_____. 2016a. "Contradictions of Capital and Care." *New Left Reveiw* 100 (July-August): 99-117.

_____. 2016b. "Capitalism's Crisis of Care." *Dissent Magazine* (Fall). https://www.dissentmagazine.org/article/nancy-fraser-interview-capitalism-crisis-of-care

_____. 2017. 『전진하는 페미니즘: 여성주의 상상력, 반란과 반전의 역사』. 임옥희 역. 서울: 돌베개.

Fraser, Nancy and Linda Gordon. 2002. "A Genealogy of Dependency: Tracing a Keyword of the U. S. Welfare State." In Eva Feder Kittay and Ellen K. Feder (eds.), *The Subject of Care: Feminist Perspectives on Dependency*. Lanham: Rowman & Littlefield Publishers.

French, Janet. 2020. "Alberta Health-care Workers Would Face Sanction for Wildcat Strike." *CBC News* Oct. 27.

Friedman, Marilyn. 1995. "Feminism and Modern Friendship: Dislocating the Community." In Penny A. Weiss and Marilyn Friedman (eds.), *Feminism and Community*. Philadelphia: Temple University Press.

Gardiner, Jean. 1997. *Gender, Care and Economics*. London: MacMillan.

Garland, David. 2016. 『복지국가란 무엇인가』. 정일영 역. 서울: WBB.

Gheaus, Anca. 2008. "Basic Income, Gender Justice and the Costs of Gender-Symmetrical Lifestyles." *Basic Income Studies* 3(3): 1-8.

_____. 2016. "The Right to Parent and Duties concerning future generations."

Journal of Political Philosophy 24(4): 487-508.

_____. 2020. "The Feminist Argument Against Supporting Care." *Journal of Practical Ethics* 8(1): 87-113.

Gilligan, Carol. 1982. 『다른 목소리로』. 허란주 역. 서울: 동녘.

_____. 2011. *Joining the Resistance*. Cambridge and Malden. MA: Polity Press.

Gilligan, Carol and Naomi Snider. 2018. *Why Does Patriarchy Persist?* MA: Polity Press.

Goodheart, Michael. 2018. *Injustice: Political Theory for the Real World*. Oxford: Oxford University Press.

Goodin, Robert E. 1985. *Protecting the Vulnerable: A Reanalysis of Our Social Responsibilities*. Chicago: University of Chicago Press.

_____. 1988. *Reasons for Welfare: The Political Theory of the Welfare State*. Princeton: Princeton University Press.

Goodman, Roger and Ito Peng. 1996. "The East Asian Welfare States: Peripatetic Learnings, Adaptive Change, and Nation-Building." In G. Esping-Andersen (ed.), *Welfare States in Transition: National Adaptations in Global Economies*. London: Sage.

Gornik, Jane and Marcia Meyers. 2003. *Families That Work: Policies for Reconciling Parenthood and Employment*. New York: Russell Sage Foundation.

Gosseries, Axel and Yannick Vanderborght (eds.). 2011. *Arguing About Justice: Essays for Philippe Van Parijs*. Preses Universitaires de Louvain.

Greenswag, Kari. 2018. "Care Ethics and Public Policy: A Holistic, Transformative Approach." *Politics & Gender* 15(4): 912-940.

Groves, Christopher. 2014. *Care, Uncertainty, and Intergenerational Ethics*. Basingstoke, UK: Palgrave MacMillan.

Gutmann, Amy and Dennis Thompson. 1996. *Democracy and Disagreement: Why Moral Conflict Cannot be Avoided in Politics, and What Should be Done About It*. Cambridge, MA: The Belknap Press of Harvard University Press.

Hamington, Maurice and Dorothy C. Miller (eds.). 2006. *Socializing Care: Feminist Ethics and Public Issues*. Oxford: Rowman & Littlefield Publishers.

Hamington, Maurice and Maureen Sander-Staudt. 2011. *Applying Care Ethics to Business*. New York: Springer.

Hankivsky, Olena. 2004. *Social Policy and the Ethic of Care*. Vancouver: University of British Columbia Press.

_____. 2014. "Rethinking Care Ethics: On the Promise and Potential of an Intersectional Analysis." *American Political Science Review* 108(2): 252-264.

Hartsock, Nancy. 1983. *Money, Sex and Power: Toward a Feminist Historical Materialism.* Boston: Northeaster University Press.

Held, Virginia. 1993. *Feminist Morality: Transforming Culture, Society, and Politics.* Chicago: University of Chicago Press.

_____ (ed). 1995a. *Justice and Care: Essential Readings in Feminist Ethics.* Boulder, Colorado: Westview Press.

_____. 1995b. "Non-Contractual Society." In Penny A. Weiss and Marilyn Friedman (eds.), *Feminism and Community.* Philadelphia: Temple University Press.

_____. 2006. 『돌봄: 돌봄윤리』. 김희강·나상원 역. 서울: 박영사.

_____. 2015. "Care and Justice, Still." In Daniel Engster and Maurice Hamington (eds.), *Care Ethics and Political Theory.* Oxford: Oxford University Press.

Herr, Ranjoo Seodu. 2003. "Is Confucianism Compatible with Care Ethics?: A Critique." *Philosophy East and West* 53(4): 471-489.

Heyes, Anthony. 2005. "The Economics of Vocation or 'Why is a Badly Paid Nurse a Good Nurse?'" *Journal of Health Economics* 24(3): 561-9.

Hirschmann, Nancy. 2018. "Care as a Political Concept: Now More Than Ever." *Politics & Gender* 14(4): 4-8.

Hirschmann, Nancy J. and Ulrike Liebert. 2001. "Introduction: Engendering Welfare, Degendering Care: Theoretical and Comparative Perspective on the United States and Europe." In Nancy J. Hirschmann and Ulrike Liebert (eds.), *Women and Welfare: Theory and Practice in the United States and Europe.* New Jersey: Rutgers University Press.

Hochschild, Alie. 2004. "Love and Gold." In Barbara Ehrenreich and Arlie Russell Hochschild (eds.), *Global Women: Nannies, Maids, and Sex Workers in the New Economy.* New York: Owl Books.

Holliday, Ian. 2000. "Productivist Welfare Capitalism: Social Policy In East Asia." *Political Studies* 48: 706-23.

Howard, Curzer J. 2007. "Aristotle, the Founder of the Ethics of Care." *Journal of Value Inquiry* 41: 221-243.

Ilkkaracan, Ipek. 2018. Promoting Women's Economic Empowerment: Recognizing and

Investing in the Care Economy. Issue Paper. UNWomen. New York.

Illich, Ivan. 1981. 『그림자 노동』. 노승영 역. 서울: 사월의 책.

ILO. 2018. *Care Work and Care Jobs for the Future of Work*. Geneva: ILO.

Jaggar, Alison. 1983. *Feminist Politics and Human Nature*. Totowa, N.J.: Rowman and Allanheld.

_____. 1995. "Caring as a Feminist Practice of Moral Reason." In Virginia Held (ed.), *Justice and Care: Essential Readings in Feminist Ethics*. Boulder, CO: Westview Press.

Johnson, Chalmers. 1982. *MITI and the Japanese Miracle: The Growth of Industrial Policy 1925-75*. Stanford: Stanford University Press.

Jones, Catherine. 1990. *Hong Kong, Singapore, South Korea and Taiwan:* Oikonomic *Welfare States*. Government and Opposition, 25(4), 446-462.

_____. 1993. "The Pacific Challenge: Confucian Welfare States." In Catherine Jones (ed.), *New Perspectives on the Welfare State in Europe*. London and New York: Routledge.

Kant, Immanuel. 1996[1785]. "Groundwork of the Metaphysics of Morals." In Mary J. Gregor (trans. & ed.) and Allen Wood (intro.), *Practical Philosophy*. Cambridge: Cambridge University Press.

Kaufman-Osborn, Timothy. 2018. "Symposium Review: 25th Anniversary of Moral Boundaries by Joan Tronto." *Gender & Politics* 14(4): 1-28.

Kemp, David S. 2013. "Can Health Care Providers Ethically Go on Strike?" *Verdict* Jan. 14.

Kim, Andrew Eungi and Joon-sik Choi. 2015. *Contemporary Korean Culture*. Seoul: Korea University Press.

Kim, Hee-Kang. 2016. "Is Long-Term Insurance in South Korea Socialising Care Policy?" *Critical Social Policy* 36(4): 1-19.

_____. 2021a. "Care Ethics as a Challenge to the Structural Oppression Surrounding Care." *Ethics and Social Welfare* 15(2): 151-166.

_____. 2021b. "The Basic Income and Care Ethics." *Journal of Social Philosophy* 52(Fall): 328-343.

Kim, Sungmoon. 2014. *Confucian Democracy in East Asia: Theory and Practice*. Cambridge: Cambridge University Press.

Kittay, Eva Feder. 1999. 『돌봄: 사랑의 노동』. 김희강·나상원 역. 서울 박영사.

_____. 2001a. "From Welfare to a Public Ethic of Care." In Nancy J. Hirschmann and Ulrike Liebert (eds.), *Women and Welfare: Theory and Practice in the United States and Europe*. New Jersey: Rutgers University Press.

_____. 2001b. "When Caring is Just and Justice is Caring: Justice and Mental Retardation." *Public Culture* 13(3): 557-579.

_____. 2001c. "A Feminist Public Ethic of Care Meets the New Communitarian Family Policy." *Ethics* 111(3): 523-547.

_____. 2002. "Can Constructualism Justify State-Supported Long-Term Care Policies? Or, I'd Rather Be Some Mother's Child?" In World Health Organization (ed.), *Ethical Choices in Long-term Care: What Does Justice Requires*. World Heath Organization.

_____. 2011. "The Ethics of Care, Dependence, and Disability." *Ratio Juris* 24(1): 49-58.

_____. 2014. "The Completion of Care: With Implications for a Duty to Receive Care Graciously." In González, Ana Marta and Craig Iffland (eds.), *Care Professions and Globalization*. London: Palgrave MacMillan.

_____. 2015. "A Theory of Justice as Fair Terms of Social Life Given Our Inevitable Dependency and Our Inextricable Interdependency." In Daniel Engster and Maurice Hamington (eds.), *Care Ethics and Political Theory*. Oxford: Oxford University Press.

_____. 2019. *Learning from My Daughter: The Value and Care of Disabled Minds*. Oxford: Oxford University Press.

_____. 2020. "Covid, Care, Gender." 서울시 여성가족재단 '코로나시대 사회적 돌봄의 위기와 여성노동' 웹컨퍼런스 발표문. 미출간원고. 2020. 10.20.

Knijn, Trudie and Monique Kremer. 1997. "Gender and the Caring Dimension of Welfare States Toward Inclusive Citizenship." *Social Politics* 4(3): 328-361.

Koggel, Christine M. and Joan Orme. 2010. "Care Ethics: New Theories and Applications." *Ethics and Social Welfare* 4(2): 109-114.

_____(eds.). 2019. *Care Ethics: New Theories and Applications*. New York: Routledge.

Kremer, Monique. 2007. *How Welfare States Care: Culture, Gender and Parenting in*

Europe. Amsterdam: Amsterdam University Press.

Kwon, Huck-ju. 2005. "Transforming the Developmental Welfare State in East Asia." *Development and Change* 36(4): 477-97.

_____. 2009. "The Reform of the Developmental Welfare State in East Asia." *International Journal of Social Welfare* 18(1): S12-S21.

Kymlicka, Will. 2001. 『현대 정치철학의 이해』. 장동진 외 역. 파주: 동명사.

Lewis, Jane. 1992. "Gender and the Development of Welfare Regimes." *Journal of European Social Policy* 2(3): 159-173.

Li, Chenyang. 1994. "The Confucian Concept of Jen and Feminist Ethics of Care: A Comparative Study." *Hypatia* 9(1): 257-273

_____. 2002. "Revisiting Confucian Jen Ethics and Feminist Care Ethics: A Reply to Daniel Star and Lijun Yuan." *Hypatia* 17(1): 130-40.

Locke, John. 1980[1690]. *Second Treatise of Government*. C. B. Macpherson(ed.). Indianapolis, IN: Hackett Publishing Company.

Lundberg, Shelly and Robert A. Pollak. 2003. "Efficiency in Marriage." *Review of Economics of the Household* 1(3): 153-167.

Luo, Shirong. 2007. "Relation, Virtue, and Relational Virtue: Three Concepts of Caring" *Hypatia* 22(3): 92-110.

Ma, John Paley. 2002. "Virtues of Autonomy: The Kantian Ethics of Care." *Nursing Philosophy* 3(2): 133-143.

MacIntyre, Alasdair. 1981. *After Virtue: A Study in Moral Theory*. Notre Dame, Ind.: University of Notre Dame Press.

_____. 1999. *Dependent Rational Animals: Why Human Beings Need the Virtues*. Chicago and La Salle: Open Court.

Mahon, Rianne and Fiona Robinson (eds.). 2011. *Feminist Ethics and Social Policy: Towards a New Global Political Economy of Care*. Vancouver: University of British Columbia Press.

Makoff, Ruth and Rupert Read. 2017. "Beyond Just Justice: Creating Space for a Future-Care Ethic." *Philosophical Investigations* 40(3): 223-256.

Marshall, T. H. 1977[1950]. "Citizen and Social Class." In his *Class, Citizenship, and Social Development*. Chicago: University of Chicago Press.

_____. 1981[1969]. "Reflection on Power." In his ed., *The Right to Welfare and*

Other Essays. New York: Free Press.

Marshall, T. H. and Tom Bottomore. 1950. 『시민권』. 조성은 역. 서울: 나눔의 집.

Mcfate, Katherine. 2001. "A Debate We Need." In Joshua Cohen and Joel Rogers (eds.), *What's Wrong with a Free Lunch?* Boston: Beacon Press.

Mill, J. S. 1978[1859]. *On Liberty*. Indianapolis, IN: Hackett Publishing Company.

Miller, David. 1995. "Complex Equality." In David Miller and Michael Walzer (eds.), *Pluralism, Justice, and Equality*. Oxford: Oxford University Press.

Minder, Rapheal. 2016. "Guaranteed Income for All? Switzerland's Voters Say No Thanks." *The New York Times*, June 5.

Ministry of Health of New Zealand. https://www.health.govt.nz/new-zealand-health-system/pay-equity-settlements/care-and-support-workers-pay-equity-settlement/summary-pay-equity-settlement

Moon, J. Donald. 1988. "The Moral Basis of the Democratic Welfare State." In Amy Gutmann (ed.), *Democracy and the Welfare State*. Princeton: Princeton University Press.

_____. 2004. "The Political Theory of the Welfare State." In Gerald F. Gaus and Chandran Kukathas (eds.), *Handbook of Political Theory*. London: Sage Publications.

Mulhall, Stephen and Adam Swift. 1996. 『자유주의와 공동체주의』. 김해성·조영달 역. 서울: 한울.

Nagesh, Ashitha. 2019. "Finland Basic Income Trail Left People 'Happier But Jobless.'" *BBC*, February 8.

National Coalition Against Domestic Violence. https://ncadv.org/statistics

Neckerman, Kathryn M. (ed.). 2004. *Social Inequality*. New York: Russell Sage Foundation.

Noddings, Nel. 1984. *Caring: A Feminine Approach to Ethics and Moral Education*. Berkeley: University of California Press.

_____. 1992. 『배려교육론』. 추병완 외 역. 서울: 다른우리.

_____. 2002a. *Starting at Home: Caring and Social Policy*. Berkeley: University of California Press.

_____. 2002b. 『배려와 도덕교육』. 고미숙 역. 서울: 교육과학사.

_____. 2015. "Care Ethics and 'Caring' Organization." In Daniel Engster and Maurice Hamington (eds.), *Care Ethics and Political Theory*. Oxford: Oxford University Press.

Nussbaum, Martha C. 2002. "The Future of Feminist Liberalism." In Eva Feder Kittay and Ellen K. Feder (eds.), *The Subject of Care: Feminist Perspectives on Dependency*. Lanham: Rowman & Littlefield Publishers.

_____. 2003. "Rawls and Feminism." In Samuel Freeman (ed.), *The Cambridge Companion to Rawls*. Cambridge: Cambridge University Press.

_____. 2006. *Frontiers of Justice: Disability, Nationality, Species Membership*. Cambridge, MA: Belknap Press.

O'Reilly, Jacqueline. 2008. "Can a Basic Income Lead to a More Gender Equal Society?" *Basic Income Studies* 3(3): 1-7.

OECD Development Centre. 2014. Unpaid Care Work: The Missing Link in the Analysis of Gender Gap in Labour Outcomes. https://www.oecd.org/dev/development-gender/Unpaid_care_work.pdf

OECD. 2011. *Help Wanted? Providing and Paying for Long-Term Care*. Paris. http://www.oecd.org/els/health-systems/47836116.pdf

Okano, Yayo. 2016. "Why has the Ethics of Care Become an Issue of Global Concern?" *International Journal of Japanese Sociology* 25(1): 85-99.

Okin, Susan Moller. 1989. *Justice, Gender, and the Family*. New York: Basic Books.

Orloff, Ann Shola. 1993. "Gender and the Social Rights of Citizenship: The Comparative Analysis of Gender Relations and Welfare States." *American Sociological Review* 58(3): 303-328.

_____. 2009. "Gendering the Comparative Analysis of Welfare States." *Sociological Theory* 27(3): 317-343.

_____. 2010. "Gender." In Francis G. Castles et al. (eds.), *The Oxford Handbook of the Welfare State*. Oxford: Oxford University Press.

Oxfam. 2020. Time to Care: Unpaid and Underpaid Care Work and the Global Inequality Crisis. https://oxfamilibrary.openrepository.com/bitstream/handle/10546/620928/bp-time-to-care-inequality-200120-en.pdf

Park, Yong Soo. 2011. "The Social Welfare Reform During the Progressive Regimes of South Korea: Theoretical Implications." *Social Science Journal* 48: 13-28.

Parreñas, Rhacel Salazar. 2004. "The Care Crisis in the Philippines: Children and Transnational Families in the New Global Economy." In Barbara Ehrenreich and Arlie Russell Hochschild (eds.), *Global Women: Nannies, Maids, and Sex Workers in the New Economy.* New York: Owl Books.

Pateman, Carole. 1985. *The Problem of Political Obligation: A Critique of Liberal Theory.* Berkeley: University of California Press.

_____. 2004. "Democratizing Citizenship: Some Advantages of a Basic Income." *Politics & Society* 32(1): 89-105.

_____. 2006. "Democratizing Citizenship: Some Advantages of a Basic Income." In Erik Olin Wright (ed.), *Redesigning Distribution.* London: Verso.

Pearce, Diana. 1990. "Welfare Is not for Women: Why the War on Poverty Cannot Conquer the Feminization of Poverty." In Linda Gordon (ed.), *Women, the State and Welfare.* Madison: University of Wisconsin Press.

Peng, Ito. 2010. "The Expansion of Social Care and Reform: Implications for Care Workers in the Republic of Korea." *International Labour Review* 149(4): 461-476.

Petterson, Tove. 2008. *Comprehending Care: Problems and Possibilities in the Ethics of Care.* Lanham, Plymouth: Lexington Books.

Pierson, Christopher. 2007. *Beyond the Welfare State? The New Political Economy of Welfare.* 3rd (ed.). University Park: Pennsylvania State University Press.

Pietrykowski, Bruce. 2017. "The Return to Caring Skills: Gender, Class, and Occupational Wages in the US." *Feminist Economics* 23(4): 32-61.

Piketty, Thomas. 2020. 『자본과 이데올로기』. 안준범 역. 서울: 문학동네.

Polany, Karl. 2001. *The Great Transformation: The Political and Economic Origins of Our Time.* 2nd (ed.). Boston: Beacon Press.

Przeworski, Adam. 1999. "Minimalist Conception of Democracy: A Defense." Ian Shapiro and Casiano Hacker-Cordon (eds.), *Democracy's Value.* Cambridge: Cambridge University Press.

Randall, Thomas. 2019. "Care Ethics and Obligations to Future Generations." *Hypatia* 34(3): 527-545.

Raventós, Daniel. 2007. *Basic Income: The Material Conditions of Freedom.* Ann Arbor, Michigan: Pluto Press.

Rawls, John. 1971. *A Theory of Justice.* Cambridge, MA: Harvard University Press.

_____. 1993. *Political Liberalism.* New York: Columbia University Press.

_____. 2001. *Justice as Fairness: A Restatement.* Erin Kelly (ed.). Cambridge: The Belknap Press of Harvard University Press.

Robeyns, Ingrid. 2001. "Will a Basic Income Do Justice to Women?." *Analyse and Kritik* 23(1): 88-105

_____. 2008. "Introduction: Revisiting the Feminism and Basic Income Debate." *Basic Income Studies* 3(3): 1-6

_____. 2013. "A Universal Duty to Care." In Axel Gosseries and Philippe Vanderborght (eds.), *Arguing About Justice: Essays for Philippe Van Parijs*. Presses Universitaires de Louvain.

Robinson, Fiona. 1999. *Globalizing Care: Ethics, Feminist Theory, and International Relations*. Boulder: Westview Press.

_____. 2006. "Beyond Labour Rights: The Ethics of Care and Women's Work in the Global Economy." *International Feminist Journal of Politics* 8(3): 321-342.

_____. 2011. *The Ethics of Care: A Feminist Approach to Human Security*. Philadelphia, PA: Temple University Press.

_____. 2018. "Care and the Political." *Politics & Gender* 14(4): 13-16.

_____. 2020. "Resisting Hierarchies Through Relationality in the Ethics of Care." *International Journal of Care and Caring* 4(1): 11-23.

Ruddick, Sara. 1980. "Maternal Thinking." *Feminist Studies* 6(2): 342-367.

_____. 1989. 『모성적 사유: 전쟁과 평화의 정치학』. 이혜정 역. 서울: 철학과 현실사.

Sainsbury, Diane. 1999. "Gender and Social-Democratic Welfare States." In her (ed.), *Gender and Welfare State Regimes*. Oxford: Oxford University Press.

Sandel, Michael J. 1982. *Liberalism and the Limits of Justice*. Cambridge: Cambridge University Press.

Sander-Staudt, Maureen. 2006. "The Unhappy Marriage of Care Ethics and Virtue Ethics." *Hypatia* 21(4): 21-39.

_____. 2018. "Care Ethics." Internet Encyclopedia of Philosophy. http://www.iep.utm.edu/care-eth/

Schmidtz, David and Robert E. Goodin. 1988. *Social Welfare and Individual Responsibility*. Cambridge: Cambridge University Press.

Schneider, Elizabeth M. 1991. "The Violence of Privacy." *Connecticut Law Review* 23: 973-999.

Schouten, Gina. 2019. *Liberalism, Neutrality, and the Gendered Division of Labor*.

Oxford: Oxford University Press.

Schumpeter, Joseph. 1976. *Capitalism, Socialism, and Democracy*. New York: Allen & Unwin.

Sen, Amartya. 1989. "Gender and Cooperative Conflict." In Irene Tinker (ed.), *Persistent inequalities: Women and World Development*. New York: Oxford University Press.

Sevenhuijsen, Selma. 1998. *Citizenship and the Ethics of Care: Feminist Consideration on Justice*. New York: Routledge.

_____. 2003. "The Place of Care: The Relevance of the Feminist Ethic of Care for Social Policy." *Feminist Theory* 4(2): 179-197.

Shklar, Judith N. 1990. *The Faces of Injustice*. New Haven, CT: Yale University Press.

Siegel, Reva B. 1996. "'The Rule of Love': Wife Beating as prerogative and Privacy." *Yale Law Journal* 105: 2117-2207.

Siim, Birte. 1987. "The Sandinavian Welfare States: Towards Sexual Equality or a New Kind of Male Domination?" *Acta Sociologica* 30(3/4): 255-270.

Slote, Michael. 2007. *The Ethics of Care and Empathy*. London: Routledge.

Smith, Adam. 1993[1776]. *Wealth of Nations*. Indianapolis, IN: Hackett Publishing Company.

Star, Daniel. 2002. "Do Confucians Really Care? A Defense of the Distictivness of Care Ethics." *Hypatia* 17(1): 77-106

Stensota, Helena Olofsdotter. 2015. "Public Ethics of Care-A General Public Ethics." *Ethics and Social Welfare* 9(2): 183-200.

Stevens, Matt and Isabella Grullón Paz. 2020. "Andrew Yang's $1,000-a-Month Idea May Have Seemed Absurd Before. Not Now." *The New York Times*, March 18.

Stone, Deborah. 2000. "Why We Need a Care Movement." *The Nation* February 23, 2000. https://www.thenation.com/article/why-we-need-care-movement/

Sung, Sirin and Gillian Pascall. 2014. *Gender and Welfare States in East Asia: Confucianism or Gender Equality?* New York: Palgrave MacMillan.

Tronto, Joan C. 1993. *Moral Boundaries: A Political Argument For an Ethic of Care*. London: Routledge.

_____. 2001. "Who Cares? Public and Private Caring and the Rethinking of Citizenship." In Nancy J. Hirschmann and Ulrike Liebert (eds.), *Women and Welfare: Theory and Practice in the United States and Europe*. New Jersey: Rutgers University Press.

_____. 2010. "Creating Caring Institutions: Politics, Plurality, and Purpose." *Ethics and Social Welfare* 4(2): 158-171.

_____. 2013. 『돌봄민주주의』 김희강·나상원 역. 서울: 박영사.

_____. 2015a. *Who Cares? How to Reshape a Democratic Politics*. Ithaca, NY: Cornell University Press.

_____. 2015b. "Theories of Care as a Challenge to Weberian Paradigms in Social Science." In Daniel Engser and Maurice Hamington (eds.), *Care Ethics and Political Theory*. Oxford: Oxford University Press.

_____. 2017. "There Is an Alternative: Homines Curans and the Limits of Neoliberalism." *International Journal of Care and Caring* 1(1): 27-43.

_____. 2018. "Response." Symposium Review: 25th Anniversary of Moral Boundaries by Joan Tronto. *Politics & Gender* 14(4): 21-28.

Ungerson, Clare. 2000. "The Commodification of Care: Current Policies and Future Politics." In Barbara Hobson (ed.), *Gender and Citizenship in Transition*. New York: Routledge.

Urban, Petr and Lizzie Ward (eds.). 2020. *Care Ethics, Democratic Citizenship and the State*. Palgrave Macmillan.

Van der Veen, Robbert-Jan and Loek Groot (eds.). 2000. *Basic Income on the Agenda*. Amsterdam: Amsterdam University.

Van Parijs, Philippe 1991. "Why Surfers Should be Fed: The Liberal Case for an Unconditional Basic Income." *Philosophy and Public Affairs* 20(2): 101-31.

_____ (ed.). 1992. *Arguing for Basic Income: Ethical Foundations for a Radical Reform*. London: New York: Verso.

_____. 1995. *Real Freedom for All: What (If Anything) Can Justify Capitalism?* Oxford: Oxford University Press.

_____. 2001. "A Basic Income for All." In Joshua Cohen and Joel Rogers (eds.), *What's Wrong with a Free Lunch?* Boston: Beacon Press.

_____. 2006. "Basic Income: A Simple and Powerful Idea for the Twenty-first Century." In Erik Olin Wright (ed.), *Redesigning Distribution*. London: Verso.

_____. 2009. "Political Ecology: From Autonomous Sphere to Basic Income." *Basic Income Studies* 4(2): 1-9.

Van Parijs, Philippe and Yannick Vanderborght. 2017. *Basic Income: A Radical Proposal for a Free Society and a Sane Economy.* Harvard, MA: Harvard University Press.

Walby, Sylvia. 1989. "Theorising Patriarchy." *Sociology* 23(2): 213-234.

_____. 1991. *Theorizing Patriarchy.* New York: Wiley-Blackwell.

Waldfogel, Jane. 1998. "Understanding the Family Gap in Pay for Women with Children." *Journal of Economic Perspectives* 12 (1): 137-56.

Walzer, Michael. 1984. *Spheres of Justice: A Defense of Pluralism and Equality.* New York: Basic Books.

Weber, Max. 1905.『프로테스탄트 윤리와 자본주의 정신』. 박문재 역. 서울: 현대지성.

Weiner, Joshua. 2002. "The Role of Informal Support in Long-Term Care." WHO. *Key Policy Issues in Long-Term Care.* Geneva. http://www.who.int/chp/knowledge/publications/policy_issues_ltc.pdf

Weiss, Penny A. 1995. "Feminism and Communitarianism: Comparing Critiques of Liberalism." In Penny A. Weiss and Marilyn Friedman (eds.), *Feminism and Community.* Philadelphia: Temple University Press.

White, Stuart. 2007. *Equality.* Cambridge: Polity.

_____. 2010. "Ethics." In Francis G. Castles et al. (eds.), *The Oxford Handbook of the Welfare State.* Oxford: Oxford University Press.

WHO. 2013. Global and Regional Estimates of Violence Against Women.

Williams, Fiona. 2001. "In and Beyond New Labour: Towards a New Political Ethics of Care." *Critical Social Policy* 21(4): 467-493.

_____. 2011. "Towards a Transnational Analysis of the Political Economy of Care." In Rianne Mahon and Fiona Robinson (eds.), *Feminist Ethics and Social Policy: Towards a New Global Political Economy of Care.* Vancouver: University of British Columbia Press.

Williams, Joan C. 2000. *Unbending Gender: Why Family and Work Conflict and What to Do About It.* Oxford: Oxford University Press.

Williams, Joan C. and Stephanie Bornstein. 2008. "The Evolution of 'Fred': Family Responsibilities Discrimination and Developments in the Law of Stereotying and Implicit Bias." *Hastings Law Journal* 59: 1311-1358.

Williamson, Lucy. 2017. "France's Benoît Hamon Rouses Socialists With Basic Income Plan." *BBC*, January 24.

Wollstonecraft, Mary. 1992[1792]. *A Vindication of the Rights of Woman*. London: Penguin Books.

Wright, Erik Olin (ed.). 2006a. *Redesigning Distribution*. London: Verso.

_____. 2006b. "Introduction." In his (ed.), *Redesigning Distribution*. London: Verso.

_____. 2006c. "Basic Income, Stakeholder Grants, and Class Analysis." In his (ed.), *Redesigning Distribution*. London: Verso.

Yamashita, Junko, Naoko Soma and Raymond K.H. Chan. 2013. "Re-examining Family-centred Care Arrangements in East Asia." In Misa Izuhara (ed.), *Handbook on East Asian Social Policy*. Cheltenham and Northampton: Edward Elgar.

Young, Iris Marion. 1990. 『차이의 정치와 정의』. 김도균·조국 역. 서울: 모티브북.

_____. 1995. "The Ideal of Community and the Politics of Difference." In Penny A. Weiss and Marilyn Friedman (eds.), *Feminism and Community*. Philadelphia: Temple University Press.

_____. 2000. 『포용과 민주주의』. 김희강·나상원 역. 서울: 박영사.

_____. 2001. "'Equality of Whom?' Social Groups and Judgments of Injustice." *The Journal of Political Philosophy* 9(1): 1-18.

_____. 2002. "Autonomy, Welfare Reform, and Meaningful Work." In Eva Feder Kittay and Ellen K. Feder (eds.), *The Subject of Care: Feminist Perspectives on Dependency*. Lanham: Rowman & Littlefield Publishers.

_____. 2003. "The Logic of Masculinst Protection: Reflections on the Current Security State." *Signs: Journal of Women in Culture and Society* 29: 1-25.

_____. 2011. 『정의를 위한 정치적 책임』. 허라금·김양희·천수정 역. 서울: 이화여자대학교 출판부.

Yuan, Lijun. 2002. "Ethics of Care and Concept of Jen." *Hypatia* 17(1): 107-129.

Zelleke, Almaz. 2008. "Institutionalizing the Universal Caretaker Through a Basic Income?" *Basic Income Studies* 3(3): 1-9.

_____. 2011. "Feminist Political Theory and the Argument for an Unconditional Basic Income." *Policy and Politics* 39(1): 27-42.

Ziegler, Sheryl G. 2020. "How to Let Go of Working-Mom Guilt." *Harvard Business Review* Sept. 4.

색인

김희강

고려대학교 행정학과 교수. 이화여자대학교 정치외교학과를 졸업하고, 시카고대학교
(University of Chicago) 정치학과에서 사회적 약자의 시각에서 정의와 민주주의를 논하
는 세계적인 정치철학자이자 페미니즘 이론가인 아이리스 영(Iris Marion Young)의 지도
로 정치철학 박사학위(2005)를 받았다(*Women's Luck? Women's Choice? Toward a
Feminist Theory of Equality*).

주요 관심 분야는 정의론, 돌봄윤리, 규범적 정책분석, 여성주의 이론과 정책 등이다.
저서『규범적 정책분석』(2016)은 2017년 대한민국학술원 우수학술도서로 선정되었
다. *Critical Social Policy, Journal of Social Philosophy, Public Affairs Quarterly,
Journal of Women, Politics & Policy, International Journal of Care and Caring,
Ethics and Social Welfare, Women's Studies International Forum* 등에 다수의
영문 논문을 발표했으며,『한국행정학보』,『한국정치학회보』,『한국여성학』,『한국
사회정책』,『정부학연구』등에 30편 이상의 국문 논문을 발표했다.

최근 10여 년간 돌봄의 관점에서 재정립되는 사회정의와 국가역할에 주목하여 연구
하고 있다. 관련하여 다수의 역서 ―『돌봄지원국가』(근간, 공역),『돌봄민주주의』(2021,
공역),『포용과 민주주의』(2020, 공역),『돌봄: 돌봄윤리』(2017, 공역),『돌봄: 정의의
심장』(2017, 공역),『돌봄: 사랑의 노동』(2016, 공역) ― 및 편서 ―『돌봄과 공정』(2018,
공편) ― 를 출판했다. 저널 *International Journal of Care and Caring*에 실린 논문
"A Caring Welfare State in South Korea: Challenges and Prospects"(2018)은
편집인의 선택(editor's choice)으로 선정되었다. 현재 돌봄윤리 연구의 국제네트워크
인 Care Ethics Research Consortium의 운영위원이며, 피터스 출판사(Peeters
Publishers)에서 발행하는 돌봄윤리 저서 시리즈의 자문위원이다.

돌봄민주국가

2022년 2월 25일 초판 발행
2023년 5월 25일 초판4쇄 발행

지은이 김희강 | 펴낸이 안종만·안상준 | 펴낸곳 ㈜박영사 | 등록 1959. 3. 11. 제300-1959-1호(倫)
주소 서울특별시 금천구 가산디지털2로 53, 210호(가산동, 한라시그마밸리)
전화 (02) 733-6771 | 팩스 (02) 736-4818
홈페이지 www.pybook.co.kr | 이메일 pys@pybook.co.kr

편집 이승현
기획/마케팅 이영조
표지디자인 이수빈
제작 고철민·조영환

© 김희강, 2022, Printed in Korea

ISBN 979-11-303-1484-6 (93300)

정가   26,000원